高速公路加筋煤矸石路基
工程应用新技术

彭　立　杜勇立　杨果林　黄满红　著

科学出版社

北　京

内 容 简 介

高速公路加筋煤矸石路基利用煤矸石作为路基填料,变废为宝,具有显著的社会、经济和环保效益。本书主要介绍了煤矸石及格宾网材料的工程特性、煤矸石与格宾网界面摩擦特性、煤矸石动态淋溶对地下水的影响、煤矸石淋溶液在地下水系统中运移的数值模拟、加筋煤矸石路堤边坡稳定性分析、煤矸石路堤沉降与应力数值分析、基于实测数据的煤矸石路堤沉降预测、煤矸石路堤病害分析与防治、加筋煤矸石路基施工技术等。

本书可供从事岩土工程、道路与铁道工程领域相关工作的科技人员参考。

图书在版编目(CIP)数据

高速公路加筋煤矸石路基工程应用新技术/彭立等著. —北京:科学出版社,2017.6
ISBN 978-7-03-051164-5

Ⅰ.①高… Ⅱ.①彭… Ⅲ.①高速公路-加筋-煤矸石-路基工程 Ⅳ.①U416.1

中国版本图书馆 CIP 数据核字(2016)第 310951 号

责任编辑:陈 婕 刘凤娟 纪四稳 / 责任校对:桂伟利
责任印制:张 伟 / 封面设计:陈 敬

科 学 出 版 社 出版
北京东黄城根北街 16 号
邮政编码:100717
http://www.sciencep.com

北京教图印刷有限公司 印刷
科学出版社发行 各地新华书店经销
*
2017 年 6 月第 一 版 开本:720×1000 B5
2017 年 6 月第一次印刷 印张:18 1/2
字数:358 000

定价:118.00 元
(如有印装质量问题,我社负责调换)

前　言

煤炭是我国最重要的能源动力来源之一,它在我国一次性能源的生产和消费中所占比例高达 70% 左右,远高于世界 32% 的平均水平。2009 年,我国煤矸石产量为煤炭产量的 16%～20%,已经形成了约 2000 座煤矸石山。我国煤炭产量较大的省份和自治区,如内蒙古、山西、辽宁、安徽、河南、河北和陕西等,每年新堆积的煤矸石废弃物高达 400 万 t 以上。大量的煤矸石伴随煤炭的开采而堆积,加之煤矸石利用率不高,导致煤矸石成为我国最大的工业废弃物,占用了大量的土地资源。我国的煤矸石综合利用率在 2000 年时只有 40% 左右,远落后于欧洲、美国等发达国家和地区。

在我国交通运输部行业联合攻关科技项目(2010-353-343-290)的资助下,以湖南省溆怀高速公路、安邵高速公路工程为依托,作者结合工程应用总结了加筋煤矸石施工技术,取得了大量创新性成果,最终形成本书。本书的主要内容如下:

(1)通过对安邵高速公路沿线矿区煤矸石进行室内试验,对煤矸石的化学成分、化学组成成分、形成和分布情况、化学活性强度和变形特性与自燃机理等问题进行研究;测定煤矸石的金属元素和酸根离子含量,确定煤矸石的主要潜在污染元素,并确定煤矸石作为路基填料的强度公式及其参数;对该地区煤矸石的路用性能进行判断。

(2)对煤矸石和不同掺合料煤矸石进行浸泡试验,测定不同浸泡时间及不同配比下溶出指标、污染物浸泡规律和影响控制因素;开展煤矸石的淋溶试验,测定不同淋溶水量或不同淋溶次数下溶出指标、污染物淋溶规律和影响控制因素。

(3)建立煤矸石在动态淋溶条件下的污染组分溶解释放规律的数学模型,分析和研究煤矸石淋溶液在土壤-地下水环境中污染物的迁移行为,预测煤矸石对地下水的影响规律。

(4)选择淋溶含量比较高的重金属、硫酸盐及硝酸盐等,采用动电和渗透式反应墙(PRB)原位修复技术协同修复地下水中的重金属、硫酸盐及硝酸盐等有害物质;选取几种 PRB 反应材料,比较它们的处理效果,以便减少对地下水和人体健康的影响。

(5)对比分析不同掺土量煤矸石的力学性质、强度和变形特性,获得满足高速公路路基设计要求的掺合料和配合比,并确定掺合料的材料要求;对不同掺土量加筋及未加筋煤矸石的界面摩擦特性和残余强度特性进行试验研究,得出随着掺土量变化,煤矸石工程特性参数之间的关系。

（6）通过煤矸石路堤现场试验，对煤矸石路堤的沉降、沉降速率、侧向位移、侧向位移速率、垂直向土压力、水平向土压力和路堤挡墙侧位移进行观测，得出在施工阶段这些力学指标的变化规律，确定在高速公路填筑煤矸石路堤的可行性。

（7）采用有限差分软件 FLAC^{3D} 计算在不同坡度条件下，煤矸石路基边坡的安全系数、塑性区开展情况及边坡剪切应变增量等。

（8）分析煤矸石路基边坡降雨入渗过程及其影响因素，引入渗流力，推导降雨入渗条件下煤矸石路基边坡安全系数的计算公式。

（9）研究加筋煤矸石路堤力学特性，确定加筋煤矸石路堤破裂面的形状，进而确定符合加筋煤矸石路堤力学性能的内部稳定性分析方法，提出加筋煤矸石路基稳定性分析计算公式。

（10）对加筋土坡的内部稳定性进行分析，得出不同平台宽度和坡角下可能出现的滑裂面形式及其对应的安全系数；对包边煤矸石路堤稳定性进行分析，对比安邵高速公路有包边、无包边煤矸石路堤的土压力和变形试验结果，结合包边煤矸石路堤稳定性计算方法和 FLAC^{3D} 软件模拟结果，得出填筑高度和包边与否对煤矸石路堤稳定性的影响曲线。

（11）结合现场试验工点的实测沉降，用灰色理论、曲线拟合等方法对沉降进行分析和预测，并采用模糊随机可靠度理论分析预测结果的可靠性。

（12）通过煤矸石路基下涵洞病害实例，找出涵洞发生病害的原因；探究煤矸石作为路堤填料的不足的原因；从设计和施工两个方面提出煤矸石路堤涵洞病害的相关防治方法。

课题组黄向京、罗光财、凌永茂、赖咸根、梁高生、曾军、高礼、唐泉、宋淮、张雨、段君义、张梓振等主要成员为本书许多观点的形成和成果的凝结付出了心血与智慧；湖南省交通规划勘察设计院、中建五局土木工程有限公司、湖南利联安邵高速公路开发有限公司、中南大学、东华大学、中南公路建设及养护技术湖南省重点实验室和湖南省溆怀高速公路建设开发有限公司的领导及同事对本书给予了大力支持，在此一并向他们致以最诚挚的谢意。

由于作者受实践经验和学术水平的限制，书中难免存在疏漏或不足之处，望广大读者不吝指教。

作　者

2016 年 5 月

目　　录

第1章 绪 论

1.1 煤矸石概述

煤矸石(coal gangue)是在煤矿开采或者工业洗煤过程中出现的一种矿业副产品(图1-1),它的含煤量较低、不能用于燃烧,因此它的工业价值相对较低,是一种废弃物。

煤炭是我国最重要的能源动力来源之一,它在我国一次能源的生产和消费中所占比例高达70%左右,远高于世界32%的平均水平。统计资料显示,2012年我国煤炭开采量达到35亿t,并且这一数字还在不断攀升。2009年,我国煤矸石产量为煤炭产量的16%～20%,已经形成了约2000座煤矸石山(图1-2)。我国煤炭产量较大的省份和自治区,如内蒙古、山西、辽宁、安徽、河南、河北和陕西等地,每年新堆积的煤矸石废弃物高达400万t以上。

图1-1 煤矸石

图1-2 矿区堆积成山的煤矸石

大量的煤矸石伴随煤炭的开采而堆积,加之煤矸石利用率不高,导致煤矸石成为我国最大的工业废弃物,占用了大量的土地资源。我国的煤矸石综合利用率在2000年时只有40%左右,远落后于欧洲、美国等发达国家和地区。而在美国、法国和俄罗斯等国家,煤矸石综合利用效率甚至可达100%。

　　煤矸石综合利用效率低,大多露天堆置,对周边环境造成了巨大的危害。这些危害主要体现在占据土地资源、污染周围大气、诱发泥石流及滑坡等地质灾害、破坏植被景观、重金属污染等方面。

　　1) 占据土地资源

　　土地资源被这些露天堆置的煤矸石占据,是受其危害最直接的体现。我国土地资源相当紧缺,这一影响显得尤为突出。我国煤炭资源较为丰富,矿区分布较为广泛,煤炭年开采量大,这进一步加剧了煤矸石的露天堆积,使其占用了大量的耕地、林地、矿区工作工地等,前景令人担忧。

　　2) 污染周围大气

　　我国煤炭资源主要集中分布于我国东北、华北和内蒙古一带,这些地区气候相对较为干燥,风速较大。煤矸石颗粒级配相当不均匀,其中还有较大一部分粉尘颗粒,这使得较多的来自堆积煤矸石的扬尘进入大气中,造成空气污染。

　　煤矸石在运输和开采过程中,也容易遇风形成飘浮的粉尘颗粒,这些飘浮在空气中的粉尘颗粒容易被人体吸入肺部、鼻腔或者进入眼睛,危害人体健康。另外,煤矸石的自燃也会对大气造成污染。煤矸石中含有 C、H、S 等可燃元素,加之煤矸石的大面积堆积,其内部温度会慢慢上升,达到一定条件时就会发生自燃。煤矸石自燃之后会产生大量的有害气体,同时包含较多的可燃气体,这些可燃气体进一步加剧了煤矸石山的自燃,致使一些有害气体进入空气中,造成严重的空气污染。

　　3) 诱发泥石流及滑坡等地质灾害

　　煤矸石的矿物成分中含有丰富的软质岩和硫铁矿等物质,堆积成一定高度的小山时,往往其内部结构较为空洞分散,加之煤矸石自身成分的崩解和氧化、雨水浸泡软化、冲刷等,煤矸石自身的承载能力急剧下降,空间结构性显著降低,容易引发滑坡和泥石流等地质灾害。

　　4) 破坏植被景观

　　煤矿的开采有地下开采和露天开采两种方式。无论是哪种开采方式,都会直接或者间接地影响地面的景观生态系统。露天开采会挖损地表,直接破坏原有的景观系统;地下开采则会造成采空区,有时还会引发地表塌方,造成周围建筑物和构筑物损坏,同时也会不可避免地破坏地面植被景观。煤矿开采出来的煤会运离采矿区,而随之开采出来的煤矸石由于不具备相应的矿业价值,一般都被堆置于矿区周围。煤矸石多为黑灰色,且一般堆积高度较大、占地面积较广,同时由于其内部适合植被生长的有机物和泥土含量匮乏,所以煤矸石山一般都为光秃的黑色,这与植被景观的绿色形成鲜明对比,成为矿区周围的"鲜明标志",严重影响了周边的景观环境。

　　此外,由于煤矸石山中部分颗粒遇风形成扬尘,尘埃逐渐附着于周围建筑物之上,使这些建筑物失去原有的色调;卷入空气中的尘埃使得空气的清新度和能见度下降,也是破坏景观的一个方面。同时,由于雨水的冲刷作用,一部分煤矸石会顺流而下,形成"黑色河流",腐蚀沿线土壤,影响植物生长,造成植被景观的破坏。

5) 重金属污染

重金属污染越来越受到人们的重视,多地都曾报道过人因为饮用了受重金属污染的水而中毒的事件。煤矸石本身含有一定量的有毒重金属物质,如铅、汞、砷、锑等。煤矸石都在露天的环境中堆置,当煤矸石经受风吹日晒和雨淋后,其中的有毒重金属离子就会渗入土壤或者流入水源中。这些雨水溶液中重金属含量远大于排放标准,这些淋溶液的渗透和扩散必然会对周围的土体造成污染。而这些污染物随着市政自来水等方式最终进入人体,会对人体的健康产生不良影响,严重时可能造成急性中毒、组织坏死、侵害人体血液系统和心脑血管等。

1.2　煤矸石填料工程技术发展现状

1.2.1　煤矸石作填料的工程应用

英国作为工业革命的起源地,其煤矿开采早于其他国家,因此其煤矸石的堆积量相当大,并且大部分煤矸石是已经发生自燃的红色矸石。英国境内现有约 16 亿 t 的煤矸石储备,目前每年销售量为 600 万～700 万 t,绝大部分已燃的煤矸石被用来作为高速公路路堤、铁路路堤、填坝和其他土建工程的充填物。

20 世纪 70 年代,法国国家公路研究中心在研究中发现,煤矸石很容易分层铺成 30～40cm 的路基,其干密度可达 1.81g/cm³,易于压实,且具有良好的不透水性。

美国率先在 Pennsylania State 利用燃烧过的煤矸石渣作为筑路材料,用于未被整修的道路面层。近年来,在铁路路基,乡村、城市道路,轻载、重载汽车道路,乃至人行道、公园小道和运动场地等都广泛采用煤矸石作为填筑材料。国外还有许多国家利用煤矸石铺设公路、机场跑道和工厂地基,填筑水工大坝等(表 1-1),部分国家还制定了相关技术标准,如苏联煤炭工业协会于 1987 年就煤矸石的分类、性质和综合利用展开了研究,总结了综合利用过程中的相关技术,提出了新的工艺,研发了相关设备。

表 1-1　国外煤矸石工程应用

工程类型	用途	主要工程实例
公路	路基充填材料、路面	法国 District de Paris 公路网、德国 Ruhr 地区公路网; 英国 Livepool 干线公路、Gateshead 高速公路等
铁路	路基充填材料	英国 Gloucester、Croydon 铁路编组站

多年来,我国经济快速发展,大规模新建高速公路和快速公路。早在 20 世纪 90 年代初期,我国一些专家就独具眼光地认识到我国煤矿地区的煤矸石既能解决高速公路征地取土困难问题,又能大量消耗积存的煤矸石,于是展开了对煤矸石性能的一系列研究,很多用煤矸石填筑路基的高速公路和普通公路开始建成通车。

1997 年,全长 40km、采用煤矸石作为筑路材料的山东省 205 国道张博段建成通车。1998 年修建的鹤伊高速公路,其 K0+000~K13+650 路段为平原微丘区,地表层为中液限黏土,含水量较大,地下水位高,属季节性冻融区,在该段采用鹤岗煤矿丰富的煤矸石作为路基填料。平顶山至临汝高速公路按双向四车道高速公路标准设计,路基总宽度 28m。该项目的 No.4 合同起讫桩号为 K18+000~K28+200,全长 10.2km,路基填方 215027m³,全部用煤矸石填筑,黏土包边。该标段于 2003 年 12 月开工、2005 年 7 月完工,使用状况至今良好(图 1-3)。

图 1-3　平顶山至临汝高速公路
(2005 年通车)

根据国内外煤矸石路基的工程应用现状不难发现,煤矸石用于实际工程已经积累了相当多的工程施工经验,但之前对煤矸石的原材料和力学性能并没有进行系统研究。煤矸石的矿物组成和化学组成成分会因为所处地区的不同而存在差异,导致岩性性质的不同,这样会造成煤矸石在工程应用中很可能存在膨胀量大、崩解性强、水稳性差等问题。但在适当的工程措施配合下(如掺加一定比例的黏土、振动击实等),可以改善煤矸石的路用性能,使煤矸石作为路堤填筑材料广泛应用于工程领域。

煤矸石在岩性上是"软质粗粒土",属于碎石土类,是一种含有多种软岩成分的混合物。煤矸石的岩性成分是由含煤岩层的演变历史决定的。要想利用好煤矸石,需要清楚地认识煤矸石这种材料,了解它的物理性质、化学成分和颗粒级配等特点。

而根据调研的煤矸石的路用性能试验研究方面的现场试验,有的只是针对煤矸石力学特性展开研究,有的只是就煤矸石路堤施工工艺加以分析,都没有对煤矸石路堤本体进行试验,即未测试煤矸石路堤的整体路用性能,包括煤矸石路堤的刚度与柔度。安邵高速公路煤矸石路堤填筑试验段开展了这两个方面的现场试验。路堤现场试验是最好的足尺试验,不仅没有室内模型试验的相似性问题,无需考虑边界影响,而且能够反映煤矸石路堤的真实工作性态。

1.2.2　煤矸石路堤研究

1) 煤矸石路堤设计方法研究现状

随着我国大规模地修建公路、铁路,经过产煤区的填方路堤将成为一个非常棘手的问题,一方面填方路堤所需的大量土质填料无法就近得到,另一方面线路沿线周围堆满了较多的煤矸石,所以研究煤矸石用于路堤填筑的设计方法,既能解决筑路时征地取土困难的问题,又能大量消耗沿线附近的煤矸石。因此,将煤矸石用于筑路工程,将产生巨大的经济、环境和社会效益。

煤矸石路堤通常需要支挡结构来维持稳定。常见的支挡结构有很多种,包括挡土墙、抗滑桩、预应力锚索等。根据煤矸石自身的路用特点,结合安邵高速公路段实际情况可知,煤矸石低路堤的支护结构比较适合采用重力式挡土墙,煤矸石高路堤的支护结构比较适合采用新型的加筋挡土墙。

重力式挡土墙一般应用于低路堤工程,对于较高的路堤,如果采用重力式挡土墙,土压力较大,势必会造成较大的挡墙尺寸。此时采用加筋土坡或者加筋挡土墙结构,不仅能增加土的强度、结构的稳定性,而且还能减少不均匀沉降和总沉降。

当前,加筋土工程稳定分析方法普遍基于极限平衡法理论。早在20世纪60～70年代,Videl利用该理论为基础对金属筋材加筋挡土墙的内部稳定性进行了分析,但极限平衡法不仅假设土体和筋材同时达到极限状态,而且假设破裂面是已知的,这种假设在实际加筋土结构中很难一致,并且研究的仅仅是加筋土处于破坏状态的情况,而无法研究其处于工作状态的情况,更不可能预测加筋土体现场动态情况和应力水平。

加筋结构设计参数的选择对结构物的稳定性有直接影响。与加筋结构有关的参数主要包含三个:填土的物理力学参数、筋材本身的参数以及填土与筋材之间的界面摩擦参数。其中,筋材与填土之间的界面摩擦参数是加筋结构设计中最重要也是最复杂的参数,因为加筋之所以能起作用就是依靠界面区的摩擦力将填土中的应力传递到筋材上,或者说,筋材通过界面剪阻力传递到填土中,是加筋结构得到加固的原因,国内外许多专家对筋土界面摩擦特性进行了研究。因此,研究煤矸石界面摩擦特性对加筋煤矸石路堤的设计与防护有着一定的指导意义。

在岩土工程领域,加筋结构常见的有加筋土坡和加筋挡土墙,加筋土坡可以使土坡坡度变陡,从而节省用地,减少填方量;同时也可以用于加固坡面,使坡面处的填土更容易压实,减少削坡工程量。研究加筋土坡的加固机理,分析加筋土坡的失稳方式,提出加筋土坡的设计方法以及稳定性验算方法,为今后加筋土坡的设计和验算提供了依据。

2) 煤矸石路堤沉降研究现状

作为土力学中的三大经典问题之一,沉降问题一直受到工程界学者和技术人员的重视。煤矸石路基沉降的研究主要涉及两个方面的问题:路堤沉降的计算和路基沉降的预测。对于路堤沉降,主要由三部分构成,其中固结沉降是最主要的构成部分,瞬时沉降一般都在施工阶段完成。因此,对于沉降的计算,往往主要关注固结沉降部分。

目前国内外许多计算方法都是依据理论公式推导计算的,在计算地基沉降的过程中还可以采用数值分析法和基于实测资料进行回归分析等方法。数值计算法的出现是近代岩土力学理论进展和计算机科学飞速发展的产物。目前使用最多的数值计算方法是有限元法和有限差分法。依据观测资料进行回归分析是一种比较理想的计算方法。这种计算方法往往依赖于回归分析所采用的方法以及前期实测资料的数据量与实测结果的准确性。

无论是理论计算方法还是数值计算方法,最大的问题就在于它们需要严密的计算理论作为基础,并且涉及较多的假定条件,而且也无法对地基的最终沉降做出一些有效的预判,同时难以找到研究计算准确度的指标参数,因此这些计算方法也存在一定的局限性。在这种条件下,基于一些数学理论的沉降预测方法随之产生。这类方法的最大优点在于,其只需要找到合理的预测数学模型,并将实测数值代入便可得到一定可信度的沉降预测值,这类方法往往比较简单,便于操作并且易于理解。沉降预测方法根据其原理,可以分为静态和动态两类。静态预测主要是指曲线拟合预测法,这类预测往往依赖某种现成的指数曲线,将实测值拟合成一条曲线,然后找到与之相类似的曲线模型,并将其延长做出预测。静态预测主要包括Taylor曲线法、卡萨兰德曲线法、双曲线法、指数曲线法、Asaoka曲线法、星野法以及各种生长曲线等沉降预测模型,如Verhulst曲线模型、韦伯曲线模型、Gompertz曲线模型等。动态预测则包含灰色理论预测法、神经网络法和遗传算法等。本书基于安化(梅城)至邵阳高速公路娄底涟源段工区煤矸石施工段实测沉降数据,采用曲线拟合法、灰色系统理论法对地基沉降进行预测。

3) 边坡降雨渗流稳定性研究现状

长期的工程实践让人们意识到一个问题:降雨渗流是众多边坡失稳的罪魁祸首,因此数年来降雨条件下的边坡稳定性受到众多国内外学者的重视,并开展了许多有价值的研究。

1.2.3　加筋筋材特性试验研究现状

岩土体材料具有较大的抗压和抗剪强度,但是其拉伸强度较低,在土体中铺设相应的抗拉材料,即可有效改善岩土体的抗拉特性,这就是人类早期关于土中"加筋"的概念。直到1963年法国工程师Henir Vidal将金属材料作为土体加筋材料,并提出加筋土的概念和理论,才标志着现代加筋土的诞生,自此加筋土技术得到了快速传播和发展。随着材料科学的不断进步,加筋材料也逐渐从天然植物发展为高模量的镀锌钢条、各类土工合成材料和土工织物。国内外大量学者和研究团队针对各类加筋筋材的特性做了大量的试验研究,取得了丰硕的成果。加筋格宾筋材是一种新型的加筋材料,国内外相关学者对其进行了大量的研究。

1.2.4 煤矸石对地下水系统污染模拟研究

国外对煤矸石的理化性质、煤矸石中重金属元素的迁移转化及其生态环境地球化学效应方面做了大量研究,对矿区污染物对地下水环境的影响进行了分析和评价,并建立了相应的数学模型模拟煤矸石带来的污染物在地下水含水层中的运移规律。

我国从 20 世纪 80 年代开始,对煤矸石中重金属等有害物质在地下水中的迁移进行研究,对其水-土转移规律有了初步的认识。

1.2.5 煤矸石中重金属及酸根离子污染修复方法

煤矸石所带来的重金属以及酸根离子等有害成分随着雨水的冲刷和浸泡,会慢慢渗入土壤中,从而对地下水产生影响。为了减少有毒物质对地下水体的危害,必须采取一些有效的技术措施来降低或去除煤矸石对地下水和土壤的危害。常用的土壤修复技术主要有物化修复、植物和微生物修复、动电修复及 PRB 修复。

1.3 本 书 内 容

(1) 对煤矸石材料特性、工程应用以及理论研究等问题开展广泛的文献调研,获取前人的部分研究成果,深入了解煤矸石的化学成分、矿物组成、煤矸石的形成和分布情况以及煤矸石的化学活性与自燃机理等问题。采用微波消解和原子吸收分光仪测定煤矸石中的金属元素;确定煤矸石的主要潜在污染元素。

(2) 浸泡试验:测定不同浸泡时间及不同配比下溶出指标(其中一个用煤矸石作为基质,三个用不同配比掺合料作为基质),得到不同条件下的污染物浸泡规律和影响控制因素。

(3) 淋溶试验:采用实验室柱状淋溶试验模拟自然降水对煤矸石的淋溶作用,试验设置四个柱形反应器,一个用煤矸石作为基质,三个用不同配比掺合料作为基质,测定不同粒度成分、不同淋溶水量或不同淋溶次数下溶出指标等,得到煤矸石及不同掺合料下的污染物淋溶规律和影响控制因素。

(4) 建立煤矸石在动态淋溶条件下的污染组分溶解释放规律的数学模型,分析和研究煤矸石淋溶液在土壤-地下水环境中污染物的环境动力学行为,预测煤矸石对地下水的影响规律。

(5) 选择淋溶含量比较高的重金属、硫酸盐及硝酸盐等,采用动电和 PRB 原位修复技术协同修复地下水中的重金属、硫酸盐及硝酸盐等有害物质,利用静电纺丝技术制备了几种新型 PRB 材料,比较了它们对土壤和地下水的修复效果,减少煤矸石对地下水和人体健康的影响。

（6）对安邵高速公路沿线矿区煤矸石进行室内土工试验，获得煤矸石的矿物组成成分、化学组成成分、基本物理化学性质、工程性质、强度和变形特性；确定煤矸石作为路基填料的强度公式及其参数；对该地区煤矸石的路用性能进行判断。

（7）选择合适比例地掺和煤矸石，采用权重分析法分析各因素的影响程度和范围，提出煤矸石加掺合料作为路基材料的地下水污染的调控技术参数。对不同掺土量加筋及未加筋煤矸石的界面摩擦特性和残余强度特性进行试验研究，得出随着掺土量变化，煤矸石工程特性参数之间的关系。对比分析不同掺土量煤矸石的力学性质、强度和变形特性，获得满足高速公路路基设计要求的掺合料和配合比，并确定掺合料的材料要求。

（8）通过煤矸石路堤现场试验，对煤矸石路堤的沉降、沉降速率、侧向位移、侧向位移速率、垂直向土压力、水平向土压力和路堤挡墙侧位移进行观测，得出在施工阶段这些力学指标的变化曲线和增减规律，分析试验结果进而确定在安邵高速填筑煤矸石路堤的可行性。

（9）对传统的边坡稳定性计算方法进行优缺点和适用范围研究。采用有限差分软件 FLAC^{3D} 计算在不同坡度条件下，煤矸石路基边坡的安全系数、塑性区开展情况、边坡剪切应变增量等。改变煤矸石强度参数，得出边坡稳定系数受参数改变的影响曲线。

（10）分析煤矸石路基边坡降雨入渗过程和影响因素，在简化的 Bishop 条分法基础上引入渗流力的概念，推导降雨入渗条件下煤矸石路基边坡安全系数的计算表达式，然后采用求导的方式验证公式的正确性。

（11）以包承纲水土特征曲线模型为基础，建立适合煤矸石的水土特征曲线，并结合推导的计算公式用工程算例来加以验证。

（12）研究加筋煤矸石路堤力学特性，确定加筋煤矸石路堤破裂面的形状，从而确定符合加筋煤矸石路堤力学性能的内部稳定性分析方法，提出加筋煤矸石路基稳定性分析的计算公式。

（13）对加筋土坡的内部稳定性进行分析，对二级和三级边坡在不同平台宽度和坡角情况下可能出现的滑裂面进行数值模拟分析，得出不同平台宽度和坡角下可能出现的滑裂面形式及其对应的安全系数，并对二、三级边坡的设计方法进行探讨。

（14）对包边煤矸石路堤稳定性进行分析，对比安邵高速煤矸石路堤有包边、无包边两剖面的土压力和路堤变形试验结果，结合包边煤矸石路堤稳定性计算方法和 FLAC^{3D} 软件模拟结果对比，得出填筑高度和包边与否对煤矸石路堤稳定性影响曲线。

（15）以湖南省某高速公路煤矸石路基工程现场试验工点的实测沉降为基础，

用灰色系统理论、曲线拟合等方法对沉降进行分析和预测,并以模糊随机可靠度理论分析预测结果的可靠性。

(16) 对煤矸石路堤涵洞病害进行分析,并研究防治措施;通过煤矸石路基下涵洞病害实例,找出涵洞发生病害的原因,探究煤矸石作为路堤填料的不足,从设计和施工两个方面提出煤矸石路堤涵洞病害的相关防治方法。

第2章　煤矸石及格宾网材料工程特性

煤矸石是伴随煤炭开采而产生的固体废弃物,它的矿物组成成分较为复杂,化学组成成分也随着不同形成年代、不同矿区、不同开采方式以及不同堆积时间而产生较大差别。刚从井下挖掘、筛选出来的煤矸石是多种岩石成分的混合物,主要由各种砂岩、泥岩、页岩、石灰岩等组成,粗颗粒含量较多,细颗粒含量较少。而在地表长期堆放的煤矸石山,经过长期的风吹、日晒、雨淋,会出现不同程度的风化、泥化、自燃等现象,粗颗粒含量逐渐减少,细颗粒含量逐渐增加,从而成为一种粗细颗粒组成的混合物。煤矸石中一般含有碳、有机质、伴生矿物等,在岩性上属于"软质粗粒土"。它的粒径分布范围一般较广,从几十厘米以上的块石到 0.1mm 以下的细粒,并且煤矸石受碾压或夯实过程粗大颗粒逐渐破碎,从而导致粗颗粒含量减小,细颗粒含量增加,颗粒级配有自我改善的性质。

在研究煤矸石路基工程应用时,首先应对煤矸石的化学组成和物理力学性能进行研究,这对高速公路煤矸石路基的设计和施工具有指导性意义。本书采用的加筋筋材格宾网为双绞合六边形钢丝网,它作为一种新型加筋材料,目前在我国的应用并不多见,且有关格宾网本身的工程特性研究就更少了。因此,本章对湖南省娄底地区的煤矸石及格宾网的工程特性进行试验研究。

2.1　煤矸石材料特性

2.1.1　煤矸石的组成成分

1) 煤矸石的矿物组成

在地质作用中,各类化学元素所形成的自然单质和化合物称为矿物,矿物具有固定的化学成分。煤矸石是煤炭开采的伴生物,并非单一的矿物组成,而是由砾岩、各种粒度的砂岩、泥岩、炭质泥岩、黏土岩、可采和不可采煤层组成的,部分还含有石灰岩。全国范围内的煤矸石大致可分为四类:

(1) 页岩类:如油页岩、炭质页岩、泥质页岩和砂质页岩等。

(2) 泥岩类:如泥岩、炭质泥岩、粉砂质泥岩和泥灰岩等。

(3) 砂岩类:如泥质粉砂岩、砂岩等。

(4) 其他类:如灰岩、岩浆岩等。

在这些成分中,砂岩类和岩浆岩风化粉碎比较困难,其工程特性较好;而页岩类和泥岩类经过风吹、日晒、雨淋作用较易风化,大粒径的颗粒容易破碎成小粒径颗粒。

存在于煤矸石中的矿物是由矿物母岩演变而来的,按照形成因素可以分为原生矿物和次生矿物两大类。原生矿物是各种岩石(主要是岩浆岩)受到程度不同的物理风化而未经化学风化的碎屑物,其原有化学组成和结晶构造没有改变,常见的原生矿物有长石、石英、云母、方解石、辉石、赤铁矿等。次生矿物大多数是由原生矿物经风化后形成的新矿物,其化学组成和构造都有所改变而有别于原生矿物,常见的有高岭石、蒙脱石、水云母(伊利石)、白云石、石膏等。

一般来讲,矿物成分中蒙脱石含量过高,将有可能出现较大的崩解性;高岭石含量低,才能使土样出现较好的可塑性。煤矸石中的蒙脱石含量不高,高岭石含量稍高;而黏土矿物中含有一定量的蒙脱石,而高岭石含量低,因此在煤矸石中掺加一定比例的黏土会表现出更好的可塑性。对湖南省娄底市杨家山地区的煤矸石进行矿物成分分析,所得矿物种类以及各成分含量见表 2-1。

表 2-1　湖南省娄底市杨家山地区煤矸石矿物组成成分

名称	化学成分	含量/%
石英	SiO_2	38.4
方解石	$CaCO_3$	19.2
钙矾水合物	$Ca_2(SO_4)(CO_3) \cdot 4H_2O$	9.8
伊利石	$(K, H_3O)Al_2Si_3AlO_{10}(OH)_2$	9.2
斜绿泥石	$(Mg, Fe, Al)_6(Si, Al)_4O_{10}(OH)_8$	8.8
霰石	$CaCO_3$	8.0
石膏	$CaSO_4 \cdot 2H_2O$	4.1
铁硫酸氢	$2Fe(OH)SO_4$	2.0
黄锡矿	$Cu_3Fe_2SnS_6$	0.7

由表 2-1 可知,湖南省娄底市杨家山地区的煤矸石矿物组成中以石英和方解石为主,总含量超过 50%;该地区煤矸石中不含蒙脱石,因此该地区煤矸石碾压夯实之后遇水不会发生太大的崩解和膨胀;该地区煤矸石中的伊利石含量为 9.2%,具有一定的可塑性,在实际工程应用时,应在煤矸石中加入一定量的掺合土,增加煤矸石填料在碾压和夯实过程中的可塑性。

湖南省娄底地区的煤矸石矿物组成以炭质页岩为主,颗粒在日晒、雨淋或受冲击下易粉碎,呈灰色或者灰褐色,性质有别于其他地区的煤矸石,因此对湖南省娄底地区的煤矸石进行系统的研究,对探究该地区煤矸石用于高速公路路基填料的路用性能是非常有必要的。

2) 煤矸石的化学组成

煤矸石中所含的化学组成成分是评价煤矸石路用特性、指导煤矸石路基生产的重要指标。煤矸石的化学组成成分与矿区以及煤矸石堆积时间等因素密切相关。煤矸石由无机物和少量有机物混合而成,其组成结构比较复杂。煤矸石含有的化学元素有十几种,主要含有 C、Si、Al、Fe、Ca、Mg 等,形成 SiO_2、Al_2O_3、Fe_2O_3、CaO、MgO、K_2O、Na_2O 等化合物。试验用煤矸石取自湖南省娄底地区,其化学成分分析由中南大学化学成分分析中心测定,试验结果及国内主要煤矸石化学成分组成[1]见表2-2。

表 2-2　国内部分主要煤矿及湖南省娄底地区化学成分汇总表(单位:%)

矿区＼成分		SiO_2	Al_2O_3	Fe_2O_3	CaO	MgO	K_2O	Na_2O	烧失量
陕西黄陵		50.33	21.69	5.90	0.57	0.57	1.91	0.91	—
山东枣庄		58.69	17.42	4.40	0.76	1.10	1.56	0.95	—
山西大同		43.83	36.21	3.93	0.20	0.25	0.16	0.07	—
安徽淮南		59.56	28.71	4.58	1.81	1.12	0.85	1.25	—
河北开滦		59.25	21.50	4.95	3.74	1.97	1.96	0.32	—
湖南娄底	杨家山	61.81	12.96	1.84	0.74	0.35	0.87	0.19	7.40
	沙坪	59.03	10.52	1.08	7.05	0.57	5.25	1.06	14.37

由表 2-2 可以看出,湖南省娄底地区的煤矸石和全国主要矿区煤矸石化学成分大致相同,其中 SiO_2、Al_2O_3 是煤矸石的主要成分,总含量达到 70% 左右,其次是 Fe_2O_3,含量为 1%～6% 不等。湖南省娄底地区的煤矸石的活性化合物含量($SiO_2＋Al_2O_3＋Fe_2O_3＋CaO＋MgO$)超过了 75%,是一种典型的碱性矿渣,经水解碾压后,在一定温度下,可产生火山灰反应,生成水化硅酸钙、水化铝酸钙,产生部分碳酸钙并形成板体,烧失量低于 15%,因此该地区的煤矸石性能比较稳定,适合作为路基填料。

在湖南省娄底地区安邵高速公路煤矸石路基施工现场取掺合土,对其进行化学组成成分分析。化学组成成分分析试验由中南大学化学成分分析中心进行,试验结果如表 2-3 所示。

表 2-3　湖南省娄底地区掺合土化学成分试验结果(单位:%)

成分	SiO_2	Al_2O_3	Fe_2O_3	CaO	MgO	K_2O	Na_2O
掺合土	49.13	25.50	8.31	0.45	1.09	2.14	0.30

由表 2-2 和表 2-3 对比分析可以看出,湖南省娄底地区的煤矸石及煤矸石掺合土的化学组成成分大致相同,因此两者混合以后不会发生化学反应,所以用该掺合土改善煤矸石的路用性能是可行的。

图 2-1 为湖南省娄底地区与全国其他地区煤矸石化学组成成分分析对比示意图。由图可见,湖南省娄底地区与全国其他地区相比,煤矸石中 SiO_2 含量稍微偏高,但 Al_2O_3 的含量明显低于其他地区。一般来说,Al_2O_3 含量越低,煤矸石的活性越好,因此相对于其他地区的煤矸石,湖南省娄底地区的煤矸石活性更高。

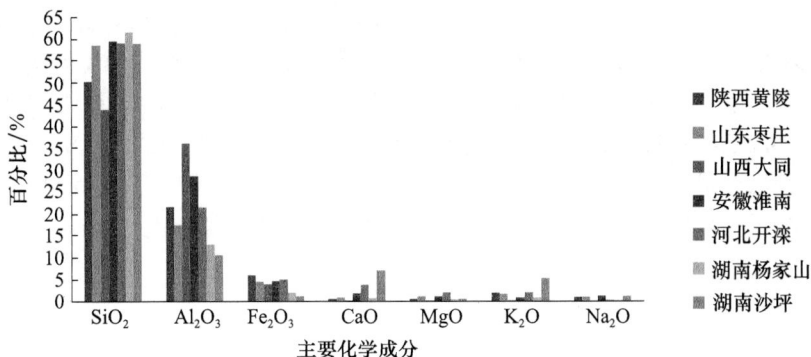

图 2-1　湖南省娄底地区与全国各地煤矸石化学组成成分对比示意图
图中各成分对应的产地从左至右依次为:陕西黄陵、山东枣庄、
山西大同、安徽淮南、河北开滦、湖南杨家山、湖南沙坪

煤矸石中含有 Si、Al、Fe、Ca、Mg、S、Na 等元素,其活性物质($SiO_2+Al_2O_3+Fe_2O_3+CaO+MgO$)含量一般在 70% 以上,煤矸石的结构层强度形成原因主要有以下两个方面:

(1)煤矸石中含有大量的活性物质,经过一定的夯实碾压之后形成的路基结构,在适当的水分和温度作用下产生火山灰反应,生成水化硅酸钙和水化铝酸钙,呈胶凝状态,产生部分碳酸钙并形成板体,这对煤矸石路基的防水、排水有利,能减弱煤矸石路基由于遇水崩解导致的强度下降。

(2)煤矸石颗粒间的嵌锁作用使颗粒间的连接和黏结力加强。碾压之后的煤矸石路基的颗粒分子结构组成会随时间发生变化,从而导致煤矸石路基抵抗荷载作用的能力逐渐加强。

另外,煤矸石中加入一定比例的掺合土之后,煤矸石的颗粒级配会得到一定的改善,可塑性得到提高,有利于煤矸石路基的碾压、夯实。在煤矸石路基中加入格宾网或土工格栅等,会提高煤矸石路基的力学性能,并且会很大程度上降低煤矸石路基的沉降。

2.1.2　煤矸石颗粒级配试验

煤矸石的粒度分布有其自身的特点。首先,其粒度分布范围较广,既有粒径小于 1mm 的细颗粒,又有粒径大于十几厘米的巨粒,并普遍含有一定量的胶体成分;其次,由于煤矸石粗颗粒强度低,颗粒在碾压和夯实过程中容易破碎,所以经过碾压夯实之后的煤矸石,其细颗粒含量相应增加,对颗粒级配具有自我完善的作用。

湖南省娄底地区的煤矸石在开采、筛分、清洗、运输和堆放的过程中会受到自燃和风化作用,从而导致颗粒大小不一,并且具有一定的级配。所以首先对未经碾压过的天然煤矸石取典型样品进行颗粒分析试验,其次在天然煤矸石中加入一定量的掺合土并进行颗粒分析试验,试验结果与未加掺合土之前的做对比,分析掺土之后煤矸石颗粒级配的改善情况。试验采用方孔筛进行筛分试验(图 2-2),为减少人为因素干扰,试验取样过程采用四分法(图 2-3),试验样品人为剔除 40mm以上的煤矸石颗粒,每一组试样平行试验两次,取平均值作为筛余量的计算结果。每次试验试样不少于 4000g,试验依据《公路土工试验规程》(JTG E40—2007)进行。

图 2-2　方孔筛

图 2-3　四分法

1) 不同掺土量煤矸石的颗粒分析试验

分别对不同掺土量(掺土 0%、5%、10%、20%)煤矸石进行筛分试验,计算小于某粒径土粒质量的百分含量(即通过率)(表 2-4)。不同掺土量煤矸石的颗粒级配曲线见图 2-4。

表 2-4　不同掺土量煤矸石分计筛余百分比(质量分数)(单位:%)

孔径/mm　掺土量	40	25	20	16	10	5	2.5	1
掺土 0%煤矸石	100	71	57	44	29	18	12	7
掺土 5%煤矸石	100	71	58	49	33	20	13	10
掺土 10%煤矸石	100	74	60	52	36	22	15	12
掺土 20%煤矸石	100	78	64	58	39	24	18	15

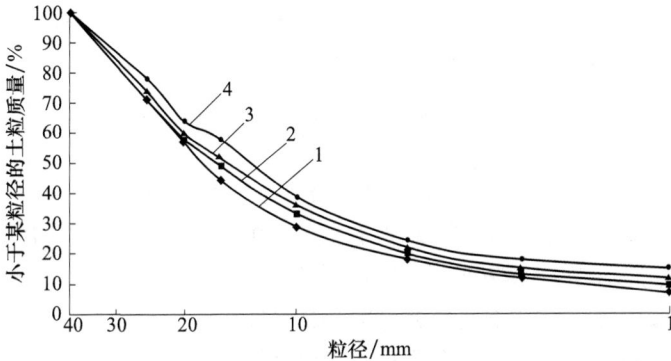

图 2-4　不同掺土量煤矸石颗粒级配曲线
掺土量:1-0%;2-5%;3-10%;4-20%

从表 2-4 和图 2-4 可以看出,与其他地区煤矸石大致相同,湖南省娄底地区煤矸石粒度分布级配较差,煤矸石的粒度分布范围一般较大,并且普遍有一定含量的胶体成分,因此,煤矸石具有粗粒土和细粒土的双重性质,如能与水发生作用,颗粒间存在一定的黏聚力。

湖南省娄底地区的煤矸石大粒径矸石占了相当大的比例,粒径大于 5mm 的颗粒含量超过 80%;随着掺土量增加,细颗粒含量增加,粒度分布不均匀现象在一定程度上得到一定的改善,但不同掺土量的煤矸石仍存在某些粒组分布不均匀问题。根据现行规范《公路土工试验规程》(JTG E40—2007),由于该地区煤矸石及不同掺土量(掺土量不大于 20%)煤矸石粒径大于 2mm 的颗粒含量超过全部质量的 50%,所以该地区煤矸石属碎石类土。

表 2-5 给出了不同掺土量煤矸石的不均匀系数和曲率系数。其中,D_{60}、D_{30}、D_{10} 分别表示粒径分布曲线上纵坐标为 60%、30%、10% 时对应的粒径,D_{10} 称为有效粒径,D_{60} 称为控制粒径;不均匀系数 $C_u = D_{60}/D_{30}$;曲率系数 $C_c = D_{30}^2/(D_{60}D_{10})$。

表 2-5　不同掺土量煤矸石的不均匀系数和曲率系数

掺土量	D_{60}	D_{30}	D_{10}	C_u	C_c
掺土 0%煤矸石	21.5	11.0	1.8	1.95	3.12
掺土 5%煤矸石	21.0	9.0	1.0	2.33	3.86
掺土 10%煤矸石	20.0	8.0	0.8	2.50	4.00
掺土 20%煤矸石	18.0	7.0	0.6	2.57	4.54

由表 2-5 可以看出,煤矸石中随着掺土量增加,不均匀系数 C_u 和曲率系数 C_c 均逐渐变大,说明随着掺土量增加,曲线逐渐变得平缓,粒径分布越来越不均匀。但不同掺土量(掺土 20%以内)的煤矸石,$C_u<5$,表明粒径分布均匀,颗粒大小差别不大;$C_c>3$,表明中间粒径煤矸石颗粒偏多,较小粒径煤矸石颗粒较少。综上可知,该地区煤矸石及掺土 20%以内的煤矸石属级配不良,但是随着掺土量增加,级配不良现象逐渐得以改善。

影响煤矸石强度指标及压实度的最重要原因就是级配不良及细小颗粒含量过低。适当提高煤矸石细小颗粒含量,改善煤矸石颗粒的可塑性,不但能使煤矸石获得较高的压实度,而且能够改善煤矸石的水稳定性。

2) 不同掺土量煤矸石击实后的颗粒分析试验

在开采、运输、堆积煤矸石过程中,大颗粒煤矸石会发生不同程度的破碎。由于煤矸石大粒径颗粒的强度较低,在现场煤矸石路堤施工过程中,碾压、夯实造成的破碎现象更为明显,结构组成变化最彻底。煤矸石在碾压过程中存在颗粒破碎现象,这对于弥补煤矸石颗粒级配缺陷是非常有利的。因为煤矸石粗大颗粒含量比较高,细小颗粒含量较低,煤矸石颗粒破碎表现其存在自我结构改良的特点,这是煤矸石材料所特有的特性。因此,研究击实试验之后煤矸石的颗粒级配情况,为研究影响煤矸石破碎情况对煤矸石物理力学性质的影响是很有必要的。

分别对不同掺土量(掺土 0%、5%、10%、20%)的煤矸石进行重型击实试验,击实过程分三层进行,每层击实 98 下,取击实后的典型试样烘干后进行筛分试验,每个试样的取样量不少于 4000g,每一种试料平行试验两次,取两次的平均值作为筛余量的计算结果,计算各筛的通过率(表 2-6)。图 2-5 为掺土 0%煤矸石击实后的颗粒级配曲线。图 2-6 为不同掺土量煤矸石击实后的颗粒级配曲线。

表 2-6　不同掺土量煤矸石击实后筛分通过率

孔径/mm　　　掺土量	40	25	20	16	10	5	2.5	1
掺土 0%煤矸石	100	85.2	77.8	56.5	47.5	35.0	19.9	11.9
掺土 5%煤矸石	100	88.2	78.2	66.5	48.4	37.3	20.1	16.9
掺土 10%煤矸石	100	90.4	79.1	66.5	50.8	43.2	21.6	16.0
掺土 20%煤矸石	100	93.3	83.1	70.6	56.4	45.8	24.3	17.2

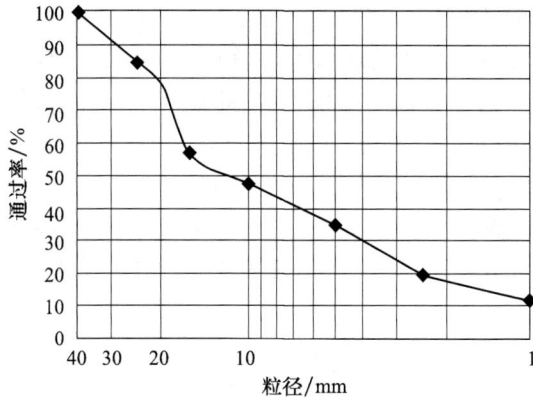

图 2-5　掺土 0%煤矸石击实后的颗粒级配曲线

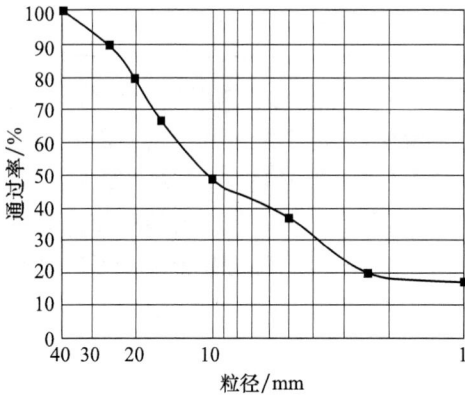

（a）掺土5%煤矸石

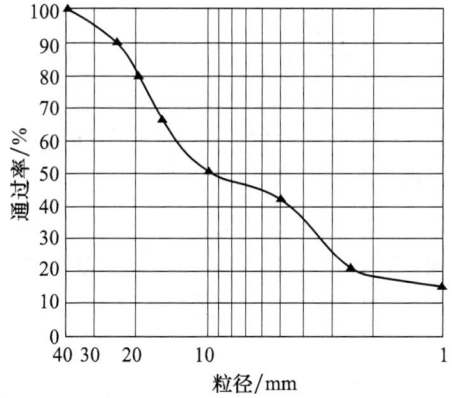

（b）掺土10%煤矸石

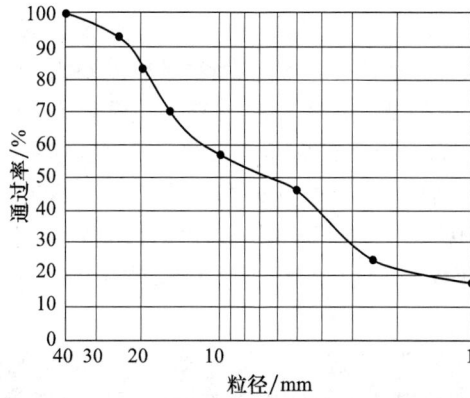

（c）掺土20%煤矸石

图 2-6　不同掺土量煤矸石击实后的颗粒级配曲线

由表 2-6、图 2-5 和图 2-6 可知,不同掺土量的煤矸石经过击实后粗颗粒破碎现象比较明显,粒径 20mm 筛孔的通过率在 80% 左右,细颗粒(1mm 以下)含量在 10% 以上。煤矸石粒径大于 5mm 的颗粒含量低于 70%;煤矸石击实之后,细颗粒含量增加,颗粒级配较差的现象得到明显改善,但仍不同程度地存在粒组不连续分布的现象。表 2-7 给出了不同掺土量煤矸石击实后的不均匀系数和曲率系数。其中,D_{60}、D_{30}、D_{10} 分别表示粒径分布曲线上纵坐标(通过率)为 60%、30%、10% 时对应的粒径,D_{10} 称为有效粒径,D_{60} 称为控制粒径;不均匀系数 $C_u = D_{60}/D_{30}$,曲率系数 $C_c = D_{30}^2/(D_{60}D_{10})$。

表 2-7　不同掺土量的煤矸石击实后的不均匀系数和曲率系数

掺土量	D_{60}	D_{30}	D_{10}	C_u	C_c
掺土 0% 煤矸石	18.0	4.3	0.8	4.19	1.28
掺土 5% 煤矸石	15.0	3.8	0.7	3.94	1.37
掺土 10% 煤矸石	13.0	3.4	0.6	3.82	1.48
掺土 20% 煤矸石	12.0	3.2	0.55	3.75	1.55

由表 2-7 可以看出,随着掺土量增加,掺土煤矸石击实后的不均匀系数 C_u 逐渐变小,曲率系数 C_c 逐渐增大,说明随着掺土量增加,击实之后的煤矸石粒径分布逐渐趋于均匀,中间粒径颗粒逐渐减小,较小粒径颗粒逐渐增加;曲率系数 $C_c < 3$,表明由于击实作用,粗颗粒含量减少,细颗粒含量增加,击实之后的掺土煤矸石中间粒径和较小粒径相对含量比较合适;但 $C_u < 5$,即击实之后的掺土煤矸石粒径分布均匀,颗粒大小差别不大,颗粒级配仍然存在不良现象,但与击实之前相比,颗粒级配不良现象已得到较大的改良。

3) 击实前后不同掺土量煤矸石的粒度分布分析对比

不同掺土量煤矸石击实前后的粒度分布对比分析见表 2-8。从表中可以看出,击实之前的掺土煤矸石粒度组成中粒径 5~20mm 的含量最大,累计含量可以达到 40%~45%,但与粒径在 20~40mm 的累计含量相差不大,而 5mm 以下含量低于 24%,颗粒组成上有一定的缺失现象。不同掺土量煤矸石击实前后的颗粒级配分析表明,击实作用对 20mm 以上的粒组含量影响较大,其中 20~40mm 粒组含量明显减少,颗粒破碎比例较大;5~20mm 粒组含量基本维持不变,但 5mm 以下的粒组含量明显增加。不同掺土量煤矸石击实之后粒组变化规律如下:

(1) 煤矸石经过击实作用后,粗颗粒在重锤作用下发生破碎,粗颗粒含量减少,细颗粒含量增加。

(2) 击实作用使颗粒破碎,进而使次一级粒组含量比例相对增加,最终导致 20mm 以上粒组含量明显减少,5mm 以下粒组含量明显增加,而中间粒组含量基本维持不变。

不同掺土量煤矸石在击实前后各粒组含量变化见图 2-7 和图 2-8。

表 2-8 不同掺土量煤矸石击实前后粒度分布对比

粒径范围/mm	击实前含量/%	击实后含量/%
20～40	36～43	16.9～22.8
5～20	40～45	37.3～42.8
<5	18～24	35.0～45.8

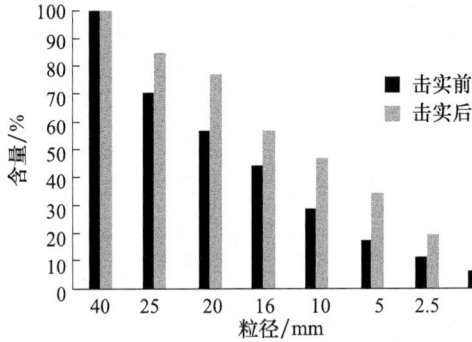

图 2-7 掺土 0%煤矸石击实前后的粒度分布对比

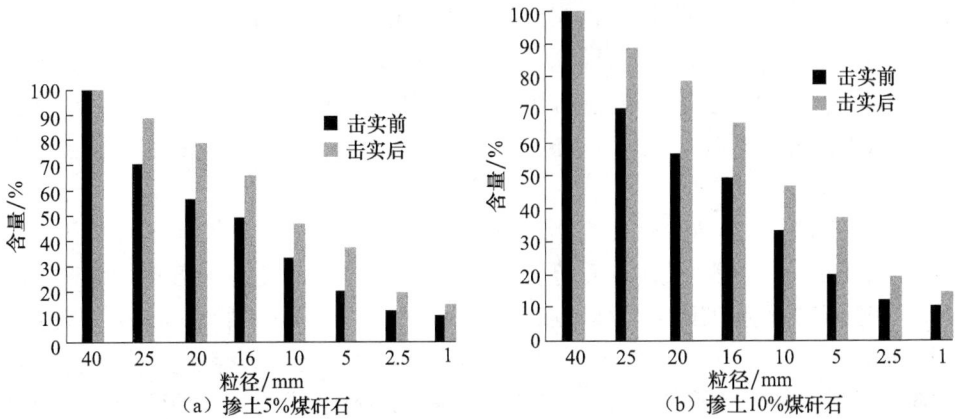

（a）掺土5%煤矸石

（b）掺土10%煤矸石

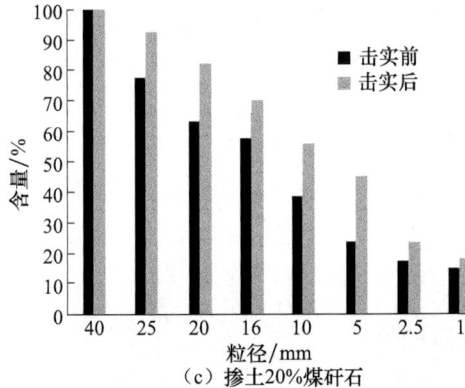

（c）掺土20%煤矸石

图 2-8 不同掺土量煤矸石击实前后各粒度分布对比图

由图 2-7 和图 2-8 可以看出,不同掺土量煤矸石击实前后,小于 25mm 的各粒组含量相对增加,其中粒径小于 25mm 的颗粒含量增加 14.2%~17.2%,粒径小于 10mm 的颗粒含量增加 14.5%~18.5%,粒径小于 5mm 的颗粒含量增加 17%~21.8%,颗粒破碎主要集中在 5mm 以上的矸石。

不同掺土量煤矸石击实前后的不均匀系数和曲率系数见表 2-9。

表 2-9　不同掺土量煤矸石击实前后不均匀系数和曲率系数

掺土量	不均匀系数 C_u		曲率系数 C_c	
	击实前	击实后	击实前	击实后
掺土 0%煤矸石	1.95	4.19	3.12	1.28
掺土 5%煤矸石	2.33	3.94	3.86	1.37
掺土 10%煤矸石	2.50	3.82	4.00	1.48
掺土 20%煤矸石	2.57	3.75	4.54	1.55

从表 2-9 可以看出,不同掺土量煤矸石的不均匀系数和曲率系数在击实前后有一定的变化:不均匀系数 C_u 击实后的数值比击实前的数值大,曲率系数 C_c 击实后的数值比击实前的数值小。因此,不同掺土量煤矸石经过击实之后,粒径分布逐渐变得不均匀,颗粒级配趋于良好,较大煤矸石颗粒之间的小空隙可由细颗粒填料填充。因此,湖南省娄底地区不同掺土量煤矸石经过击实之后,颗粒级配趋于良好,有利于碾压密实。

煤矸石粗颗粒破碎会促使其颗粒重新排列,使压实之后的煤矸石路基孔隙比减小,结构更趋于紧密,使煤矸石填筑路基在力学上更加稳定。但若对煤矸石路堤填料过度压实,颗粒破碎会持续增加,由于材料不断细化,粗颗粒所具备的“咬合作用”将减弱。但在正常施工过程中,对于夯实、碾压所产生的破碎,一般仅仅是孔隙比减小引起的强度增长占优势,不会出现因颗粒破碎造成的强度降低现象。通过不同掺土量(掺土 20%以内)煤矸石击实前后的颗粒级配分析,结合类似的工程实践经验,可以得到以下两个结论:

(1) 湖南省娄底地区不同掺土量煤矸石在击实、压密过程中,存在比较明显的颗粒破碎现象,使粗颗粒含量减少,细颗粒含量增加,级配趋于良好。

(2) 击实、压密作用改变了煤矸石的粒度组成,使其颗粒级配状况得到自我改善,从而提高煤矸石碾压密实度,这是煤矸石材料特有的性质。因此,煤矸石颗粒破碎特性有利于煤矸石在路基填料中的应用。

2.1.3　煤矸石液塑限试验

煤矸石材料具有粗粒土和细粒土的双重性质,如它易与水发生作用,其颗粒之间存在一定的黏聚力。但是,由于煤矸石的粗粒土颗粒强度低,易于破碎,所以煤矸石做路基填料,既不同于细粒土,也不同于碎石土。

煤矸石粗颗粒所占比例较高,细小颗粒所占比例较低,用于路基填料时压实度难以控制,但是在压实过程中,粗颗粒会碾压破碎,使颗粒级配条件不断得到改善,从而有效改善路基的压实度和力学性能。而煤矸石细颗粒与水发生作用后,颗粒之间存在一定的黏聚力,有利于煤矸石路基的碾压密实。因此,研究煤矸石的基本物理指标,可以改善煤矸石在施工过程中的控制指标,更好地保证煤矸石路基的施工可操作性以及安全性能,其中煤矸石的液塑限指标是决定煤矸石是否能作为路基填料的一个重要指标。

《公路路基施工技术规范》(JTG F10—2006)规定:液限大于 50、塑性指数大于 26 的土,以及含水率超过规定的土,不得直接作为路基填料。需要应用时,必须采取满足设计要求的技术措施,经检验合格后方可使用。因此,用煤矸石填筑路堤之前,必须确定煤矸石的液塑限指标在规范规定的范围以内。根据《公路土工试验规程》(JTG E40—2007)规定,土的液塑限试验常用的方法有两种:一种是用圆锥仪或者蝶式仪测定液限,用搓条法测定塑限的传统方法;另一种是用液塑限联合测定仪测定液塑限。本试验采用液限和塑限联合测定法(图 2-9),分别测出不同掺土量煤矸石的液塑限指标。

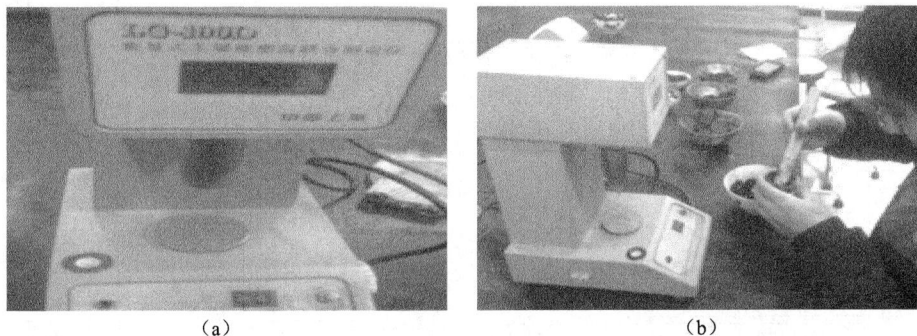

(a)　　　　　　　　　　　　　　(b)

图 2-9　LG-100D 数显式土壤液塑限联合测定仪

本试验对不同掺土量(掺土 0%、5%、10%、20%)煤矸石的液塑限进行测定,每个试验锥入深度和对应的含水率见表 2-10、图 2-10 和图 2-11。其中锥入深度取两次平行试验的平均值,并且同一试验的允许平行误差为 0.5mm,否则应该重做试验。每个含水率土样锥入深度试验结束后,分别取两个 10g 以上的土样测定含水率,含水率测量结果取其平均值。

表 2-10　　不同掺土量煤矸石锥入深度和含水率关系

掺土量		掺合土	掺土 0% 煤矸石	掺土 5% 煤矸石	掺土 10% 煤矸石	掺土 20% 煤矸石
锥入深度/mm	a	16.9	16.40	17.00	16.40	11.30
	b	8.4	8.90	9.10	8.90	7.00
	c	1.9	1.50	1.30	1.40	1.30
含水率/%	a	38.1	29.86	29.59	29.97	30.58
	b	29.2	25.25	25.54	25.98	27.24
	c	24.8	15.62	15.77	16.53	17.06

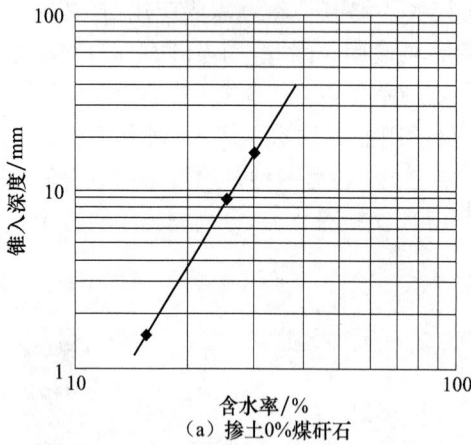

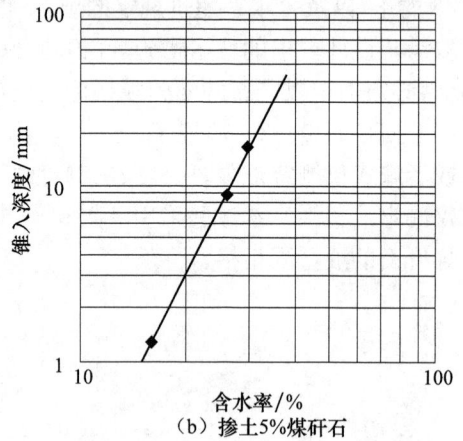

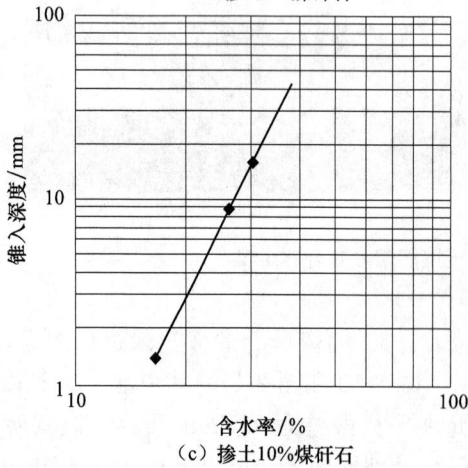

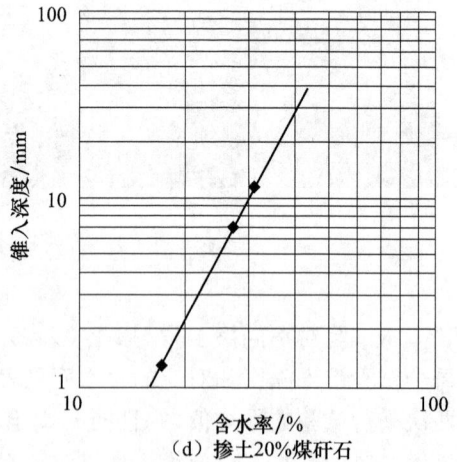

（a）掺土0%煤矸石

（b）掺土5%煤矸石

（c）掺土10%煤矸石

（d）掺土20%煤矸石

图 2-10　　不同掺土量煤矸石锥入深度和含水率关系曲线

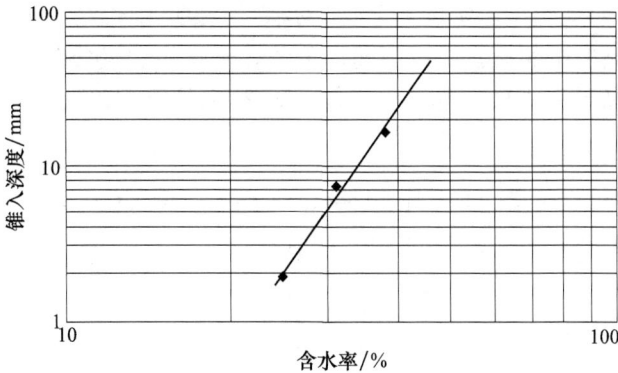

图 2-11　掺合土的锥入深度和含水率关系曲线

对不同掺土量煤矸石进行液塑限联合试验的目的是进行土的工程分类,用塑性指数 I_p 划分黏土,判断土的状态。不同掺土量煤矸石由可塑状态变为流动状态的界限含水量称为液限 ω_1,是煤矸石处于可塑状态的上限含水量。从半固态进入可塑状态的界限含水量是煤矸石成为可塑状态的下限含水量,即塑限 ω_p。塑性指数是指液限与塑限之差 $I_p(I_p=\omega_1-\omega_p)$,即土处在可塑状态的含水率变化范围,它是黏土塑性的量度。

由表 2-11 可知,掺合土的液限较高,塑限指数为 13.4;不同掺土量煤矸石的液限 ω_1、塑限 ω_p 随着掺土量的增加而逐渐增大,塑性指数 I_p 介于 13.1~14.5 区间,根据土的分类标准[2],该地区煤矸石及掺土煤矸石定名为低液限黏土(CL)。

表 2-11　不同掺土量煤矸石液塑限试验结果

掺土量	ω_1	ω_p	I_p
掺合土	38.2	24.8	13.4
掺土 0%煤矸石	29.9	16.8	13.1
掺土 5%煤矸石	30.6	17.0	13.6
掺土 10%煤矸石	32.4	19.3	13.1
掺土 20%煤矸石	34.1	19.6	14.5

2.1.4　煤矸石击实试验

击实试验是用锤击实土样以了解土压实性能的一种室内试验方法,此方法是用不同的击实功(锤重×落距×锤击次数)分别锤击不同含水率的土样,并测定相应的干密度,从而求得最大干密度及对应的最优含水率,为填土工程的设计、施工提供依据。试验过程所用的主要试验设备是击实仪,根据规范[3],目前我国通用的击实仪器有两种,即轻型击实仪和重型击实仪,并根据击实试样的最大粒径分别采用两种不同规格的击实筒。根据不同掺土量煤矸石的粒组分布可知,不同掺土量煤矸石的击实试验需要采用重型击实仪。表 2-12 是重型击实仪的主要技术参数指标。

表 2-12　重型击实仪的主要技术参数指标

类别	锤底直径 /cm	锤质量 /kg	试筒尺寸/cm		试验尺寸		每层击实	击实功 /(kJ/m³)	最大粒径 /mm
			内径	高	高度/cm	体积/cm³			
II-1	5	4.5	10.0	12.7	12.7	997	27	2687.0	20
II-2	5	4.5	15.2	17.0	17.0	2177	98	2677.2	40

试验时,不同掺土量煤矸石的最大允许粒径为 40mm,试验前,将试样中大于 40mm 的颗粒去除,并求其百分率,必要时需对试验所得的最大干密度和最优含水率进行校正[3]。把粒径不大于 40mm 的部分选出做击实试验,每组试验按四分法取典型试样至少五组(图 2-12),分别加不同水分,拌匀后焖料一夜备用。根据不同掺土量煤矸石颗粒分组情况,试验采用 II-2 试验方法做击实试验。

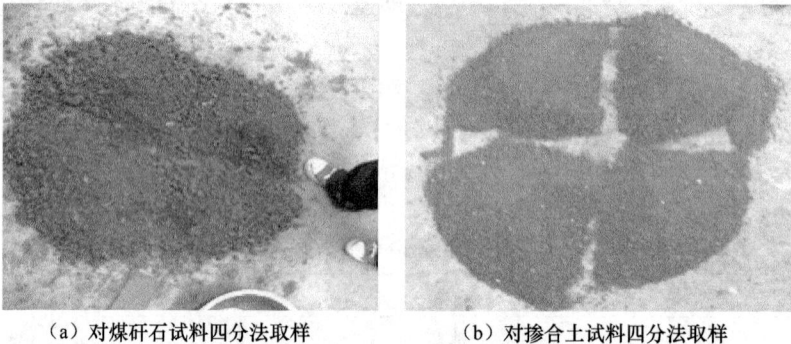

(a) 对煤矸石试料四分法取样　　　　(b) 对掺合土试料四分法取样

图 2-12　四分法取典型试样配置击实试样

击实试验过程见图 2-13,按规范[3]规定的试验步骤进行,试样击实完成后,对试样端部进行削刮、修补,称其质量,用推土器推出桶内试样(图 2-14),并从中心处取样测其含水率。根据试样的湿密度 ρ 和对应的含水率 ω,按式(2-1)计算击实后各击实试样的干密度 ρ_d:

$$\rho_d = \frac{\rho}{1 + 0.01\omega} \tag{2-1}$$

式中,ρ_d 为干密度(g/cm³),计算至 0.01;ρ 为湿密度(g/cm³);ω 为含水率(%)。

分别对不同掺土量煤矸石进行击实试验,对每组试样进行五次不同含水率测定试验,试验结果见表 2-13。以干密度为纵坐标、含水率为横坐标,绘制不同掺土

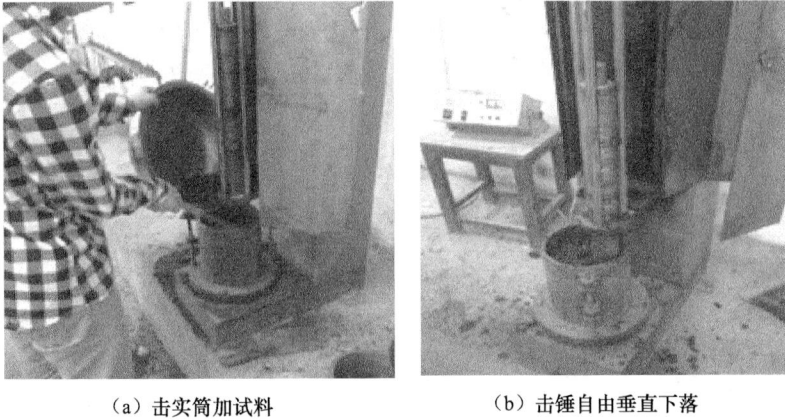

　　（a）击实筒加试料　　　　　　　　　　（b）击锤自由垂直下落

图 2-13　击实试验过程

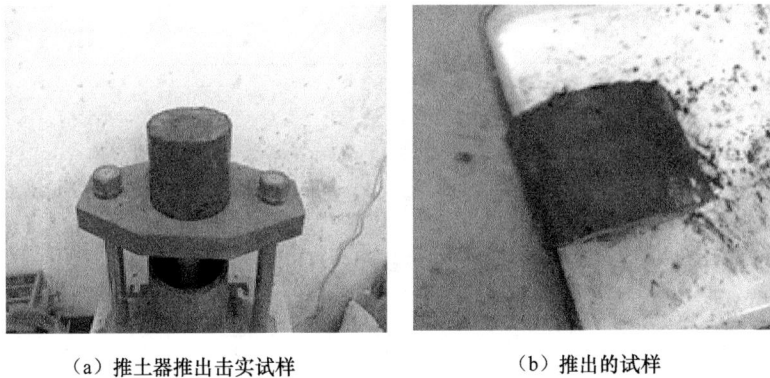

　　（a）推土器推出击实试样　　　　　　　（b）推出的试样

图 2-14　推土器推出筒内试样

量干密度和含水率之间的关系曲线（图 2-15），曲线上峰值点的纵、横坐标分别对应含土量相关的最大干密度和最优含水率。表 2-14 为不同掺土量煤矸石的最大干密度和最优含水率试验结果。

表 2-13　不同掺土量煤矸石含水率与干密度的关系

掺土量	筒号	1	2	3	4	5
掺土 0%煤矸石	含水率/%	4.20	5.36	5.84	6.47	6.99
	干密度/(g/cm³)	2.18	2.23	2.27	2.21	2.19
掺土 5%煤矸石	含水率/%	4.08	5.10	6.23	7.43	8.50
	干密度/(g/cm³)	2.16	2.19	2.23	2.17	2.10

续表

简号 掺土量		1	2	3	4	5
掺土 10%煤矸石	含水率/%	4.27	5.61	6.39	7.62	8.39
	干密度/(g/cm³)	1.94	2.14	2.17	2.16	2.14
掺土 20%煤矸石	含水率/%	7.37	9.75	10.4	10.95	12.8
	干密度/(g/cm³)	2.02	2.037	2.041	2.036	1.99

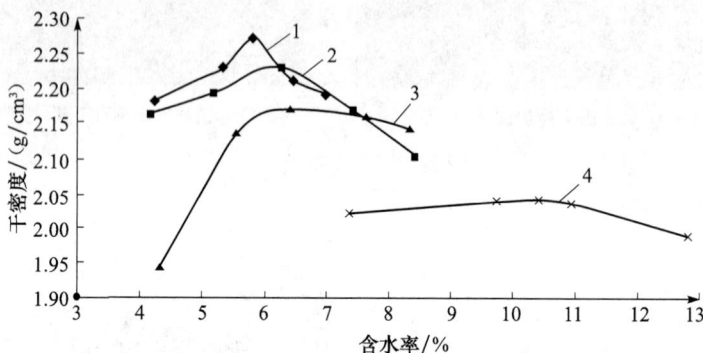

图 2-15　不同掺土量煤矸石干密度与含水率之间的关系曲线
掺土量:1-0%;2-5%;3-10%;4-20%

表 2-14　不同掺土量煤矸石最优含水率和最大干密度关系

掺土量	最优含水率 ω/%	最大干密度 ρ_d/(g/cm³)
掺土量 0%煤矸石	5.84	2.27
掺土量 5%煤矸石	6.23	2.23
掺土量 10%煤矸石	6.39	2.17
掺土量 20%煤矸石	10.40	2.04

　　由表 2-14 可以看出,掺土量 20%以内的煤矸石,其最大干密度随着掺土量的增加而减小,最优含水率随着掺土量的增加而增大。

　　由图 2-15 可知,随着掺土量增加,不同掺土量煤矸石的击实曲线变得相对平缓,说明其物理状态对含水量变化的敏感性降低,因此煤矸石中掺入土之后,在现场施工过程中更有利于控制碾压时路基填料的压实度。

2.1.5　煤矸石的 pH 及含硫量试验

　　对于煤矸石高路堤,一般会采用加筋挡土墙或者加筋土坡,所采用的筋材常见的有格宾网、土工格栅等。煤矸石化学元素中含有一定量的硫元素,其水溶液 pH 一般不为 7,这些因素对格宾网和土工格栅的耐久性会产生一定的影响。因此,对湖南省娄底地区煤矸石的 pH 以及含硫量进行研究,以期对煤矸石加筋路基的筋材设计提供一定的依据。

湖南省娄底地区煤矸石的含硫量和 pH 在中南大学化学成分分析中心测定,具体试验数据见表 2-15。

表 2-15　湖南省娄底地区煤矸石的含硫量和 pH

试样	含硫量/%	pH
煤矸石	0.65	7.51

煤矸石中的硫化物在路基砌筑以后主要以 H_2S、SO_4^{2-}、HS^- 和 S^{2-} 形式存在于煤矸石路基中,当路基中存在硫酸盐还原菌(SRB)[4]时,这种细菌会把硫酸根等离子还原成硫离子,从而进行大量的繁殖,加速煤矸石中埋设筋材的腐蚀速率。娄底地区的煤矸石中含硫量为 0.65%,与普通黏土中的含硫量相差不大,因此,在加筋煤矸石路堤筋材设计中,计算耐久性折减系数时不必特意考虑煤矸石的影响。

在加筋挡墙或加筋土坡设计中,筋材的耐久性折减系数与填土 pH 有关,具体折减系数见表 2-16。

表 2-16　格宾网的耐久性折减系数与填土 pH 的关系

填土 pH	折减系数
5≤pH≤8	1.15
3≤pH<5 或 8<pH≤10	1.30

注:表中格宾网指镀锌覆塑格宾网。

湖南省娄底地区的煤矸石 pH=7.51,因此在筋材设计中,筋材的耐久性折减系数可以取为 1.15。

2.2　煤矸石力学特性

煤矸石具有粗粒土和细粒土的双重特性,其中粗大颗粒含量较大,粒状体材料的力学特性受很多因素的影响,如材料自身的化学组成成分及物理特性、应力状态、试验条件、含水量、颗粒级配等。在试验过程中,任何条件的改变都可能引起粒状体材料力学特性的变化。因此,煤矸石的力学特性是由多种因素综合影响的结果。

2.2.1　煤矸石承载比试验

对不同掺土量煤矸石进行室内承载比(CBR)试验,其目的是测定不同掺土量煤矸石的相对强度和水稳定是否满足路基填料的基本要求。

　　CBR 试验通常按照路基施工时的含水率和压实度要求在规定试筒内制件后进行,试样加载前需在水面高出试件顶面 25mm 的水槽中浸泡四昼夜(图 2-16 和图 2-17),浸泡过程中试样顶面可施加环形砝码,待浸泡完成后,将试样放置在路基强度试验仪上进行贯入试验,见图 2-18。

 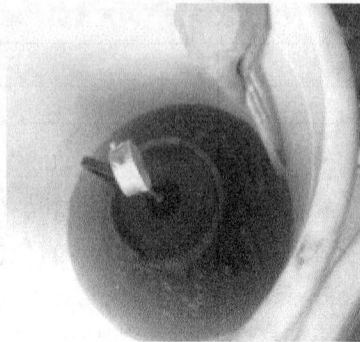

图 2-16　CBR 制样　　　　　　　　图 2-17　试样浸泡过程

 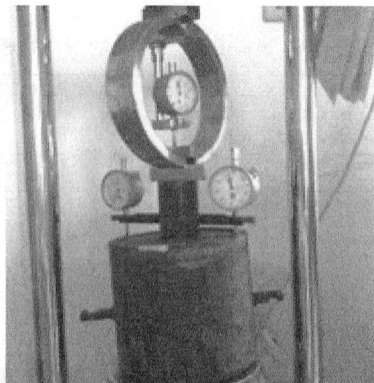

（a）　　　　　　　　　　　　（b）

图 2-18　CBR 贯入试验

　　为模拟不同掺土量煤矸石填料在路堤填筑过程中所处的最不利状态,CBR 试验时对试验采用 94% 的压实度,在试样浸泡和贯入过程中,为模拟路面结构对路堤的附加压力,在试样顶面施加四块环形荷载板。试样在浸泡期间,槽内水面应保持在试样顶面以上约 25mm,使水能自由地进入试样的顶部和底部。为避免偶然因素,对于相同掺土量和压实度的试样,每次试验制作三个相同的试样,在相同的条件下取平均值。试样在浸泡期间每天读取试样膨胀量(表 2-17),其中试样高度取同一组三个试样高度的平均值,以了解煤矸石材料吸水膨胀性能随时间的关系曲线(图 2-19)。

表 2-17　不同掺土量煤矸石 CBR 浸泡试验试样高度随时间变化关系

掺土量	天数	试样高度/mm	掺土量	天数	试样高度/mm
掺土 0% 煤矸石	0	120.000	掺土 10% 煤矸石	0	120.000
	1	120.174		1	120.811
	2	120.248		2	121.153
	3	120.296		3	121.291
	4	120.324		4	121.358
掺土 5% 煤矸石	0	120.000	掺土 20% 煤矸石	0	120.000
	1	120.318		1	121.167
	2	120.824		2	121.383
	3	121.135		3	121.442
	4	121.257		4	121.473

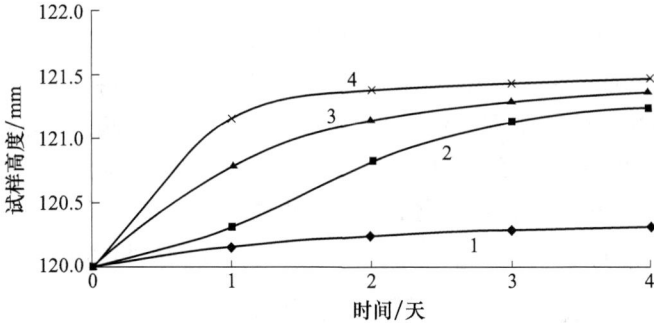

图 2-19　不同掺土量煤矸石试样高度随时间变化的关系曲线

掺土量:1-0%;2-5%;3-10%;4-20%

由表 2-17 和图 2-19 可知,压实度为 94% 的不同掺土量煤矸石浸泡之后,试样高度逐渐增加,三天时间试样高度基本达到稳定,因此规范规定的试样泡水四昼夜基本能使试样高度变化达到最大值。随着掺土量增加,掺土煤矸石试样的高度变化(膨胀量)逐渐增加;高度变化量为 0.324~1.473mm,试样刚浸泡时,试样高度变化较快,随着浸泡时间增加,高度变化速度逐渐变慢,三天后基本达到稳定,试样高度不再随浸泡时间而增加。

每组试样经过四昼夜泡水之后,读取试样上百分表最终读数,用式(2-2)计算膨胀量:

$$膨胀量 = \frac{泡水后试样高度变化}{试样原高度(=120\text{mm})} \times 100 \qquad (2\text{-}2)$$

不同掺土量煤矸石浸泡过程的膨胀量见表 2-18。浸泡试验结束后,从水槽中取出试样,倒出试样顶部的水,静止 15min,使其自由排水,然后卸去附加荷载、多孔板、底板和滤纸,称重,计算浸泡过程中不同掺土量煤矸石试样的吸水量,结果取同一组试样的平均值,计算结果见表 2-19。

表 2-18　不同掺土量煤矸石浸泡过程的膨胀量

掺土量	试样原始高度/mm	试样最终高度/mm	膨胀量/%
掺土 0%煤矸石	120	120.324	0.27
掺土 5%煤矸石	120	121.257	1.05
掺土 10%煤矸石	120	121.358	1.13
掺土 20%煤矸石	120	121.473	1.22

表 2-19　煤矸石及不同掺土煤矸石浸泡过程吸水量

掺土量	平均吸水量/g	掺土量	平均吸水量/g
掺土 0%煤矸石	80	掺土 10%煤矸石	172
掺土 5%煤矸石	138	掺土 20%煤矸石	261

从表 2-18 和表 2-19 可以看出,随着掺土量增加,煤矸石试样的膨胀量逐渐增大,浸泡过程的吸水量也逐渐增大。但即使掺土 20%的煤矸石材料,在模拟路基最不利荷载作用下的受力状态,膨胀量仅有 1.22%,小于 3%,可以用于公路路基填料[5]。

最后,在路面材料强度试验仪上分别对试样进行贯入试验,以单位压力为横坐标、贯入量为纵坐标,绘制荷载压强-贯入量曲线。CBR 的计算分为两步。一般采用贯入量为 2.5mm 时的单位压力与标准压力之比作为材料的承载比,即

$$CBR = \frac{P}{7000} \times 100 \tag{2-3}$$

式中,CBR 为承载比(%),计算至 0.1;P 为单位压力(kPa)。

同时计算贯入量为 5mm 时的承载比:

$$CBR = \frac{P}{10500} \times 100 \tag{2-4}$$

如果贯入量大于 5mm 的承载比大于 2.5mm 的承载比,则应重做试验,如果结果仍然如此,则采用 5mm 时的承载比。不同掺土量煤矸石的 CBR 见表 2-20。试验采用的试样压实度均为 94%,CBR 取同一组三个试样的平均值。

表 2-20　不同掺土量煤矸石的 CBR

掺土量	CBR/%	掺土量	CBR/%
掺土 0%煤矸石	8.4	掺土 10%煤矸石	5.5
掺土 5%煤矸石	6.7	掺土 20%煤矸石	5.2

由表 2-20 可知,随着掺土量增加,煤矸石的 CBR 逐渐减小;掺土量在 20%以内的煤矸石,其 CBR 为 5.2~8.4,因此该类填料作为高速公路路基填料完全符合公路填料的要求[6]。

2.2.2　煤矸石直剪试验

煤矸石颗粒级配表明,煤矸石粗颗粒和中间粒径含量较高,细颗粒($d<2mm$)的颗粒含量较低,级配不良。煤矸石的力学性能是由粗颗粒和细颗粒共同作用的结果;而且煤矸石与一般碎石类土性能不同,煤矸石在碾压击实过程中,粗大颗粒会发生破碎,细颗粒含量增加,级配条件会得到不断的改善,从而有效提高煤矸石的压实度。国内外学者就模拟现场不同工况和不同含水量的影响,对煤矸石进行了大量的室内模拟直剪试验[7,8],得到了煤矸石的应力应变曲线以及内摩擦角和黏聚力的关系曲线。但是上述试验由于试验设备的限制,仅仅做了粒径小于20mm甚至小于5mm的试样,对粗颗粒的研究较少。

为了研究安邵高速路段煤矸石在实际工程条件下的工程力学特性,探究其本构模型的具体形式,本节开展了煤矸石大型刚性直剪试验。试验采用中南大学的大型直接剪切试验仪(简称"直剪仪"),其型号为TAW-800(图2-20),主要技术参数见表2-21。

（a）正面图　　　　　　　　　　　（b）侧面图

图 2-20　大型直剪仪

表 2-21　大型直剪仪的主要技术参数

设备型号	TAW-800	
主要技术指标	最大轴力	800kN
	最大水平力	400kN
	轴向活塞最大位移	600mm
	水平活塞最大距离	300mm
	上剪切盒尺寸	500mm×500mm×150mm
	下剪切盒尺寸	500mm×500mm×150mm
设备功能	粗粒土直剪试验	
	土与结构物的剪切试验	
	加筋土力学参数试验	

依据公路土工试验相关规程，模拟现场煤矸石路基的压实度，进行煤矸石的大型刚性直剪试验。试验过程人为剔除粒径大于 60mm 的颗粒，采用四分法取典型试样，按照试料的最优含水量配制试样，制样的压实度为 94%，利用模型中样本的高度控制压实度。在剪切过程中，法向应力分别设定为 100kPa、200kPa、300kPa，水平剪切速度为 1mm/min，每个试验共剪切 80mm。由于试样剪切过程中有效抗剪面积一直在减小，需要通过调整法向荷载的线性变化，才能保证法向应力不变。煤矸石剪应力 τ 与剪切位移 u 之间的关系曲线见图 2-21。

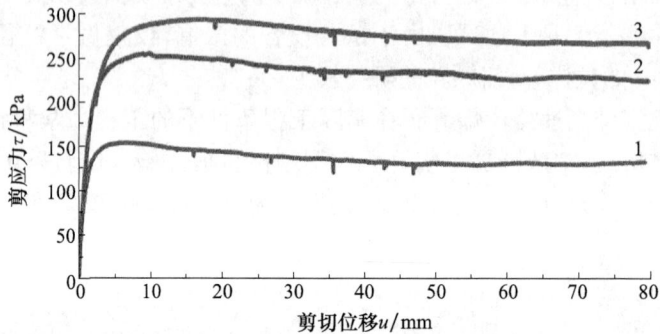

图 2-21 煤矸石剪应力与剪切位移的关系曲线
1-100kPa；2-200kPa；3-300kPa

由于煤矸石是由松散的大小颗粒组成的，煤矸石的变形主要不是由颗粒本身孔隙率的缩小造成的，而是由颗粒之间相对位置的变化造成的。正因为这样，在不同应力水平下由相同应力增量而引起的应变增量也就不会相同，从而剪应力与剪切位移曲线呈现非线性关系。从图 2-21 中可以看出，三组法向应力作用下的剪应力 τ 与剪切位移 u 之间的关系曲线变化趋势大致相同，都呈现明显的前后两段曲线的变化规律：前一阶段随着剪切位移增加，剪应力迅速增大，这一阶段称为应变硬化；后一阶段当剪切位移达到一定值时，曲线变得平缓，这一阶段称为应变软化。三组应力水平下的曲线都出现了剪应力峰值。出现峰值之后，随着剪切位移增加，剪应力反而慢慢减小，但是减小幅度较小。这是由于煤矸石中含有的粗颗粒含量较多，而且颗粒硬度小，所以剪切过程易于破碎；煤矸石粒组中含有一部分细颗粒，这些细颗粒很像黏土，特别是在碾压夯实之后，细颗粒含量相对较多，剪切过程即使出现剪胀现象，剪应力的峰值强度与峰值后的残余强度相差不大。剪应力 τ 与剪切位移 u 之间的关系曲线主要呈现硬化性。剪切过程部分曲线有锯齿状，这是由剪切面上较大的煤矸石颗粒被剪断或者剪碎的瞬间，剪应力瞬间变小造成的。

国内外学者提出了许多土的抗剪强度公式，有著名的库仑公式、德莫洛（de Mello）公式、邓肯公式等。关于煤矸石的本构模型的研究甚少，在大型刚性直剪试验的基础上,提出煤矸石的本构模型与模型参数,是对煤矸石路堤和加筋煤矸石路基进行沉降、边坡稳定数值分析的基础[9-16]。东南大学经过试验得到的不同围压下的破坏剪切应力分别用库仑公式、德莫洛公式、邓肯公式进行参数拟合说明:库仑公式、德莫洛公式拟合中,其相关系数都在 0.998 以上,而邓肯公式拟合系数相对较低,但也在 0.90 以上[17-19]。考虑到煤矸石中含有一定黏聚力的细颗粒,德莫洛公式虽然拟合性较好,但该公式不能反映出颗粒间黏聚力,因此煤矸石的抗剪强度公式还是采用库仑公式最为合适。抗剪强度公式定义为

$$\tau_{cg} = c_{cg} + \sigma_n \tan\varphi_{cg} \tag{2-5}$$

式中,τ_{cg} 为煤矸石剪切力;c_{cg} 为煤矸石黏聚力;σ_n 为作用在界面上的法向应力;φ_{cg} 为煤矸石内摩擦角。

根据大型刚性直剪试验结果(表 2-22),绘制煤矸石峰值抗剪强度与垂直压力的关系如图 2-22 所示。由图可知,$c = 93.70$kPa,$\tan\varphi = 0.699$,所以 $\varphi = 34.98°$,拟合系数为 0.939。需要说明的是,本试验所测得的黏聚力为广义黏聚力,不仅是大小颗粒之间的联结力,还有大颗粒煤矸石剪切破坏时的咬合力,因此会偏大。

表 2-22　大型刚性直剪试验结果

垂直压力/kPa	峰值应力出现的位置/mm	峰值抗剪强度/kPa	残余抗剪强度/kPa
100	6.90	153.44	131
200	9.97	254.11	223
300	17.41	293.38	264

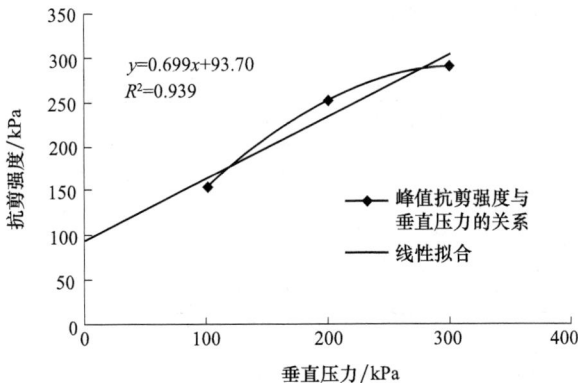

图 2-22　峰值抗剪强度与垂直压力的关系

根据大型刚性直剪试验结果(表 2-22),绘制煤矸石残余抗剪强度与垂直压力的关系曲线如图 2-23 所示。由图可知,$c = 73$kPa,$\tan\varphi = 0.665$,所以 $\varphi = 31.6°$,拟合系数为 0.953。

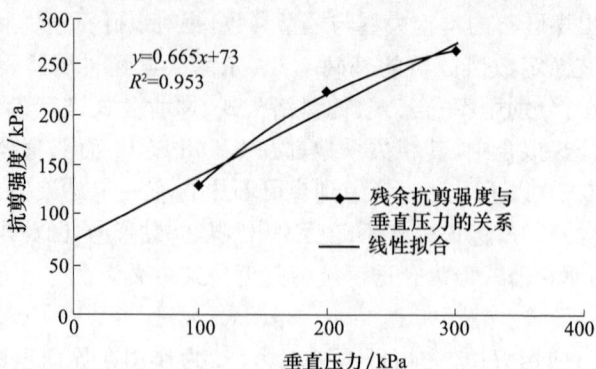

图 2-23　残余抗剪强度与垂直压力关系

2.2.3　不同掺土量煤矸石物理指标之间的关系

通过不同掺土量煤矸石的基本物理指标试验过程不难发现,有些物理指标的测试相对简单容易,有些物理量的测试相对困难。例如,在常规试验中,含水率的测试比较简单,相对于干密度,液塑限测试简单一些,CBR测试复杂一些,因此通过对不同掺土量煤矸石基本物理量的测量,力求得出煤矸石不同物理参数之间的关系,并利用统计回归分析,得出不同煤矸石参数之间的相关曲线、相关方程以及相关系数。通过建立不同参数之间的数学回归关系式,为煤矸石填料参数之间的换算和检验提供了一定的依据。

表 2-23 给出了不同掺土量煤矸石不同的液塑限、干密度、最优含水率、CBR,根据这些参数,对不同参数之间的关系曲线做进一步探究。

表 2-23　不同掺土量煤矸石的基本物理参数

掺土量	液限/%	塑限/%	最优含水率/%	最大干密度/(g/cm³)	CBR/%
掺土 0%煤矸石	29.9	16.8	5.84	2.27	8.4
掺土 5%煤矸石	31.6	17.0	6.23	2.23	6.7
掺土 10%煤矸石	32.4	19.3	6.39	2.17	5.5
掺土 20%煤矸石	34.1	21.2	10.40	2.04	5.2

1) 液塑限与最优含水率之间的相关关系

图 2-24 为煤矸石液塑限参数与最优含水率之间的关系曲线,从图中可以看出,液限 ω_l 与最优含水率 ω 之间存在良好的非线性关系,$\omega = 0.4259\omega_l^2 - 26.202\omega_l + 408.59$,相关系数 $R^2 = 0.9823$;塑限 ω_p 与最优含水率 ω 之间同样存在良好的非线性关系,$\omega = 0.4405\omega_p^2 - 15.767\omega_p + 146.66$,相关系数 $R^2 = 0.988$。计算不难发现,对于液限为 31%、塑限为 18%的煤矸石,最优含水率最小,最小

值约为 5.5%。

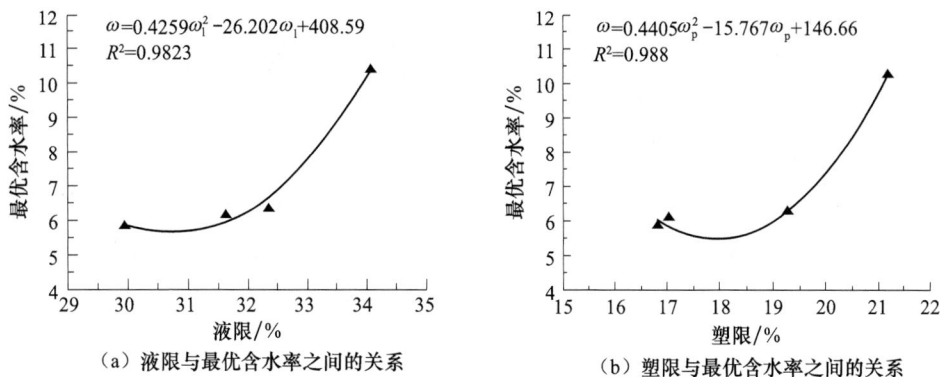

（a）液限与最优含水率之间的关系　　（b）塑限与最优含水率之间的关系

图 2-24　煤矸石液塑限与最优含水率之间的关系曲线

2）液塑限与最大干密度之间的相关关系

图 2-25 为煤矸石液塑限参数与最大干密度之间的关系曲线,从图中可以看出,液限 ω_l 与最大干密度 ρ_d 之间存在良好的线性关系,$\rho_d = -0.0555\omega_l + 3.9526$,相关系数 $R^2 = 0.9289$;塑限 ω_p 与最大干密度 ρ_d 之间同样存在良好的线性关系,$\rho_d = -0.047\omega_p + 3.0505$,相关系数 $R^2 = 0.9521$。

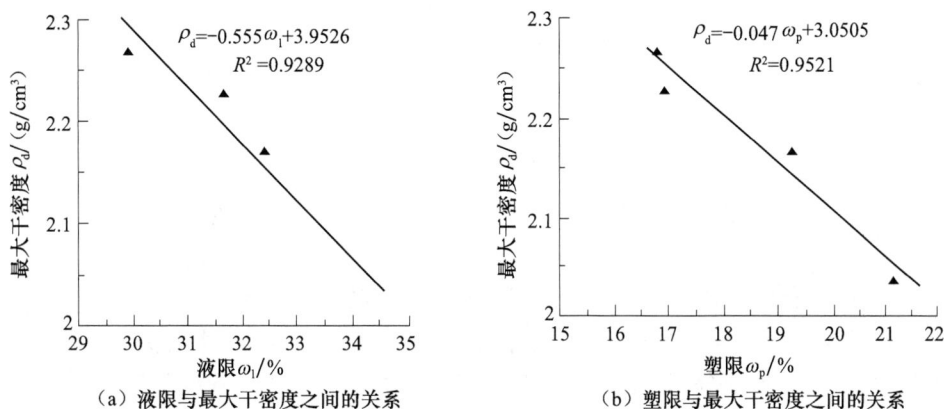

（a）液限与最大干密度之间的关系　　（b）塑限与最大干密度之间的关系

图 2-25　煤矸石液塑限与最大干密度之间的关系曲线

3）液塑限与 CBR 之间的相关关系

图 2-26 为煤矸石液塑限参数与 CBR 之间的关系曲线,从图中可以看出,液限 ω_l 与 CBR 之间存在良好的非线性关系,$CBR = 0.1647\omega_l^2 - 11.329\omega_l + 199.94$,相关系数 $R^2 = 0.9734$;塑限 ω_p 与 CBR 之间同样存在着良好的非线性关系,$CBR = 0.2006\omega_p^2 - 8.1881\omega_p + 88.693$,相关系数 $R^2 = 0.8374$。

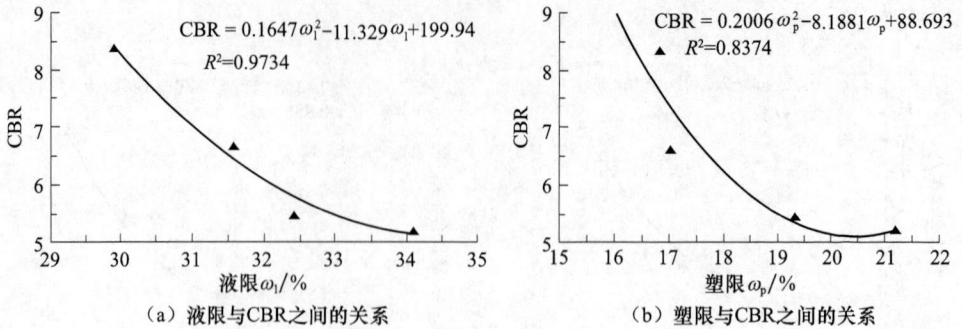

（a）液限与CBR之间的关系　　　　　　（b）塑限与CBR之间的关系

图 2-26　煤矸石液塑限与 CBR 之间的关系曲线

4）最大干密度与 CBR 之间的相关关系

图 2-27 为最大干密度与 CBR 之间的关系曲线，从图中可以看出，最大干密度 ρ_d 与 CBR 之间存在良好的非线性关系，$\mathrm{CBR}=120.34\rho_d^2-505.15\rho_d+534.92$，相关系数 $R^2=0.9932$。

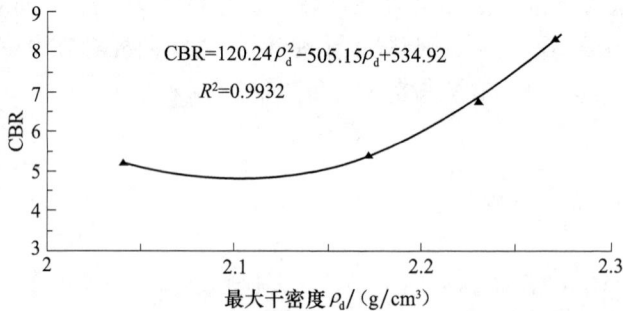

图 2-27　煤矸石最大干密度与 CBR 之间的关系曲线

5）煤矸石细颗粒抗剪强度随干密度和含水量的变化关系

抗剪强度大小与材料的干密度、含水量、颗粒级配等都有很大的关系。煤矸石颗粒级配不良，粒度分布范围较大，其中粗颗粒含量较多，细颗粒含量较少，但由于粗颗粒强度低，易于破碎，在碾压击实过程中，粗颗粒含量减少，细颗粒含量增加，因此在研究煤矸石粗颗粒的基础上，应该考虑煤灰细颗粒的力学性质。

为了研究不同干密度和不同含水量条件下煤矸石细颗粒的抗剪强度变化情况，对煤矸石细颗粒进行常规的直接剪切试验。本试验采用直接剪切（四联剪）仪对粒径小于 2mm 的细颗粒煤矸石进行抗剪强度特性试验。试验方法采用不固结不排水快速剪切试验，法向应力分别设定为 100kPa、200kPa、300kPa；剪切速度为 0.8mm/min。

不同干密度、相同含水率的直接剪切试验强度参数见表 2-24。直接剪切试验强度公式用库仑公式近似：

$$\tau_{ash} = c_{ash} + \sigma_n \tan\varphi_{ash} \tag{2-6}$$

式中，τ_{ash} 为煤矸石剪切力；c_{ash} 为煤矸石黏聚力；σ_n 为作用在剪切面上的法向应力；φ_{ash} 为煤矸石内摩擦角。

表 2-24　不同干密度相同含水率细颗粒煤矸石的强度参数

干密度/(g/cm³)	含水量/%	强度参数		相关系数
		黏聚力/kPa	内摩擦角/(°)	
2.03	20	33.04	21.32	0.964
1.93	20	27.58	19.95	0.999
1.83	20	21.23	19.25	0.959
1.73	20	15.77	16.91	0.999
1.63	20	12.13	15.78	0.991

相同干密度、不同含水量的直接剪切试验强度参数见表 2-25，计算公式仍为式(2-6)。

表 2-25　相同干密度、不同含水量细颗粒煤矸石的强度参数

干密度/(g/cm³)	含水量/%	强度参数		相关系数
		黏聚力/kPa	内摩擦角/(°)	
1.83	19	33.33	21.15	0.946
1.83	18	27.62	22.22	0.983
1.83	17	26.13	24.28	0.992
1.83	16	25.60	25.37	0.979
1.83	15	21.41	25.96	0.993
1.83	14	18.96	26.65	0.945
1.83	13	14.57	26.76	0.967

由表 2-24 和表 2-25 不难看出，随着干密度减小，煤矸石细颗粒的黏聚力和内摩擦角均出现不同程度的减小，其中黏聚力相比下降得非常明显，这是由于干密度减小，相同煤矸石的压实度降低，煤矸石颗粒之间的咬合力和黏合力减小，强度参数减小。因此，在煤矸石路基填筑过程中，必须保证施工过程的压实度和干密度达到设计要求。相同干密度的煤矸石细粒，在含水量为 13%～19% 时，随着含水量的减少，黏聚力减小，但内摩擦角增大，这是因为含水量降低，煤矸石之间的黏合力减小，但由于水的"润滑"作用减弱，煤矸石颗粒之间的摩擦作用增强，内摩擦角增大。

煤矸石的强度参数是由细颗粒和粗颗粒共同作用的结果，对于煤矸石这样的

特殊材料,工程中采用简单的小尺寸常规土工试验得到的强度参数比煤矸石实际的强度参数指标小,设计之前应该利用当地的煤矸石材料做大尺寸的非常规土工试验来获得强度参数,这样既确保了工程的安全性,又避免了不必要的浪费。

2.2.4　煤矸石的水稳性

1) 煤矸石的自由膨胀率试验

自由膨胀率为松散的烘干土粒在水中和空气中分别自由堆积的体积差与在空气中的堆积体积之比,用百分数表示,用于判断无结构力的松散土粒在水中的膨胀特性,其目的是测定黏土在无结构力学影响下的膨胀潜力,初步评价黏土的胀缩性,它与黏土的矿物成分、胶粒含量、化学成分和水溶液性质等有着密切的关系。

图 2-28　煤矸石自由膨胀率试验

根据路基填料中对膨胀土的使用规定,煤矸石用于路基填筑时,自由膨胀率应小于 40%,由于娄底地区煤矸石矿物成分中含有少量的蒙脱石和伊利石,所以应对该地区的煤矸石做自由膨胀率试验。

取娄底地区典型煤矸石进行自由膨胀率试验,根据《公路土工试验规程》(JTG E40—2007)规定,对试样碾碎、筛分、烘干、称量,放在加有 5mL 5% 的氯化钠溶液的量筒中,待土样沉积后每隔 2h 读数一次(图 2-28),并计算膨胀率,计算结果见表 2-26。

表 2-26　娄底地区煤矸石自由膨胀率试验

土样名称	土样编号	干土质量/g	不同时间的体积/cm³				自由膨胀率/%	
			2h	4h	6h	8h	δ_{ef}	平均值
煤矸石	1	9.81	13.4	13.2	13.1	13.0	30	29.5
	2	9.80	13.2	13.1	13.0	12.9	29	

由表 2-26 可知,娄底地区煤矸石自由膨胀率为 29.5%,为弱膨胀性,满足规范对膨胀率的要求,因此娄底地区煤矸石可用于路堤填筑。

2) 煤矸石的崩解性试验

引起煤矸石路基膨胀性破坏的原因有两种:一种是煤矸石小颗粒遇水后结合水膜增厚而引起的,称为粒间膨胀性,可以通过自由膨胀率试验测定粒间膨胀性的强弱;另一种是煤矸石大颗粒中含有的黏土矿物遇水后,水进入矿物的结晶格子层间而引起的,称为内部膨胀。对于煤矸石,其多为碎石状、角砾状,小于 1mm 的颗粒一般在 10% 以下,所以其发生粒间膨胀的可能性很小,自由膨胀率小于 40%,而内部膨胀性则是煤矸石膨胀性研究的关键所在,研究煤矸石内部膨胀性是通过煤矸石崩解性试验进行的。

在湖南省娄底地区煤矸石中选择四块典型试样,试样要求无裂隙,放入水中浸泡,计算浸泡 1d、5d、15d、30d 的崩解量(累计百分比),试验结果见表 2-27。

表 2-27　湖南娄底地区煤矸石崩解量

天数/d	1	5	15	30
累计崩解量/%	1.2	9.6	18.3	25.9

由表 2-27 可知,随着时间增加,湖南省娄底地区的煤矸石崩解量逐渐增加,在水中浸泡 30d 的煤矸石试样崩解量达到 25% 以上,呈现出较强的崩解性,因此在煤矸石路基施工过程中,采用包边等方法防止降水浸入路基土中,对减弱煤矸石崩解性是很有必要的。

3) 煤矸石遇水温度变化分析

温度变化会影响煤矸石路基中筋材的变形及耐久性等,如温度过高有可能使筋材受拉变形滞后,从而对加筋挡墙加筋边坡稳定性产生一定的影响,因此在加筋煤矸石路基设计中,煤矸石遇水温度变化情况对加筋煤矸石路基设计有一定的指导意义。试验发现,煤矸石遇水之后的温度变化很小,最大变化为 0.2～0.3℃,这个变化对筋材变形的影响可以忽略,因此加筋煤矸石路基设计过程中,可以不考虑煤矸石遇水温度变化的影响。

控制浸泡时间、固液比、pH 分别对煤矸石进行浸泡试验,测定煤矸石浸泡液中的主要重金属成分、硝酸盐、硫酸盐等含量以及 pH、总硬度和溶解性总固体的值。最后,根据三种浸泡试验分析污染物的析出特性和对地下水可能造成的影响。

2.3　煤矸石浸泡特性

2.3.1　浸泡时间对污染淋溶特性的影响

浸泡液的污染物浓度如表 2-28 所示。从表中可以看出,几种金属、硫酸盐和硝酸盐的浸出浓度均随着浸泡时间的增加而升高,且在 48h 时煤矸石中污染物在水体中的溶解基本达到平衡,各污染浸出量均达到一定的峰值。在水体 pH 为中性的情况下,该煤矸石中浸出微量重金属 Zn、Mn 和 Cu,一定量的总 Fe、Ca 和 Mg,有毒重金属 Cr(VI)、Cd、Pb 等的检出浓度均低于 10^{-4} mg/L,而硫酸盐和硝酸盐的浸出浓度较高,可视为煤矸石中的主要浸出污染物。随着浸泡时间的延长,各金属离子浓度均呈指数增加趋势,浓度最大的 Ca、K、Mg、Na 的拟合公式分别为 $y=0.5192e^{0.0708x}$、$y=1.4393e^{0.0206x}$、$y=0.1016e^{0.078x}$、$y=1.0243e^{0.0083x}$,R^2 为 0.9621～0.9799。

表 2-28　不同浸泡时间下煤矸石浸泡液中金属和酸根离子的浓度变化（单位：mg/L）

浸泡时间/h	Zn	Mn	Cu	Fe	Ca	Mg	硫酸盐	硝酸盐	pH[①]
3	0.01	0.01	ND[②]	0.01	16.47	2.94	73.04	11.19	5.8
6	0.01	0.01	ND	0.01	19.32	3.16	88.03	18.35	6.2
12	0.01	0.01	ND	0.02	24.31	3.73	103.21	26.43	6.9
24	0.02	0.01	ND	0.03	25.13	3.68	133.64	40.88	7.0
36	0.01	0.01	ND	0.03	24.48	3.46	141.32	41.25	7.2
48	0.03	0.01	0.01	0.16	26.71	3.99	159.82	44.75	7.2
60	0.03	0.01	0.01	0.18	27.09	4.04	162.31	46.09	7.3
72	0.03	0.01	0.01	0.18	27.41	4.12	162.93	46.28	7.3

① 浸泡后的 pH；
② 低于检出限的金属离子浓度。

根据浸泡后的 pH，浸泡开始阶段取得的液体试样呈弱酸性，随着浸泡时间的延长，浸泡液的 pH 也不断上升，经过 48h 后的浸泡液 pH 呈中性偏碱。马芳等研究过不同风化程度对煤矸石 pH 变化的影响，结果表明，几种风化后的煤矸石表层积盐作用均不明显，浸泡液的 pH 先降低后升高，均属于中性偏碱范围。这是由于经过风化的煤矸石表层容易形成硫化物、有机硫等物质，在浸泡的前期溶解在水体中会产生部分硫酸，使得浸泡液呈酸性；而经过长时间的浸泡，煤矸石中的大量 Ca、Mg、K 等碱金属化合物也易释放并溶解于水体中，使浸泡液的 pH 有所上升。

2.3.2　固液比对污染淋溶特性的影响

浸泡试验中的固液比对煤矸石中污染物的释放规律有着较大的影响，如表 2-29 所示数据（未检出离子未列出）。随着固液比由 1∶20 降低至 1∶2.5，除 B、Fe、Mn、Cu 均未检出，其他各离子浓度升高；Ca 离子浓度受影响最为明显，Na 离子浓度变化相对平稳。固液比的选择对阴离子析出影响明显。

表 2-29　不同固液比下煤矸石浸泡液中金属和酸根离子的浓度变化（单位：mg/L）

固液比	Zn	Mn	Cu	Fe	Ca	Mg	硫酸盐	硝酸盐
1∶20	0.03	ND	ND	0.03	18.63	2.54	86.13	25.02
1∶10	0.03	0.01	0.01	0.16	26.71	3.99	159.82	44.75
1∶5	0.10	0.01	0.01	3.57	48.26	7.26	344.41	73.70
1∶2.5	0.16	0.01	0.01	4.28	83.25	8.95	603.37	143.2

由上可知，随着固液比的增加，煤矸石中金属、硫酸盐和硝酸盐的析出浓度均逐渐增大，而污染物析出量的增长趋势有所减缓，污染溶解释放速率降低，单位质量煤矸石的污染溶解释放量变小。可见，煤矸石中污染物的溶解释放规律受扩散

控制,污染物的固液比越大,越不利于煤矸石中污染物质的析出。狄军贞等[20]对不同风化程度的煤矸石在不同固液比条件下的污染溶解释放规律进行过研究,结果表明浸泡试验中的固液比越小,浸泡液的污染物浓度越低,浓度梯度变大,污染物的溶解释放速率增大;反之,浸泡液中污染物的浓度越高,浓度梯度变小,溶解释放速率减小。

当自然降雨量增加,即固液比变小时,煤矸石中污染物的溶解释放速率增大,也增加了金属、硝酸盐等污染物进入地下水和土壤的可能性和危害性。

2.3.3　pH 对污染淋溶特性的影响

当水体 pH 较低时,煤矸石处于酸性环境中较中碱性环境容易释放更多硫酸盐、硝酸盐等无机盐类污染物,并溶解析出一定量的重金属(Zn、Mn、Cu)、总 Fe、Ca 和 Mg。表 2-30 中数据显示,pH=3 时单位质量煤矸石所释放的污染物量大于 pH=5 时的单位释放量。水体的酸度越大,污染释放速率越大。自然降雨的 pH 在 5.6 左右,在这种偏酸性的雨水长时间的冲刷和浸泡下,作为铺路材料的煤矸石很容易溶解释放出各类金属和酸根离子等污染物质,从而增加了污染物入渗土壤和地下水的风险。对于 NO_3^-,碱性是最为稳定的环境,其离子浓度在 pH=9 时为 53.40mg/L,pH=3 或 5 时分别为 61.16mg/L 和 56.12mg/L。对于 SO_4^{2-},中性或弱酸性最为稳定,pH=5 时浓度为 209.14mg/L,而 pH=3 时浓度升高至 211.83mg/L,pH=9 时升高至 263.16mg/L。

表 2-30　不同初始 pH 下煤矸石浸泡液中金属和酸根离子的浓度变化(单位:mg/L)

pH	Zn	Mn	Cu	Fe	Ca	Mg	硫酸盐	硝酸盐
3	0.38	0.02	0.01	6.85	80.92	8.32	211.83	61.16
5	0.07	0.01	0.01	3.81	46.61	6.03	209.04	56.12
7	0.03	0.01	0.01	0.16	26.71	3.99	159.82	44.75
9	ND	0.01	ND	0.21	11.92	2.23	263.16	53.40

狄军贞等也研究过不同酸度条件下煤矸石中污染物的析出特性,也得到了类似的试验结果,酸度越高越有利于煤矸石中污染物的溶解释放。在煤矿区,燃煤污染大气更容易造成酸雨,会加速煤矸石中污染物的析出。

2.3.4　浸泡前后煤矸石微观结构变化

本节对浸泡前后的煤矸石进行了 SEM 分析,其 SEM 照片如图 2-29 所示。由图可知,煤矸石经浸泡后,其颗粒更为紧密,说明长期雨水浸泡可能会改变煤矸石的结构性能。

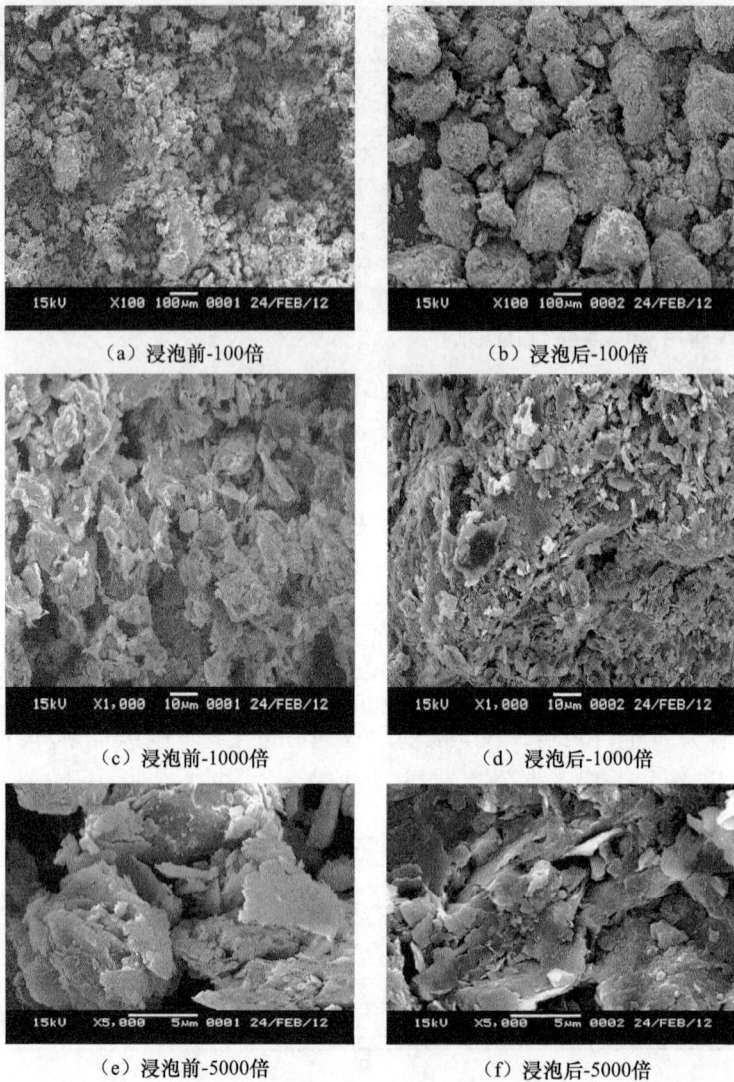

（a）浸泡前-100倍　　　　　　　（b）浸泡后-100倍

（c）浸泡前-1000倍　　　　　　　（d）浸泡后-1000倍

（e）浸泡前-5000倍　　　　　　　（f）浸泡后-5000倍

图 2-29　煤矸石浸泡前后 SEM 照片

2.4　双绞合六边形钢丝网材料特性

2.4.1　双绞合六边形钢丝网的物理特性

双绞合六边形钢丝网是一种生态网格结构,它是由六边形的网格构成的,并由相邻的钢丝两两绞合,再分别和左边及右边的钢丝绞合而成。其筋材通过热轧钢拉伸后形成钢丝网线,并经金属镀层、覆塑等防锈、抗氧化复合保护层工艺制造而成,类似于蜂窝状结构的六边形网丝增加了金属丝网的宏观强度,同时双绞合保证了在单丝拉伸破坏后整个六边形网丝面片不会彻底丧失承载力,还能继续承受荷载。其基本单元结构如图 2-30 所示。

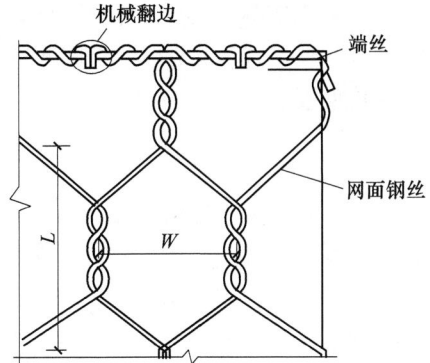

图 2-30　双绞合六边形钢丝网基本单元

钢丝的直径根据工程设计的需要有所不同,大致可以划分为如下几类,见表 2-31。根据 EN 标准,六边形网面钢丝的最小抗拉强度应在 355N/mm² 和 550N/mm² 之间,最小延伸断裂率为 8%(标尺长度为 250mm),对于其绞合段的长度不应该小于 50mm,绞合钢丝必须互相紧密缠绕且每次旋转都大于 180°。

表 2-31　不同单元规格双绞合六边形钢丝网

种类	1	2	3	4	5	6
网丝直径/mm	2.0	2.2	2.4	2.7	3.0	3.4
边丝直径/mm	2.4	2.7	3.0	3.4	3.9	4.4

双绞合钢丝网片之所以采用六边形状,是因为这种构型较正方形和菱形网格受力性能要好,而且内力传递范围更大,对局部荷载的扩散效果也较好,土体剪切应力更均匀合理地分布在网片内各根钢丝上,具有显著的土样连锁特性,以约束土体的变形,提高土体的抗剪切强度。即使在竖向压力较小的情况下,钢丝网的抗拉强度也较大,应变较小时钢丝网仍然能够承受较大的拉伸应力,以保证其铺设效果,不仅能优化土体内的应力场,有效限制土体侧向变形,控制不均匀沉降,还能够提高土体的整体性和延续性。

2.4.2　双绞合六边形钢丝网的力学特性和耐久性

在进行加筋土工程设计时,需要考虑土体的强度参数,同样,筋材的拉伸强度也是一个不容忽视的因素。双绞合六边形钢丝网格的拉伸强度主要与组成网片钢丝的拉伸性能和网格几何特征有关,其拉伸强度又可分为在空气中的拉伸强度和土体中的拉伸强度。马克菲尔公司采用自行生产的单元网格尺寸 8cm×10cm、网丝直径 2.7mm、边丝直径 3.4mm 的双绞合六边形钢丝网片分别在土壤中和空气中进行过拉伸试验,试验表明,土壤中得到的拉伸应力应变曲线与空气中得到的有较大不同,但是在空气中测得的拉伸强度与在土壤中测得的拉伸强度是一致的,均为 47kN/m。

　　但是在实际工程中,由于筋材会永久性地埋置于土建工程中,所以还要考虑筋材在实际使用过程中的老化、蠕变以及施工损伤等因素的影响,对此还必须对所得到的拉伸强度进行折减,以作为长期容许抗拉强度。其具体折减公式为

$$T_a = T_u \left(\frac{1}{RF_{ID} \times RF_{CR} \times RF_D} \right) \tag{2-7}$$

式中,T_a 为容许抗拉强度;T_u 为极限抗拉强度;RF_{ID} 为施工损伤折减系数;RF_{CR} 为蠕变折减系数;RF_D 为材料老化折减系数。

　　施工损伤折减系数 RF_{ID} 是指在土体填筑工程中,筋材因其与土体碰撞、挤压等受到不同程度的损伤所造成的强度折减。对于像煤矸石这种颗粒较粗且有尖锐棱角的岩土体,应该考虑施工损伤,其施工损伤折减系数在 1.0~1.15 区间选取;对于蠕变折减系数,一般考虑的是 120 年应变达到 5% 的蠕变抗拉强度,不同筋材的折减系数也各不相同,其折减系数范围大致为 2.5~5.0;筋材虽然埋置在土体内,但也一直受到化学生物的腐蚀作用,由于其耐腐蚀性较强,所以材料老化折减系数一般取得较小,为 1.1~1.2。

　　双绞合六边形钢丝网与其他土工织物不同,是由一根根钢丝绞合而成的。而影响钢丝耐久性的主要因素是腐蚀,当埋置于通气和透水性较差的细颗粒土中时,腐蚀性更强,由于腐蚀现象并不是沿着钢丝呈均匀分布的,所以某些位置的腐蚀量甚至会比计算得到的平均锈蚀量大很多,其腐蚀必然会造成钢丝厚度的减少,从而降低钢丝的抗拉强度,相关试验表明两者之间的关系因子在 2 左右。为了保护钢丝免受腐蚀,通常采用的方法就是在其表面镀锌和覆塑,两种方法可以同时使用,也可以单独使用。镀锌是最常用的方法,不仅能对内层钢丝提供物理保护,而且即使其自身发生氧化,氧化后生成的氧化锌同样能够形成一道保护屏障。来自法国的相关研究表明,钢丝镀锌后,能使钢丝的锈蚀深度显著减小。覆塑是另一种常用的防锈蚀工艺,它既可以在镀锌后进行,也可以直接进行。对于覆塑材料,既要求有一定的硬度和耐久性,又要求能够与内层钢丝保持良好的连接性能。覆塑材料一般采用聚氯乙烯树脂(PVC)、熔结环氧覆盖层,通过覆塑相当于形成了一道绝缘层,从根本上阻断了电流的流动,从而防止腐蚀的发生。马克菲尔公司就专门针对其公司生产的双绞合六边形钢丝网片做过相应的耐久性研究,证明其耐久性的极限值可以达到 120 年之久。

2.5　双绞合六边形钢丝网片拉伸特性试验

　　加筋土中筋材的拉伸力学特性是加筋土结构设计中最基本的技术指标,其力学特性又包含筋材的拉伸强度和最大负荷下的伸长率。本节选取了单元尺寸为 6cm×8cm、8cm×10cm 两种不同网孔单元的双绞合六边形钢丝网,进行了共十组拉伸试

验,获取其拉伸强度、在不同应变率下的拉伸应力和拉伸模量。每组试验各进行三组平行试验,每组试验网片的单元网格尺寸和网片尺寸如表 2-32 所示。

表 2-32　试验网片具体尺寸表

试验组名	单元网格尺寸 (宽度×长度)	网片尺寸 (宽度×长度)	试验组名	单元网格尺寸 (宽度×长度)	网片尺寸 (宽度×长度)
A	6cm×8cm	28cm×20cm	F	6cm×8cm	28cm×21cm
B	6cm×8cm	27cm×33cm	G	8cm×10cm	33cm×23cm
C	6cm×8cm	26cm×33cm	H	8cm×10cm	32cm×37cm
D	6cm×8cm	30cm×35cm	M	8cm×10cm	31cm×38cm
E	6cm×8cm	60cm×46cm	N	8cm×10cm	56cm×43cm

对于裁剪尺寸较小的网片,试验所采用的拉伸装置如图 2-31 所示。该装置由两片相同的夹具组成,每片夹具又由两片钢板通过螺栓连接构成,夹具一端有着 45°和 135°的划痕网格,以便于产生足够的摩擦力,更好地和拉伸仪器的夹具相连接;夹具的另一端的四个方形孔洞用来限制网片的侧向变形;小直径的圆形孔洞可通过螺栓来固定拉伸网片,而对于裁剪宽度较大的网片则采用如图 2-32 所示的安装装置,其一端通过螺栓,另一端通过环扣来对网片进行安装固定,该装置的具体介绍见 2.5 节绞边强度部分。拉伸试验所采用的拉伸仪器为 SHT4106G 电液伺服钢绞线材料试验机,拉伸过程中一端固定,另外一端以 5mm/min 的速度匀速张拉,试验机能自动保存拉伸过程中的位移以及对应的拉力值。

网片拉伸强度主要与组成网片钢丝的拉伸性能及其网格几何特征有关,因此很有必要对网片钢丝进行同样的拉伸试验,以更好地进行网片拉伸试验的数据分析,其钢丝的拉伸装置如图 2-33 所示。

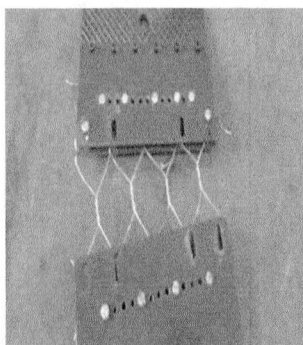

图 2-31　网片拉伸装置　　　　图 2-32　网片安装装置　　　　图 2-33　钢丝拉伸装置

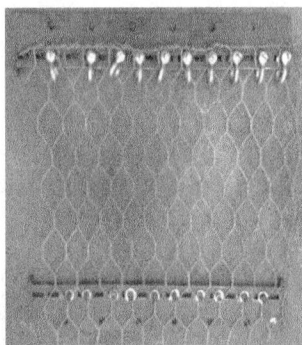

2.5.1 钢丝拉伸试验结果分析

通过对 A、B、C、D、E、F、G、H、M、N 共十组网片组成的钢丝的拉伸试验整理，得到了各组网片钢丝试验结果平均值，如表 2-33 所示。图 2-34 为 A、B、E、G、H、N 组钢丝在拉伸过程中的全应力应变曲线。

表 2-33　各组钢丝拉伸试验结果

编号	实测直径/mm	最大力/kN	最大力伸长率/%	抗拉强度/(N/mm²)	最大延伸率/%
A	2.08	1.531	2.87	488.224	5.88
B	2.10	1.553	3.02	494.269	5.22
C	2.10	1.532	2.95	487.271	5.23
D	2.12	1.547	3.13	490.367	4.97
E	2.10	1.536	3.25	488.769	5.28
F	2.10	1.543	3.09	489.257	5.19
G	2.68	2.759	3.97	532.961	10.12
H	2.72	2.707	3.62	528.612	10.78
M	2.70	2.658	3.58	547.087	10.79
N	2.70	2.694	4.57	527.220	11.86

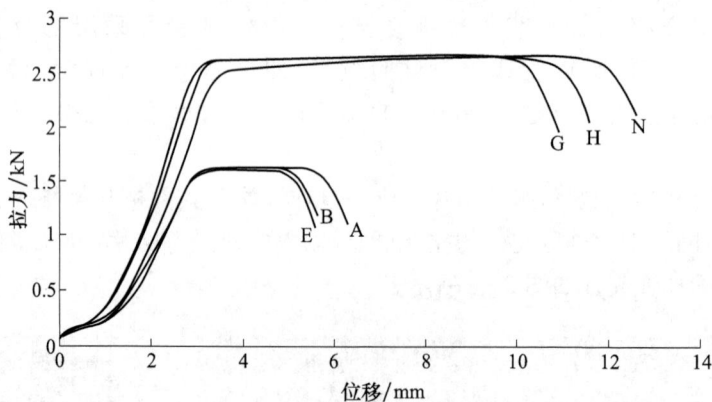

图 2-34　全应力应变曲线

通过图 2-34 可以看出，各组力-位移曲线变化规律基本一致，当位移较小时，拉伸应力随着位移的增大增长较缓，曲线斜率较小，随着拉伸位移的增加，进入较为明显的线弹性阶段，达到钢丝的弹性极限后随即进入屈服阶段，即随着拉伸位移的增加，拉力几乎不变，呈现出的屈服台阶较长，而后进入破坏阶段。

直径为 2.0mm 的 A、B、C、D、E、F 组网片钢丝的拉伸强度、拉伸模量和最大拉伸强度下对应的伸长率基本相同，而且拉伸过程中的力-位移曲线几乎重合；直径为 2.7mm 的 G、H、M、N 组网片钢丝的拉伸力学特性也基本一致,但是可以看到,直径为 2.7mm 的钢丝的拉伸强度是直径为 2.0mm 的钢丝的 1.8 倍左右,其最大力时对应的伸长率、断裂时的伸长率以及其屈服台阶长度均比 2.0mm 钢丝的大。可见对于直径为 2.0mm 的 A、B、C、D、E、F 组网片,其拉伸试验结果的影响因素可以不用考虑钢丝强度的影响,这一结论同样适用于直径为 2.7mm 的 G、H、M、N 组网片;网片钢丝在小应变下就具有较高的拉伸强度,并且屈服台阶较长,因此在拉伸网片产生一定的拉伸变形之后,可以较好地调整网丝受力情况,使每一根网片钢丝都具有较大的拉伸强度。

2.5.2　网片拉伸试验结果分析

1. 6cm×8cm 单元尺寸网片筋材力学性能试验结果分析

通过对 A、B、C、D、E、F 六组试验的整理分析,得到单元网格尺寸 6cm×8cm、网丝直径 2.0mm、边丝直径 2.7mm 的筋材的主要力学性能拉伸试验结果,其六组筋材拉伸试验典型曲线见图 2-35。

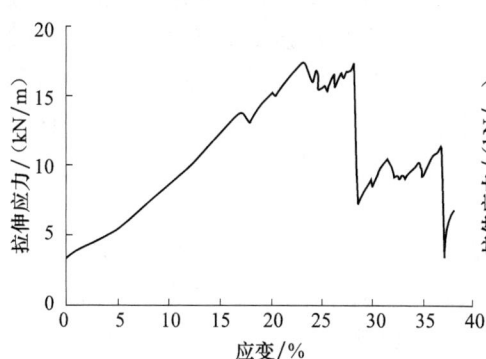

（a）A组试验网片典型应力应变曲线　　　（b）B组试验网片典型应力应变曲线

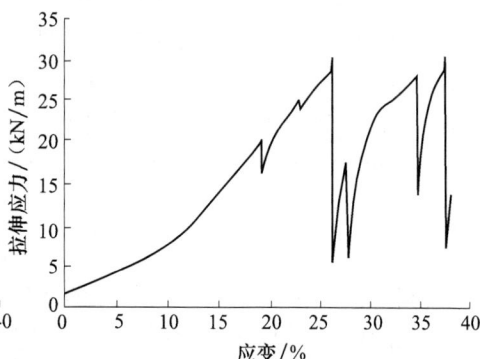

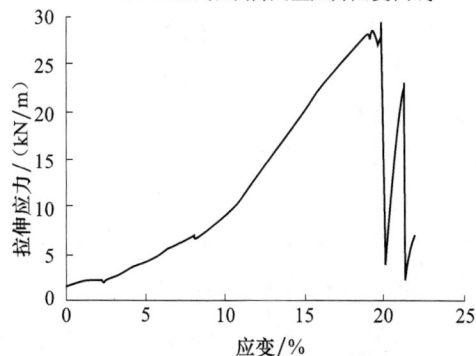

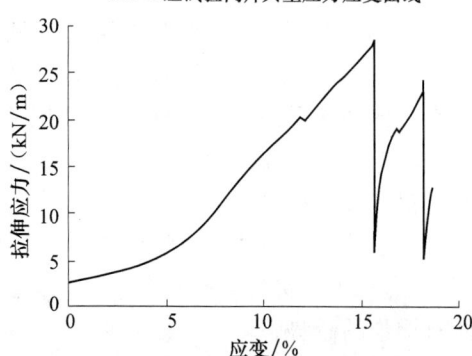

（c）C组试验网片典型应力应变曲线　　　（d）D组试验网片典型应力应变曲线

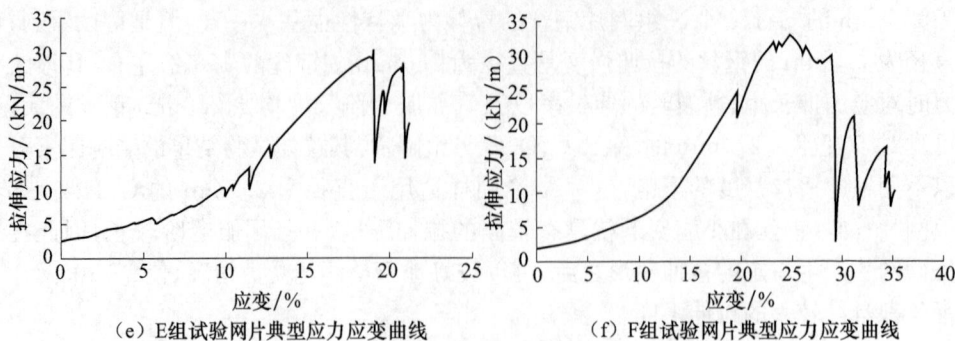

（e）E组试验网片典型应力应变曲线　　　　　（f）F组试验网片典型应力应变曲线

图 2-35　六组筋材拉伸试验典型应力应变关系图

通过对图 2-35 中六组网片的典型应力应变曲线分析可以看出,应力应变曲线在拉伸破坏前和破坏后均表现出较为明显的锯齿形状,这是因为破坏前双绞合六边形网片在拉伸过程中会随着拉伸位移的增加而出现应力调整现象,而调整过程中必然会出现瞬间拉力上升或者下降的现象,同时第一次拉伸破坏后,并不意味着网片丧失全部承载力,而是随着某根钢丝的断裂破坏,网片内的其余钢丝会迅速进行应力的重新分配,彼此共同承担拉伸应力,因此会出现强度瞬间降低后,又能缓慢回升的现象,而且第二次,甚至第三次拉伸破坏后,网片仍然还能够保持一定的承载能力。因此,在对网片进行拉伸试验过程中,简单地将第一次破坏后的拉伸应力定义为网片最终的拉伸强度是不可取的。通过对六组网片典型应力应变关系曲线的分析总结可以得到以下结论:

（1）网片在第一次拉伸破坏后,随后的断裂拉伸强度总体呈现逐渐递减的趋势,在图 2-35 中的 A、C、D、E、F 组曲线中可以很明显地看到这一现象,这是因为随着网片钢丝的断裂,同一横断面处承受应力的钢丝数量随之减少,总的拉伸强度相应减小,因而拉伸破坏强度减小。

（2）同时注意到 B 组典型应力应变曲线,其第一、二、三次拉伸破坏时的强度几乎相等,第三次拉伸破坏得到的拉伸强度甚至还大于前两次,表现出后面的断裂拉伸强度反而大于前面的断裂拉伸强度的现象,这是因为当网片内的钢丝第一次发生拉伸破坏时,网片内的其余钢丝虽然都处于拉伸状态,但是并不是所有的钢丝应力都是均匀分布并快要接近其拉伸极限的,相反,有部分钢丝可能还处于较小的拉伸应力下,因此随着某根钢丝的断裂,网片内的钢丝应力重新分布,受力有可能更加合理均匀,所能承载的拉伸力值较拉伸前不仅没有降低,反而有增加的趋势。

为了更好地对比分析六组筋材的拉伸力学特性,现整理了六组网片的试验结果平均值,见表 2-34。2%、5%、10% 以及峰值应变下的拉伸应力关系见图 2-36。

表 2-34　6cm×8cm 单元尺寸筋材拉伸试验结果

组名	2％伸长率下的拉伸应力/(kN/m)	5％伸长率下的拉伸应力/(kN/m)	10％伸长率下的拉伸应力/(kN/m)	拉伸强度/(kN/m)	最大负荷下的伸长率/％
A	4.47	5.80	9.19	18.60	25.52
B	2.72	4.97	12.29	29.62	21.44
C	2.12	3.65	9.44	27.78	23.96
D	3.42	5.03	11.38	27.59	19.45
E	3.88	7.02	14.19	26.47	14.58
F	1.27	1.79	3.36	22.43	26.78

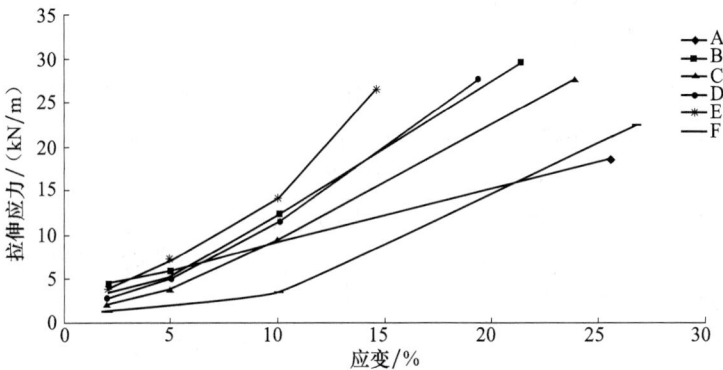

图 2-36　不同应变条件下的拉伸应力关系图

通过表 2-34 和图 2-36 可以看出，B、C、D 三组网片拉伸力学特性较为相近，在不同应变状态下的拉伸应力差别不大，三者的峰值强度最大幅度差也只有 6％，但是其与 A、E、F 组单元尺寸同样为 6cm×8cm 双绞合六边形筋材的拉伸强度以及在 2％、5％、10％应变下的拉伸应力有着较大的差异，具体表现为以下几个方面：

（1）A 组的 2％、5％应变下的拉伸应力均大于 B、C、D 组，特别是在 2％应变下，其两者的幅度差可以达到 52.5％，而 10％以及峰值应变下的拉伸应力反而小于 B、C、D 组，其两者的幅度差同样可以达到 37.62％。通过图 2-36 可以很明显地看到这一现象。A 组在不同应变条件下的拉伸应力曲线明显表现为线性关系，拉伸破坏前一直表现为较明显的线弹性阶段，而 B、C、D 组在不同应变状态下的拉伸应力曲线都基本相同，均表现出明显的折线段，在小应变条件下应力较小，随着应变增大，拉伸应力增长较快，其原因为拉伸网片尺寸有所不同。A 组试验是按照三个单元尺寸宽度和三个单元尺寸长度裁剪的长宽为 20cm×28cm 的网格尺寸（裁剪所量取的实际尺寸与理论尺寸长宽会有一定差异，一部分是由筋材生产过程中自身造成的误差，还有一部分是由试验过程中，有时为了保证受力在一个平面内，预先将网片拉平直造成的），而 B、C、D 组是按照三个单元尺寸宽度和五个单元尺寸长度所裁剪的网片尺寸。在拉伸试验刚开始时，由于 A 组网片宽度较小，经过短暂的位移调整，各个单元网格内的钢丝迅速进入拉伸状态，承受拉力，而 B、C、D 组网片长度较大，在拉伸初始阶段，主要是单元网格的调整阶段，各个单元网格内的钢丝承受的拉伸应力存在较大差异，部分钢丝受力较大，部分钢丝甚至还没有承受拉伸应力，因此在较小的应变条件下，A 组网格承受的应力反而大于 B、C、D 组。然而随着拉伸位移的进一步增加，B、C、D 组网片内的钢丝经过位移的充分调整，开始共同承受拉伸应力，并进一步在长度方向进行应力的重新优化调整，充分发挥每个单元网格内的钢丝的抗拉强度。而 A 组网格由于长度较小，在断裂前应力调整有限，因此在应变较大的情况下，B、C、D 组的应力反而会大于 A 组网片。还可以看到，A 组虽然拉伸强度小于 B、C、D 组，但是其最大负荷下对应的伸长率反而大于 B、C、D 组，出现这种情况可能的原因同样是 A 组网片长度较小，使得每个单元网格内的钢丝应力基本一致，发生破坏前其强度几乎都能达到其承载极限，而 B、C、D 组网片长度较长，在拉伸过程中虽然一直都存在应力不断优化调整，但是仍然很难避免某一部位应力集中现象，使得某钢丝率先达到抗拉极限从而率先被拉断，同时还有另外一种可能，就是因为 A 组网片中的钢丝均为覆塑钢丝，其自身延展性能要优于没有覆塑的 B、C、D 组网片。

（2）对比 B、C、D 组与 E 组可以看出，E 组在 5%、10% 峰值应变下的拉伸应力大于 B、C、D 组，而峰值强度彼此差别并不大。但是 E 组最大拉伸应力下的伸长率小于 B、C、D 组的峰值应变，该现象同样是由网片的尺寸不同所引起的，E 组的网片尺寸是按照七个单元尺寸宽度和六个单元尺寸长度裁剪的，在拉伸的初始阶段，位移较小，由于网片尺寸较大，均首先表现为应力位移的充分调整阶段，因此彼此的应力大致相等。随着位移的增加，由于 E 组网片尺寸大于 B、C、D 组，在应力调整过程中 E 组表现出明显的尺寸优势，各个单元网格的钢丝应力较 B、C、D 组得到充分发挥，但是也有可能随着位移的进一步增大，在单元网格应力充分发挥的同时，出现部分位置应力集中，该部位钢丝的应力较其余部位钢丝应力偏大现象。这就和 B、C、D 组在应变较大时，相同应变条件下其拉伸应力大于 A 组，而最大拉伸应力下的应变反而小于 A 组的原因类似。但是与 A 组得到的拉伸强度远小于 B、C、D 组不同，B、C、D 组与 E 组的最大拉伸强度差别并不大。可见裁剪网格尺寸的大小对拉伸应力过程的应力应变关系有着一定的影响，但是随着裁剪网格尺寸的增大，对其最大的拉伸强度影响并不大。

（3）尽管 F 组所裁取的网片尺寸和 A 组一样，但是通过表 2-34 和图 2-36 可以看出，在不同拉伸应变下的拉伸应力和拉伸强度均有较大差别，其原因是在对 F 组进行拉伸过程中，有可能网片还没处于拉紧状态，而且其拉伸速度也被控制在了 2cm/min，小于其余组的保持 5cm/min 的拉伸速度。因此在较小的位移下，应力较小,但是正是由于拉伸速度控制较小,网片内的应力调整得更加充分,其强度较 A 组大,但是还是和其余四组的最大拉伸强度有 20% 左右的差异,可见当网片裁剪得较小时,其强度会被低估。

在实际工程应用中,网片的拉伸模量也是一个重要的参考指标,现根据不同应变的拉伸应力整理得到相应的割线模量。表 2-35 给出了 A、B、C、D、E、F 六组网片在不同应变条件下的割线模量。图 2-37 为 A、B、C、D、E、F 六组网片在不同应变条件下割线模量变化曲线。

表 2-35　不同应变状态下的割线模量

应变	A 对应的割线模量/(kN/m)	B 对应的割线模量/(kN/m)	C 对应的割线模量/(kN/m)	D 对应的割线模量/(kN/m)	E 对应的割线模量/(kN/m)	F 对应的割线模量/(kN/m)
2%	223.50	136.00	106.00	171.00	194.00	63.50
5%	116.10	98.80	99.40	100.60	140.40	35.80
10%	91.90	122.90	94.40	113.80	141.90	33.60
峰值应变	72.88	138.15	115.94	141.63	181.79	83.75

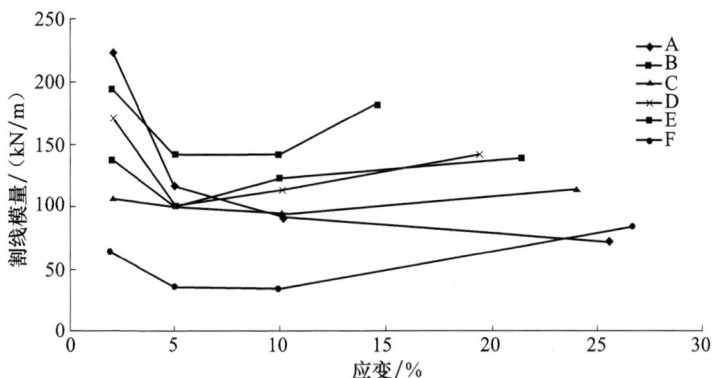

图 2-37　不同应变条件下的割线模量曲线

通过表 2-35 和图 2-37 可以看出,A 组的割线模量随着应变的增加而逐渐减小,2% 应变下的割线模量甚至可以达到 223.5kN/m,远高于其余五组在相同应变下的割线模量,说明小的网片尺寸在拉伸初始阶段的拉伸刚度较大,但是随着拉伸应变的增加,其割线模量迅速减少,在峰值应变时达到最小,比其余五组峰值应变对应的割线模量都小。B、C、D 组因网片尺寸相近,所以在不同应力状态下的割线模量也差别不大,变化趋势也基本一样,都表现为小应变下割线模量较大,随着应变增大而缓慢减小,当应变进一步增大时,其割线模量又会增加。E 组的割线模量随着应变大小的变化趋势和 B、C、D 组类似,但是表现得更加明显,而且 E 组在

2%、5%、10%以及峰值应变条件下的割线模量均大于 B、C、D 组,当网片尺寸较大时,在拉伸过程中能更好地调整网片内各根钢丝的受力状态,使得网片内各个单元网格的钢丝应力发挥得更加充分,因此其割线模量较大,可见大网片尺寸表现出明显的尺寸优势。

综上分析可知,网片的裁剪,即网片的长度和宽度对试验结果有较大影响,在试验过程中对于裁剪的网格尺寸,其宽度至少要为三个单元尺寸,其长度为五个单元尺寸,以保证所测出来的强度不会被低估。由于在实际工程中网片都是成片铺设的,在试验过程中所裁剪的网片尺寸越大越符合实际情况,所以在试验条件允许时应尽可能选择尺寸较大的网片进行试验,以获取更加真实可靠的试验结果。

2. 8cm×10cm 单元尺寸网片筋材力学性能试验结果分析

通过对 G、H、M、N 四组试验的整理分析,得到单元网格尺寸为 8cm×10cm、网丝直径为 2.7mm、边丝直径为 3.4mm 时的筋材主要力学性能拉伸试验结果,其四组筋材拉伸试验典型曲线见图 2-38。

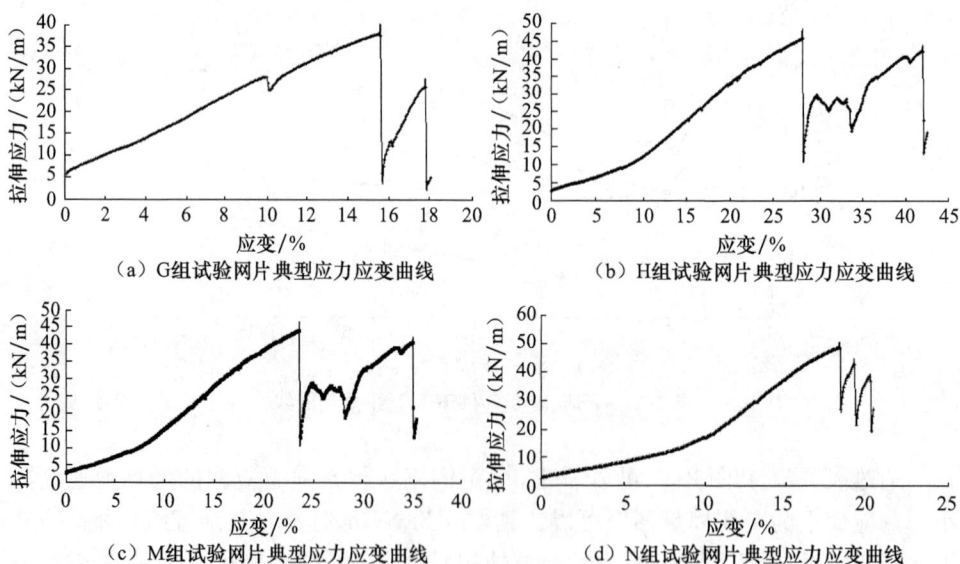

（a）G组试验网片典型应力应变曲线　　（b）H组试验网片典型应力应变曲线

（c）M组试验网片典型应力应变曲线　　（d）N组试验网片典型应力应变曲线

图 2-38　G、H、M、N 四组典型应力应变曲线

通过图 2-38 可以看出,G、H、M、N 四组典型应力应变曲线均呈现出明显的锯齿状,而且第一次拉伸破坏后尽管强度会瞬间降低,但是随着拉伸位移的增大,仍然能够保持较大的拉伸承载力。可以注意到 G、H、M、N 四组拉伸应力应变曲线

存在以下几点不同：

（1）G 组拉伸应力应变曲线在破坏前一直处于弹性阶段，拉伸应力随着拉伸应变的增加呈线性增长趋势，这与其余三组在第一次拉伸破坏前的应力应变曲线存在着较大的差别，H、M、N 曲线段在破坏前明显表现为弹性阶段Ⅰ，过渡阶段Ⅱ以及弹性阶段Ⅲ。当拉伸位移较小时，关系曲线表现为线性增长，但是增加较慢，从图中也可以看出，开始阶段的直线段斜率较小；随着位移的增加，其应力应变关系表现为曲线斜率逐渐增大的过渡段，当位移增大到一定程度时，又逐渐恢复到弹性阶段，该阶段的应力随应变增长较快，曲线斜率明显大于弹性阶段Ⅰ。

（2）同样通过观察 A、B、C、D、E 组应力应变曲线可以看出，A 组曲线和 H 组曲线类似，在破坏前均表现为线弹性阶段，而 B、C、D、E 组又与 H、M、N 组曲线一样，破坏前的曲线也可以细分为曲线斜率较小的弹性阶段、过渡阶段和曲线斜率较大的弹性阶段三部分。其两者破坏前的曲线之所以有所区别，同样是由于拉伸网片的尺寸效应所引起的，对于 A（G）组拉伸试验，因为所裁剪的网片尺寸是按照三个网片长度裁剪的，长度较小，在拉伸开始阶段，网片内各个单元网格内的钢丝随即迅速进入拉伸阶段共同承担拉伸应力，随着拉伸位移的增加，其网片内钢丝应力几乎同步调地增大，因此在拉伸破坏前，表现出明显的线弹性关系。而 B、C、D、E（H、M、N）组网片所选取的网片长度较长，在拉伸刚开始阶段，网片有一个位移缓慢调整、网片内的钢丝应力依次渐进增加的过程，因此在开始阶段表现出斜率较小的弹性阶段，随着拉伸位移的增加，网片内钢丝应力进一步发生应力重分布现象，表现为该阶段曲线斜率逐渐增大，直到其应力重分布现象基本调整完成，网片钢丝都进入充分受力阶段，此时拉伸应力随拉伸位移增加而快速增加的线弹性阶段直至发生第一次拉伸破坏。

（3）尽管各组拉伸试验在拉伸破坏后都还能承受一定的承载力，但是可以看出，对于 G（A）组应力应变曲线，第二次拉伸破坏后的承载力明显小于第一次拉伸破坏后的，而从 H、M、N（B、C、D、E）组拉伸破坏后的应力应变曲线可以看出，尽管第一次破坏后的强度总体也是大于第二次的，但是两者的差别值并不是很大，甚至可以说是相当接近的，可见 H、M、N（B、C、D、E）组断裂破坏后的受力效能要好于 G（A）组。这是因为 G（A）组拉伸网片长度方向距离较短，在拉伸过程中钢丝都快速进入拉伸状态并充分受力，随着某根钢丝的断裂，拉伸总强度会随之减少，而且由于在拉伸破坏前其余钢丝已经受到较大的拉伸应力，故第二次破坏和第一次破坏时间间隔相比于其余网片长度较大的组明显要较短。而 H、M、N（B、C、D、E）组尽管第一拉伸破坏后，并不是每个钢丝都受力充分，还有较强的应力储备，因此当第二次拉伸破坏，甚至第三次拉伸破坏时，其强度还是会较大。

（4）H、M 组与 N 组应力应变曲线又有着一些差异，可以看到尽管三组曲线的拉伸强度差别不大,但是 N 组在第一次拉伸破坏时的延伸率明显小于 H、M 组,而且 N 组在发生第二次、第三次破坏时的位移间隔明显要短于 H、M 组。这是由于 N 组所裁剪的网片尺寸长宽为 43cm×56cm,其网片拉伸尺寸相比于 H 组(31cm×32cm)、M 组(30cm×31cm)的尺寸显得更大,在拉伸过程中的受力更加复杂,各根钢丝的拉伸应力差别更大,应力集中和应力重分布现象更加明显,网片内的某根钢丝更容易达到最大值而发生破坏,出现最大负荷下的延伸率和两次拉伸破坏间的拉伸位移值均小于 H、M 组的现象。

　　同样,为了更好地比较分析 G、H、M、N 四组筋材的拉伸力学特性,现统计整理了四组网片的试验结果平均值(表 2-36)和在 2%、5%、10%及峰值应变下的拉伸应力图(图 2-39)。

表 2-36　　8cm×10cm 单元尺寸筋材拉伸试验结果

组名	2%伸长率下的拉伸应力/(kN/m)	5%伸长率下的拉伸应力/(kN/m)	10%伸长率下的拉伸应力/(kN/m)	拉伸强度/(kN/m)	最大负荷下的伸长率/%
G	9.24	14.96	25.24	36.56	15.89
H	4.94	7.77	13.96	43.67	25.49
M	6.78	11.30	17.02	46.00	24.78
N	4.98	8.27	16.82	45.35	17.70

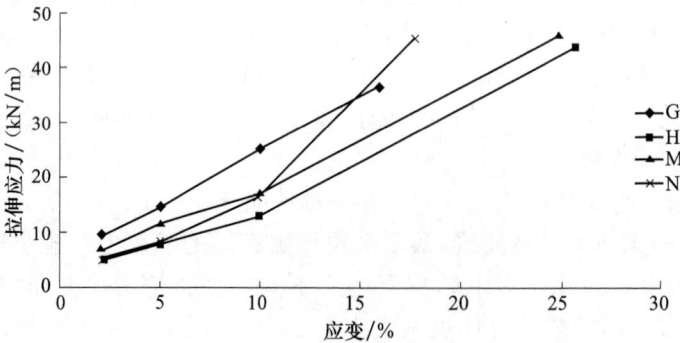

图 2-39　　不同应力状态下的拉伸应力

　　通过表 2-36 和图 2-39 可以看出,G 组拉伸网片在 2%、5%、10%的拉伸应力均大于其余三组,而峰值强度、峰值强度所对应的延伸率均小于 H、M、N 组,这主要是格宾网片尺寸的影响导致的,而 H、M 组由于网片尺寸大致相同,故两者在不同应力状态下的拉伸应力差异很小,且其应力随应变的变化趋势大致相同。可见,尽管单元网片的规格不同,但是不同单元尺寸在相同拉伸下所表现出的应力应变规律是相似的。

通过图 2-37 和图 2-39 还可以分析得到网片的拉伸模量及其变化规律,对于 G 组拉伸网片,由于拉伸破坏前应力应变关系近似为直线,所以拉伸模量几乎可以看成一常数,具体值为 205.6kN/m;对于 H、M 组拉伸网片,可以以 10% 为界分别得到拉伸模量,当应变小于 10% 时,拉伸模量可以近似为 123.5kN/m,当应变大于 10% 时,拉伸模量可近似为 196.07kN/m,和 G 组的拉伸模量几乎相同。对于 N 组,可以看到,拉伸模量随着拉伸应变的增加而增加,应变在 2%~5% 范围内只有 109.66kN/m,在 5%~10% 以内时达到了 171kN/m,当应变在 10% 以上时,拉伸模量为 370.3kN/m。

通过对上述各组拉伸模量的分析比较可知,拉伸模量与所裁剪网片的尺寸关系比较密切。G 组网片的宽度与 H、M 组相同,而长度则较小,尽管在小应变阶段其拉伸强度大于 H 组、小于 M 组,但是随着应变的增加,其值已趋于一致。而对于 N 组,网片长度和宽度均大于 H、M 组,在开始阶段拉伸模量同样小于 H、M 组,但是随着应变的增加,拉伸模量显著增加,在最大拉伸应力下的拉伸模量远大于其余三组。可见当应变较小时,对拉伸模量影响较大的主要是网片的长度,而当拉伸应变较大时,对拉伸模量影响较大的主要是网片的宽度。这也是可以理解的,当拉伸应变较小、网片长度较小时,整个长度范围内的钢丝网能快速承受拉力,长度较长时网片会有一个应力传递过程,故在小应变阶段网片长度小的拉伸模量会大于网片长度长的;而当应变较大时,整个长度方向上的钢丝均已承受拉伸应力,故此时网片长度对拉伸模量的影响减小。相反,网片宽度越长,在拉伸过程中引起的横向收缩效应就越小,在相同拉伸力作用下,网片宽度较大的拉伸应变较小,因此拉伸模量较大。

综上分析可知,当拉伸应变较小时,网片长度对拉伸模量的影响较大,拉伸应变较大时,网片宽度对拉伸模量影响较大。

2.5.3　不同单元尺寸网片的拉伸试验对比分析

1) 不同单元尺寸网片应力应变分析

为了更好地对比分析 6cm×8cm、8cm×10cm 两种不同规格单元尺寸对拉伸试验结果的影响,现选取网片裁剪尺寸相同的 C 组与 M 组、E 组与 N 组网片拉伸试验得到的应力应变曲线来进行对比,见图 2-40 和图 2-41。

对比 C、M 组应力应变曲线可以得出,当应变在 20% 以内时,两者应力应变关系曲线几乎保持一致,在相同应变下的 M 组的应力比 C 组的应力大得并不是很多,随后 C 组网片达到峰值,发生第一次破坏。而 M 组网片随着拉伸位移的增加,拉伸应力进一步增大,在应变为 28.34% 时发生拉伸破坏,同时 M 组的拉伸强度是 C 组网片的 1.65 倍,最大拉伸应力下的应变也较 M 组的大很多,表现出较好的延

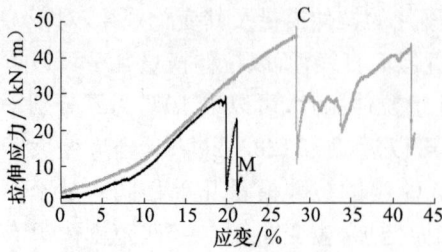

图 2-40 C、M 组应力应变曲线

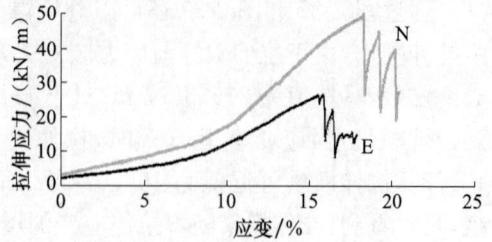

图 2-41 E、N 组应力应变曲线

展性。对比 E、N 组网片应力应变曲线可以看出,在相同的应变下,N 组网片的应力一直大于 E 组,而且两者的差值也随着应变的增大而逐渐增大。N 组拉伸强度是 E 组的 1.71 倍,最大拉伸应力下的应变也较 N 组的大。

可见,尽管裁取拉伸网片尺寸有所不同,但是不同单元网格的网片拉伸曲线表现出来的规律基本相同,在相同应变条件下,单元网格尺寸较大的应力会大于网格尺寸较小的,而且两种网格的破坏强度的比值差别不大,都在 1.7 左右,单元网格尺寸较大的网片表现出较大的拉伸强度。网格尺寸较大的网片由于在拉伸过程中能更好地进行应力调整,所以 8cm×10cm 单元网格的网片延展性能要优于 6cm×8cm 单元网格。

2) 应力集中系数的对比分析

网片在拉伸过程中均表现为网片内的钢丝逐条断裂,可见在拉伸荷载作用下的受力并不是均匀的,存在应力集中现象。现为了定量描述拉伸网片的受力集中现象,特定义受力集中系数 K 为

$$K = \lambda \frac{T_0}{T} \tag{2-8}$$

式中,T_0 为按照网片钢丝抗拉强度换算得到的网片宽度拉伸强度;T 为拉伸试验得到的实际网片宽度拉伸强度;λ 为考虑斜向钢丝影响的折减系数。

A、B、C、D、E、F 六组网片的网格单元尺寸均为 6cm×8cm,故每米宽度内所含的网丝数量是一致的,其网丝密度均为 33 根/m。G、H、M、N 四组网片的网格单元尺寸为 8cm×10cm,同样可以算得其网丝密度为 25 根/m。各组钢丝的拉伸强度可参考表 2-33 中数值。由于拉伸过程中斜向钢丝应力的竖向分力是逐渐增大的,所以考虑斜向钢丝引起的折减系数取 0.9。因此,根据上述公式求得的各组应力集中系数结果见表 2-37。

表 2-37 受力集中系数表

组名	换算拉伸强度/(kN/m)	实际拉伸强度/(kN/m)	受力集中系数 K
A	50.556	18.60	2.49
B	51.249	29.62	1.55

续表

组名	换算拉伸强度/(kN/m)	实际拉伸强度/(kN/m)	受力集中系数 K
C	50.556	27.78	1.64
D	51.051	27.59	1.66
E	50.688	26.47	1.72
F	50.919	22.43	2.04
G	68.975	36.56	1.69
H	67.675	43.67	1.39
M	66.450	46.00	1.30
N	67.350	45.35	1.33

通过表 2-37 可以看出,对于网格尺寸为 6cm×8cm 的六组试验,计算得到的受力集中系数以网片尺寸最小的 A、F 组最大,网格尺寸为 8cm×10cm 的四组试验中同样也是网片尺寸最小的 G 组的受力集中系数较大,可见网片尺寸越小,在拉伸过程中应力集中现象越明显,网片拉伸强度越小;G 组的受力集中系数明显小于 A、F 组,可见网格单元尺寸越小,其受力集中系数越大;A、F 组应力集中系数 K 有所不同,其原因主要是拉伸速度的影响,较慢的拉伸速度使得网片有了相对较充足的时间调整网片应力,因此应力集中系数较小。

比较 B、C、D 组网片与 G、H 组网片同样也可以看出,尽管其网片都是按照三个方向网片长度与四个方向宽度裁取的,但是 G、H 组网片受力集中系数明显小于B、C、D 组,同样 E 组较 N 组也表现出同样的规律,单元尺寸为 8cm×10cm 的网格比单元尺寸为 6cm×8cm 的网格在拉伸过程中能更好地调整网片钢丝的受力状况,相对而言不至于产生很大的应力集中现象。

3) 拉伸模量的对比分析

为了进一步比较两种不同规格单元尺寸的拉伸试验结果,得到各组网片在 2%~5%、5%~10%以及 10%以上三个阶段的网片拉伸模量,其结果见表 2-38。

表 2-38　各组拉伸模量表

组名	2%~5%拉伸模量/(kN/m)	5%~10%拉伸模量/(kN/m)	10%以上拉伸模量/(kN/m)	组名	2%~5%拉伸模量/(kN/m)	5%~10%拉伸模量/(kN/m)	10%以上拉伸模量/(kN/m)
A	44.33	67.84	74.60	G	189.66	205.60	192.19
D	53.66	127.00	172.59	H	94.33	123.80	191.80
E	104.66	143.40	268.12	N	109.66	171.00	370.51

通过表 2-38 可以看出,单元网格尺寸为 6cm×8cm 的 A、D、E 组网片与单元网格尺寸为 8cm×10cm 的 G、H、M 组网片在各阶段的网片拉伸模量表现出来

的规律有部分差异。对于网片宽度和长度均较大的 E 组网片,在拉伸过程中的拉伸模量均较大,表现为应力应变曲线在各阶段均较陡。对于网片宽度与 A 组相同而网片长度较长的 D 组,拉伸模量也在各阶段均大于 A 组,A 组网片在应变达到 15% 以上后,其应力应变曲线表现出明显的非线性,故以 10%～15% 内的拉伸模量替代。A 组拉伸模量在各个阶段均最小,其原因可能是 A 组网片长度和宽度均较小,而且网片单元尺寸又为 6cm×8cm,整体网片结构较密,在拉伸刚开始时其强度就得到了充分发挥。观察拉伸破坏后的网片也可以看到其横向收缩现象也最为明显,单元网孔尺寸变形最为严重,其网孔宽度减小最多。

比较相同网片尺寸下的 A 组和 G 组、D 组和 H 组、E 组和 N 组网片在各个阶段拉伸模量可以看出,网孔单元尺寸为 8cm×10cm 的网片的拉伸模量均较大,特别是对于 A 组和 G 组,可以看到 G 组的拉伸模量为 A 组的 2 倍多。其原因是 G、H、M 组网片的网丝直径较大,2.7mm 网丝直径强度是 2.0mm 网丝直径的 1.8 倍左右,其最大应力对应的应变几乎相同,也就是说两者强度在小应变下就能展现出来,而且 2.7mm 网丝的屈服台阶长度明显要长很多,在较大应变下其强度还能继续保持,同时还可能是由于 G、H、M 组网片的单元尺寸较大,其网片结构的差异性对网片在拉伸过程中的变形情况有部分影响。

2.5.4　网孔尺寸和网丝直径对拉伸试验结果的影响

通过前面分析可以看出,C、M 组以及 E、N 组网片裁剪方式相同,但是表现出来的应力应变关系存在较大差别,引起这一差别的原因主要有两个:第一个就是网孔单元尺寸的影响;另一个是网丝直径的大小不同。为了进一步研究网孔单元尺寸和网丝直径对网片拉伸性能的影响,本节进行了当网孔尺寸相同而网丝直径不同以及网丝直径相同而网孔尺寸不同时的网片拉伸试验,一共五组,每组进行三组平行试验,试验裁剪的网片尺寸、网孔单元尺寸和网丝直径见表 2-39。各组网片的拉伸试验结果见表 2-40。

表 2-39　试验网片具体尺寸表

试验组名	网片尺寸 (宽度×长度)/cm	网格单元尺寸 (宽度×长度)/cm	网丝直径/mm
P	57×42	6×8	2.0
Q	56×43	6×8	2.2
R	58×47	8×10	2.2
S	58×46	8×10	2.7
T	55×43	10×12	2.7

表 2-40　拉伸试验结果表

试验组名	2%伸长率下的拉伸应力/(kN/m)	5%伸长率下的拉伸应力/(kN/m)	10%伸长率下的拉伸应力/(kN/m)	拉伸强度/(kN/m)	最大负荷下的伸长率/%
P	3.88	7.02	14.19	26.47	14.58
Q	5.13	8.50	18.71	37.36	16.82
R	4.66	8.67	22.98	28.99	17.69
S	3.85	6.69	14.19	45.43	17.68
T	4.51	6.58	13.17	32.25	19.76

1) 单元网孔尺寸相同时不同网丝直径拉伸试验对比

P、Q 组网片的网格单元尺寸为 6cm×8cm,但是 P 组网片钢丝直径为 2.0mm,Q 组网片的钢丝直径为 2.2mm。同样,S、R 组网片的网格单元尺寸为 8cm×10cm,但是 S 组网片的钢丝直径为 2.2mm,R 组网片的钢丝直径为 2.7mm。网丝直径不同,其钢丝强度不同,网片的受力特征必然也存在较大差异,现选取其拉伸过程中典型的应力应变曲线以比较分析 P、Q 组以及 S、R 组拉伸应力应变曲线的差异,见图 2-42 和图 2-43。

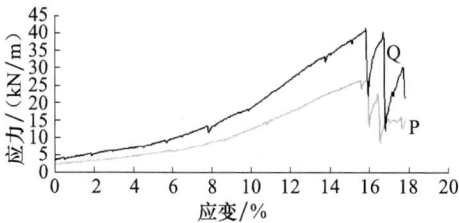

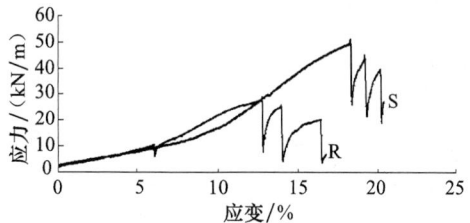

图 2-42　P、Q 组拉伸试验典型应力应变曲线

图 2-43　S、R 组拉伸试验典型应力应变曲线

比较 P、Q 组应力应变曲线可以看出,两者应力应变曲线关系较为相似,均表现为小应变下呈线性关系,随着应变的增大,曲线斜率也随之增大,当应变进一步增大时,其应力应变曲线又可近似看成线弹性关系,并且几乎在相同应变下同时发生第一次拉伸破坏,到达其最大拉伸应力,而且第一次拉伸破坏后同样也存在较大的承载力,能迅速调整恢复强度。但是在拉伸过程中,网丝直径较大的 Q 组网片在相同应变条件下,其应力始终大于 P 组,且随着应变的增加两者差值进一步增大,Q 组网片的最大应力是 P 组的 1.4 倍。

比较 S、R 组应力应变曲线可以看到,拉伸初始阶段两者应力应变曲线几乎重合,随后 R 组应力的增长速度较 S 组增长较快,并率先发生第一次拉伸破坏,达到其最大拉伸应力,而网丝直径较大的 S 组网片在较大应变下才发生拉伸破坏,且其最大拉伸应力是 R 组的 1.6 倍。

通过以上分析可以看出,当单元网孔尺寸相同时,网丝直径较大的网片的拉伸强度较大,但是其应力应变关系并没有表现出明显的规律性,对于 6cm×8cm 的单元网格,直径为 2.2mm 的 Q 组网片全程的应力均大于 R 组,而对于 8cm×10cm 的单元网格,两者之间的应力应变关系较为复杂,相比于其他网片在第一次拉伸破坏前均处于线弹性阶段,R 组网片在第一拉伸破坏前应力应变关系曲线越来越平缓,曲线斜率明显越来越小,随着应变增大,应力增长较小,而且在第二次、第三次破坏前均表现出相似的特性。由此可见,单元网格尺寸为 8cm×10cm、网丝直径为 2.2mm 的网片拉伸性能与其余网片拉伸性能有较大差异,这种现象可能是由单元网格尺寸和网丝直径相互作用引起的。

2)网丝直径相同时不同网孔尺寸拉伸试验对比

Q、R 组网片的钢丝直径均为 2.2mm,而 Q 组网格单元尺寸为 6cm×8cm,R 组网片的网格单元尺寸为 8cm×10cm。同样 S、T 组网片的钢丝直径为 2.7mm,S 组网片的网格单元尺寸为 8cm×10cm,T 组网片的网格单元尺寸为 10cm×12cm。网格单元尺寸的不同,必然会对网片的受力特征也产生较大影响,现选取其拉伸过程中典型的应力应变曲线以比较分析 Q、R 组以及 S、T 组拉伸应力应变曲线的差异,见图 2-44 和图 2-45。

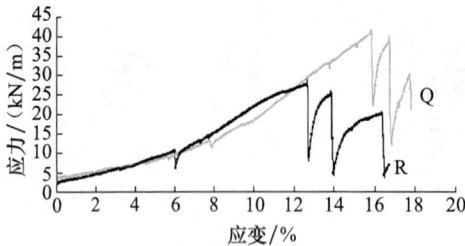

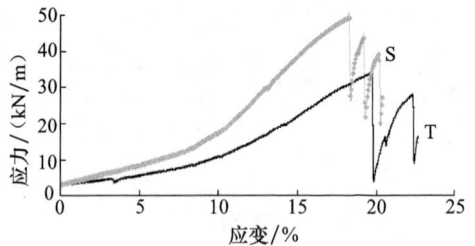

图 2-44 Q、R 组拉伸试验典型应力应变曲线   图 2-45 S、T 组拉伸试验典型应力应变曲线

对比 Q、R 组拉伸试验典型应力应变曲线可以看出,在拉伸的初始阶段,相同应变下,两者应力几乎相同,在应变达到 6% 时注意到 R 组网片有一个明显的应力重新调整阶段,在此阶段后随着钢丝应力的分布优化,R 组网片的应力稍大于 Q 组,而后应变在 12% 左右处发生第一次拉伸断裂。而 Q 组网片的拉伸应力进一步增大,在应变达到 16% 左右时达到其最大拉伸应力,网片钢丝发生第一次破坏,其拉伸破坏后也都能快速恢复部分强度继续承受拉力。

对比 S、T 组拉伸试验典型应力应变曲线可以看出,拉伸过程中,在相同应变下 S 组网片的应力始终大于 T 组网片;随着应变的增大,S 组网片的应力增加速度明显大于 T 组网片,其两者应力差值越来越大;当应变达到 17.86% 时,S 组网片的应力达到最大拉伸应力,而 T 组网片在应变为 19.76% 时达到其应力最大值。

通过以上分析可知,在网丝直径相同的情况下,单元网格尺寸较大时表现出的拉伸强度较小,这是因为网格单元尺寸较大时,其网片结构相对较为稀疏,强度没有网片结构较密集的小单元网格尺寸的大。拉伸过程中的应力应变关系并没有表现出较明显的规律性,Q、R 组网片在拉伸开始过程中的应力几乎相同,而 S 组在拉伸过程中的应力始终大于 T 组,最大拉伸应变表现出的规律性也不太一致。对于网丝直径为 2.2mm 的 Q、R 组网片,大网片单元网格的 Q 组的最大应变明显较大,而对于直径为 2.7mm 的 S、T 组,小网片单元网格的 T 组的最大应力下的应变反而比 S 组大。

2.5.5　拉伸曲线模拟与分析

力学模型不仅可以用来研究材料拉伸时的力学特性,还能用其模拟结果进一步解释材料的内部变形机理,为了进一步研究双绞合六边形钢丝网的拉伸特性,拟采用标准线性三元件模型以及 Kawabata 改进模型对拉伸试验进行模拟,以建立相应的应力应变模型,并与实测值进行比较,对比分析各类模型与实测曲线的拟合程度。

1) 标准线性三元件模型

模型的基本构件为胡克弹簧和牛顿粘壶(图 2-46 和图 2-47),分别满足的应力应变关系式如下。

胡克弹簧:

$$\sigma = E\varepsilon \tag{2-9}$$

牛顿粘壶:

$$\sigma = \eta\varepsilon' \tag{2-10}$$

式中,E 为弹簧的弹性系数;η 为粘壶的黏滞系数。

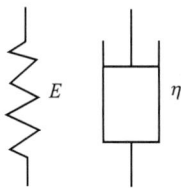

图 2-46　胡克弹簧和牛顿粘壶　　　图 2-47　标准线性三元件模型

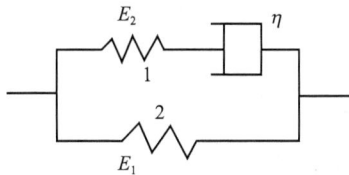

标准线性三元件模型是由胡克弹簧 1 和 Maxwell 模型并联组成的,见图 2-47。其中 Maxwell 模型又是由胡克弹簧 2 和牛顿粘壶串联而成的,其特点是弹簧和粘壶的应力相等。对于标准线性模型,其总应变为弹簧 2 和牛顿粘壶的应变总和,也等于弹簧 1 的应变。模型总应力为弹簧 1 与弹簧 2(牛顿粘壶)应力总和。故该模型的应变关系可描述为

$$\varepsilon = \frac{\sigma_2}{E_2} + \varepsilon_3 \tag{2-11}$$

$$\sigma = \sigma_2 + E_1\varepsilon \qquad (2\text{-}12)$$

对式(2-11)求导后,联立式(2-12),消去 σ_2 可得标准线性三元件模型的本构关系为

$$\frac{\mu(E_1 + E_2)}{E_2}\varepsilon' + E_1\varepsilon = \frac{\eta}{E_2}\sigma' + \sigma \qquad (2\text{-}13)$$

当等速拉伸时,应变与时间成正比关系,即 $\varepsilon = kt$,将此条件代入式(2-13),得

$$\frac{\mu(E_1 + E_2)}{E_2}k + E_1kt = \frac{\eta}{E_2}\sigma' + \sigma \qquad (2\text{-}14)$$

又因初始条件为 $t=0$ 时,$\sigma_0 = 0$,可解得微分方程的解,也就是标准线性三元件模型的拉伸方程如下:

$$\sigma = k\eta\left[1 - \exp\left(-\frac{E_2\varepsilon}{k\eta}\right)\right] + E_1\varepsilon \qquad (2\text{-}15)$$

2) Kawabata 模型

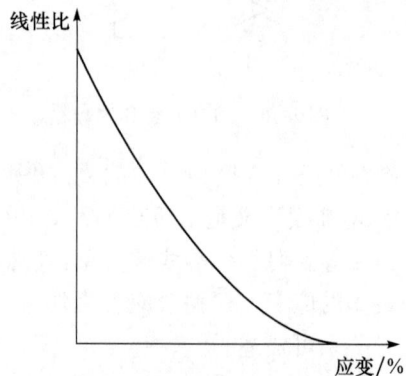

Kawabata 对织物试样进行拉伸试验时得到的典型应力应变曲线如图 2-48 所示,并且据此提出了以下参数:

(1)最大应变 ε_{max},其值与相应的应力极限有关。

(2)单位面积抗拉能 $W_t = \int_0^\varepsilon f(x)\mathrm{d}x$,其值为拉伸曲线与横轴所围成的面积,应变达到最大值时的拉伸应变能 $W_T = \int_0^{\varepsilon_{max}} f(\varepsilon)\mathrm{d}\varepsilon$。

(3)拉伸线性比 $L_t = W_t/W_{ot}$,其中 W_{ot} 为 $f(\varepsilon)$ 与原点连线和横轴围成的面积,同时引入基于线性的近似拉伸应变度概念,得出拉伸线性比随应变的变化曲线如图 2-49 所示。可以预估线性度,得到其线性比函数关系的近似表达式:

$$L_t \approx B\varepsilon + 1 \qquad (2\text{-}16)$$

忽略近似误差的影响,认为近似表达式(2-16)为一个等式,将其代入拉伸线性比公式,可得

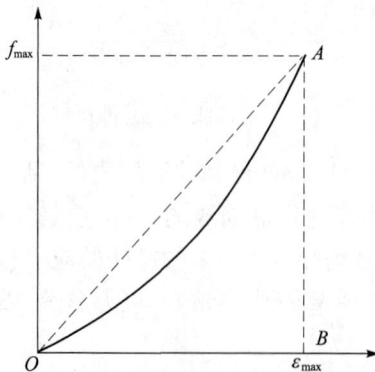

图 2-48 Kawabata 模型   图 2-49 拉伸线性比与应变关系

$$2\int_0^\varepsilon f(x)\mathrm{d}x = \varepsilon f(\varepsilon)(B\varepsilon + 1) \tag{2-17}$$

由于 f 连续可导,且其导函数连续,故可对式(2-17)进行关于 ε 的微分,得到等式如下:

$$\frac{\frac{\partial f(\varepsilon)}{\partial \varepsilon}}{f(\varepsilon)} = \frac{1}{\varepsilon} - \frac{3B}{B\varepsilon + 1} \tag{2-18}$$

然后对式(2-18)从 ε 到 $\varepsilon_{\max}$ 进行积分,可得

$$\lg[f(\varepsilon)] = \lg\left[\frac{\varepsilon}{(B\varepsilon + 1)^3}\right] + \lg\left[f_{\max}\frac{(B\varepsilon_{\max} + 1)^3}{\varepsilon_{\max}}\right] \tag{2-19}$$

在应变为 $\varepsilon_{\max}$ 的情况下,有等式 $L_T = B\varepsilon_{\max} + 1$ 以及 $\varepsilon_{\max} = 2W_T/(L_T f_{\max})$ 成立,故式(2-19)可化简为

$$f(\varepsilon) = \frac{f_{\max}^2 L_T^4 \varepsilon}{2W_T\left[(L_T - 1)\dfrac{L_T f_{\max}}{2W_T}\varepsilon + 1\right]^3} \tag{2-20}$$

式中, $f_{\max}$ 为最大应变下对应的应力; W_T 为最大应变下的单位面积抗拉能; L_T 为最大应变下的拉伸线性比。

3) 量子行为粒子群优化算法的引入

为了更好地对实测曲线进行拟合,现引入量子行为粒子群优化算法。粒子群优化算法的基本思想是模拟鸟类的群体行为,其飞行规则主要包括以下三个方面:在飞行过程中飞离自己最近的个体以避免相撞;发现目标后即刻向目标区域飞行;为了确定自身的飞行方向和速度而飞向群体中心。鸟类的这一飞行规则可以使鸟类的集体协作效用最大化,以便成功找到目标。可以设想一"谷地"模型来模拟鸟类的觅食行为:假设该区域有且只有一块食物,鸟类在飞行过程中均不知道食物的具体位置,但是知道其与食物的相对位置,很显然,距食物较近的鸟类区域为优良区,距食物较远的区域为不好区域,而寻找食物的最快方法就是搜索优良区域,并且飞离不好区域,向优良区域靠拢。在粒子群优化算法中,即认为对优化问题最优解的计算过程与鸟类寻找食物的过程非常类似。问题得到的每一个解均可看成搜索区域内的一个"鸟",将其抽象为只有速度和位置、没有质量的粒子,所有的粒子共同组成一个种群,每个粒子都有自己的目标函数值。其值由优化问题的具体要求决定,算法参数设置简单,而且运算速度和局部搜索能力较强,但是在粒子群优化算法中,粒子的速度和飞行距离都是有限的,不能遍历整个可行搜索空间,因此很难保证能够以 100% 的概率得到全局的最优解。这是粒子群优化算法的最大缺陷,但是在量子空间内,粒子可以遍历整个可行解空间,这是因为在经典力学中,粒子的运动轨迹是确定的,而在量子力学中,根据不确定原理可知,粒子的位置和速度不能同时确定,轨迹也是没有意义

的,粒子能以一定的概率出现在可行解空间内的任意一个位置,从而完成对整个可行解空间的搜索。孙俊等从量子力学的角度出发给出了具有量子行为的粒子群优化算法,其中粒子的状态由波函数确定,而不需要粒子的速度信息,因此较粒子群算法,该算法具有参数控制少、收敛速度快的特点,能够用于求解各类复杂的优化问题。

在对实测曲线采用量子行为粒子群优化算法过程中,其目标函数为残差平方和。实际值与拟合值之间的纵向距离即残差,差异值的大小表示拟合的好坏,将所有纵向距离平方和相加,即残差平方和相加,得到的值越小,说明拟合效果越好。

在采用标准三元件模型进行拟合时,通过 MATLAB 编程以显示量子行为粒子优化群算法对实测曲线的拟合过程,程序共包括主程序部分、优化群算法实现程序以及目标函数程序三部分,现附上有关量子行为粒子群优化算法实现的具体程序:

```
% 基于 QPSO(Quantum-behaved Particle Swarm Optimization)算法
% 输入参数:
%     X      样本输入序列              (列向量)
%     Y      样本输出序列              (列向量)
%     N      粒子的个数
% 输出参数:
%     H      核向量                    (列向量)
% 初始化参数
L = 3;                        % 核长度为 19
P = rand(L, N);               % 随机初始化每个粒子的位置 H(:, i)
Pbest = P;                    % 每个粒子的当前最优位置 Pbest(:, i) = P(:, i)
ResultPbest = zeros(1, N);
for i = 1:N                   % 求取每个粒子的适应度函数值
    ResultPbest(i) = objzhangyu(Pbest(:, i), X, Y);
end
[ResultGbest, NumberGbest] = min(ResultPbest);
Gbest = Pbest(:, NumberGbest);       % 全局最优位置粒子
% 迭代过程
for i = 1:itr
m = rand(L, N);
n = rand(L, N);
w = rand(L, N);
u = rand(L, N);               % 产生 M * N 维的随机变量
mbest = mean(Pbest, 2);       % 平均最优位置
LocalAttractor = (Pbest. * m + repmat(Gbest, 1, N). * n)...
```

```
./(m+n);                    %粒子 LocalAttractor[:,i]局部吸引子
b=1-0.5.*i./itr;            %收缩-扩张因子
w(w>0.5)=-1;
w(w~=-1)=1;                 %正负号
P=LocalAttractor+w.*b.*abs(repmat(mbest,1,N)-P)...
*log(1./u);                 %粒子进化公式
for j=1:N                    %更新每个粒子最优位置
ResultP=objzhangyu(P(:,j),X,Y);
if(ResultP<ResultPbest(j))
Pbest(:,j)=P(:,j);
ResultPbest(j)=ResultP;
    end
end
[ResultGbestTemp,NumberGbestTemp]=min(ResultPbest);
if(ResultGbestTemp<ResultGbest)
Gbest=Pbest(:,NumberGbestTemp);         %全局最优位置粒子
ResultGbest=ResultGbestTemp;
end
H=Gbest;                     %函数返回值
end
```

4）拟合结果分析

现选取不同单元网孔尺寸和不同网片尺寸的拉伸网片 A、B、E、G、H、N 共六组进行拟合分析，并只对网片拉伸破坏前的拉伸曲线进行模拟，得到的实测拉伸曲线拉伸应力初始值并不为零，这是因为在拉伸试验时，设定了一个较小的拉伸应力记录值，达到这个值后才开始拉伸力与位移监测记录，故在对各组网片进行拟合前应先减去初始拉伸应力，以便更好地模拟各组网片的拉伸应力应变曲线。表 2-41 为采用标准线性三元件模型和 Kawabata 模型拟合得到的参数结果表。图 2-50 为六组典型网片拉伸曲线拟合情况。

表 2-41　双绞合六边形网格拉伸拟合参数

网片	标准线性三元件模型			Kawabata 模型		
	$\eta/(kN \cdot s/mm)$	E_1/kN	E_2/kN	f_{max}/kN	L_t	W_t/kN
A	-1.16×10^4	0.6438	-0.3249	13.96	0.9832	159.7283
B	-2.40×10^5	2.7816	-2.4828	26.75	0.8211	175.8824
E	-2.84×10^6	6.6932	-6.7086	27.01	0.7334	186.9762
G	1.08×10^4	2.1554	17.6088	32.83	1.0536	268.0361
H	-1.31×10^5	1.9859	-1.9919	43.14	0.9008	549.6864
N	-9.79×10^6	15.0616	-14.9224	43.12	0.7308	289.9886

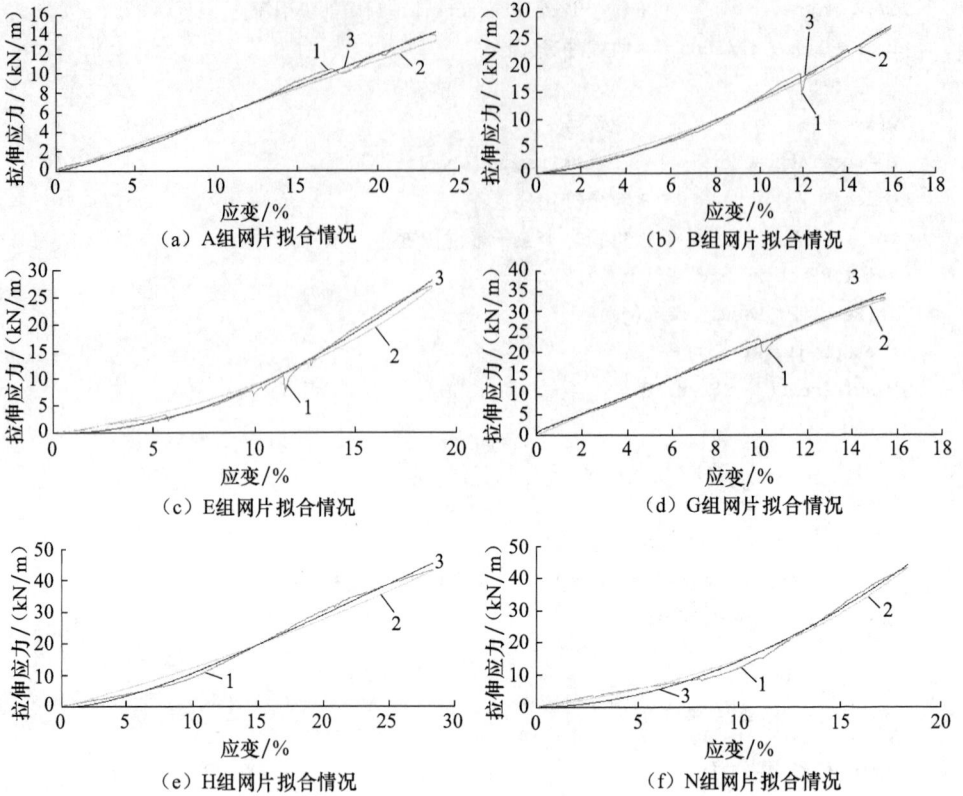

图 2-50　网片拉伸曲线拟合情况

1-试验曲线；2-Kawabata 模型；3-标准线性三元件模型

对比 A、B、E、G、H、N 六组网片标准线性三元件模型和 Kawabata 模型得到的拟合曲线可以看出，标准线性三元件模型的拟合效果要好于 Kawabata 模型。观察 Kawabata 模型得到的拟合曲线可以看出，在拉伸应变较小时，得到的拟合值要稍大于实测值，而随着应变的增加，其拟合值又会小于实测值；标准线性三元件模型得到的拟合曲线和实测曲线吻合得较好，但是由于实测曲线在达到峰值强度前会表现出应变软化的特性，曲线斜率会变小，所以采用标准线性三元件模型拟合得到的拉伸强度会大于实测值，而 Kawabata 模型拟合得到的拉伸强度会小于实测值。

实际网片在拉伸过程中会随着拉伸位移的增加而出现应力调整现象，而调整过程中必然会出现瞬间拉力上升或者下降的现象，反映在拉伸曲线上就是一个锯齿波，观察 A、B、E、G、H、N 六组网片的实际测试曲线，都可以较明显地看到这样的锯齿波，但是在用标准线性三元件模型和 Kawabata 模型进行拟合时，是无法拟合出这些锯齿波的，这是因为模型理论不能代替双绞合六边形钢丝网片内部各根钢丝的真实运动，所以拟合曲线只是在宏观上反映了网片的变形规律。

2.6　双绞合六边形钢丝网片绞边强度试验

双绞合六边形钢丝网片在制作过程中,绞合段钢丝要与边端钢丝缠绕连接,这就使得网面末端与边端钢丝的连接部分成了整个结构的薄弱部分,为了加强网面与边端钢丝的连接强度,需要采用专业的翻边机器将网面钢丝缠绕在边端钢丝上。对于网片与网片之间的绞边同样也有要求,采用的绞边钢丝需与网面钢丝材质一样。绞边具体示意图如图 2-51 所示。本章主要研究绞合段钢丝与端丝部分的绞边强度。

双绞合六边形钢丝网片的绞边强度是其基本力学指标,绞边强度反映了钢丝网片绞合段的末端缠绕在端丝上的紧密程度,当缠绕在边端钢丝上的圈数过少时,在工程使用中就可能出现在网面钢丝没有发生拉伸破坏情况下,缠绕在边端钢丝的绞合段部分被拉出的现象,与拉伸破坏时的强度相比,绞边强度可能只是其 50%～80%。由此可见,当缠绕在边端钢丝的圈数过少时,发生的绞边强度破坏会极大地降低钢丝网格的使用强度。因此在工程设计过程中,有必要对双绞合六边形网片的绞边强度进行测试。

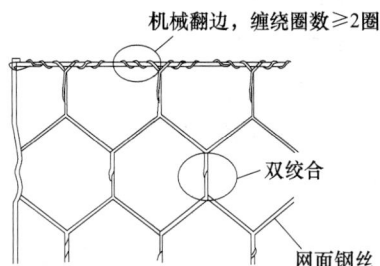

图 2-51　绞边详图

2.6.1　绞边强度试验装置与试验方案

1) 绞边强度试验拉伸装置

绞边强度,顾名思义就是网片绞合段的末端钢丝缠绕在端丝上的强度,因此在进行绞边拉伸装置设计时要有别于网片拉伸试验装置。网片拉伸试验中是通过螺栓将网片与夹具连接起来的,而绞边试验是为了测量绞边强度值,故设计的夹具应该充分考虑绞边部分与夹具的连接情况。针对绞边部分的特殊要求,设计了专门的绞边拉伸装置。该装置由四片自行设计的钢板组成,其示意图如图 2-52和图 2-53 所示。钢板与钢板之间通过设置在钢板上的圆形孔洞用卸扣相连接,同时钢板与双绞合六边形钢丝网格通过钢板上的方形孔槽用螺帽和卸扣相连接。

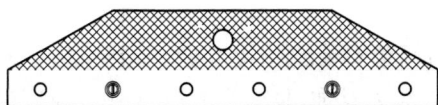

图 2-52　钢板 1(3)示意图　　　　　　　图 2-53　钢板 2(4)示意图

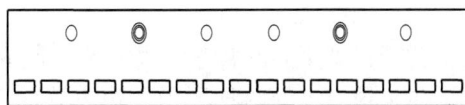

其中钢板 1 和钢板 3 的上部与拉伸仪器上的夹具相连接,为了防止出现受力过大钢板被拉出的情况,特在其上部设置了 45°和 135°方向的防滑纹。钢板 1 和钢板 3 的下部设置了六个圆形孔槽,同时钢板 2 和钢板 4 的上部也设置了六个圆形孔槽,钢板 1 和钢板 2、钢板 3 和钢板 4 通过这种左右对称设置的圆形孔槽用卸扣相连接,这样可以有效消除拉伸过程中偏心受力的影响。钢板 2 和钢板 4 的下部设置了 17 个方形孔槽,距离钢板下端 15mm,通过设置的方形孔槽可以分别利用卸扣和螺帽与双绞合六边形网格钢丝的上下部的绞合部分相连接,从而将钢板与六边形钢丝网格连成一个整体受力。其整体连接示意图见图 2-54。这里设置 17 个方形孔槽是因为考虑到六边形钢丝网格存在不同的网格单元尺寸,以便不同网格单元尺寸的双绞合六边形钢丝网格都能在上面找到相对应的孔槽进行固定。同时考虑到试验过程中的装卸方便性,避免钢板过重,在满足试验设计强度的基础上,钢板应该尽可能设计得轻一些,因此特意将钢板 1 和钢板 3 上部设计成梯形状。

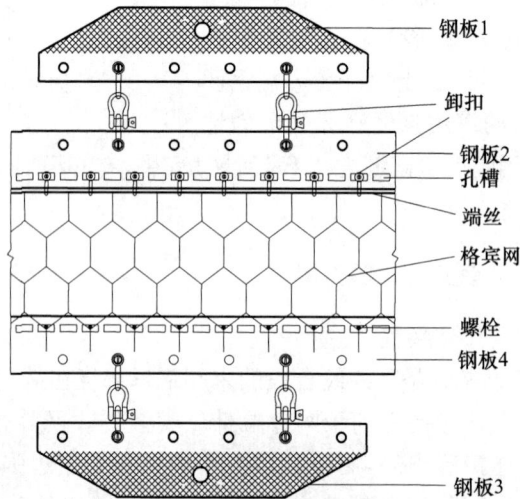

图 2-54　绞边装置整体连接示意图

另外,试验所采用的拉伸仪器为 SHT4106G 点液伺服钢绞线材料试验机(图 2-55),该仪器能通过应力、应变、位移等多种方式来控制试验拉伸速率,并能自动生成试验过程中的位移-应力关系曲线,操作简单方便。

2) 试验方案与过程

为了得到不同网孔单元尺寸和不同绞边圈数对绞边强度的影响,特选取了马克菲尔公司生产的两种不同绞边方式的双绞合六边形钢丝网格进行绞边强度试验,每种网格又有 6cm×8cm、8cm×10cm 两种不同单元网孔尺寸,每种规格的网

（a）　　　　　　　　　　　　　　　　（b）

图 2-55　拉伸试验机

格各裁剪出 6 片宽度约为 60cm 的网片,其中图 2-56(a)是采用 A 类绞边方式绞成的单元网孔尺寸 8cm×10cm 的双绞合六边形网格所裁剪的网片,图 2-56(b)是采用 B 类绞边方式绞成的单元网孔尺寸为 8cm×10cm 的双绞合六边形网格所裁剪的网片。对比图 2-56(a)和(b)可以明显发现,两者的绞合段缠绕在端丝上的缠绕圈数有着较大差异,前者缠绕圈数明显比后者多得多。

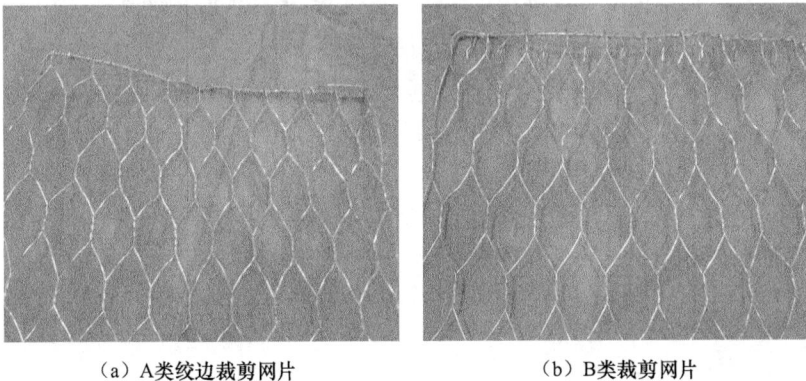

（a）A 类绞边裁剪网片　　　　　　　　　（b）B 类裁剪网片

图 2-56　不同绞边方式的网片

　　为了保证试验数据的可统计性,对上述四种类型的网片每种皆取六片进行平行试验,同时保证每种类型网片的可比性,对于 6cm×8cm 型号的网片宽度裁取 10 个单元宽度,长度取 4 个单元长度,同样对于 8cm×10cm 型号的网片长度和宽度分别裁取 8 个单元宽度和 4 个单元长度,注意保证网格的一端必须要为缠绕有绞合钢丝的端丝。

　　网片裁剪完毕后,将钢板 2、4 分别与网格的两端通过卸扣和螺栓固定,其中网片缠绕有绞合钢丝的端丝部分用卸扣相连,具体连接情况见图 2-57,接着将钢板 1

与钢板 2、钢板 3 与钢板 4 通过设计的圆形孔槽利用卸扣相连,这样钢板 1、2、3、4 和网格就组成一个整体,再将钢板 1 和 3 的上部带有防滑纹的部分与拉伸试验仪器上的夹具固定(图 2-58),准备好后即可进行双绞合六边形钢丝网格的绞边强度拉伸测试。

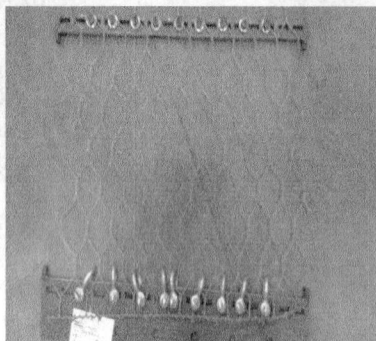

图 2-57　网片与拉伸装置连接　　　　图 2-58　拉伸装置的安装

2.6.2　绞边强度试验结果分析

试验对所选取的四种网片进行了多组平行试验,得到了四种网片在 2%、5%、10% 伸长率下的拉伸强度、绞边钢丝拉出破坏时的强度及其伸长率等指标。每种网片进行了 5～6 组平行试验,得到各自典型的应力应变曲线图和绞边强度试验结果表。

1) A 类绞边方式绞边强度试验结果分析

图 2-59 是 A 类绞边方式绞边成的单元网孔尺寸为 8cm×10cm 的双绞合六边形钢丝网片在拉伸试验仪器上得到的典型应力应变曲线。图 2-60(a)和(b)为曲线 1 与曲线 2 对应的破坏后的网格形态。表 2-42 是采用 A 类绞边方式绞边得到的绞边强度汇总表。

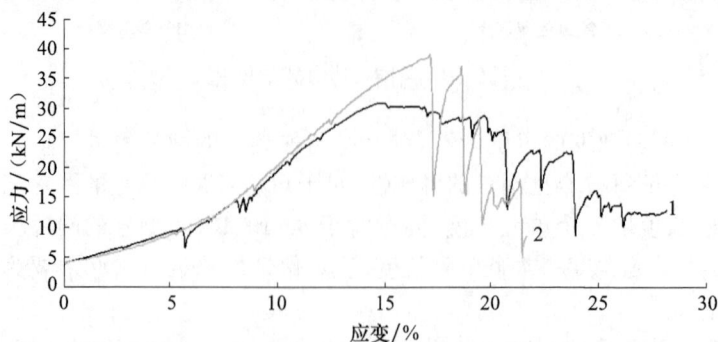

图 2-59　A 类绞边方式下 8cm×10cm 网片的典型应力应变关系曲线

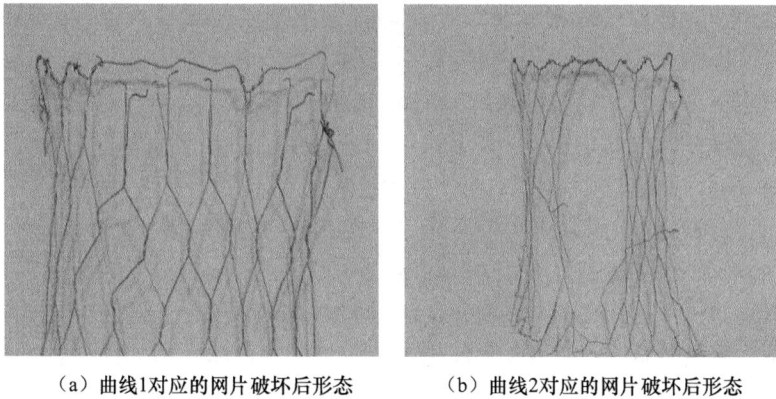

（a）曲线1对应的网片破坏后形态　　　　　　（b）曲线2对应的网片破坏后形态

图 2-60　网片破坏形态

表 2-42　A 类 8cm×10cm 网片拉伸试验结果

试验序号	长度/cm	宽度/cm	2%伸长率拉伸应力/(kN/m)	5%伸长率拉伸应力/(kN/m)	10%伸长率拉伸应力/(kN/m)	绞边强度/(kN/m)	最大负荷下的伸长率/%
1	36.0	67.5	5.50	7.59	15.14	36.74	19.79
2	34.5	67.5	5.08	6.80	12.16	39.24	17.52
3	41.0	67.5	4.74	6.44	12.49	35.27	21.03
4	44.0	67.5	6.15	9.50	19.78	31.23	14.75
5	41.0	67.5	5.61	8.92	20.41	39.38	17.16
6	33.6	67.5	5.69	7.53	12.12	39.16	20.63
平均值	38.4	67.5	5.46	7.79	15.35	36.84	18.48

通过表 2-42 可以看出,六组绞边强度试验中第五组试验得到的绞边强度最大,其值为 39.38kN/m,其对应的应力应变曲线是图 2-59 中的曲线 2,网片破坏后的形态如图 2-60(b)所示,表现为很明显的中间部分斜向网丝的拉断,缠绕绞合在网片端丝上的钢丝均没有被拉出。第四组得到的绞边强度最小,其值为 31.23kN/m,对应的应力应变曲线为图 2-59 中的曲线 1,其对应的网片破坏形态为图 2-60(a),图中缠绕绞合在端丝上的钢丝几乎全部都被拉出,而网丝均没有出现拉断的现象。

比较两组应力应变曲线可以看出,在拉伸初始阶段,相同应变下的应力几乎相等,随着拉伸位移的进一步增加,其应力差幅也较小,但是当应变在 14% 左右、应力达到 30kN/m 时,两者的应力应变关系发生较大的变化,曲线 2 中随着应变的增加应力继续呈现线弹性增长,而曲线 1 中随着应变的增加其应力几乎保持不变并开始缓慢下降。其两者曲线之所以不同,正是由随后网片的破坏模式不一样所引起的,第五组网片发生的是网片钢丝的拉断破坏,和网片的拉伸试验类似,在破坏前网片钢丝内的应力均能得到充分发挥,因此应力应变关系表现为线弹性;而第四组发生的是网片绞边钢丝被拉出的破坏,表现为位移破坏特征,其拉伸力达到一定值时随着拉伸位移的增加将缠绕绞合在端丝上的钢丝一根根拉出,从而降低其承载力。当绞边钢丝刚开始被拉出时,并不会明显降低其承载力,因为此时网片承受的拉伸力并不是很大,并且随着绞边网丝的拉出能够很好地调整网片受力,因此在一定拉伸位移范围内,其强度会缓慢减小,直至拉出的绞边钢丝足够多,影响网片的整体受力时,才会丧失承载力。还可以看出,曲线 1 在应变达到 25%左右时仍然能够维持一定的强度,而曲线 2 由于网片内钢丝的拉断破坏的进一步加剧,已经在应变为 22.34%时丧失了其承载力。可见,尽管曲线 2 最大拉伸应力较高,但是随着拉伸位移的进一步增加,网片钢丝会继续发生拉断破坏,其强度会快速降低,而曲线 1 虽然最大拉伸应力较小,但是其强度随着拉伸位移的增加能较好地保持,直到绞边钢丝被全部拉出。

通过对六组试验应力和对应的网片破坏形态的观察对比还可以发现,应力强度较大的 1、2、5、6 组均表现为网片钢丝的拉伸破坏,而应力强度较小的 3、4 组表现为绞边钢丝的拉出破坏,可见网丝拉断破坏时的强度值要大于绞边钢丝被拉出破坏时的强度,其原因就是 3、4 组网片钢丝在还没有达到拉伸强度时就被拉出,其强度并没有完全发挥,故网片强度较小,但是 3、4 组网片在第一根绞边钢丝被拉出到最后因为拉出钢丝过多丧失承载力,其强度虽然有所降低,但是降低较慢,还能继续承受拉伸应力。而 1、2、5、6 组网片在发生第一网片钢丝拉断后,会继续发生第二根、第三根拉断破坏,彻底丧失承载力,可见绞边的质量对绞边拉伸破坏形态起着决定性的影响,当绞边质量较好时,缠绕在端丝上的钢丝就不会被拉出,其破坏模式表现出的就类似于 1、2、5、6 组的网片钢丝拉断破坏,而当绞边质量较差时,缠绕在端丝上的钢丝圈数不足,不是很紧密,在拉伸应力较小时就会发生钢丝拉出破坏。

图 2-61 是 A 类绞边机器绞边成的单元尺寸为 6cm×8cm 的六边形钢丝网格在拉伸试验仪器上得到的典型应力应变曲线。表 2-43 是对 A 类绞边机器绞边得到的单元尺寸为 6cm×8cm 网片进行绞边强度测试得到的试验结果汇总表。

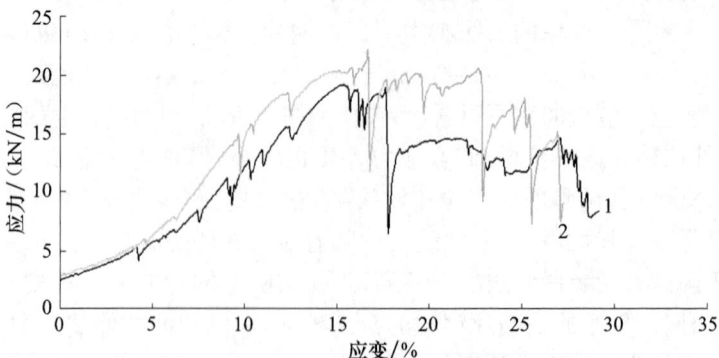

图 2-61　A 类绞边方式下 6cm×8cm 网片的典型应力应变关系曲线

表 2-43　A 类 6cm×8cm 网片拉伸试验结果

试验序号	长度/cm	宽度/cm	2％伸长率拉伸应力/(kN/m)	5％伸长率拉伸应力/(kN/m)	10％伸长率拉伸应力/(kN/m)	绞边强度/(kN/m)	最大负荷下的伸长率/％
1	34.5	66.0	3.14	6.11	13.39	21.59	20.05
2	37.0	66.0	3.03	5.45	12.59	20.65	16.75
3	37.5	66.0	4.50	6.17	12.61	20.79	16.78
4	37.8	66.0	4.85	8.32	16.03	23.48	14.57
5	40.0	66.0	3.61	5.79	12.08	19.24	15.33
6	39.5	66.0	3.94	6.18	14.61	21.48	16.72
平均值	37.7	66.0	3.85	6.34	13.55	21.21	16.70

通过表 2-43 可以看出,六组试验最终的绞边强度拉伸值都在 20kN/m 左右,而且其 2％、5％以及 10％应变下对应的应力差别并不大,可见在达到最大拉伸应力前六组网片所表现的拉伸特性较为相似。通过图 2-61 中选取的网片 5 和网片 6 的应力应变曲线也可看到,两者在达到最大拉伸应力前的应力应变曲线变化规律也基本一致,都是在开始拉伸阶段应力随应变增加较小,而后增加迅速,在快接近其最大拉伸应力时应力应变曲线又表现得较为平缓,而且曲线均表现出较多的锯齿状。但是在达到最大拉伸应力后的应力应变曲线差别较大,这就与网片在达到最大拉伸应力时的破坏形态有关,与单元网孔尺寸为 8cm×10cm 网片在拉伸过程中的破坏形态类似,也出现了网片网丝的拉断破坏以及绞边钢丝的拉出破坏,网片最后破坏方式的不同,必然会导致其后的拉伸特性的不同。

2）三种典型破坏模式

通过对由 A 类绞边方式得到的 12 片网格绞边强度试验整理发现,所裁剪的单元网孔尺寸为 6cm×8cm 和 8cm×10cm 型号的网片在拉伸过程中出现了不同的破坏形态,以 6cm×8cm 型号的网片为例,大致可以归纳出以下三种典型破坏模式。

(1) 缠绕绞合在端丝的部分网丝被陆续拉出,网丝没有出现断裂现象。图 2-62(a)和(b)分别为此种破坏模式下对应网片绞边强度的应力应变曲线和网片破坏后的形态。

通过观察试样在拉伸过程中的受力情况和破坏后的形态可以看出,网片在拉伸初始阶段,应力随应变的增加较为缓慢,而后应力随着应变的增加快速增长,在达到其拉伸最大应力前的曲线段同样多处出现锯齿形,说明在拉伸过程中网片内网丝应力在不断地重新调整。然后随着拉伸位移的进一步增大,绞合缠绕在端丝上的钢丝被拉出,其绞合段钢丝被拉出的位置具有随机性,一般首先出现在绞合比较薄弱的部位,有可能是网格的中间部分,也有可能是网格的边缘部分,这与绞合质量有较大关系。通过应力应变曲线图可以看出,其应变达到 16％时应力达到最大值,绞边强度为 20.65kN/m,此时缠绕在端丝上的部分钢丝被拉出,即使部分缠绕在端丝上的绞边钢丝被拉出,原先由其承受的拉伸应力会重新分配到其余绞合

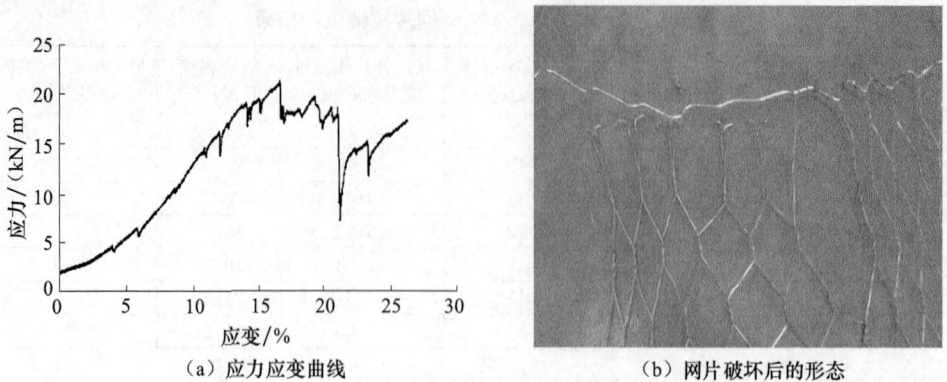

(a) 应力应变曲线　　　　　　　　　　(b) 网片破坏后的形态

图 2-62　第一种绞边破坏模式

在端丝上的绞边钢丝上。因此,其强度还是能随着拉伸位移的增加而继续保持较高值,直到大部分绞边钢丝被拉出,如图 2-62(a)所示,在 21.23％处由于绞边钢丝继续被拉出,其强度发生明显降低,但是随着网格自身的应力调整,仍然能维持一定的强度。通过图 2-62(b)可以看出,最后破坏的网片从左边到中间的绞边钢丝基本被拉出,但是并没有出现钢丝被拉断的现象。

在拉伸过程中,也有可能由于网片内网丝应力集中现象较为明显,以至于网片内某根钢丝承受的拉伸应力较大,在拉伸开始阶段就发生拉断破坏,而后随着拉伸位移的进一步增加,绞边部分钢丝陆续被拉出从而失去承载力。此种网片破坏形态由于其拉伸强度同样是由绞合钢丝从端丝部分拉出所决定的,所以可将其归入第一种破坏模式。

(2) 端部的某一根或者几根绞边钢丝被拉出,然后再出现网片网丝被拉断现象,从而发生破坏。图 2-63(a)和(b)分别为此种破坏模式下对应网片绞边强度的应力应变曲线和网片破坏后的形态。

观察图 2-63(a)中的应力应变曲线可以看出,在拉伸的初始阶段同样表现为拉伸应力随应变的增大而增大,其增长速率随着应变的增大而加快,在应变达到 12.38％时,应力突然下降,而后迅速恢复,因为在此处最左边缠绕绞合在端丝上面的绞边钢丝被拉出,拉力降低,而后随着拉伸的继续,格宾网片能快速地进行应力的重新调整,强度得到迅速恢复,端丝其余的绞边部分由于绞边质量较好,而且各个绞边钢丝拉伸应力分布较为均匀,一直到网丝被拉断发生破坏时,绞边钢丝都没有被拉出。从图中可以看出,当应变达到 22.45％时,应力达到最大值,此时网片中的某根或者某几根被拉断,在继续拉伸过程中,虽然还能保持一定的强度,但是应力呈现逐渐减小的趋势,最后直至完全失去承载力。图 2-63(b)就是此种破坏模式下的网片最后破坏形态,可以看到缠绕绞合在端丝上的网丝除了最左端的网丝被拉出,其余的都还缠绕得较为完好。

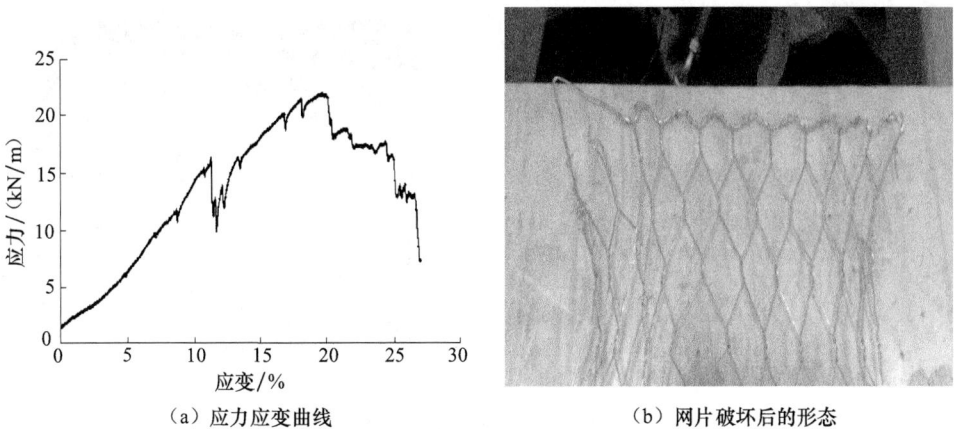

（a）应力应变曲线　　　　　　　　　（b）网片破坏后的形态

图 2-63　第二种绞边破坏模式

（3）网片中的网丝被拉断从而发生破坏，缠绕在端丝上的钢丝没有被拉出。这种破坏模式下所得到的绞边强度其实就是网片的拉伸强度，图 2-64(a)和(b)分别为此种破坏模式下对应网片绞边强度的应力应变曲线和网片破坏后的形态。

（4）通过图 2-64(a)可以看出，达到最大拉伸应力后的应力应变曲线与图 2-62(a)以及图 2-63(a)有较大区别，表现为应力的突然降低然后快速增加。当应变为 16.75%时达到其最大拉伸应力。此时缠绕绞合在端丝上的中间部位的钢丝被拉断，从而发生第一次拉断破坏，但是由于很多钢丝还处于拉伸状态，且并没有达到其拉伸极限强度，故网片还具有较强的承受荷载的能力，因此随着网片的继续拉伸，网片内的网丝发生应力重分布现象，重新调整网片内各根钢丝的受力状态，因此其拉伸应力能够较快地恢复，直至又出现第二根钢丝被拉断，发生第二次拉伸破坏。然后，网片内钢丝继续进行应力的重分布，直到拉断的钢丝足够多之后才彻底破坏，失去承载能力。还可以看出，网片内的断裂拉伸强度随网丝的断裂总体呈现递减的趋势，这是由于随着网丝的不断拉裂，网丝承载数量不断减少，因此断裂强度不断变小。由图 2-64(b)可以看出，破坏后的网片其绞边部分并没有被拉出，而是中间部位绞合缠绕在端丝上的斜向网丝被拉断。

为了进一步研究上述三种破坏模式下应力应变关系以及强度特性之间的差异，现将三种破坏模式下的应力应变曲线归在一个图中，如图 2-65 所示。由图可以看到：

（1）对比在拉伸初始阶段三种破坏模式下的应力应变曲线形状可以发现，在相同的应变条件下，第三种破坏模式对应的应力较大，第一种和第二种破坏模式的应力大致相等，且随着应变的增大，其趋势表现得愈加明显。

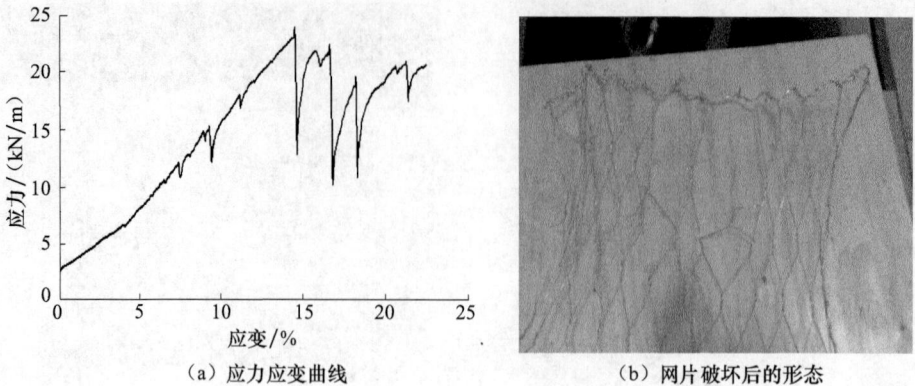

（a）应力应变曲线　　　　　　　　（b）网片破坏后的形态

图 2-64　第三种绞边破坏模式

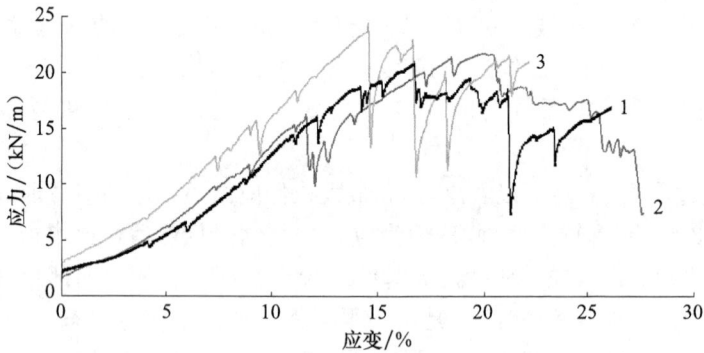

图 2-65　不同破坏模式下的应力应变曲线

（2）对比三种破坏模式下最大应力时的应变可以发现,在第三种破坏模式下的应变达到 14.57%时,应力达到最大值,而在第一种、第二种破坏模式下的应变分别在 16.75%、20.45%处应力达到最大值。可见,相比于第三种破坏模式,第一种和第二种破坏模式的延展性能要好于第三种,在较大应变下才发生破坏。

（3）比较三种破坏模式的最大应力可以发现,第三种破坏模式也就是网格钢丝被拉断、而绞边钢丝没有被拉出时强度最大,其强度达到了 23.48kN/m,大于第一种破坏模式下的 20.65kN/m 和第二种破坏模式下的 21.58kN/m。而且在第一根钢丝拉断后,后续的强度也不会减小太多。

出现上述差异的原因是,当拉伸应力达到一定值,网片内的钢丝都承担较大的应力时,由于绞边质量的差异,第一种和第二种破坏模式下的网片绞边钢丝会随着拉伸位移的增加而被缓慢拉出,而绞边钢丝被拉出有一个时间过程,在拉出过程中网片内钢丝强度不会发生太大变化,强度能继续保持,因此在达到最大拉伸应力前,应力随着应变的增加其强度变化不大,而第三种破坏模式下的网片钢丝的拉断破坏相比属于脆性破坏,随着拉伸位移的增加,其网片钢丝承受的拉伸应力也会随着增加,直到发生拉断。故相比而言,第三种破坏模式拉伸应力最大,而最大拉伸应力对应的应变最小。同时也解释了在达到最大拉伸应力前,随着应变增大,在相同应变下的第三种破坏模式下应力相比于其他两种破坏模式会越来越大的原因。

由此可见,绞边质量对绞边拉伸特性影响较大,当绞合缠绕在端丝上的钢丝圈数够多,而且缠绕得够紧密时,在拉伸作用下就不会发生第一、二种情况下的绞边强度破坏,而是直接表现出网丝的拉断破坏,这样可以有效防止在较小的拉伸力作用下网片由于绞边钢丝的拔出而丧失其强度。

3)B 类绞边方式绞边强度试验结果分析

为了进一步探讨绞边质量对绞边拉伸强度的影响,对 B 类绞边方式绞边成的网片进行了绞边拉伸试验。图 2-66 是采用 B 类绞边方式绞边成的单元网孔尺寸为 8cm×10cm 的六边形钢丝网片在拉伸试验仪器上进行试验得到的典型应力应变曲线。表 2-44 是对通过 B 类绞边方式得到的单元网孔尺寸为 8cm×10cm 网片进行绞边强度测试得到的试验结果汇总表。

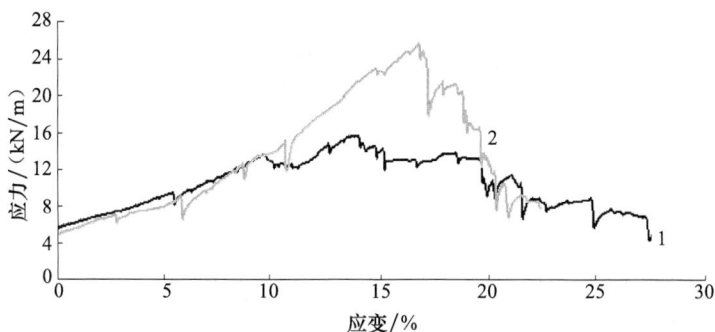

图 2-66　B 类绞边方式下 8cm×10cm 网片的典型应力应变曲线

表 2-44　B 类 8cm×10cm 网片绞边试验结果

试验序号	长度/cm	宽度/cm	绞边强度/(kN/m)	最大负荷下的伸长率/%
1	38.0	56.0	15.78	13.72
2	38.0	56.0	13.07	14.46
3	41.0	63.0	25.65	15.13
4	32.0	63.0	20.42	11.48
5	32.0	57.0	25.70	21.35
平均值	30.4	59.0	20.12	15.23

通过表 2-44 可以看出,5 组网片绞边强度为 13.07～25.65kN/m,各网片均表现为绞边钢丝的拉出破坏,而没有出现网片钢丝拉断的现象。通过图 2-66 可以看出,应力应变关系曲线 1 和第一种破坏模式下的应力应变曲线类似,在最大拉伸应力前后的应力均随应变的增加而几乎保持不变,而应力应变曲线 2 虽然也发生绞边钢丝拉出破坏,但是由于其绞边钢丝缠绕较紧,所以表现出部分第三种破坏模式特性,在达到其最大拉伸应力时,应力随应变增加较快,且其绞边强度几乎是曲线 2 对应的绞边强度的 2 倍。可见,即使是发生绞边强度破坏,绞边强度大小与绞合缠绕在端丝部分的网丝及其缠绕圈数、缠绕紧密程度仍然有很大关系;并且随着缠绕紧密程度的提高,网片在拉伸过程中的应力应变特性会逐渐向第三种破坏模式下的应力应变特性转变。

图 2-67 是采用 B 类绞边方式绞边成的单元网孔尺寸为 6cm×8cm 的六边形钢丝网格在拉伸试验仪器上得到的典型应力应变曲线。表 2-45 是对通过 B 类绞边方式绞边得到的单元网孔尺寸为 6cm×8cm 网片进行绞边强度测试得到的试验结果汇总表。

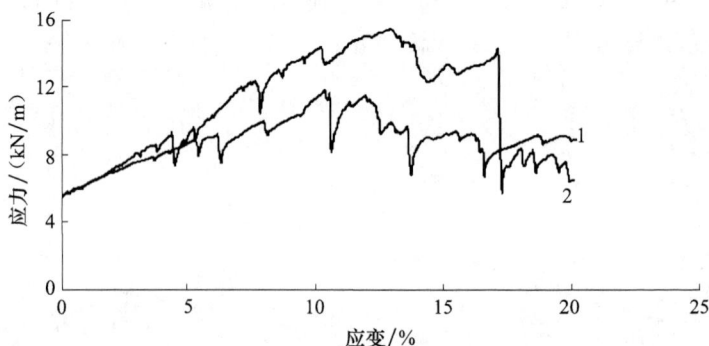

图 2-67　B 类绞边方式下 6cm×8cm 网片的典型应力应变曲线

表 2-45　B 类 6cm×8cm 网片拉伸试验结果

试验序号	长度/cm	宽度/cm	绞边强度/(kN/m)	最大负荷下的伸长率/%
1	34.0	55.0	10.40	8.95
2	37.0	58.0	11.86	10.31
3	35.0	58.0	15.50	12.85
4	37.0	54.0	10.88	11.58
5	40.0	57.0	9.10	8.24
6	41.0	57.0	15.84	9.32
平均值	37.0	57.0	12.26	10.20

通过表 2-45 可以看出,六组网片的绞边强度均较小,最大的只有 15kN/m,而

且最大应力所对应的伸长率也较小,均在 10% 左右。通过图 2-67 可以看出,网片
在拉伸过程中,随着应变增加,应力变化较为平缓,特别是在网片所承受的最大应
力附近,其原因同样是绞边钢丝被拉出有一个时间过程,在这个过程中网片所承受
的应力变化较小,同时注意到曲线中锯齿状出现得较为平缓,说明网片在拉伸过程
中应力在不断调整,其原因可能是绞边钢丝端的固定采用的是环扣相连,在拉伸过
程中环扣处的端丝由于拉伸力的作用会与附近端丝呈现倒"V"形,彼此之间不断
地发生相对位移,从而引起网片应力的不断调整。

2.6.3　不同单元网孔尺寸的网片绞边试验对比

为了比较不同网孔单元尺寸对绞边强度的影响,现将 6cm×8cm、8cm×10cm
两种不同单元网孔尺寸在拉伸仪器上发生相同破坏模式下的应力应变曲线加以对
比。图 2-68(a)得到的是 A 类绞边方式下两种不同单元网孔尺寸在第一种破坏模
式下的应力应变曲线,图 2-68(b)得到的是 A 类绞边方式下两种不同单元网孔尺
寸在第三种破坏模式下的应力应变曲线。

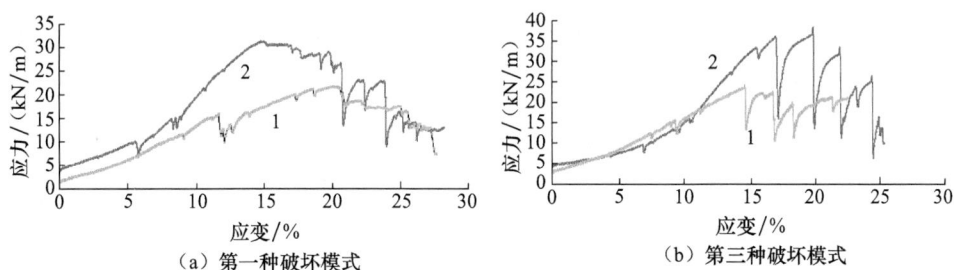

图 2-68　不同破坏模式下的不同单元尺寸对应的应力应变曲线对比图
1-6cm×8cm;2-8cm×10cm

对比两种不同单元网孔尺寸的网片应力应变关系曲线可以看到,网孔单元尺
寸为 8cm×10cm 的网片无论是在第一种破坏模式还是第三种破坏模式下的最大
拉伸应力均大于 6cm×8cm 的网片。由于两种网片的绞边质量相同,所以在相同
破坏模式下网片强度的差异是网片钢丝的强度与网片尺寸共同作用的结果。B 类
绞边方式的网片由于绞边质量较差,无论是单元尺寸为 8cm×10cm 的网片还是
6cm×8cm 的网片,在拉伸过程中均只表现出第一种破坏模式,并且因其绞边质量
的不同,得到的网片绞边强度差别很大。对比图 2-66 和图 2-67 可以看出,曲线表
现的变化规律基本一致,但是 8cm×10cm 的网片绞边试验得到的最小值和 6cm×
8cm 的网片绞边试验得到的应力几乎相等。可见,即使网片钢丝强度较高,当绞边
质量较差时,其绞边强度仍然可能较小,网片绞边质量对网片绞边强度起着决定性
的因素。

2.6.4　绞边试验与拉伸试验对比分析

　　网片拉伸试验是为了测定网片网丝承受荷载的能力,而绞边试验是为测定网片绞边钢丝绞合的紧密程度,其受力模式并不完全一致。因此,试验过程中网片固定方式并不相同,拉伸试验网片上部和下部都是通过螺栓和螺帽固定在绞合段,而绞边试验网片上部通过环扣固定网片端丝,下部用螺栓和螺帽固定。为了进一步研究两者之间受力模式的差别,将网片拉伸和绞边强度曲线归入同一图中进行比较分析。图 2-69 和图 2-70 分别为单元网孔尺寸为 6cm×8cm 和 8cm×10cm 的网片在拉伸试验和绞边试验下获得的应力应变曲线图,其中曲线 1 表示网片拉伸试验曲线,曲线 2 表示按照 A 类方式绞边网片的绞边试验曲线,曲线 3 表示按照 B 类方式绞边网片的绞边试验曲线。

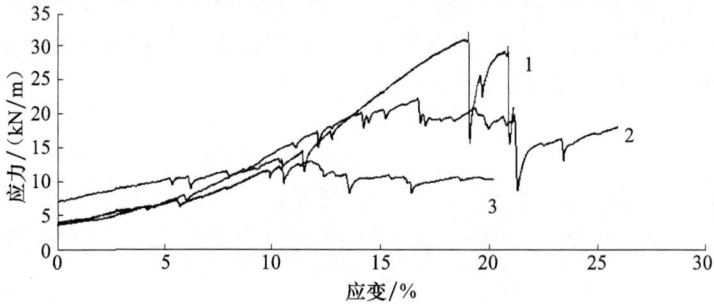

图 2-69　6cm×8cm 单元网孔拉伸和绞边应力应变曲线

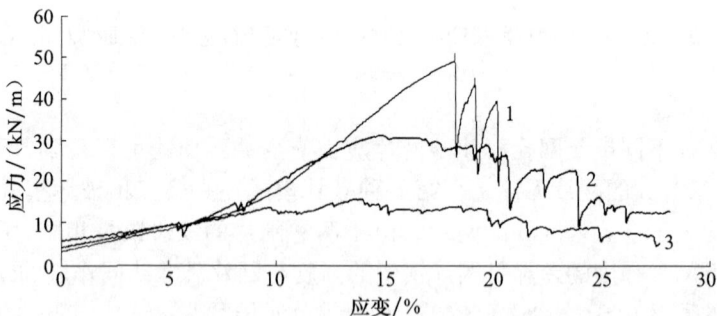

图 2-70　8cm×10cm 单元网孔拉伸和绞边应力应变曲线

　　由图 2-70 可以看到,无论是拉伸还是绞边试验,在拉伸的初始阶段,相同应变下的应力差别很小,这是因为拉伸刚开始时,虽然两者试验时网片与上部夹具固定方式不同,拉伸试验上端网片和下端网片一样是通过螺孔固定住网片内单元网格的绞合段部分,绞边试验时通过环扣与端丝相连,但是整个网片内的网丝还没充分受力,缠绕绞合在端丝上的钢丝在较小应力下并不会发生松动拔出。因此,固定方式的不同对网片拉伸过程影响并不大,而随着应变的增大,上部网片固定方式的不同对拉伸过程中的应力应变关系影响越来越大,可以看到拉伸试验应力应变曲线逐渐进入线弹性阶段,应力增长较快,直至网片发生拉断破坏,而对于绞边试验,其应力应变曲线整体表现得较为平缓,并存在着小幅度的上下波动现象,直到最后发生破坏,其强度下降得并不是很大。这是因为拉伸试验是对网格单元绞合段的固定,随着应变增加,其网片钢丝能充分承受拉力;而绞边试验中,随着应变的增加,其应力增大到一定值后并不会继续增加,而是慢慢被拔出,直至丧失承载力。

拉伸试验曲线 1 最大拉伸应力为 49.78kN/m,而绞边试验曲线 2 和 3 对应的最大拉伸应力仅仅为 31.23kN/m 和 11.48kN/m。相较于曲线 3 得到的最大拉伸应力,曲线 1 几乎是其 5 倍。可见拉伸试验得到的应力要大于绞边试验得到的应力,特别是对于绞边质量较差的网片,其拉伸试验应力更是远大于绞边试验应力,通过图 2-69 同样可以看到这一现象,拉伸试验曲线对应的最大拉伸应力同样是绞边试验曲线的 3 倍。同时对比图 2-69 和图 2-70 中的曲线 2 和 3 可以看出,尽管其网格单元尺寸相同,组成网片钢丝直径和强度也相同,但是其绞边强度有着较大差别,A 类绞边方式得到的绞边强度要大于 B 类绞边方式,尽管其破坏模式都是绞边钢丝被拉出,可见 B 类绞边方式绞边质量较差,在较小应力下就会发生绞边钢丝的拉出破坏,进一步说明网片绞边质量的重要性。

综上所述,当网片绞边质量较差时,很容易出现绞边钢丝被拉出从而丧失承载力的情况;相反,当绞边质量较好时,网片在较大拉伸应力作用下才会出现绞边钢丝被拉出的情况,甚至有可能在拉伸过程中并不会表现出钢丝拉出破坏,而和拉伸试验类似,出现钢丝拉断破坏,此时的强度和拉伸试验得到的强度差别并不会很大,甚至还很接近,可见网片的绞边质量对网片的拉伸性能有着很大的影响,在网片生产过程中必须有效控制网片的绞边质量,以保证网片在实际工程使用中不会在较小应力作用下就发生网片的绞边破坏。

第3章 煤矸石与格宾网界面摩擦特性

煤矸石粒径组分分析表明,煤矸石粗颗粒含量较高,细颗粒($d<5mm$)的含量较低,级配不良。煤矸石的力学性能是由粗颗粒和细颗粒共同作用的结果;而且煤矸石与一般碎石土性能不同,在碾压、击实过程中,煤矸石粗大颗粒会发生破碎,细颗粒含量增加,级配条件会得到不断改善,从而有效地提高了煤矸石的压实度。目前,国内外根据模拟现场试验条件和不同含水率条件,对煤矸石进行了大量的室内模拟直剪试验[21-23],得到了煤矸石的应力应变曲线以及内摩擦角和黏聚力的关系曲线。但是由于上述试验的试验设备的限制,仅仅做了粒径小于 20mm 甚至小于5mm 的试样,对煤矸石粗颗粒的研究较少。

加筋土技术[24]是 20 世纪 60 年代由法国工程师 Henri Vidal 提出的,具有强度高、适应性广、成低本、施工简便等诸多优点,目前在公路、铁路、水利、市政等领域得到了广泛应用。一些学者和工程技术人员尝试将加筋土技术与煤矸石相结合,修建了加筋煤矸石挡墙,取得了显著的经济、社会和环境效益[25,26]。

本章在对湖南省娄底地区煤矸石基本物理指标研究的基础上,对加筋煤矸石,特别是不同掺土量加筋煤矸石的工程力学特性、本构模型、筋材和煤矸石填料的相互作用规律进行研究,进而对高速公路加筋煤矸石路堤防护技术中的加筋挡土墙与加筋边坡的设计与验算进行分析,对路堤的沉降和变形进行计算。

3.1 界面摩擦简介

加筋土体包括三个方面的问题,即填料、筋材、筋土界面,加筋机理就是研究这三个方面的相互作用及其应力应变关系,其中最重要的就是界面摩擦特性及其对整个加筋土体应力应变性状的影响。界面摩擦试验是加筋土特有的,其室内试验常用的方法有拉拔试验、直剪试验、斜面试验等。一般情况下,拉拔试验和直剪试验的结果差别不大,但两者的机理不同,拉拔试验中筋材的作用是渐进性发挥的,但其成果受很多因素的影响,除仪器的类型,还与试样类型、试样长度和刚度、试样的表面粗糙度等有关,因此试验结果具有较大的离散性;直剪试验中筋材的作用是同时发挥的,其结果与斜面试验相比可能偏大。为得出不同掺土量煤矸石与筋材的界面摩擦特性,本试验采用直剪试验,试验采用中南大学高速铁路国家工程实验室中的粗粒土大型直剪仪进行,该设备的直剪试验操作简单,结果可靠,能够模拟不同的试验条件,运用该直剪设备,能够完全适应探究不同掺土量煤矸石与筋材之间的界面摩擦特性。

常规的应变控制式直剪仪高度只有 20mm,不能对粗粒土土样进行剪切试验。而在煤矸石加筋路堤设计中,往往需要利用煤矸石与筋材的界面强度指标来进行稳定性验算。中南大学高速铁路国家工程实验室的粗粒土大型直剪仪的型号为 TAW-800(图 2-20),其主要技术参数见表 3-1。该直剪仪加大了剪切盒尺寸,使试样直径由原来的 61.8mm 增加到方形尺寸 500mm×500mm,试样高度由原来的 20mm 增加到 300mm。由于剪切盒尺寸的扩大,其应用范围更加广泛,不仅可以用于测试粒径小于 2mm 的一般黏土和砂土的抗剪强度,还可以用于测试粒径较大的粗粒土的抗剪强度,对设备进行适当的改装,即可用于加筋土界面摩擦特性试验研究。

表 3-1　大型直剪仪的主要技术参数

设备型号	TAW-800	
主要技术指标	最大轴力	800kN(连续变化)
	最大水平力	400kN(连续变化)
	轴向活塞最大位移	600mm(连续变化)
	水平活塞最大距离	300mm(连续变化)
	上剪切盒尺寸	500mm×500mm×150mm
	下剪切盒尺寸	500mm×500mm×150mm
	总功率	7kW
设备功能	粗粒土直剪试验	
	土与结构物的剪切试验	
	加筋土力学参数试验	

该直剪仪主要用于测定动、静荷载作用下粗粒土剪切性能,进行粗粒土与筋材以及粗粒土与混凝土接触面的界面摩擦试验。试验机通过计算机、控制器、执行组件、传感组件等组成的全数字伺服循环控制系统进行三维静力加载及动态循环加载。在加载过程中可以采用应力控制、位移控制及两者耦合控制方式,并能实现控制方式的相互转换。试验机可实现在三个方向上的同步和相位的预定或自定义加载;可实现如圆形或椭圆形应力路径、十字形应力路径以及如圆形或椭圆形位移轨迹、十字形位移轨迹等预定路径的复杂加载。

上、下剪切盒尺寸均为 500mm×500mm,且均为组合式结构,都通过推杆力传感器与水平油虹的活塞杆连接。下剪切盒下面装有底座承压板,机座的台面上装有垫板,承压板与垫板之间装有直线导轨,以减小摩擦阻力。

传统的细粒土直剪仪的上、下剪切盒是扣在一起的,上剪切盒与下剪切盒直接接触,这样测得的剪应力就包含两部分:一部分是剪切过程试样产生的剪切力;另一部分是上、下剪切盒之间的摩擦力。上、下剪切盒之间的摩擦加大了试样的剪切强度,使得实测强度高于土体的真实强度,在稳定性分析时形成不安全因素。为了消除上、下剪切盒之间的摩擦影响,提高试验结果的精度,该直剪设备的剪切盒采用开缝设计,避免了上、下剪切盒之间的直接接触。为了实施加筋土的界面摩擦试验,必须防止剪切过程中筋材的滑移,因此设计了四边长条夹板组成的夹具通过螺栓把筋材固定在下剪切盒上(图 3-1),并保证筋材的装卸方便、快捷。

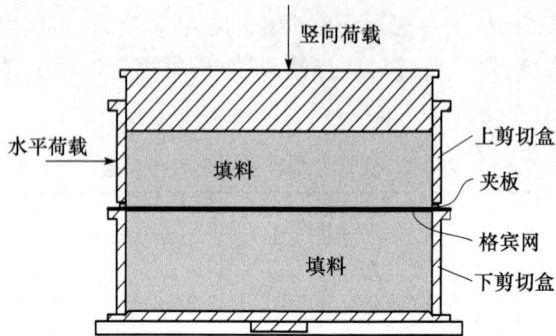

图 3-1　加筋煤矸石剪切示意图

　　另外,为了克服土样制作困难的问题,该剪切仪还另行配备了土样击实的锤子以及土样装卸的小车,能够满足粗、细颗粒的直剪试验以及加筋土的界面摩擦试验,因此为探究不同掺土量煤矸石的界面摩擦特性,采用这种大型直剪仪能够满足试验的要求。

3.2　界面摩擦方案

　　为了获得不同掺土量煤矸石的界面摩擦特性,结合安邵高速公路加筋边坡以及加筋挡土墙的实际情况,采用镀锌覆塑格宾网为筋材,以湖南省娄底地区杨家山矿区的煤矸石为填料,取用施工现场附近的土作为掺合土,进行不同掺土量加筋煤矸石的大型直接剪切试验。

　　本试验所采用的煤矸石及掺合土的基本物理参数见第 2 章,所采用的加筋材料是镀锌覆塑双绞合六边形格宾网,这种筋材以低碳钢丝为基本材料,钢丝表面做镀锌层进行防腐处理,最外层用塑料包裹,以抵御煤矸石中有害物质对钢丝的腐蚀作用,具有强度高、无蠕变、耐久性好的特点。试验所采用的覆塑格宾网型号为ZNP8＊10/2.7,生产过程采用专业设备编织成受力合理、牢固不易破损的六边形双绞合结构[27],六边形网孔尺寸为 8cm×10cm,筋材直径为 2.7mm,其基本单元见图 3-2。图 3-3 为试验所用的镀锌覆塑格宾网。

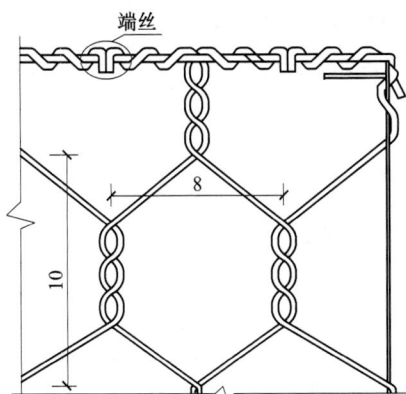

图 3-2　格宾网基本单元(单位:cm)

图 3-3　试验所采用的格宾网

格宾网的拉伸试验采用自制夹具在钢绞线拉伸试验机上进行(图 3-4),一共进行三组试验,试验结果见表 3-2。由表可以看出,5%延伸率对应的平均强度为 12.59kN/m,10%延伸率对应的平均强度为 29.13kN/m,极限抗拉强度均大于 30kN/m,平均值为 37.46kN/m,最大负荷对应的伸长率平均值为 13.69%。

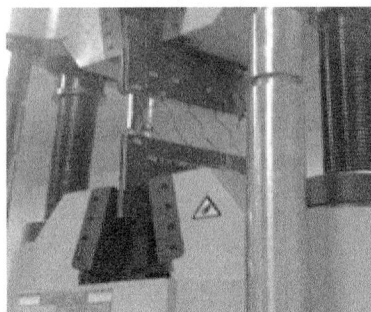

图 3-4　格宾网拉伸试验

表 3-2　格宾网的主要力学性能指标

性能指标	长度/mm	宽度/mm	2%伸长率的拉伸应力/(kN/m)	5%伸长率的拉伸应力/(kN/m)	10%伸长率的拉伸应力/(kN/m)	拉伸强度/(kN/m)	最大负荷下伸长率/%
第一组	360	320	4.37	9.67	26.43	38.97	15.43
第二组	350	320	5.62	10.14	24.09	34.34	14.48
第三组	460	320	8.13	17.96	36.88	39.06	11.15
平均值	390	320	6.04	12.59	29.13	37.46	13.69

分别对掺土量为 0%、5%、10%、20%加筋煤矸石进行直剪试验,同时对不加筋煤矸石进行直剪试验,以期与加筋煤矸石界面摩擦特性进行对比。试验过程采用常规直剪试验方法,法向应力分别为 100kPa、200kPa、300kPa,为了能够得到界面摩擦区的峰值强度和残余强度,水平位移要尽可能大,本试验采用的水平最大位移为 80mm,试验分组情况见表 3-3。

表 3-3　不同掺土量煤矸石的直剪试验

掺土量	是否加筋	法向应力/kPa			剪切速度/(mm/min)
掺土 0%煤矸石	否	100	200	300	1
掺土 0%煤矸石	格宾网	100	200	300	1
掺土 5%煤矸石	格宾网	100	200	300	1
掺土 10%煤矸石	格宾网	100	200	300	1
掺土 20%煤矸石	格宾网	100	200	300	1

　　试验共进行了 5 组 15 个试样的试验,试验过程采集剪切位移以及对应的剪应力,试验结束之后将绘出不同法向应力下剪切位移与剪应力之间的关系曲线、峰值强度与法向应力的关系曲线以及残余强度与法向应力之间的关系曲线。

　　依据《公路土工试验规程》(JTG E40—2007),并模拟现场煤矸石路基的压实度,研究不同掺土量煤矸石在加筋或不加筋的情况下的界面摩擦试验。根据国内外专家学者的统计研究[26],粗粒土试样尺寸与试料粒径之间的合理关系为 $D \geqslant 5d_{max}$(其中 D 为试样尺寸,d_{max} 为试料最大粒径),本次试验试样尺寸与试验料粒径即采用此关系;试验中人为剔除粒径大于 60mm 的颗粒,采用四分法取典型试样。

　　不同掺土量煤矸石的最优含水率以及压实度为 94% 对应的干密度见表 3-4。对于剔除粒径大于 60mm 煤矸石颗粒的典型试样,加入相应比例的掺合土并测其含水率,与最优含水率相比,计算所配试料需要加水量,将计算所需加水量称量并均匀喷洒在相应的试料中(图 3-5),掺和均匀后用塑料薄膜密封一昼夜,以确保试料能够充分浸润。

表 3-4　不同掺土量煤矸石基本物理参数(压实度为 94%)

掺入量	最优含水率/%	最大干密度/(g/cm³)	压实度为 94%的干密度/(g/cm³)
掺土 0%煤矸石	5.84	2.27	2.13
掺土 5%煤矸石	6.23	2.23	2.10
掺土 10%煤矸石	6.39	2.17	2.04
掺土 20%煤矸石	10.40	2.04	1.92

　　注:压实度为 94%对应的干密度 $\rho = 0.94\rho_{max}$。

　　试样尺寸为 500mm×500mm,高为 250mm。对于不加筋煤矸石,可以先把上、下剪切盒用螺杆连接,分两层填筑,每层高度 125mm,通过计算对应体积所需填料的质量,倒入剪切盒中,先用轻型锤人工整平,再用重型锤人工击实(图 3-6),通过测量高度控制对应的压实度。

　　当人工击实高度达到设计高度后,对表面进行拉毛,然后称量并倒入第二层填

（a）煤矸石与掺合土混合　　　　　　　　（b）试料中加入水

图 3-5 试验试样配料

（a）试样整平　　　　　　　　　　（b）试样人工击实

图 3-6 试样的整平和夯实

料,通过轻型锤的整平和重型锤人工击实,测量试样总高度,使试样击实到对应的压实度。

对于不同掺土量的加筋煤矸石试样,填筑同样分两层进行,考虑到筋材需要在剪切面位置铺装,因此第一层填筑高度为 150mm(即填筑到下剪切盒表面),第二层填筑高度为 100mm。通过干密度、含水率以及填料所需体积计算每一层填料的质量。为了方便第一层填料的击实,在第一层填料装入剪切盒之前,先把上下剪切盒放在一起,再加入第一层填料,通过整平和人工击实达到相应的高度后,对表面进行拉毛,这样下层剪切土基就制作完成了。然后,卸去上剪切盒,在下剪切盒表面(即剪切面)铺设钢丝网(图 3-7),并利用自制模具压条把钢丝网固定在下剪切盒表面上(图 3-8),确保在剪切过程中,筋材不随上剪切盒的移动而发生滑移。筋材铺设、固定完成后,把上剪切盒放在下剪切盒上,并用螺栓连接起来,把上层填料倒入剪切盒中,整平、击实到试验方案要求的高度。

(a) 格宾网材料裁剪　　　　　　　　　(b) 剪切面铺设格宾网材料

图 3-7　界面摩擦区铺设格宾网筋材

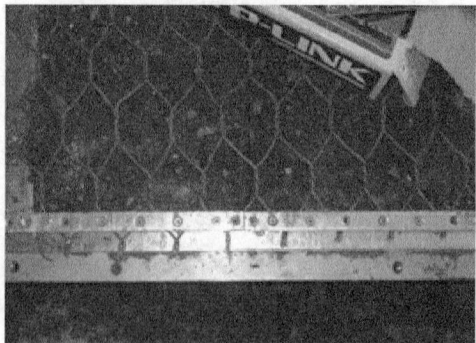

(a) 压条固定格宾网　　　　　　　　　(b) 格宾网用压条固定

图 3-8　格宾网的固定

当上层填料装入剪切盒,通过整平击实到设计压实度之后,用吊车调入装卸小车中,并推至直剪仪内,通过直剪仪的升降系统把剪切盒安放于剪切系统中(图 3-9);然后通过螺栓把剪切方向的推杆末端与剪切盒固定在一起,拆除上下剪切盒之间的螺栓,完成试样的吊装和安装工作。

试样安装完毕后,即可开始剪切试验的参数设置工作,设置法向应力为 σ(本次试验取 100kPa、200kPa、300kPa),由于加载面积为 500mm×500mm,则竖向荷载

为 0.25σ,并使之稳定不发生振荡,剪切位移幅值为 80mm,随着剪切位移增加,抗剪面积逐渐减小,为保证法向应力稳定在 σ,竖向荷载应线性减小,当剪切完成时,竖向荷载为 $0.5\times0.42\times\sigma=0.21\sigma$,剪切速度为 1mm/min,剪切过程见图 3-10,试验设备程序自动采集剪切位移、剪应力等数据。

<table>
<tr><td>（a）用吊车将试样调入装卸小车</td><td>（b）试样调入剪切仪中</td></tr>
</table>

图 3-9　试样的吊装

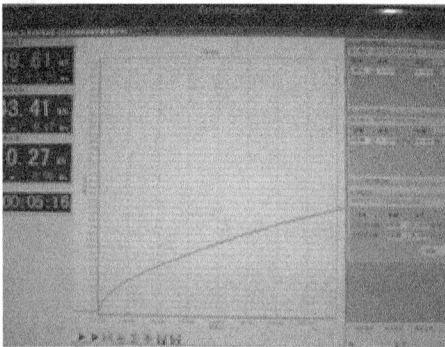

<table>
<tr><td>（a）剪应力与剪切位移之间的关系曲线</td><td>（b）上剪切盒产生剪切位移</td></tr>
</table>

图 3-10　剪切过程

试验结束之后,将上剪切盒恢复至剪切之前的位置,用螺栓连接上下剪切盒,拆除水平推杆与剪切盒之间的连接,依靠竖向拉杆吊起剪切盒并推入装卸小车中,推出装卸小车;用吊车吊起剪切盒,把上下剪切盒分开,观察界面摩擦区的变化情况以及筋材的变形情况,拆开固定在下剪切盒上的格宾网,卸出剪切盒内的填料即可,见图 3-11。

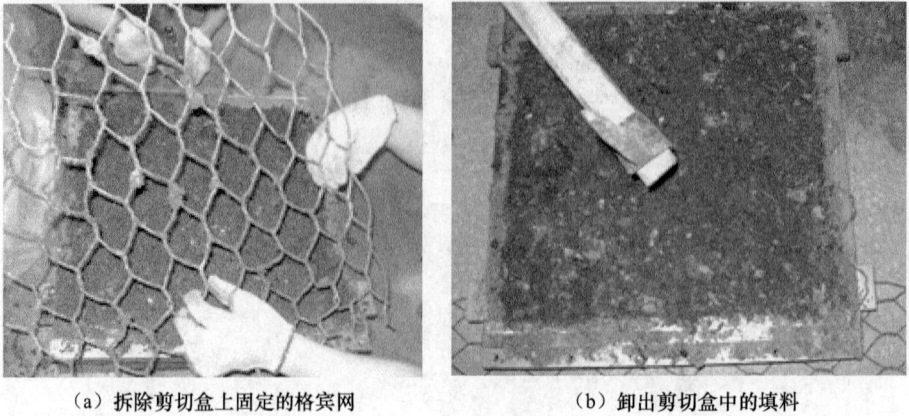

（a）拆除剪切盒上固定的格宾网　　　　　（b）卸出剪切盒中的填料

图 3-11　试样的拆除

3.3　界面摩擦数据分析

通过不同掺土量煤矸石与钢丝网的直剪试验,绘出各种试样的剪应力和剪切位移之间的关系曲线,采用不同的方式进行拟合,分析其峰值强度与剪切位移之间的关系以及残余强度与剪切位移之间的关系,并对不同情况下的界面摩擦系数进行分析,以期得到加筋土坡或加筋挡土墙筋材设计、验算所需的定量公式。之所以研究残余强度问题,是因为边坡或挡土墙发生滑坡之后,滑动面上的剪应力比峰值强度要小,残余强度定义为大剪切位移条件下剪切面的稳定摩阻力,它是土体应力应变关系过峰值点后的稳定应力。

3.3.1　不同掺土量煤矸石剪应力与剪切位移之间的关系曲线

1)加筋煤矸石剪应力与剪切位移之间的关系曲线

不同掺土量加筋煤矸石的直剪试验均在其最优含水率、压实度为94%情况下进行,试验结束之后,对于不同的掺土量,绘出其在不同法向应力(100kPa、200kPa、300kPa)作用下的剪应力 τ 与剪切位移 u 之间的关系曲线,见图 3-12。由图可知,不同掺土量煤矸石与格宾网的界面摩擦试验中,抗剪强度随法向应力的增加而增大;剪应力与剪切位移曲线呈现非线性关系;不同法向应力作用下的剪应力 τ 与剪切位移 u 之间的关系曲线变化趋势大致相同,呈现不规则的双曲线形态,随着剪切位移增加,剪应力迅速增大,当剪切位移达到一定值时,曲线变得平缓,且大部分都出现了剪应力峰值。

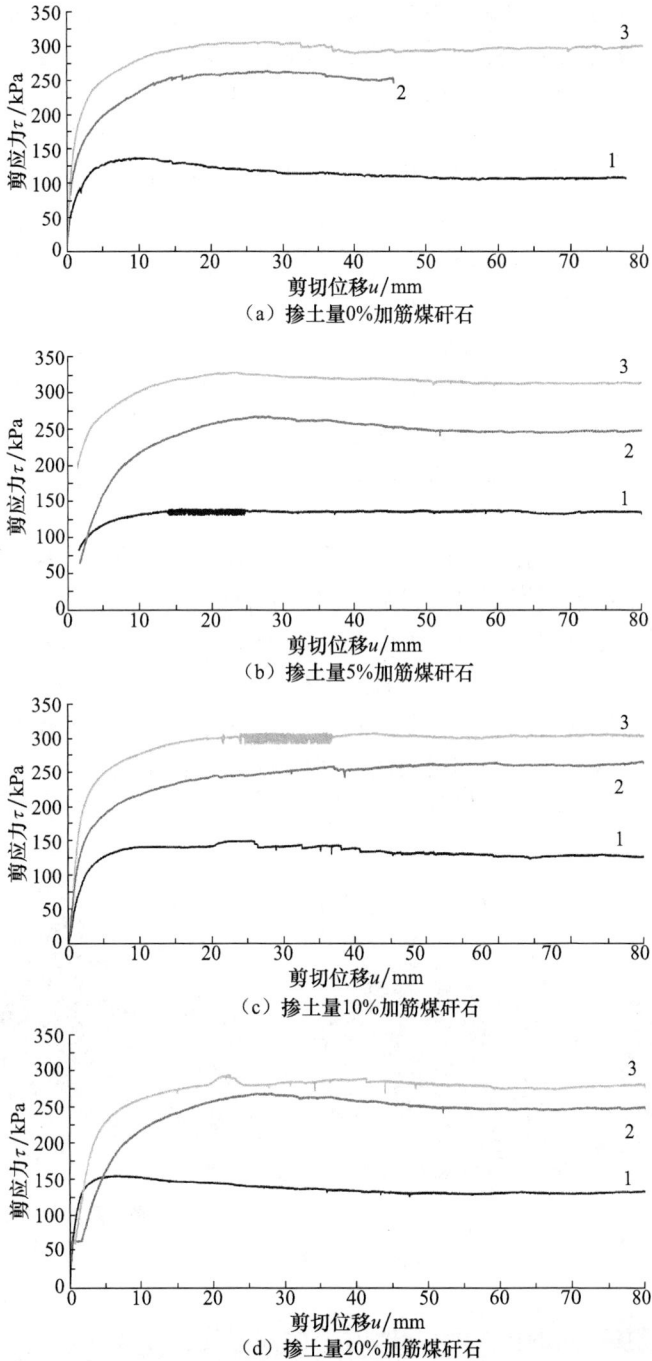

（a）掺土量0%加筋煤矸石

（b）掺土量5%加筋煤矸石

（c）掺土量10%加筋煤矸石

（d）掺土量20%加筋煤矸石

图 3-12　不同掺土量加筋煤矸石的剪应力与剪切位移之间的关系曲线

1-100kPa；2-200kPa；3-300kPa

不同掺土量煤矸石的剪应力与剪切位移之间的关系曲线主要呈现软化型,出现稳定的残余强度,残余强度随有效法向应力的增大而增大,当剪切位移大于40mm 之后,残余强度趋于稳定。残余强度与峰值强度相差不大,这是由于煤矸石粗颗粒较软,在夯实和剪切过程中容易破碎,并且煤矸石中含有一定量的细颗粒,在剪切过程中,煤矸石颗粒之间以及煤矸石与筋材之间的"咬合"作用不会随着剪切位移增加而大幅度减小,即使剪切过程出现轻微的剪胀作用,加筋煤矸石的峰值强度与峰值之后的残余强度也相差较小。剪切过程中,部分曲线有锯齿状出现,这是由三方面因素造成的:

（1）界面摩擦区较大的煤矸石颗粒被剪断或者剪碎瞬间,剪应力瞬间变小;

（2）界面摩擦区某些煤矸石颗粒与格宾网相互作用时,格宾网处于屈服阶段,剪应力会出现连续性的锯齿形;

（3）界面摩擦区剪切面上的粗大矸石颗粒在剪切过程中被格宾网约束,在格宾网破坏的瞬间,剪应力出现突变。

图 3-13 显示了不同掺土量加筋煤矸石界面摩擦区在剪切过程中的变形特点。在剪切过程中,煤矸石颗粒与格宾网相互作用,部分格宾网发生变形或者断裂(图 3-14),剪切面上的粗大矸石颗粒在剪切过程中被剪成细小颗粒,剪切面比较光滑。试验过程中,为了防止格宾网在剪切过程中出现滑移现象,在下剪切盒四周用模具和压条把格宾网固定,但试验过程中,仍有部分格宾网发生滑移(图 3-15),由此可见,剪切过程中,煤矸石颗粒和格宾网之间的相互作用力很大,在煤矸石中加入格宾网能够在很大程度上改善煤矸石受力性能。

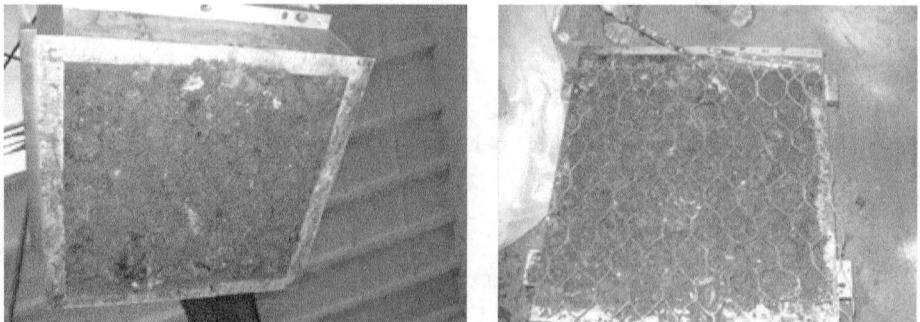

(a) 上剪切面滑移情况　　　　　　　　(b) 下剪切面上格宾网的变形

图 3-13　加筋煤矸石的界面摩擦区变形特点

2) 不加筋煤矸石的剪应力与剪切位移之间的关系曲线

不加筋煤矸石的剪应力与剪切位移之间的关系曲线见图 2-21。由图可知,未加筋煤矸石的抗剪强度随法向应力增加而增加,剪应力与剪切位移的关系曲线趋

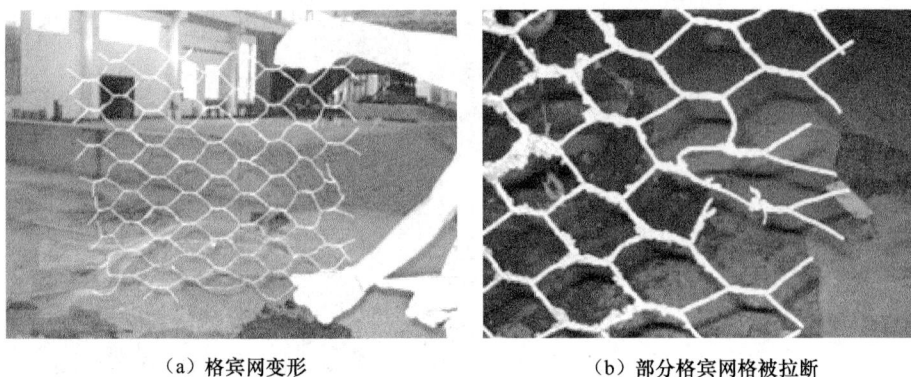

（a）格宾网变形　　　　　　　　　　　（b）部分格宾网格被拉断

图 3-14　格宾网变形或被拉断

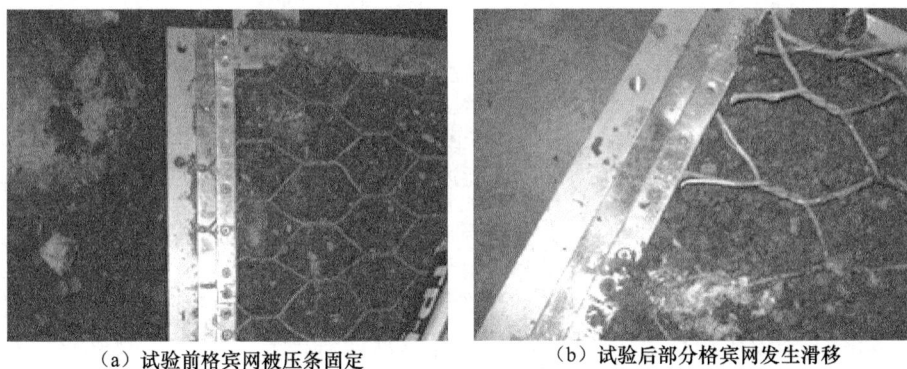

（a）试验前格宾网被压条固定　　　　　　（b）试验后部分格宾网发生滑移

图 3-15　剪切过程格宾网滑移变化情况

近于双曲线,不同法向应力作用下的剪应力与剪切位移关系曲线大致相同,曲线呈现软化型。残余强度随法向应力增加而增大,当剪切位移大于 45mm 之后,残余强度趋于稳定。

对比图 3-12 与图 2-21 可以发现,加筋煤矸石与未加筋煤矸石相比,出现峰值强度所需的剪切位移较大,这说明加筋之后塑性变形更大,一定程度上更有利于边坡或者挡墙的稳定。对于残余强度出现稳定所需的剪切位移,未加筋煤矸石比加筋煤矸石大;残余强度与峰值强度相比,未加筋煤矸石比加筋煤矸石的减少量要大一些。因此,在煤矸石中加筋相比未加筋,很大程度上改善了煤矸石的受力性能。

图 3-16 为未加筋煤矸石在剪切面上的变化情况,由图可以看出,未加筋煤矸石在直剪区出现明显的滑动趋势,大颗粒出现部分破碎,直剪区域较光滑,说明在较大直剪位移作用下,煤矸石颗粒之间出现较强的摩擦作用,此时的直剪强度比峰值强度小,应采用残余强度来衡量。

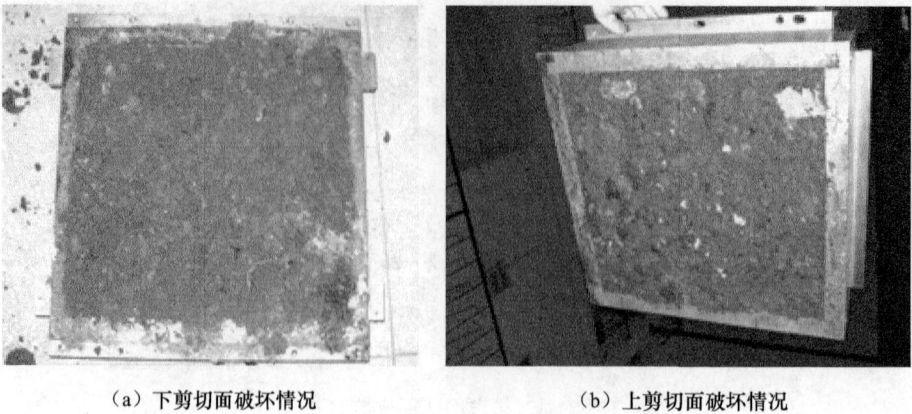

（a）下剪切面破坏情况   （b）上剪切面破坏情况

图 3-16　未加筋煤矸石的剪切面破坏情况

3.3.2　煤矸石剪应力与剪切位移的关系曲线描述

由图 3-12 及图 2-21 可知,不同掺土量加筋煤矸石的界面摩擦试验以及煤矸石的直剪试验得到的剪应力与剪切位移曲线大致相同,不同应力水平下的剪应力与剪切位移曲线明显地分为若干个不同的阶段。

1) 加筋煤矸石剪应力与剪切位移之间的关系曲线描述

由图 3-12 可知,不同掺土量煤矸石在不同法向应力作用下的剪应力与剪切位移之间的关系曲线均可以明显地分为几个阶段,现以掺土量为 20%、法向应力为 100kPa(图 3-17)时的试验数据为例进行说明。

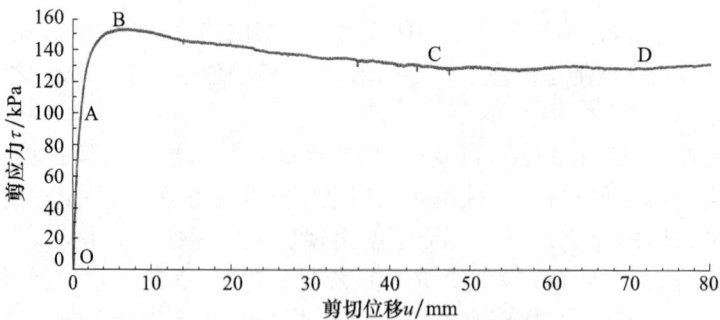

图 3-17　掺土量为 20%、法向应力为 100kPa 时对应的剪应力与剪切位移曲线

从图 3-17 可以明显地看出,剪应力与剪切位移曲线可以明显地分为四段,即 OA、AB、BC、CD 段,现分别阐述各段的变化。

（1）弹性阶段（OA 段）:随着剪切位移的增大,剪切面剪应力线性增加且其斜率较大。该阶段为煤矸石与格宾网之间从静摩擦力到滑动摩擦力的过程,随着剪切位移增加,静摩擦力逐渐增大,在该受力过程中,筋材最开始被拉紧,剪切应力随着筋材拉紧慢慢增大,由于剪切应力不是很大,只有剪切面的摩擦作用参与受力,此时的摩擦力为静摩擦力。而剪切面周围土体与其他土体一起工作,未形成剪切滑动区,同时剪切面的摩擦作用也随着剪切应力的增大而从开始发挥到完全发挥。A 点对应的剪切应力和剪切位移称为弹性剪切应力极值和弹性剪切位移极值,此时界面区产生相对移动的趋势,筋材上的应力同时发挥作用。

(2) 弹塑性阶段(AB 段):在该阶段中,剪切面剪切应力已经超过了格宾网与煤矸石界面的弹性剪切应力极值,同时剪切面周围土体颗粒随着剪应力的增大产生了少量切向变形,在界面区两侧一定厚度的范围内,煤矸石颗粒发生翻滚、上下移动、左右移位等,筋材与煤矸石填料发生了比较明显的相互作用,这是由于煤矸石颗粒之间的摩擦力以及"咬合力"作用,再加上界面区的煤矸石颗粒与格宾网之间的滑动摩擦以及贯穿格宾网的煤矸石与筋材的"咬合力"作用,从而激发周围煤矸石颗粒参与到界面区的受力过程中,因此将在界面摩擦区一定范围内(具体影响范围尚无定论,可进一步探讨)形成一层滑动区。剪切位移越大,咬合力越大,随着剪切应力的进一步增大,滑动区内的土体的摩擦力和咬合力也随之增大直至完全发挥。B 点对应的剪应力称为极限剪切应力(即峰值强度)。该过程的剪切应力应为弹性剪应力极值与土体颗粒之间的咬合力和摩擦力之和,其中咬合力与土体的抗剪强度指标和法向压力有关。这里所说的剪切应力不是指界面摩擦区的剪应力,而是指包含界面摩擦区在内的一定范围内滑动土体所产生的综合剪应力(包括摩擦力和咬合力)。

(3) 应变软化阶段(BC 段):由于在 B 点,界面摩擦区和滑动土体区内煤矸石之间以及煤矸石与格宾网之间的咬合力均已发挥到极点,即抗剪区的整个土体已经达到极限受力状态,随着剪切位移的进一步增加,滑动区内的煤矸石颗粒除了有滑动移动,还会进一步伴随着翻滚和重新排列现象,部分大颗粒矸石发生咬合剪断现象,因此此阶段的曲线部分出现锯齿状,界面摩擦区内的土体的原结构遭受破坏,咬合力逐渐减小,该阶段表现为明显的应力软化阶段。

(4) 残余强度阶段(CD 段):随着剪切位移的增加,滑动区内土颗粒重新排列达到稳定状态,土体的原结构遭到破坏,煤矸石颗粒及其与格宾网之间的咬合力彻底丧失,界面摩擦区只存在煤矸石之间以及煤矸石与筋材之间的摩擦力作用,并且摩擦力基本保持为常数,随着剪切位移进一步增加,剪应力趋于稳定,此时的剪应力强度称为残余强度。

2) 未加筋煤矸石剪应力与剪切位移之间的曲线描述

由图 2-21 可知,未加筋煤矸石在不同法向应力作用下的剪应力与剪切位移之间的关系曲线均可以明显地分为几个阶段,现以法向应力为100kPa(图 3-18)时的试验数据为例进行说明。

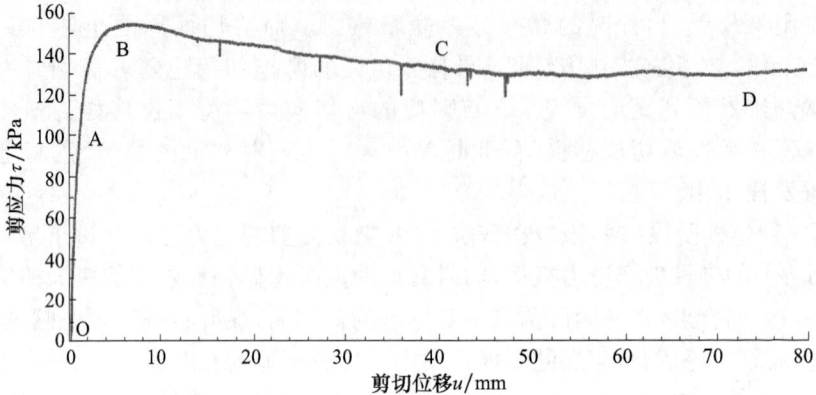

图 3-18　　未加筋煤矸石在法向量为 100kPa 时对应的剪应力与剪切位移曲线

从图 3-18 可以明显地看出,未加筋煤矸石的剪应力与剪切位移曲线也可以明显地分为四段,即 OA、AB、BC、CD 段,现分别阐述各段的变化。

(1)弹性阶段(OA 段):随着剪切位移的增大,剪切面剪应力线性增大且其斜率较大,斜率较加筋煤矸石相比更大,这是因为未加筋煤矸石在剪切区不存在天然的滑动面,且煤矸石直接接触产生的摩擦力比煤矸石与筋材接触产生的摩擦力大。该阶段为煤矸石之间从静摩擦力到滑动摩擦力的过程,随着剪切位移增加,静摩擦力逐渐增大,由于剪切应力不是很大,只有剪切面的摩擦作用参与受力,此时的摩擦力为静摩擦力。而剪切面周围土体与其他土体一起工作,未形成剪切滑动区,同时剪切面煤矸石之间的摩擦作用也随着剪切应力的增大从开始发挥到完全发挥。A 点对应的剪切应力和剪切位移称为弹性剪切应力极值和弹性剪切位移极值,此时煤矸石直剪区产生相对移动的趋势。

(2)弹塑性阶段(AB 段):在该阶段中,剪切面剪切应力已经超过了煤矸石之间的弹性剪切应力极值,同时剪切面周围煤矸石颗粒随着剪应力的增大产生了少量切向变形,在剪切面两侧一定厚度的范围内,煤矸石颗粒发生翻滚、上下移动、左右移位等,煤矸石填料之间发生了比较明显的相互作用,这是由于煤矸石颗粒之间的摩擦力以及“咬合力”相互作用,从而激发剪切区周围煤矸石颗粒参与煤矸石剪切受力的过程中,因此在直剪区一定范围内(具体影响范围尚无定论,可进一步探讨)形成一定的滑动区。剪切位移越大,咬合作用越大,随着剪切应力的进一步增大,滑动区内煤矸石颗粒之间的咬合力也随之增大直至完全发挥。B 点对应的剪应力称为极限剪切应力(即峰值强度)。该过程的剪切应力应为弹性剪应力极值与煤矸石颗粒之间的咬合力之和,其中咬合力与煤矸石的抗剪强度指标和法向压力有关。这里所说的剪切应力不是指剪切面的剪应力,而是指包含剪切面在内一定范围内滑动土体所产生的综合剪应力(包括摩擦力和咬合力)。

(3) 应变软化阶段(BC 段):由于在 B 点,直剪面和滑动土体区内煤矸石之间的咬合力均已发挥到极点,即抗剪区的整个土体已经达到极限受力状态,随着剪切位移的进一步增加,滑动区内的煤矸石颗粒除了有滑动移动,还会进一步伴随着翻滚和重新排列现象,部分大颗粒矸石发生咬合剪断现象,因此该阶段的曲线部分出现锯齿状,界面摩擦区内土体的原结构遭到破坏,咬合力逐渐减小,该阶段表现为明显的应力软化阶段。

(4) 残余强度阶段(CD 段):随着剪切位移的增加,滑动区内土颗粒重新排列达到稳定状态,土体的原结构遭到破坏,煤矸石颗粒之间的咬合力彻底丧失,直剪面上只存在煤矸石之间的摩擦力作用,并且摩擦力基本保持为常数,随着剪切位移的进一步增加,剪应力趋于稳定,此时的剪应力强度称为残余强度。

3.3.3　煤矸石剪应力与剪切位移关系曲线的拟合

从图 3-12 和图 2-21 中不难发现,煤矸石剪应力与剪切位移之间的曲线呈现出外凸特征,随着剪应力增大,出现明显的应力软化现象,进而出现稳定的残余应力变化趋势。目前常用的直剪试验剪应力与剪切位移之间的关系曲线拟合的模型有两种,即双曲线模型和指数模型。本节在双曲线模型的基础上,考虑煤矸石直剪试验出现的应力软化和残余强度的影响,提出了改进的数学模型。

1) 双曲线模型

在剪应力 τ 与剪切位移 u 的关系曲线中,若用双曲线模型拟合,则双曲线模型的表达式为

$$\tau = \frac{u}{\dfrac{1}{G} + \dfrac{u}{T_u}} \tag{3-1}$$

式中,T_u 为 $\tau\text{-}u$ 关系曲线的渐近线,即极限剪应力(kPa);G 为初始剪切模量,即 $\tau\text{-}u$ 关系曲线的初始斜率(kPa)。

对式(3-1)整理可得

$$\frac{1}{\tau} = \frac{1}{G} \cdot \frac{1}{u} + \frac{1}{T_u} \tag{3-2}$$

由式(3-2)可知,剪应力 τ 的倒数与剪切位移 u 的倒数呈线性关系,在该直线方程中,斜率为 $1/G$,截距为 $1/T_u$。现对掺土量为 0% 的加筋煤矸石和未加筋煤矸石利用式(3-1)进行拟合,得出初始剪切模量和极限剪应力,并检验该公式在煤矸石直剪试验中的适用性。

掺土量为0%的加筋煤矸石和未加筋煤矸石利用式(3-1)拟合所得图像见图3-19，拟合所得初始剪切模量和极限剪应力见表3-5。

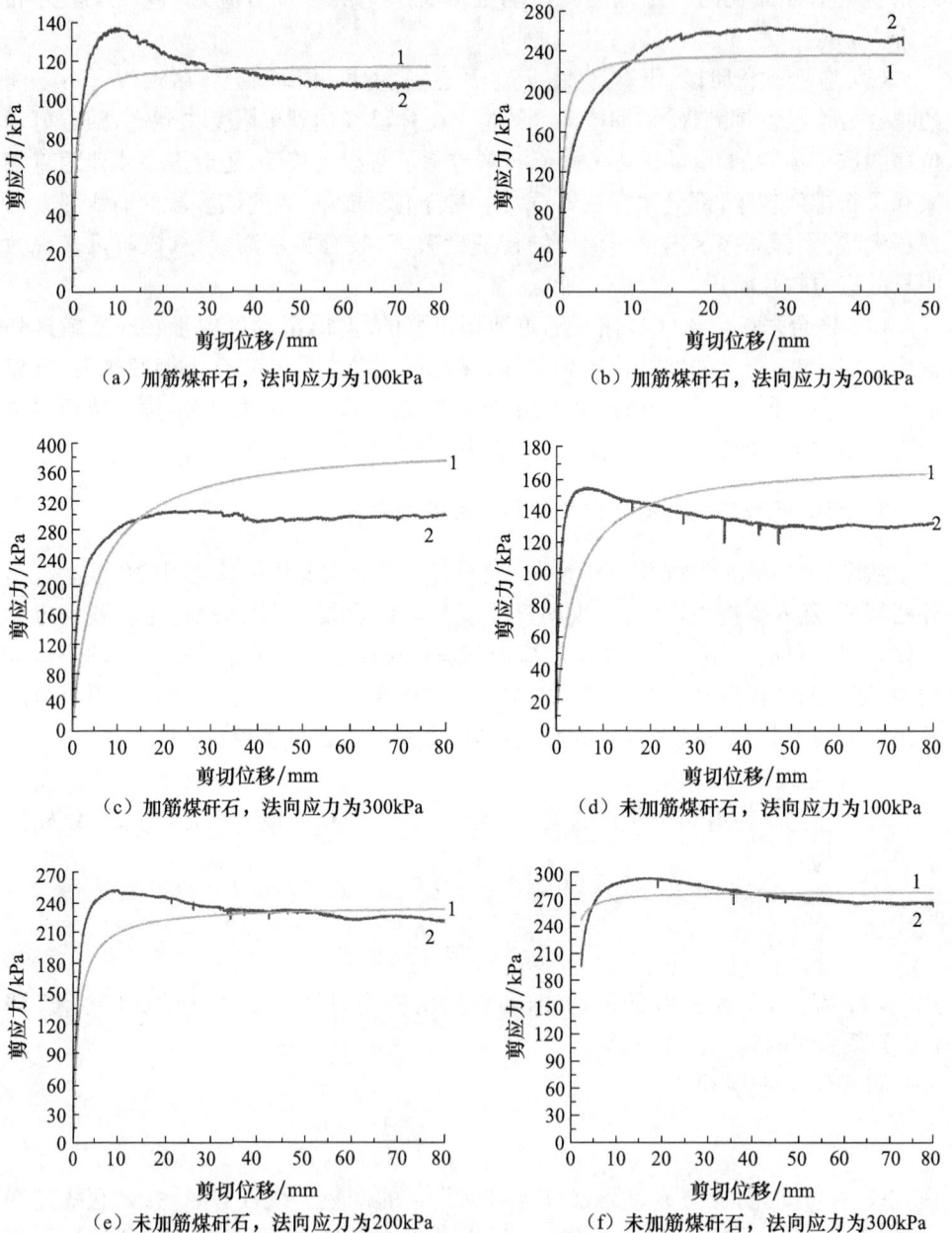

（a）加筋煤矸石，法向应力为100kPa

（b）加筋煤矸石，法向应力为200kPa

（c）加筋煤矸石，法向应力为300kPa

（d）未加筋煤矸石，法向应力为100kPa

（e）未加筋煤矸石，法向应力为200kPa

（f）未加筋煤矸石，法向应力为300kPa

图 3-19　双曲线模型对煤矸石剪应力与剪切位移关系拟合曲线

1-双曲线模型拟合关系曲线；2-煤矸石剪应力与剪切位移关系曲线

表 3-5　双曲线对煤矸石剪应力与剪切位移曲线的拟合参数

类型	法向应力/kPa	初始剪切模量 G/kPa	极限剪应力 T_u/kPa
掺土量为 0% 的 加筋煤矸石	100	172	118
	200	667	238
	300	757	400
掺土量为 0% 的 未加筋煤矸石	100	45	169
	200	175	238
	300	909	278

由图 3-19 和表 3-5 可知,随着法向应力增大,初始剪切模量 G 逐渐增大,但极限承载力有时与实际极限荷载产生较大偏差,这是因为双曲线模型没有考虑煤矸石材料在剪切过程中出现的应力软化问题。由式(3-2)可知,双曲线模型是基于线性假设建立的,但由于煤矸石在剪切过程中会出现软化现象,所以剪应力与剪切位移曲线会出现峰值强度和残余强度问题,这是双曲线模型无法拟合的。

2) 指数模型

在剪应力 τ 与剪切位移 u 的关系曲线中,可以用指数模型去拟合,指数模型的表达式为

$$\tau = T_u(1 - e^{-Gu/T_u}) \tag{3-3}$$

式中,T_u 为 τ-u 关系曲线的渐近线,即极限剪应力(kPa);G 为初始剪切模量,即 τ-u 关系曲线的初始斜率(kPa)。

现对掺土量为 0% 的加筋煤矸石和未加筋煤矸石利用式(3-3)进行拟合,得出初始剪切模量和极限剪应力,并检验该公式在煤矸石直剪试验中的适用性。

掺土量为 0% 的加筋煤矸石和未加筋煤矸石利用式(3-3)进行拟合所得图像见图 3-20,拟合所得初始剪切模量和极限剪应力见表 3-6。

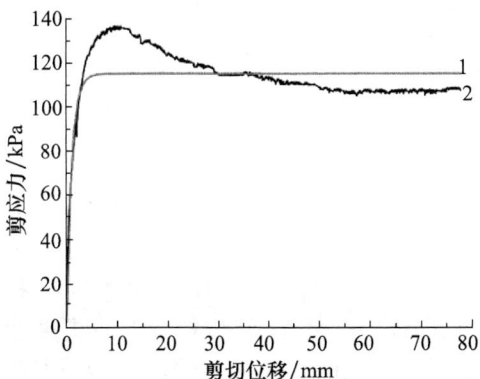

（a）加筋煤矸石,法向应力为 100kPa　　　　　（b）加筋煤矸石,法向应力为 200kPa

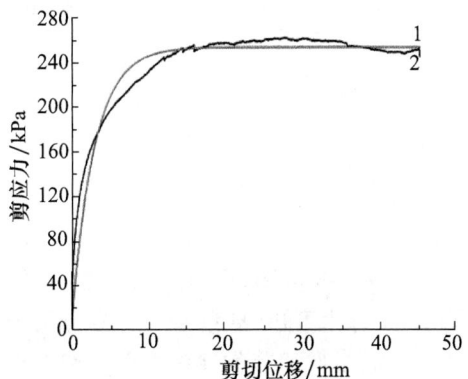

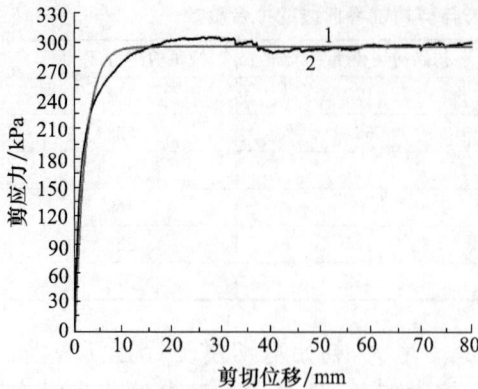

（c）加筋煤矸石，法向应力为300kPa　　　　（d）未加筋煤矸石，法向应力为100kPa

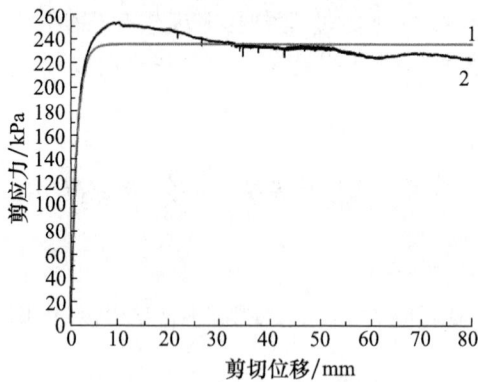

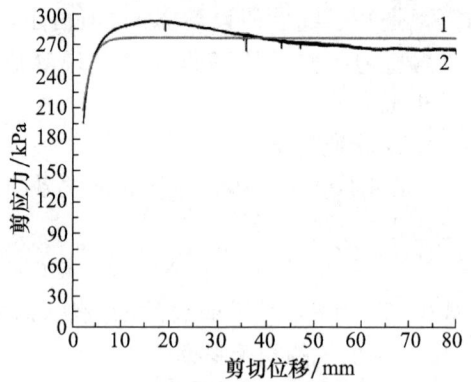

（e）未加筋煤矸石，法向应力为200kPa　　　　（f）未加筋煤矸石，法向应力为300kPa

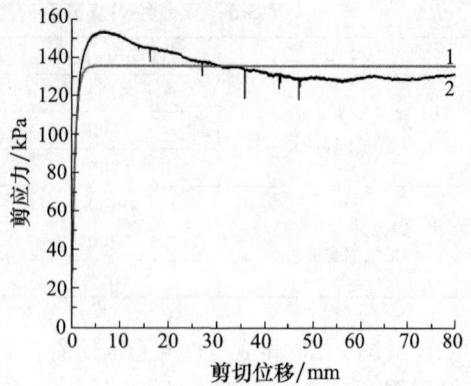

图 3-20　指数模型对煤矸石剪应力与剪切位移关系拟合曲线

1-指数模型拟合煤矸石剪应力与剪切位移关系曲线；2-煤矸石剪应力与剪切位移关系曲线

表 3-6　指数模型对煤矸石剪应力与剪切位移曲线的拟合参数

类型	法向应力/kPa	初始剪切模量 G/kPa	极限剪应力 T_u/kPa	拟合系数 R^2
掺土量为0%的加筋煤矸石	100	111	115	0.578
	200	84	246	0.917
	300	137	295	0.930
掺土量为0%的未加筋煤矸石	100	194	136	0.591
	200	198	235	0.844
	300	163	277	0.912

由表 3-6 可知，法向应力越大，拟合系数 R^2 越大，拟合效果越好。由图 3-19 和图 3-20 对比可知，指数模型的拟合效果比双曲线拟合效果要好，拟合曲线更接近于煤矸石试验所得的剪应力和剪切位移曲线。但是由于式（3-3）本身的原因，当剪切位移达到一定值之后，剪应力基本不再发生变化，而煤矸石在剪切过程中会出现

软化现象,所以剪应力与剪切位移曲线会出现峰值强度和残余强度问题,这是指数模型无法拟合的。

3) 考虑应变软化和残余强度的数学模型

参考双曲线模型和指数模型,并结合煤矸石直剪试验过程中出现的应变软化现象,以及在应力应变曲线中出现的峰值强度和残余强度,对双曲线模型和指数模型公式进行改进,用式(3-4)进行拟合:

$$\tau = \frac{u}{a + be^{cu}} \tag{3-4}$$

即

$$\frac{u}{\tau} = a + be^{cu} \tag{3-5}$$

由式(3-5)可知,u/τ 与 u 并非呈直线关系,而是呈指数函数关系。

现对掺土量为 0% 的加筋煤矸石和未加筋煤矸石利用式(3-4)进行拟合,拟合所得图像见图 3-21,拟合所得参数见表 3-7。

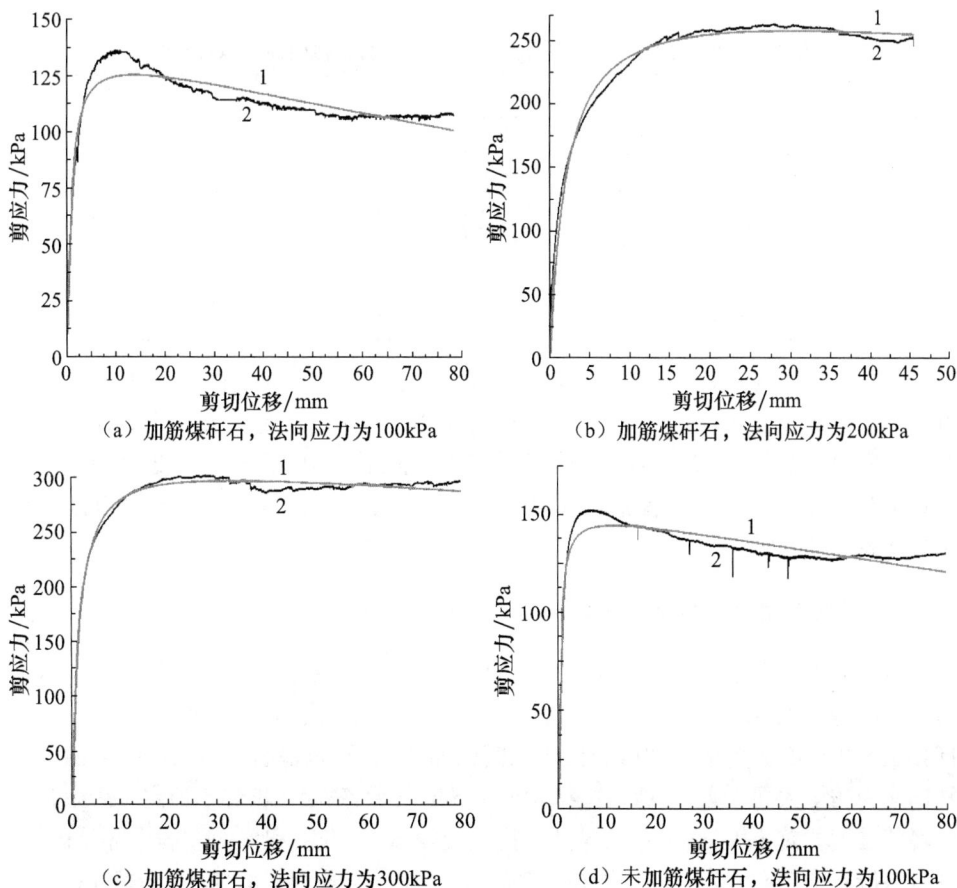

（a）加筋煤矸石,法向应力为100kPa

（b）加筋煤矸石,法向应力为200kPa

（c）加筋煤矸石,法向应力为300kPa

（d）未加筋煤矸石,法向应力为100kPa

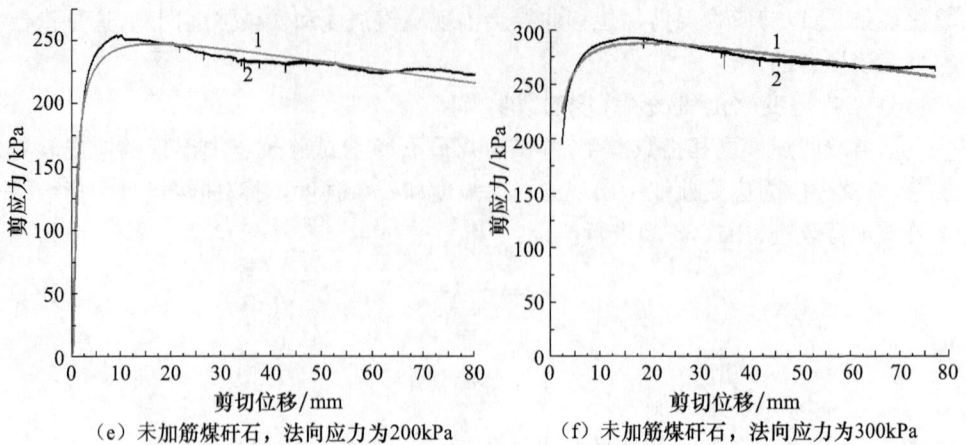

（e）未加筋煤矸石，法向应力为200kPa　　　（f）未加筋煤矸石，法向应力为300kPa

图 3-21　应力软化模型对煤矸石剪应力与剪切位移关系拟合曲线

1-考虑应力软化模型拟合煤矸石剪应力与剪切位移关系曲线；

2-煤矸石剪应力与剪切位移关系曲线

表 3-7　应力软化模型对煤矸石剪应力与剪切位移曲线的拟合参数

类型	法向应力	a	b	c	拟合系数 R^2
掺土量为0%的 加筋煤矸石	100kPa	−0.93134	0.93672	0.00767	0.87170
	200kPa	−0.83847	0.84588	0.00405	0.97408
	300kPa	−1.28519	1.28948	0.00239	0.97473
掺土量为0%的 未加筋煤矸石	100kPa	−1.11753	1.12003	0.00576	0.87464
	200kPa	−0.71133	0.71423	0.0052	0.91562
	300kPa	−0.67031	0.67332	0.00471	0.86581

　　由表 3-7 可知，采用应力软化模型得到的煤矸石应力应变曲线的拟合效果较好，拟合系数 R^2 均大于 0.85，大部分拟合系数在 0.90 以上。由于该函数模型本身的特点，能够体现出煤矸石在剪切过程中出现峰值和残余强度，因此该函数模型可以表现出煤矸石界面摩擦过程中的应力软化现象，这是常用的指数和双曲线函数所不能实现的。

3.3.4　不同掺土量煤矸石直剪试验残余强度的衰减量

　　煤矸石在直剪过程中出现应变软化现象，从而造成在较大剪切位移作用下，煤矸石的实际剪切强度小于峰值强度，该强度称为残余强度，由图 3-12 和图 2-21 可知，不同掺土量煤矸石的剪应力和剪切位移之间的曲线主要呈现软化型，残余强度随有效法向应力的增大而增大，当剪切位移大于 40mm 之后，残余强度趋于稳定。残余强度与峰值强度相差不大，这是由于煤矸石粗颗粒较软，在夯实和剪切过程中容易破碎，并且煤矸石中含有一定量的细颗粒，在剪切过程中，煤矸石颗粒之间以及煤矸石与筋材之间的"咬合"作用不会随着剪切位移增加而大幅度减小,即使剪切过程出现轻微的剪胀作用,加筋煤矸石的峰值强度与峰值之后的残余强度也相差较小。

1)不同掺土量加筋煤矸石直剪试验残余强度的衰减量

表 3-8 为不同掺土量加筋煤矸石在不同法向应力作用下的峰值强度与残余强度结果。试验结果表明,不同法向应力作用下的加筋煤矸石的残余强度与峰值强度相比,衰减量较小,均小于 25%;法向应力越大,衰减量越小。不同掺土量(0%、5%、10%、20%)加筋煤矸石在 300kPa 法向应力作用下,残余强度与峰值强度相比,衰减量的平均值仅为 3.40%。

表 3-8　不同掺土量加筋煤矸石峰值强度与残余强度结果

掺土量/%	垂直压力/kPa	峰值抗剪强度/kPa	残余抗剪强度/kPa	强度衰减百分比/%
0	100	136.83	108	21.07
	200	263.37	252	4.32
	300	305.58	299	2.15
5	100	136.75	123	10.05
	200	267.02	247	7.50
	300	327.83	313	4.52
10	100	148.65	125	15.91
	200	263.91	260	1.48
	300	305.61	300	1.84
20	100	153.45	131	14.63
	200	257.02	247	3.90
	300	292.72	278	5.03

2)未加筋煤矸石直剪试验残余强度的衰减量

未加筋煤矸石峰值强度与残余强度试验结果见表 3-9。由表可知,残余强度与峰值强度相差不大,在三种法向应力(100kPa、200kPa、300kPa)作用下,残余强度的衰减量为 10%~15%,并且法向应力越大,衰减量越小。这是由于煤矸石中含有少量细颗粒,而且煤矸石粗颗粒较软,在剪切面上容易破碎,所以即使剪切过程出现"剪胀"作用,峰值强度与峰值后的残余强度相差不大。表 3-9 与表 3-8 对比可以发现,未加筋煤矸石残余强度的衰减量与加筋煤矸石相比有所增加,特别是在较高法向应力作用下,未加筋煤矸石的衰减量与加筋煤矸石相比,衰减量增大较多,因此煤矸石中加入格宾网,对煤矸石残余强度的提高是非常有必要的。

表 3-9　未加筋煤矸石峰值抗剪强度与残余强度试验结果

掺土量/%	垂直压力/kPa	峰值抗剪强度/kPa	残余抗剪强度/kPa	强度衰减百分比/%
0	100	153.44	131	14.62
	200	254.11	223	12.24
	300	293.38	264	10.01

3.3.5　不同掺土量煤矸石峰值抗剪强度分析

国内外学者提出了多种土的抗剪强度公式,主要有库仑公式、德莫洛公式、邓肯公式等[28],但针对煤矸石与格宾网在界面摩擦区的本构模型研究甚少。本书在格宾网加筋煤矸石直剪试验的基础上,提出不同掺土量加筋煤矸石界面摩擦区的本构模型及模型参数,是今后对加筋煤矸石路基进行沉降计算及边坡稳定数值分析的基础。东南大学试验得出的煤矸石在不同围压下的破坏剪切应力分别用库仑公式、德莫洛公式、邓肯公式进行参数拟合表明:库仑公式、德莫洛公式拟合,其相关系数均在 0.998 以上;邓肯公式拟合系数相对较低,但也在 0.90以上。考虑到煤矸石中可能含有一定量的细颗粒,且颗粒之间存在一定的黏聚力,德莫洛公式虽然拟合性较好,但其公式不能反映出粒间黏聚力,因此通过试验验证煤矸石或加筋煤矸石的大型直剪试验界面摩擦强度使用库仑摩尔定理拟合是否合适。

1) 不同掺土量加筋煤矸石峰值抗剪强度分析

分析不同掺土量加筋煤矸石界面摩擦峰值强度时,考虑到加筋煤矸石界面摩擦区含有一定量的细颗粒,且颗粒之间存在一定的黏力,为了使拟合公式能够同时反映出界面摩擦区的黏聚力和内摩擦角,本试验采用莫尔-库仑(Mohr-Coulomb)理论对界面摩擦区的抗剪强度参数进行拟合。又由于本试验试样在界面摩擦区存在格宾网,所以抗剪强度参数指标为界面摩擦区煤矸石和格宾网共有的,峰值抗剪强度公式定义为

$$\tau_{sg} = C_{sg} + \sigma_n \cdot \tan\phi_{sg} \tag{3-6}$$

式中,τ_{sg} 为界面摩擦力;C_{sg} 为界面黏聚力;ϕ_{sg} 为界面摩擦角。

不同掺土量加筋煤矸石的抗剪强度与垂直压力的关系曲线见图 3-22,参数拟合结果见表 3-10,不同掺土量加筋煤矸石界面峰值强度参数随掺土量的变化情况见图 3-23。

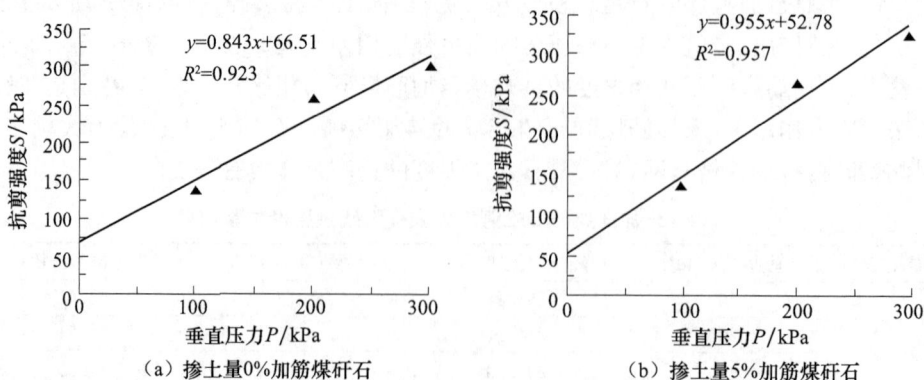

（a）掺土量0%加筋煤矸石　　　　　　（b）掺土量5%加筋煤矸石

$y=0.843x+66.51$
$R^2=0.923$

$y=0.955x+52.78$
$R^2=0.957$

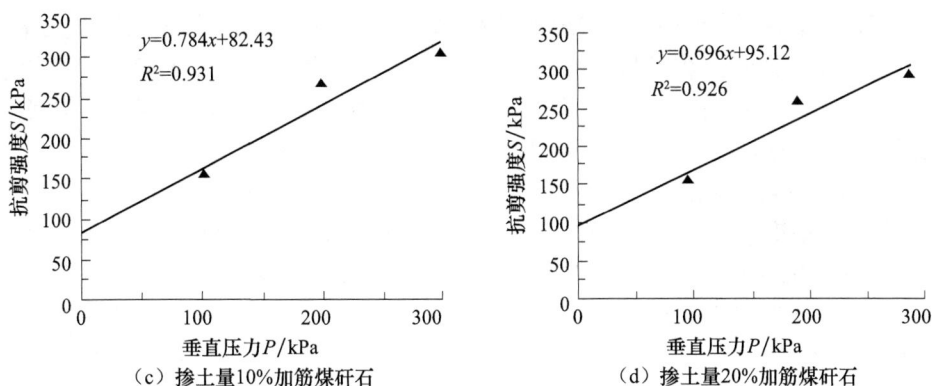

$$y=0.784x+82.43$$
$$R^2=0.931$$

（c）掺土量10%加筋煤矸石

$$y=0.696x+95.12$$
$$R^2=0.926$$

（d）掺土量20%加筋煤矸石

图 3-22 不同掺土量加筋煤矸石峰值强度拟合曲线

表 3-10 不同掺土量加筋煤矸石界面摩擦区峰值强度拟合参数

	掺土量/%	强度参数		相关系数 R^2
		界面黏聚力 C_{sg}/kPa	界面摩擦角 ψ_{sg}/(°)	
加筋	0	66.51	40.16	0.923
	5	52.79	43.69	0.958
	10	82.43	38.12	0.932
	20	95.12	34.85	0.927
未加筋	0	93.70	34.98	0.940

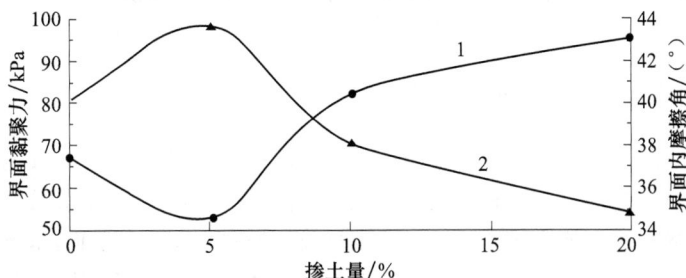

图 3-23 加筋煤矸石界面摩擦参数随掺土量的变化曲线
1-界面黏聚力；2-界面内摩擦角

由表 3-10 和图 3-23 可以看出，对于加筋煤矸石，随着掺土量的增加，界面摩擦角有减小的趋势。试验数据表明，掺土量仅 5％时的加筋煤矸石，其界面摩擦角比未掺土加筋煤矸石稍微增大。这是由于掺入少量黏土，颗粒级配得到改善，颗粒之间的"咬合力"有所增加；当掺土量为 5％～20％时，随着掺土量的增加，界面摩擦角逐渐减小，这是因为在煤矸石中掺土后，煤矸石颗粒之间及煤矸石颗粒与格宾网之间的间隙增大，相互咬合不再那么紧密，接触面粗糙度降低，土的"润滑"作用导致剪切面上的界面摩擦角减小。

　　煤矸石的界面黏聚力在未掺土时很大,掺土后随之减小,随着掺土量增加(5％～20％),又明显增加,呈先减后增的变化趋势,主要是因为煤矸石在比较密实的状态下,颗粒之间相互咬合,在剪切过程中既要克服颗粒之间的咬合力以及粗颗粒与筋材之间的相互作用,又要"剪断"位于剪切面上的粗颗粒,导致黏聚力增大。

　　界面摩擦区的强度参数公式用莫尔-库仑理论拟合的相关系数均在 0.92 以上,并且莫尔-库仑理论公式能够反映出界面摩擦区颗粒之间以及颗粒与格宾网之间的黏聚力和内摩擦角,因此采用莫尔-库仑理论公式拟合格宾网不同掺土量加筋煤矸石在界面摩擦区的强度参数是合适的。掺土 20％的煤矸石与未掺土煤矸石相比,界面摩擦角减小 13.22％,界面黏聚力增加 43.01％,因此煤矸石中掺土之后对界面摩擦区的抗剪强度有明显的改善作用。在实际工程应用中,煤矸石中掺加20％的黏土细粒,既有利于改善煤矸石的颗粒级配不良现象,又有利于更好地控制路基填料在最优含水率条件下进行碾压夯实,更重要的是,掺加 20％的煤矸石,对煤矸石路基的力学性能有很大的提高作用。

　　2) 未加筋煤矸石峰值抗剪强度分析

　　由表 3-10 可以发现,相同掺土量的煤矸石,加筋煤矸石与未加筋煤矸石相比,界面黏聚力明显减小,界面内摩擦角增加。这是由于在制样过程中,加筋煤矸石在界面摩擦区会形成天然的薄弱面,剪切面上的黏聚力受到一定的影响,因此加筋煤矸石的界面黏聚力小于未加筋煤矸石;但加筋煤矸石在直剪过程中存在煤矸石与筋材之间的相互作用,增大了界面内摩擦角。总体来看,加筋煤矸石抗剪强度高于未加筋煤矸石。

3.3.6　不同掺土量煤矸石残余抗剪强度分析

　　土体的残余强度可以定义为大剪切位移条件下剪切面的稳定摩阻力,它是土体应力应变关系过峰值点后的稳定应力。挡土墙或边坡发生滑动时,滑动面上的剪应力比土体峰值抗剪强度小,Skempton[29]在"黏土边坡的长期稳定性"论文中对该问题做了详细的论述,认为发生这种现象的一个最重要的原因就是残余强度问题。挡土墙或者边坡发生滑动后,滑面保持残余变形和抵抗外部荷载的能力减弱,滑动面上的强度只有残余强度。因此,当边坡或挡土墙发生滑动时,边坡的稳定性基本上由土体的残余强度决定,如果对挡土墙或边坡的稳定性计算时,仅采用峰值抗剪强度,势必会降低挡土墙或边坡的安全系数。因此,研究滑坡体在大剪切位移条件下的残余强度参数,对于挡土墙或滑坡稳定性分析与治理,揭示滑坡发生机制以及边坡渐进式破坏模式等具有重要的意义[30]。目前,国内外专家学者关于残余强度对滑坡的影响进行了大量的研究并应用于滑坡稳定性分析[31-37],但关于煤矸石的残余强度研究不多,特别是加筋煤矸石残余强度特征研究较少。目前常用的测试残余强度的方法主要包括单级剪切试验、预剪试验和多级剪切试验。单级剪切试验是在试样固结后,只在一级有效固结压力或法向应力下进行剪切;预剪是指试样固结后,剪切试验前先快速剪切,形成剪切面,然后再缓慢剪切,其优点是能够快速达到残余强度;而多级剪切试验是指试样在较低方向应力下固结剪切达到残余强度后,再加载至下一级有效法向应力,固结后继续剪切,如此反复[38]。王顺等[35]指出,预剪试验和多级剪切试验得到的残余强度偏大,应该首选单级剪切试验测试滑带土残余强度指标。国内外学者对煤矸石路用性能进行了较多的理论分析和试验研究,但对煤矸石加筋之后的工程特性研究不多。在加筋煤矸石工程中,加筋煤矸石的残余强度特性是研究的一个重要内容,关系到加筋煤矸石路基、边坡设计及其稳定性分析。

1) 不同掺土量加筋煤矸石残余抗剪强度分析

为得到不同掺土量加筋煤矸石的残余强度,本节针对不同掺土量(掺土 0%、5%、10%、20%)煤矸石在最优含水率和一定压实度条件下的残余强度进行试验研究分析,对煤矸石峰值强度的本构模型进行拟合,并验证用莫尔-库仑理论来拟合不同掺土量加筋煤矸石的峰值抗剪强度是合适的。但现有文献针对加筋煤矸石残余强度的本构模型研究甚少,本书在加筋煤矸石界面摩擦试验的基础上,提出加筋煤矸石残余强度的本构模型及强度参数,为今后煤矸石路堤及路基的设计、施工以及煤矸石边坡稳定性验算提供依据。考虑到不同掺土量加筋煤矸石在剪切面存在一定数量的细颗粒,并且颗粒之间存在一定的黏聚力,为了使拟合公式能够同时反映出黏聚力和摩擦角,本节对煤矸石残余强度参数采用莫尔-库仑理论进行拟合。由于本试验在界面摩擦区存在格宾网,所以残余强度由煤矸石及格宾网共同决定,残余强度的本构模型公式定义为

$$\tau_c = C_c + \sigma_n \cdot \tan\psi_c \tag{3-7}$$

式中,τ_c 为广义摩擦力;C_c 为广义黏聚力;ψ_c 为广义内摩擦角。

不同掺土量加筋煤矸石的残余强度与垂直压力的关系曲线见图 3-24,参数拟合结果见表 3-11,不同掺土量加筋煤矸石残余强度参数随掺土量的变化情况见图 3-25。

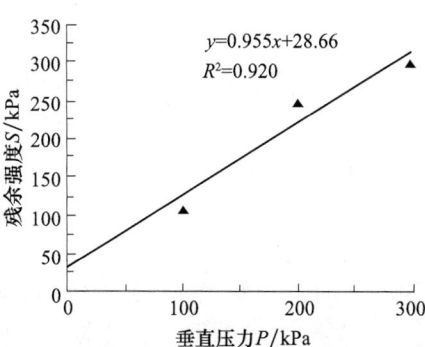

（a）掺土量0%加筋煤矸石

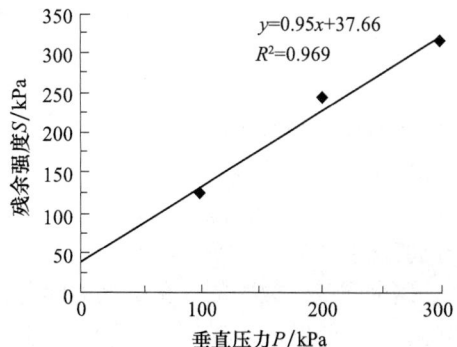

（b）掺土量5%加筋煤矸石

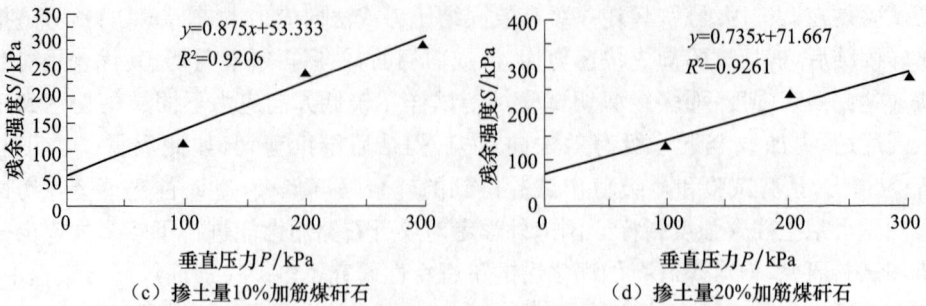

$y=0.875x+53.333$
$R^2=0.9206$

（c）掺土量10%加筋煤矸石

$y=0.735x+71.667$
$R^2=0.9261$

（d）掺土量20%加筋煤矸石

图 3-24　不同掺土量加筋煤矸石残余强度与垂直压力的关系曲线

表 3-11　不同掺土量加筋煤矸石残余强度参数拟合表(压实度为 94%)

	掺土量/%	残余强度参数		相关系数 R^2
		广义黏聚力 C_c/kPa	广义摩擦角 ψ_c/(°)	
加筋	0	28.67	43.68	0.921
	5	37.67	43.53	0.970
	10	53.33	41.18	0.931
	20	71.67	36.32	0.926
未加筋	0	73.00	33.62	0.953

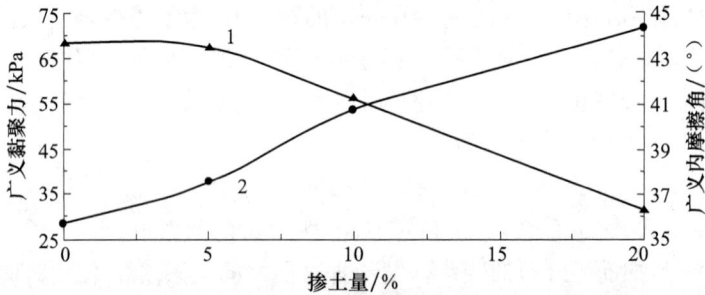

图 3-25　加筋煤矸石残余强度参数随不同掺土量变化的
1-广义内摩擦角；2-广义黏聚力

　　由表 3-11 和图 3-25 可以看出,在格宾网加筋煤矸石界面摩擦试验中,随着掺土量的增加,残余强度参数中的广义内摩擦角逐渐减小,这是因为随着掺土量的增加,煤矸石颗粒之间以及煤矸石与格宾网之间的间距变大,颗粒之间以及颗粒与格宾网之间的"咬合力"降低,由于土的"润滑"作用,剪切面上的粗糙度下降,导致残余抗剪强度的广义摩擦角减小。

　　残余强度参数中的广义黏聚力随着掺土量的增加而增大。因为随着掺土量增加(掺土 20%以内),煤矸石的颗粒级配不断得到改善,加筋煤矸石在比较密实的状态下,颗粒之间相互咬合,在大位移剪切过程中,既要克服颗粒之间的"咬合力"

以及粗颗粒与筋材之间的相互作用,又要"剪断"位于剪切面上的粗颗粒,导致黏聚力增大。贺建清等[39]指出,当煤矸石填料中掺土过多时,煤矸石就会呈现黏土的某些特征,其黏聚力更接近黏土的黏聚力。

加筋煤矸石的残余强度模型用莫尔-库仑理论模拟的相关系数均在 0.92 以上,并且莫尔-库仑理论公式能够反映出剪切过程中煤矸石颗粒之间以及颗粒与格宾网之间的广义黏聚力和广义摩擦角,因此采用莫尔-库仑理论公式模拟加筋煤矸石及掺土煤矸石在界面摩擦区的强度参数是合适的。掺土 20%的煤矸石与未掺土煤矸石相比,残余强度的广义摩擦角减小 16.85%,广义黏聚力增加 149.98%,因此在实际工程中,煤矸石中掺加适量的黏土,对于煤矸石路基的力学特性改善非常有用,试验表明,掺土量为 15%～20%时比较合适,这样在广义黏聚力增加很大的情况下,广义内摩擦角减小不多。而且还可以改善煤矸石的颗粒级配,对加筋煤矸石的残余强度提高有明显的作用。

2) 未加筋煤矸石残余抗剪强度分析

从表 3-11 可知,对于不掺土不加筋煤矸石的残余强度,采用摩尔-库仑理论拟合强度参数的拟合系数达 0.95,并且该拟合公式能够体现出煤矸石材料中的粗细颗粒的共同作用,即能够同时体现出煤矸石的黏聚力和内摩擦角。此外,相同掺土量的煤矸石,加筋煤矸石与未加筋煤矸石相比,残余强度相关的广义黏聚力明显减小,广义内摩擦角增加。这是由于在制样过程中,加筋煤矸石在界面摩擦区,会形成天然的薄弱面,剪切面上的黏聚力受到一定的影响,因此加筋煤矸石的界面黏聚力小于未加筋煤矸石;但加筋煤矸石在较大的直剪位移过程中,存在煤矸石与筋材之间的相互作用,增大了界面内摩擦角。

3.3.7　不同掺土量煤矸石峰值强度与残余强度对比分析

煤矸石是一种比较典型的材料,在直剪过程中,剪应力与剪切位移之间的关系曲线呈现"单驼峰形状",即不仅出现峰值强度,在较大剪切位移作用下,也出现残余强度,那么在实际煤矸石路基的设计和验算中,采用峰值强度还是残余强度比较合适,一直没有定论。表 3-12 中列出了煤矸石峰值强度和残余强度参数。

表 3-12　不同掺土量加筋煤矸石参数拟合表(压实度为 94%)

掺土量/%	是否加筋	峰值强度参数		残余强度参数	
		C_{sg}/kPa	ψ_{sg}/(°)	C_c/kPa	ψ_c/(°)
0	否	93.70	34.98	73.00	33.62
0	是	66.51	40.16	28.67	43.68
5	是	52.79	43.69	37.67	43.53
10	是	82.43	38.12	53.33	41.18
20	是	95.12	34.85	71.67	36.32

从表 3-12 可知,不同掺土量煤矸石的黏聚力,残余强度比峰值强度低,这是因为随着剪切位移的增加,剪切滑动区的煤矸石颗粒将出现翻滚和重新排列,当滑动区内土颗粒重新排列达到稳定状态以后,土体的原结构遭受破坏,并且颗粒之间变得相对圆滑,颗粒与颗粒之间的黏聚力下降。不同掺土量煤矸石的界面摩擦角,残余强度与峰值强度相差不大,这是由于煤矸石材料颗粒组分中粗颗粒较多,而且质地较软,在剪切过程中,在剪切应力及"咬合力"作用下,容易破碎,再加上煤矸石本身就含有一定量的细颗粒,所以即使在剪切过程发生"剪胀作用",峰值强度与残余强度的内摩擦角相差不大。挡土墙或者边坡滑动后,滑面保持残余变形和抵抗外部荷载的能力减弱,滑动面上的强度只有残余强度。因此,当边坡或挡土墙发生滑动时,边坡的稳定性基本上由土体的残余强度决定,如果对挡土墙或边坡的稳定性进行计算,仅仅采用峰值抗剪强度,势必会降低挡土墙或边坡的安全系数。加筋挡土墙或者加筋土坡属于柔性挡土墙,其与刚性挡土墙的区别就是能够容许更大的变形,因此在加筋边坡或加筋挡土墙设计和验算时,用残余强度更合适。

3.3.8　格宾网与煤矸石之间的界面似摩擦系数

筋土界面似摩擦系数是加筋土工程设计的重要参数[40],通常采用 F 来表达。由于煤矸石在直接剪切过程中存在软化现象,所以应力应变曲线出现峰值强度和残余强度,为了便于区分,分别定义为峰值界面似摩擦系数和残余界面似摩擦系数。筋土界面似摩擦系数的计算方法为

$$F = \frac{\tau_{sg}}{\sigma_n} \tag{3-8}$$

$$F^* = \frac{\tau_{sg}^*}{\sigma_n} \tag{3-9}$$

式中,F 为峰值界面似摩擦系数;F^* 为残余界面似摩擦系数;τ_{sg} 为界面摩擦区峰值抗剪强度;τ_{sg}^* 为界面摩擦区残余抗剪强度;σ_n 为对应的法向应力。

筋土界面似摩擦系数在筋材设计以及筋材抗拔等验算中有重要用途,一般可通过试验方法获得。由表 3-13 可知,格宾网加筋煤矸石界面摩擦区存在着良好的界面摩擦特性,除掺土量 20%、300kPa 对应的界面似摩擦系数小于 1,其余不同掺土量煤矸石在不同法向应力作用下的界面似摩擦系数均大于 1。同一掺土量煤矸石在不同法向应力作用下,随着法向应力增加,界面似摩擦系数逐渐减小。

表 3-13　不同掺土量加筋煤矸石在不同法向应力作用下的界面似摩擦系数

掺土量 /%	垂直压力 /kPa	峰值抗剪强度 /kPa	残余抗剪强度 /kPa	峰值界面似摩擦系数 F	残余界面似摩擦系数 F^*	$F^*(F)/1.3$	$0.8\tan\psi_c$
	100	136.83	108	1.37	1.08		
0	200	263.37	252	1.32	1.26	0.77~1.05	0.76
	300	305.58	299	1.02	1.00		

续表

掺土量 /%	垂直压力 /kPa	峰值抗剪强度 /kPa	残余抗剪强度 /kPa	峰值界面似摩擦系数 F	残余界面似摩擦系数 F*	F*(F)/1.3	0.8tanψ_c
5	100	136.75	133	1.37	1.33	0.80~1.05	0.76
	200	267.02	247	1.34	1.24		
	300	327.83	313	1.09	1.04		
10	100	148.65	125	1.49	1.25	0.77~1.14	0.70
	200	263.91	260	1.32	1.30		
	300	305.61	300	1.02	1.00		
20	100	153.45	131	1.53	1.31	0.71~1.18	0.59
	200	257.02	247	1.29	1.24		
	300	292.72	278	0.98	0.93		

　　由试验获得的峰值界面似摩擦系数或残余界面似摩擦系数分别除以安全系数所得值的取值范围见表 3-13。在格宾网加筋煤矸石或加筋土坡的设计、验算过程中,为保证护坡的安全系数,界面似摩擦系数采用残余界面似摩擦系数比较合适。为今后测求界面似摩擦系数方便,可采用式(3-10)计算格宾网加筋煤矸石的界面似摩擦系数:

$$F^* = 0.8\tan\psi_c \tag{3-10}$$

式中,ψ_c 为煤矸石残余强度界面内摩擦角。

第4章 煤矸石动态淋溶对地下水的影响

通过模拟大自然降雨的过程,对煤矸石样品进行动态淋溶试验,试验装置见图 4-1。

图 4-1 煤矸石动态淋溶试验装置示意图

动态淋溶试验方法如下。首先,在分液漏斗的底部铺上两层定量滤纸,将煤矸石样品放入后,轻轻晃动,以减少煤矸石之间的空隙。装填好后,将分液漏斗固定于铁架台上。当淋溶试验开始时,利用恒流泵向分液漏斗里缓慢滴加去离子水 500mL 左右,滴加速率控制在 8.2～8.5mL/min,连续加水 1h,在加水的同时,打开分液漏斗的阀门,用锥形瓶接流出的液滴,经过过滤后,冷藏,待测。加水完毕后,将煤矸石样品静置 2h。将连续加水 1h、静置 2h 作为一次完整的淋溶过程,淋溶水量为 500mL,连续循环 8 次[16,17]。当试验结束后,测定煤矸石淋溶液中的主要成分为重金属 Zn、Mn、Cu 等与硫酸盐、硝酸盐等。测定结束后,分析比较在不同煤矸石空隙率和间歇式降水的情况下,煤矸石样品的污染物析出特性和规律。

为控制煤矸石的不同空隙率,将煤矸石与黏土、砂砾按照不同的比例进行混合。以下为五种样品,分别为:①煤矸石 1000g;②10％黏土和 90％煤矸石,总量为 1000g;③20％黏土和 80％煤矸石,总量为 1000g;④40％黏土和 60％煤矸石,总量为 1000g;⑤6％砂砾、70％煤矸石和 24％黏土依次装填,总量为 1000g(高度比为 1∶12∶2)。每种样品的粒径均在 1cm 左右,将这五种样品分别装填入 1L 的筒式分液漏斗中。

4.1 煤矸石空隙率的影响

空隙率是影响煤矸石淋溶特性的主要因素之一。淋溶试验中将煤矸石与黏土或砂砾混合,按照一定比例装填进行试验。试验后测得的煤矸石淋溶液中的 pH 见图 4-2。由图可知,淋滤液 pH 基本为 7.3～8.5。

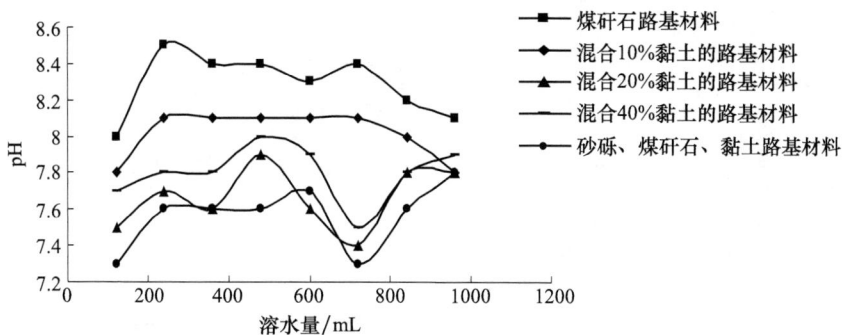

图 4-2　不同样品不同溶水量的 pH 变化图

4.1.1　金属的淋溶特性

在模拟的降雨动态淋溶试验中,煤矸石淋溶释放的主要物质为金属元素、总硬度、硫酸根和硝酸根以及少量的 Cl^-、K^+、Na^+ 等;试验后测得的煤矸石淋溶液中金属(Zn、Fe、Ca 和 Mg)和总硬度的结果见图 4-3。

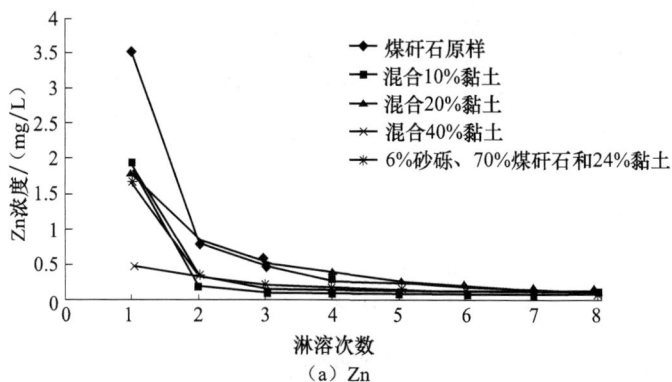

（a）Zn

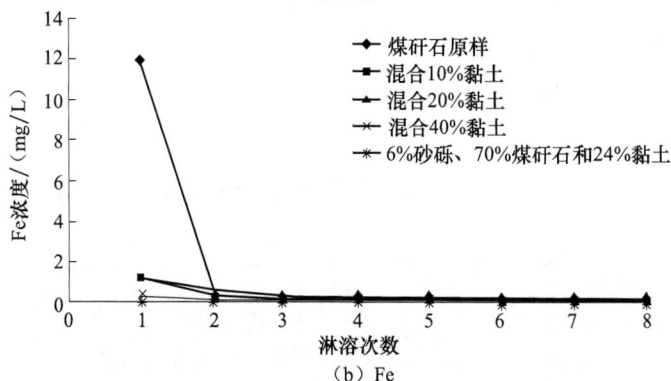

（b）Fe

（c）Ca

（d）Mg

（e）总硬度

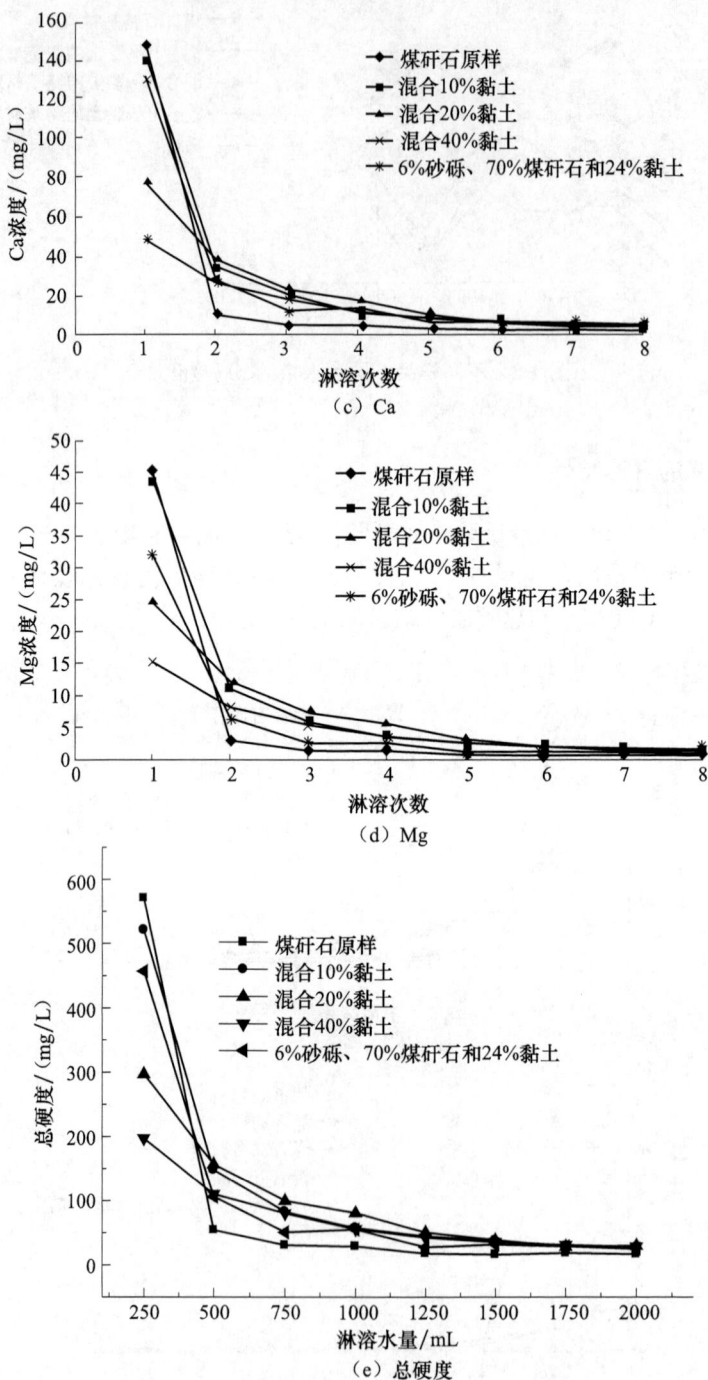

图 4-3　Zn、Fe、Ca、Mg 和总硬度的浓度变化趋势

根据图 4-3 中金属淋溶数据的整体趋势,在模拟自然降雨的第一次淋溶过程中,流经煤矸石的淋溶液中含有大量的金属物质,尤其是煤矸石原样的第一次淋溶液(淋溶体积 250mL),Zn、Fe、Ca 和 Mg 析出的质量浓度均较高于其他混入黏土或砂砾的煤矸石样品。这是由于在淋溶初期,煤矸石中可溶解释放的金属质量浓度较高,溶出速率也较快;而从第二次淋溶过程(淋溶总体积 500mL)开始,煤矸石淋溶液中的金属含量迅速下降,在第三次到第八次淋溶过程中(每次淋溶 250mL),煤矸石的污染释放速率趋于平稳,并保持着一定的污染释放速率。以 Zn 的淋溶特性为例(图 4-3(a)),该煤矸石原样的第二次淋溶液中 Zn 的含量为 0.79mg/L,相较于第一次淋溶的 Zn 含量(3.50mg/L)降低很多,从第三次淋溶开始,析出的 Zn 含量均在 0.2mg/L 上下,保持着较平稳的溶出速率。图 4-3 中的其他金属(Fe、Ca 和 Mg)也有着类似的淋溶现象。研究发现,动态淋滤作用下煤矸石中污染物的释放规律,在淋溶初期淋滤液中的 SO_4^{2-}、Na^+ 和总 Fe 等质量浓度较高;以后随着降水量的增加,煤矸石中的污染物逐渐被淋滤水带走,可溶解释放的污染物质量浓度降低,溶出速率变慢,直至趋于平稳。

将煤矸石原样与混入黏土的几种样品进行比较分析,可得煤矸石原样的浸出污染质量浓度明显高于其他几种样品,污染析出量按高低依次为煤矸石原样、混合 10%黏土、混合 20%黏土和混合 40%黏土。可知,煤矸石空隙率越小,金属污染的可溶解质量浓度越高,前期释放速率越快。而从第二次淋溶开始,煤矸石原样中的金属污染浓度接近于、甚至略低于其他几种样品的析出浓度,这是由于在淋溶后期,煤矸石质量越大,单位质量煤矸石的污染溶解释放量越小,污染溶解释放速率降低。这也与固液比浸泡试验的结论相吻合。随着煤矸石掺合料的增多,金属污染的可溶解质量浓度降低,析出的污染也相应减少,淋溶曲线走势相对平缓。在实际应用中,煤矸石作为路基材料可与筑路土方、碎石、砂砾等混合填筑,这样能在一定程度上降低煤矸石中金属污染的析出对周边环境的影响。

4.1.2　硫酸盐和硝酸盐的淋溶特性

在动态淋溶试验中,硫酸盐和硝酸盐的溶解释放量同样很高。这是由于经过一定年限风化的煤矸石结构较松散,在淋溶过程中,可溶解性无机盐分更容易溶解释放到水体中,使全盐含量升高。煤矸石原样中的硫酸盐含量较高于混合不同质量黏土的样品,而混合了 6%砂砾、70%煤矸石和 24%黏土的煤矸石样品中硫酸盐的含量比原样高出很多,含量高达 2332.5mg/L(图 4-4(a))。这是由于在装填过程中并不是将黏土、砂砾与煤矸石均匀混合,而是按高度比例依次装填砂砾、煤矸石和黏土,这样两端的黏土和砂砾容易将中层的煤矸石压实,很大程度上增加了煤矸石的密度,也就减少了煤矸石之间的空隙;同时,当砂砾和黏土分别浸泡 48h 以上时(固液比为 1∶10,pH 为 7),发现两者均含有一定量的硫酸盐,分别为

472.6mg/L 和 246.4mg/L,而所含的金属及硝酸根含量则不高。由此可得,混合了 6%砂砾、70%煤矸石和 24%黏土的煤矸石样品的硫酸盐含量高于煤矸石原样的含量。

如图 4-4(b)所示,煤矸石原样中第一次淋溶析出的硝酸盐质量浓度高达 192.7mg/L,混合不同黏土量的煤矸石样品的硝酸盐含量依次降低,混合 40%黏土的煤矸石中的硝酸盐也有 63mg/L 的浓度,高出地下水环境质量 V 类标准[41]。可见,该煤矸石样品可能带来硝酸盐污染。在厌氧条件下,硝酸盐很容易转变成亚硝酸盐,过量亚硝酸盐进入水体,不仅污染水源,整个生态系统都会受到影响。赵燕[42]对煤矸石进行淋溶,发现无机盐类对地下水可能产生危害。煤矸石中的碳酸盐类、硫酸盐类矿物等具有较强的可溶性。在长期的降水淋滤作用下,这些可溶组分被溶解并以溢流泉水为运动载体向外排泄,并下渗进入地下含水层,导致地下水无机盐类组分含量升高。

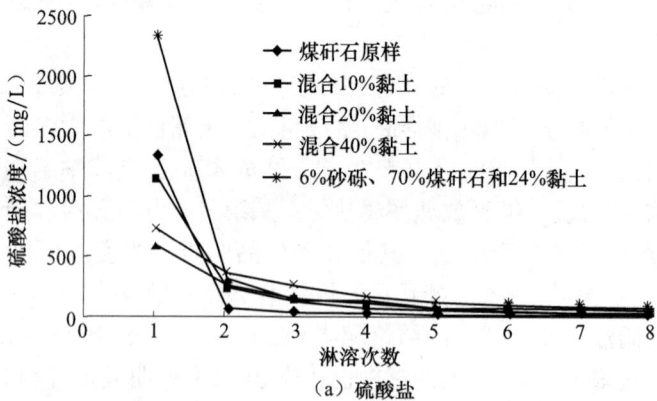

(a) 硫酸盐

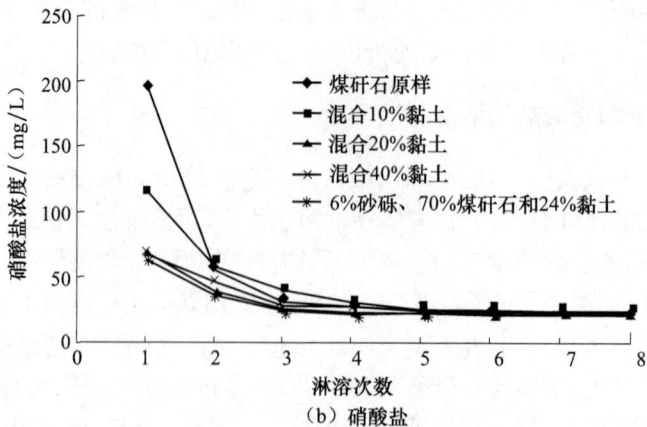

(b) 硝酸盐

图 4-4　硫酸盐和硝酸盐的浓度变化趋势

4.2　数值拟合分析

根据已知数据,采用最小二乘法拟合得出,淋溶液中总硬度、TDS、氯化物、硫酸盐、硝酸盐等质量浓度与降水量之间呈指数曲线衰减关系,指数衰减模型为

$$C = C_0 e^{-nV} \tag{4-1}$$

式中,C 为淋溶量(或降雨量)所对应的某组分的浓度(mg/L);V 为淋溶量(或降雨量)(mL);C_0 和 n 分别为淋溶系数和指数。

取五个样品污染物浓度的平均值进行拟合,相关指数见表 4-1。

表 4-1　淋溶液中污染物质量浓度 C 与淋溶量 V 的拟合关系

项目	回归方程	相关系数
总硬度	$C = 424.03 e^{-0.0023V}$	0.7209
TDS	$C = 210.14 e^{-0.0023V}$	0.7191
氯化物	$C = 18.608 e^{-0.0015V}$	0.8429
K	$C = 5.6136 e^{-0.0019V}$	0.742
Ca	$C = 49.383 e^{-0.0034V}$	0.7833
Na	$C = 6.1137 e^{-0.0032V}$	0.8454
Mg	$C = 17.579 e^{-0.0029V}$	0.7521
B	$C = 1.0474 e^{-0.0008V}$	0.6292
NO_3^-	$C = 70.926 e^{-0.0014V}$	0.6747
SO_4^{2-}	$C = 3273.8 e^{-0.0031V}$	0.7015

由表 4-1 可知,主要污染组分质量浓度的常用对数与降水量的常用对数两者之间基本呈负相关关系,即随着降水量的增加,淋溶液中主要污染组分质量浓度呈指数曲线降低,可见,利用煤矸石中污染物的淋溶释放模型,可得到主要污染组分释放质量浓度随降水量的变化规律,可以定量预测路用煤矸石中污染物对土壤和地下水污染的强度。对确定煤矸石路堤中某污染因子的淋溶释放模型进行积分,就可得到降水量为 V 时该污染因子的释放总量为

$$W = \int_0^V C_0 e^{-nV} dV = \frac{C_0}{n}(1 - e^{-nV}) \tag{4-2}$$

式中,物理量符号含义同式(4-1)。

4.3　不同污染物间相互影响分析

研究过程中发现,淋溶液中除 Ca、Mg 等总硬度相关污染物,还含有 K、Na、B、Al、Fe 等金属离子。其中,Al、Fe 两种元素的浓度极低(低于 0.01mg/L),可能与元素在煤矸石中的存在价态以及溶解能力等因素有关。K、Na、B 离子浓度分别为

1.25～8.26mg/L、0.42～8.43mg/L、0.55～1.05mg/L。

利用 SPSS 软件,分别对五个样品的 K、Ca、Na、Mg、B 溶出量进行相关关系分析,如表 4-2 所示,其中每个行变量与列变量交叉单元格处是两者的相关统计量的值。

表 4-2　　Ca、Mg 和 K、Na、B 的皮尔逊相关性统计

元素	Ca	Mg	K	Na	B
Ca	1				
Mg	1.000	1			
K	0.992	0.991	1		
Na	0.987	0.986	0.999	1	
B	0.827	0.822	0.882	0.896	1

Ca 与 Mg 具有极高的相关性,其相关系数为 1.000。Ca 与 K、Na、B 之间的相关系数依次为 0.992、0.987、0.827,有很强的正相关关系。Mg 与 K、Na、B 之间的相关系数依次为 0.991、0.986、0.822,其正相关关系略弱于 Ca,基本接近。

第5章 煤矸石淋溶液在地下水系统中运移的数值模拟

5.1 区域自然环境概况及水文地质条件

5.1.1 自然环境概况

本研究以湖南省某高速公路为试验对象,该路线长 10.660km。路线大致呈北西-南东向展布于湖南省中部地区低山丘陵斜坡地带,沿线地形主要为丘陵地貌,地形起伏较大,地面高程为 260～360m,相对高差变化范围为 20～100m,自然边坡为 20°～45°。侵蚀剥蚀作用较强烈,山丘上覆盖层一般为残坡积土,局部地段基岩裸露,山坡上覆盖层厚度一般不大,山坡上植被较茂盛。

该路段所在区域为亚热带季风气候,这个气候区域表现为四季分明,冬季寒冷日期短,夏热时期较长,雨量充沛,多年平均气温为 17℃左右,四季温差变化大,变化范围为 -13.3～43℃。多年平均相对湿度 81%,潮湿系数 1.61,绝对湿度 17.4mbar。多年平均降雨量为 1324～1551mm。4 月份至 8 月份降水量占全年的 70% 左右,且多绵绵细雨,持续时间长。8 月份以后雨量减少,11 月份至来年 2 月降水量较少,约占年降水量的 18%。

5.1.2 水文地质条件

路线受区域自然气候、地形地貌、地理条件和地质构造的影响,地表水系较发育,区内发育的河流主要为湄水及其支流,属涟水支流、长江水系。支流较为发达,分布大多短小,集水面积不大,水流浅窄,坡降较大,水位随季节性变化大,流域内多暴雨,具有暴涨暴落的山溪水特点,最高水位出现于 4 月份至 6 月份,最低水位多出现于 1 月份和 10 月份。

本区段地层以石炭系砂岩、灰岩、泥灰岩为主,局部有泥质灰岩和石英砂岩分布,第四系松散层广泛分布,但其厚度变化较大。受地层岩性、地质构造的影响及地下水形成条件和赋存特征,地下水可划分为松散堆积层孔隙水、碎屑岩裂隙水和碳酸岩裂隙岩溶水三种类型。

5.2 公路周边地下水环境现状

煤矸石路基附近监测井的水质特性如表 5-1 所示。

表 5-1　地下水水体水质检测结果（单位：mg/L）

水体类型	地下水（井水）		《地下水环境质量标准》GB/T 14848—1993
	1#井	2#井	
Cl^-	2.05	1.74	50（Ⅰ类）
NO_3^-	2.64	3.93	5（Ⅱ类）（以 N 计）
SO_4^{2-}	25.16	22.69	50（Ⅰ类）
B	≤0.01	≤0.01	—
Ca	57.51	55.74	总硬度 150mg/L（Ⅰ类）
K	0.45	0.48	
Mg	1.91	1.87	
Mn	≤0.01	≤0.01	0.05（Ⅰ类）
Na	1.16	1.01	—
Zn	0.22	0.18	0.5（Ⅱ类）
Fe	≤0.01	≤0.01	0.1（Ⅰ类）
Al	≤0.01	≤0.01	—
Cu	≤0.01	≤0.01	0.01（Ⅰ类）

根据无机离子和金属离子浓度检测结果，该水井水质可划分为《地下水环境质量标准》（GB/T 14848—1993）Ⅱ类水质。与地表水类似，其 SO_4^{2-}、NO_3^-、Ca^{2+} 浓度较高。监测井污染物浓度低于河流（Cl^-、NO_3^-、SO_4^{2-} 浓度约为 10%，Ca 浓度约为 25%，K、Na、Mg 浓度为 1%～4%），这是由于煤矸石淋溶液在土壤包气带下渗迁移过程中，其无机离子和金属离子不断被土壤吸附转化，土壤吸附转化作用明显对金属离子更加强烈。

5.3　淋溶污染物运移的数值模拟

由于大部分煤矸石均属于非饱和土，在渗透作用下，雨水会进入煤矸石孔隙中，这是多孔介质中流体运动的形式之一，在流体运动中可以简化成一维流动。雨水通过煤矸石时淋溶带出煤矸石中较高浓度的污染物。这些污染物在地下水环境中迁移，在迁移过程中就发生扩散、吸附、分配以及生物降解等作用。为了进一步分析污染物随雨水在非饱和土中的迁移转化规律，有必要建立污染物在地下水中的迁移转化耦合动力学模型。

地下水的水分运移与污染物迁移模型相互耦合，且都是偏微分方程，难以得到解析解，往往只可求取数值解。所以利用地下水模拟软件 GMS 对其污染影响进行模拟。GMS 是 groundwater modeling system 的简写，运行方式以地下水流模拟为基础，并在其基础上建立一系列的水质模拟。

5.3.1　模拟参数的确定

以湖南省某高速公路的涟源市伏口镇标江村至窄山路段及周围区域作为研究对象。模拟区域利用实际地形图确定范围，如图 5-1 所示，地下水水流模型边界按实际水文地质资料为定压水头边界,东南有一座井,抽水量为 $100\text{m}^3/\text{d}$。

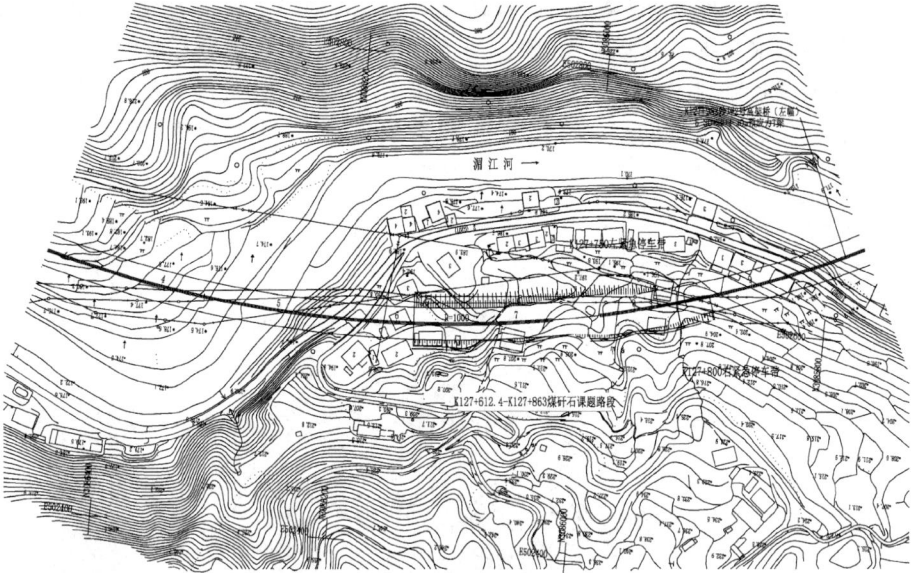

图 5-1　模拟区域地形图

数值模拟参数主要使用当地提供的水文地质资料,对于硝酸盐和硫酸盐的污染源注入初始浓度,采用淋溶的试验结果,计算出样品在 10 年的降雨量淋溶下的硫酸盐和硝酸盐的释放总量,将该值作为污染源的初始浓度值连续地渗入地下水系统。下面以硝酸盐为例进行说明。对于硝酸盐污染源注入的原始浓度,采用在室内煤矸石模拟大气降水动态淋溶试验确定的煤矸石样品的累积浓度的平均值的基础上,进而计算出该研究路段在 10 年的降雨量淋溶下的平均值(认为淋溶将持续 10 年左右时间),将该值作为污染源的原始浓度值连续地渗入地下水,具体分析计算如下。

该研究路段占地面积为 $9.441\times10^5\text{m}^2$,每年的平均降雨量为 1400mm,所以该研究路段平均一年的降水量为 $9.441\times10^5\times10^2\times14=1.32\times10^9\text{L}$。

取淋溶试验所得硝酸盐浓度的平均值进行拟合,得到淋溶液中硝酸盐浓度与淋溶量 V 的关系为 $C=55.569\text{e}^{-1.0288V}$,对其进行积分,就可得到降水量为 V 时硝酸盐污染因子的释放总量为

$$W=\int_0^V C_0\text{e}^{-nV}\text{d}V=\frac{C_0}{n}(1-\text{e}^{-nV}) \tag{5-1}$$

代入数据即可求得该路段 10 年的硝酸盐释放总量。

5.3.2　淋溶液污染组分运移规律数值模拟

由于水头梯度决定地下水流量,所以可以根据已知水头分布的水头模型计算地下水的流量,从而可以确定地下水的水头在时间、空间上的变化,最终为准确评

价和合理开发地下水资源的预测以及控制地下水污染提供基础依据。

利用地下水模拟软件 GMS 对所在路段区域进行地下水流动的数值模拟得到地下水流动的等水头线。本书在模拟地下水流动的基础上,对煤矸石淋溶液中主要污染组分总硬度和硫酸盐在地下水系统中的浓度时空分布规律进行了数值模拟研究。

具体污染物浓度随时空的变化规律见污染晕二维浓度场等值线分布图 5-2 和图 5-3。

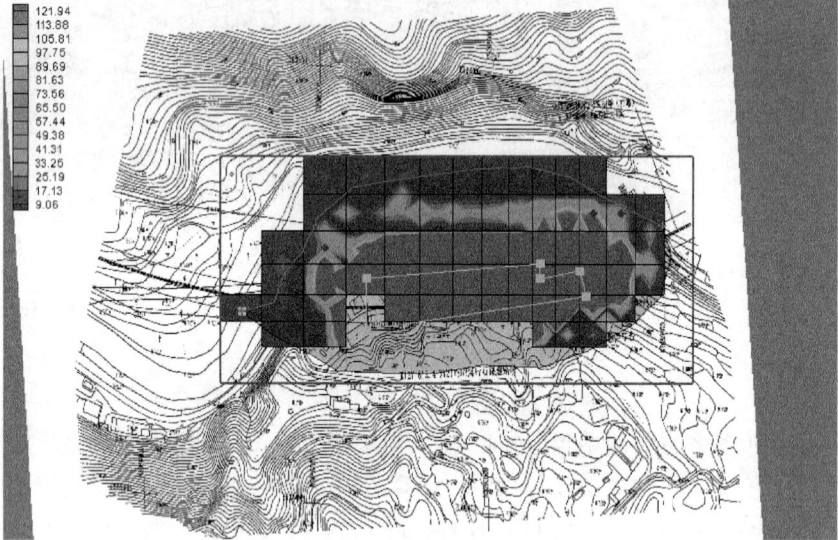

(a) 第1年

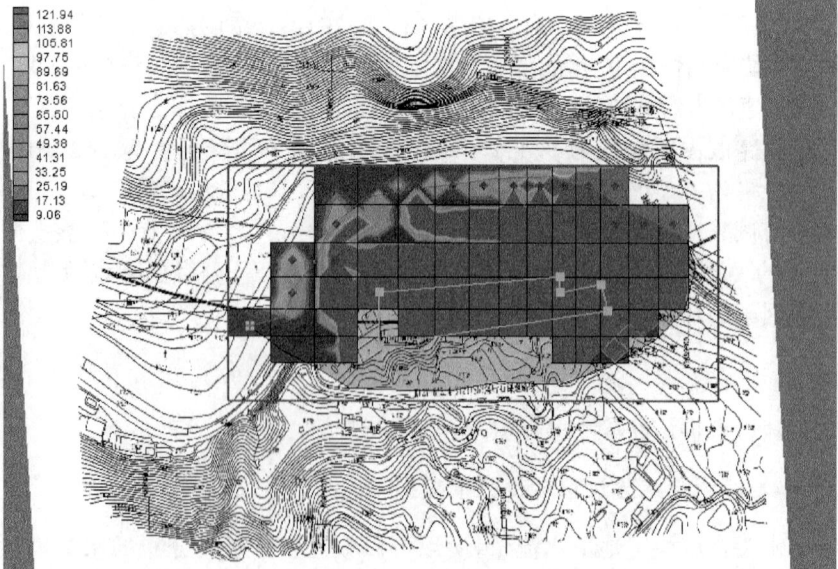

(b) 第5年

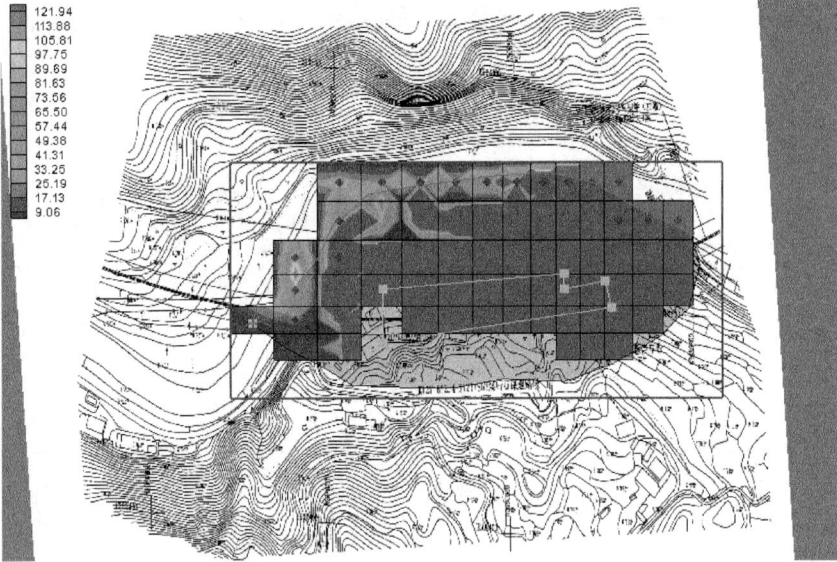

（c）第10年

图 5-2　第 1、5、10 年硫酸盐污染晕二维浓度场等值线分布图（单位:mg/L）

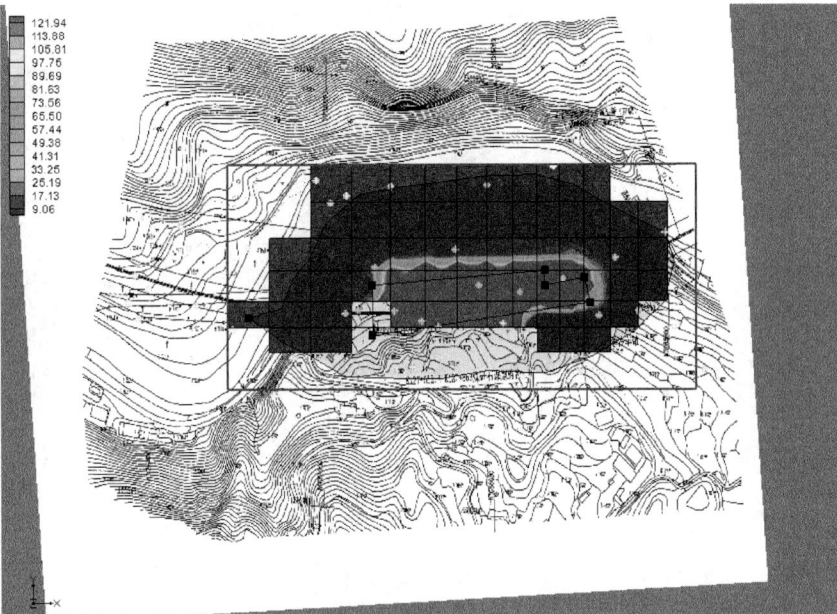

（a）第1年

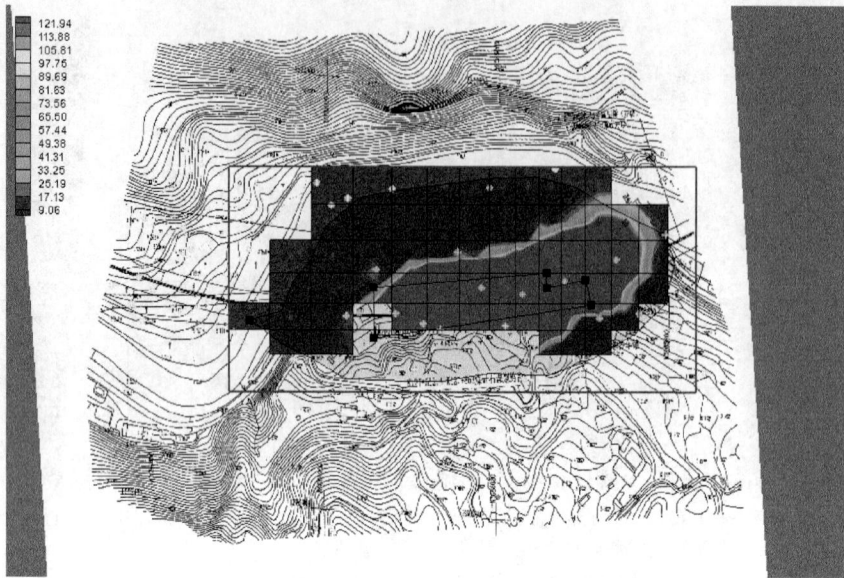

（b）第5年

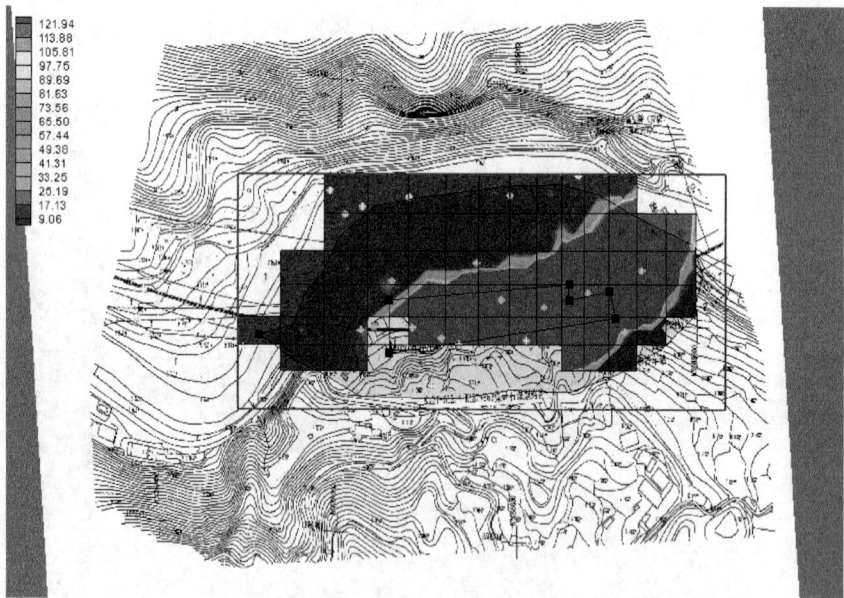

（c）第10年

图 5-3　第 1、5、10 年硝酸盐污染晕二维浓度场等值线分布图（单位：mg/L）

由图 5-2 和图 5-3 可以分析得出：

（1）污染物面积随时间推移到第 10 年时变为最大，地下水的流向影响了污染物的分布面积，而且离污染源越远的区域，污染物浓度越低。

　　(2) 虽然对于固定位置点位,时间延长,浓度会增大,但是增大的速率变低。另外,在研究路段及周边区域分别选取 A、B、C、D 四个预测点如图 5-4 所示,由 GMS 软件模拟得出 1 年、5 年及 10 年后该预测点处的硝酸盐浓度,见表 5-2。

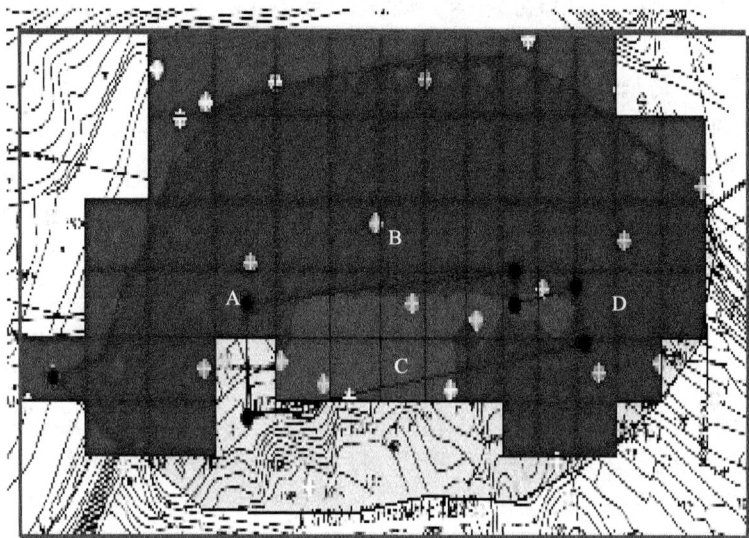

图 5-4　预测点选取

表 5-2　1 年、5 年及 10 年后各预测点处的硝酸盐浓度(单位:mg/L,以 N 计)

时间	A	B	C	D
背景值	0.5775	0.5775	0.5775	0.5775
1 年	0.5775	0.5782	1.6411	0.5879
5 年	0.5775	0.6754	5.4561	2.2082
10 年	0.5775	0.6933	9.0489	4.2529

　　从表 5-2 可以看出,对于硝酸盐,所研究路段附近地下水的硝酸盐浓度在 10 年后(以 N 计)可以达到地下水环境质量标准(GB/T 14848—1993)Ⅲ类标准。

第 6 章　加筋煤矸石路堤边坡稳定性分析

在高速公路路基填筑过程中,不可避免地会出现填方路基或者挖方路基,此时需要采取措施确保路基构筑物在填筑过程和运营过程中安全可靠。特别是在山区,地质地貌复杂多变,不同工程建筑条件下,设计经济合理的支挡结构显得至关重要。无论对于任何形式的支挡结构,合理的设计理论是降低工程造价、提高结构物安全系数的核心环节。在过去很长一段时间内,石砌的重力式挡土墙在我国岩土工程中得到广泛的应用,这是因为石砌重力式挡土墙所需的石料在我国一些地区来源丰富,就地取材方便,施工方法简单。

近 30 年来,支挡结构在我国得到了空前的发展,高速公路路堤的防护体系也出现了多种新型支挡结构[43]。支挡结构的防护形式也从单纯地依靠墙身自重来平衡路堤土压力发展到多种新型、轻型支挡新技术,如加筋格宾网挡墙等[44]。加筋技术是一种通过在土中铺设筋材来改善整个土工系统的力学性能的方法。自从 Vidal 于 1963 年首次提出加筋土技术和设计理论之后[45],法国于1965 年运用该理论在比利牛斯山的普拉赛尔斯成功地修建了世界上第一座加筋挡土墙[46],该成果引起了世界各地工程界和学术界的广泛关注。与传统重力式挡土墙相比,加筋挡土墙属于柔性结构。加筋挡土墙具有如下特点:对地基承载力要求相对较低;适应能力强,整体性好,抗震性能好,能够承受大的沉降变形;施工速度快,工程质量容易得到保证;造价低,与常规挡土墙相比,工程造价节约 25%～50%[47]。

土体具有"散体"的基本特点。"散体"是指土由许多分散的颗粒组成,颗粒之间连接很弱,颗粒之间存在孔隙,孔隙间存在空隙,空隙中被水或气体填充。由于土的散体性,颗粒的位置因外力易变,容易压缩、错位、翻滚甚至破碎,于是土颗粒的接触更加紧密,空隙的体积和形状也随之发生变化,这样导致了土的总体积发生变化,空隙中的孔隙压力也随之改变,土体的有效应力增加。

鉴于土易受外力而发生变形,尤其当土的颗粒级配不良、含水率较高时,其承受荷载能力有限,无法适应工程需要。在土中埋入加筋材料以减少土体的侧向变形,即可减弱其"散体"特性,达到增强土"整体性"的目的。

对于高边坡以及高路堤的支挡结构,如果采用普通的重力式挡土墙结构,势必会大大增加挡土墙横截面积,造成工程不经济,并且使支挡结构的安全系数降低。此时,若在土中加入筋材,构成加筋土挡墙或者加筋土坡,不仅对地基承载力要求降低、施工速度快、施工简便,而且节省投资、占地少、圬工量少,外形也美观。

加筋土受力时,土体首先承受荷载作用,随着土体中的应力增加,变形也在增加,由于筋材和填土(煤矸石)之间的剪阻力作用,土体所受的应力逐渐向筋材转移,筋材的受力增大,筋材沿界面滑动时达到最大值,此时,筋土界面进入屈服状态,如果筋材不能承受界面传递过来的荷载而发生断裂,则加筋土将发生破坏。因此,加筋土的承载力取决于筋材类型、填料类型以及界面的传力能力。

土体加筋以后,不仅可增大加筋土的强度和整个结构的稳定性,而且能减少不均匀沉降和总沉降,因为加筋能使土体应力发生变化,不仅使应力均匀化,而且垂直压力也相应减小,此时将直接降低加筋土体的总沉降。

6.1　加筋边坡设计理论简介

加筋边坡可以使坡度变陡,从而节省路基占地量,减少路堤填方量;也可以用以加固坡面,使坡面处的填土更容易压实,减少削坡工作量。在国内大规模的建设过程中,加筋土坡在填方路堤以及填方地基等工程中得到充分的应用,尤其在高路堤填筑以及道路加宽、滑坡治理、土坡加高等工程中应用广泛。

加筋土坡与加筋挡墙在加筋机理上是相通的,一般是将坡度大于 70° 的加筋土结构物称为加筋土挡墙,坡度介于 45°~70° 的加筋土结构物称为加筋土坡,对于坡度小于 45° 的结构物,若不采用软弱土或特殊土(如膨胀土)做填料,一般不用考虑加筋。加筋土坡的设计内容主要包括加筋材料的种类、长度、横截面形状和间距等,以保证加筋边坡外部和内部的稳定性。加筋土边坡是利用水平、相间、成层的布置在煤矸石填料中的拉筋与煤矸石填料之间的摩擦力来稳定煤矸石路堤。边坡外层一般采用反包措施,以防止拉筋间填料从侧面被挤出,反包层与拉筋连接,以使反包层受到的侧向土压力传递给锚固在土体中的拉筋。

加筋结构物与传统的支挡结构(如重力式挡土墙)在概念和设计上完全不同,重力式挡土墙是依靠其自重以抵抗墙后滑裂体的侧向土压力;而加筋结构物则是通过埋入拉筋把土体分成若干子区,通过界面区的摩擦作用把各子区填料的侧向土压力通过加筋材料传递给土体,防止土体产生滑裂[48]。

由于加筋层以上填土及外荷载的作用,密实的填土将产生侧向膨胀,因侧向膨胀比竖向变形大得多,犹如施加了一个侧向荷载。由于筋材的弹性模量比土大很多,相对来说筋材是不膨胀的,通过筋材与填土颗粒之间的摩擦力阻止土体侧向膨胀,筋材与土颗粒之间的相互作用改善了土体的物理力学性质,使得土体保持稳定。当加筋体受土压力作用产生破坏时,破裂面将墙体分成活动区和稳定区(图 6-1),活动区的下滑体对筋材产生一个向外的拉拔力,而稳定区内土体与筋带之间的摩擦阻力则阻止拉筋被拔出。如果每一层的摩擦阻力均大于相应的拉拔力,加筋土坡的稳定性就有保证。

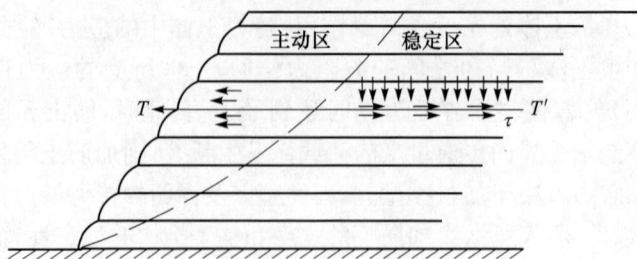

图 6-1　加筋土坡破坏示意图

　　拉筋与煤矸石颗粒之间的摩擦作用非常复杂,不仅取决于煤矸石颗粒级配情况,而且还与拉筋类型、加筋土结构类型以及荷载方式等有关。为了更好地说明拉筋与土颗粒之间的受力情况,取拉筋中的一个尾端 dL(图 6-2)进行分析。

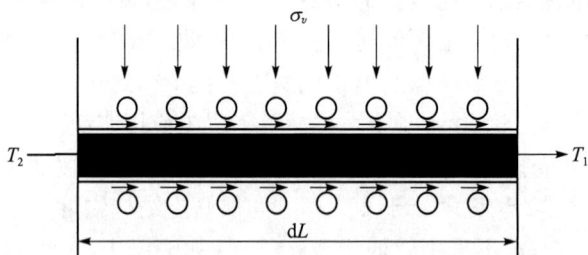

图 6-2　拉筋受力分析图

　　分析容易得出,在长度为 dL 的筋材上拉力变化为 $dL = T_1 - T_2$,拉筋上下两表面共受摩擦阻力为 $dF = 2\sigma_v \cdot b \cdot f \cdot dL$,如果满足 $dF > dT$,则拉筋与煤矸石之间不会发生滑动。其中,b 为筋材宽度;σ_v 为上部土体及荷载产生的单位面积压力;f 为煤矸石与筋材的界面摩擦系数,可以采用界面摩擦试验确定。

6.2　加筋边坡土压力计算

　　加筋土坡属于柔性支挡结构,与刚性支挡结构相比有较大差异,土压力计算不宜采用传统的郎肯土压力或库仑土压力理论,加筋体后的土压力可以采用库仑土压力计算[49]。在研究加筋土坡土压力大小计算的同时,筋材拉力的大小以及筋材拉力分布成为加筋土坡力学性质的一个重要方面,研究表明[50],筋材拉力沿筋材并非均匀分布,分布形式与筋材、填土的力学性质、筋材间距等许多因素有关。筋材最大拉力作用点的连线可以把煤矸石填土分成两个区[51,52]:活动区和稳定区。一般把两个区的分界线称为加筋土结构的潜在破裂面,确定合理的潜在破裂面对筋材长度的确定和加筋土结构的稳定性分析至关重要。为了简化计算,对于加筋边坡形成的加筋体,墙后土压力假定为主动土压力状态,采用库仑土压力理论确定定义的滑动面确定土楔体。

6.3　加筋边坡的拉筋设计

加筋边坡的设计主要分为两个部分:第一部分是设计,第二部分是验算。其中设计部分最重要的环节是在工程要求的几何条件和使用条件下,基于加筋土坡的稳定性,设计筋材的强度、数量、间距、长度等。

边坡之所以需要加筋,是因为无筋边坡不满足设计稳定性要求,因此加筋边坡设计前需要验算无筋时该边坡的稳定性,以决定是否需要加筋以及设计加筋的必要性。

6.3.1　边坡未加筋时的稳定性验算

利用常规的稳定分析方法(直线滑面法、楔体滑动面、瑞典圆弧滑面法、毕肖普法、摩擦圆法等)计算对于潜在滑动面的安全系数,并针对圆弧滑动面、楔体滑动面,寻找滑动面通过坡脚、坡面和地基深部的可能性,进而确定设计加筋的必要性以及加筋所涉及的范围。如果土坡有可能发生深层滑动,则会涉及坡脚承载力问题,这时需要进行地基的分析和地基处理。

6.3.2　筋材的容许强度

把土工材料应用于永久性的土建工程中,摆在设计人员面前的一个非常棘手的问题是筋材的耐久性问题,在加筋煤矸石路堤设计中更应如此,对此在应用中,首先对土工合成材料的筋材进行折减。土工合成材料的性质决定了必须对试验所得的瞬时极限强度进行折减,才能用做设计的长期容许抗拉强度,筋材的容许强度可按照式(6-1)计算:

$$T_{al} = \frac{T_{ult}}{F_{CR}F_{D}F_{ID}} \tag{6-1}$$

式中,T_{al} 为筋材的长期容许抗拉强度;T_{ult} 为从抗拉试验得到的筋材极限抗拉强度;F_{CR} 为蠕变折减系数;F_{D} 为耐久性折减系数;F_{ID} 为施工损伤折减系数。

1) 蠕变折减系数 F_{CR}

蠕变折减系数通常是考虑 120 年应变达到 5% 的蠕变抗拉强度,不同的材料蠕变性能不同,根据美国公路局(FHWA)给出的标准[53],蠕变折减系数按表 6-1 取值。

表 6-1　不同土工材料的蠕变折减系数

聚合物类型	蠕变折减系数 F_{CR}
聚酯(PET)	2.5~1.6
聚丙烯(PP)	5.0~4.0
高密度聚乙烯(HDPE)	5.0~2.6

2) 耐久性折减系数 F_D

土工合成材料之所以进行耐久性折减,是因为筋材在其工作年限内受到化学、生物等腐蚀作用;一般筋材的抗酸碱以及生物腐蚀能力超强,同时它们被埋在土中,受日光、风雨的腐蚀不严重,因此耐久性折减系数一般取为 1.1~1.2。

3) 施工损伤折减系数 F_{ID}

在路堤填筑和碾压过程中,不可避免地会发生土工材料与刚硬的砂石接触、碰撞、挤压而发生损伤;在煤矸石路堤填筑过程中,颗粒较大的煤矸石颗粒一般带有尖锐的棱角,对土工材料的损伤更大。按照一般的规程施工,这个损伤系数一般为 1.0~1.15,施工过程中避免尖锐棱角的颗粒与筋材直接接触是有必要的。

6.3.3　筋材设计

考虑加筋对边坡稳定影响的极限平衡方法一般有两种:荷兰法和瑞典法[33]。两者的差异在于对加筋土的作用力方向与圆弧面之间的角度假设不同。本书采用荷兰法建立计算模型,如图 6-3 所示,以便对筋材所起的作用进行分析。

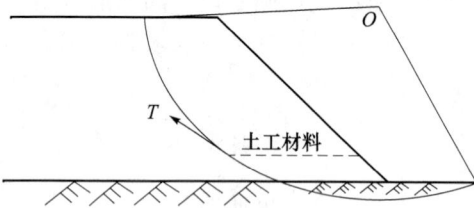

图 6-3　荷兰法加筋土计算模型

荷兰法假设加筋体在滑弧处剪切变形,土工格栅的拉力与圆弧相切。考虑加筋作用,滑坡体增加的安全系数为

$$\Delta F = \frac{T_j}{\sum_{i=1}^{n} W_i \sin\alpha_i} \qquad (6\text{-}2)$$

$$T_j < T_a \qquad (6\text{-}3)$$

式中,ΔF 为由于筋材作用增加的稳定系数;T_j 为第 j 层筋材发挥的拉力(kN/m);W_i 为土条自重(kN/m);α_i 为土条底部倾角(°);T_a 为筋材长期容许抗拉强度(kN/m),参照式(6-1)取值。

1) 所需筋材总强度计算

设不加筋边坡在潜在破裂面上的安全系数为 F_{SU},加筋边坡所要求的安全系数为 F_{SR}。对于任意的潜在滑动面,若 $F_{SU} < F_{SR}$,则需要对边坡加筋才能满足设计要求,此时每一个潜在破裂面上每延米所需的筋材总拉力为 T_s,可按式(6-4)计算:

$$T_s = (F_{SR} - F_{SU}) \frac{M_D}{D} \qquad (6\text{-}4)$$

式中,T_s 为考虑拉断与拔出,在各层筋材与滑动面处,每延米所需的筋材总拉力;M_D 为土坡未加筋时滑动土体对应的滑动力矩(kN·m);D 为筋材合力对于滑弧圆心的力臂(m),对于连续的片状结构,D 可取 R,对于非联系的条带状筋材的合力作用点位于坡底以上 $H/3$ 处;F_{SU} 为土坡未加筋时,最小抗滑稳定安全系数;F_{SR}

为土坡加筋时,设计要求的安全系数。

式(6-4)整理可得

$$\frac{T_s}{F_{SR}}D = M_D - M_D\frac{F_{SU}}{F_{SR}} \tag{6-5}$$

等号左边的含义为在设计安全系数 F_{SR} 要求下,筋材需要负担的设计力矩;等号右边第一项 M_D 表示潜在的滑动面需要抵抗的滑动力矩;等号右边第二项为在设计要求的安全系数 F_{SR} 下,土体自身的抗滑力矩。T_s 表示边坡中筋材提供的总拉力,即

$$T_s = \sum T_j \tag{6-6}$$

式中,T_j 意义可参考式(6-2)和式(6-3)。

2) 筋材拉力分配

通过计算所有滑动面上对应的筋材总拉力 T_s,从筋材的设计中需要寻找最大的筋材拉力 T_{smax},根据规范[54]要求,对总拉力 T_{smax} 按照一定原则分配给各层筋材。

(1) 如果边坡高度 $H \leqslant 6m$,可采用筋材等间距布置,把计算所需要的筋材总拉力 T_{smax} 均匀分配到各层筋材上。

(2) 对于坡高大于 6m 的加筋挡土墙,可沿坡高分为等高度的 2~3 个加筋区,每个加筋区内的筋材拉力均匀分配,其总和等于 T_{smax},每个区总要求的拉力如下。

对于两个区,顶部与底部的总拉力 T_B 与 T_T 分别为

$$T_B = \frac{3}{4}T_{smax} \tag{6-7}$$

$$T_T = \frac{1}{4}T_{smax} \tag{6-8}$$

对于三个区,顶部、中部与底部的总拉力 T_B、T_M、T_T 分别为

$$T_B = \frac{1}{2}T_{smax} \tag{6-9}$$

$$T_M = \frac{1}{3}T_{smax} \tag{6-10}$$

$$T_T = \frac{1}{6}T_{smax} \tag{6-11}$$

3) 确定竖向筋材间距 S_v

对于每一个加筋分区,设计的最大筋材拉力为 T_{max},如果筋材的容许强度已知,则最大的竖向间距及筋材层数可由式(6-12)决定:

$$T_{max} = \frac{T_{zone}}{N} = \frac{T_{zone}S_v}{H_{zone}} \leqslant T_aR_c \tag{6-12}$$

式中,H_{zone}、T_{zone} 为分区高度与各分区的总加筋力,当坡高小于 6m 时,分别等于坡高 H 和 T_{smax};S_v 为筋材竖向间距,应等于压实铺土层的厚度的倍数,最小间距为压实土层的厚度;N 为加筋层数;R_c 为覆盖系数,对于连续片状筋材,$R_c=1$,对于条

带状筋材,R_c 可取筋材的宽度除以水平间距;T_a 为筋材的容许强度,参考式(6-1)计算。

4) 确定筋材长度

每层主筋的埋置长度取决于临界滑动面,要求埋置长度满足筋材的拉拔阻力:

$$L_e = \frac{T_{max} \cdot F_s}{F^* \cdot \alpha \sigma_v R_c \cdot C} \tag{6-13}$$

式中,L_e 为滑动面后被动区内筋材的埋置长度,其最小值为 1.0m;F^* 为抗拔阻力系数,即界面摩擦系数,对于煤矸石填料,建议取加筋煤矸石的残余似摩擦系数;α 为尺寸影响校正系数,对于金属筋材取 1.0,对于土工合成材料筋材取 0.6~1.0;C 为筋材的有效周长,对于条带、格栅、片状筋材取 2.0;σ_v 为筋材界面上的竖直有效压力。

筋材总长度可按式(6-14)确定,即

$$L = L_e + L_a \tag{6-14}$$

式中,L_a 筋材主动区长度(m)。

通过界面摩擦试验可以得到加筋煤矸石的界面摩擦系数 ψ_c,考虑煤矸石压实度、筋材类型的因素,可通过经验公式取 F^*(详见 3.3.8 节)为

$$F^* = 0.8 \tan\psi_c \tag{6-15}$$

如果筋材拉力不满足强度要求,可以增加不通过滑动面的长度,或者增加底部的筋材强度。对于坡高大于 6m 的加筋土坡,若分成三个加筋区进行配筋,中间加筋区的筋材一般较短(分配的总拉力最小),可以为 1.2~2m,最大间距为 60cm,在实际设计中,为了简化筋材布置,可以分为两段或者三段等长度布置。

6.4　加筋边坡稳定性验算

加筋土坡的稳定性分析包括整体失稳(外部失稳)、复合型失稳和内部失稳三种,见图 6-4。

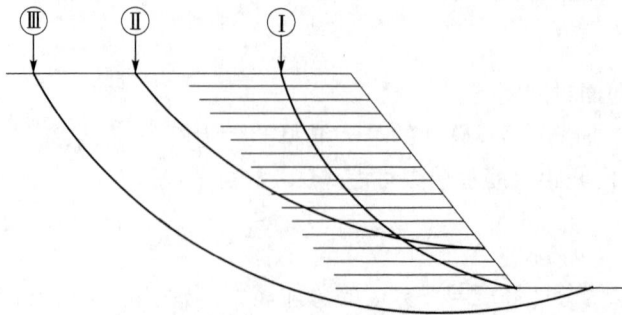

图 6-4　加筋土边坡的三种破坏模式

Ⅰ-内部失稳;Ⅱ-复合型失稳;Ⅲ-整体失稳

　　加筋土坡的整体失稳（外部失稳）又可以分为加筋土体整体滑移、加筋土与地基土整体深层滑移、局部地基承载力破坏和地基过大沉降等，见图 6-5。

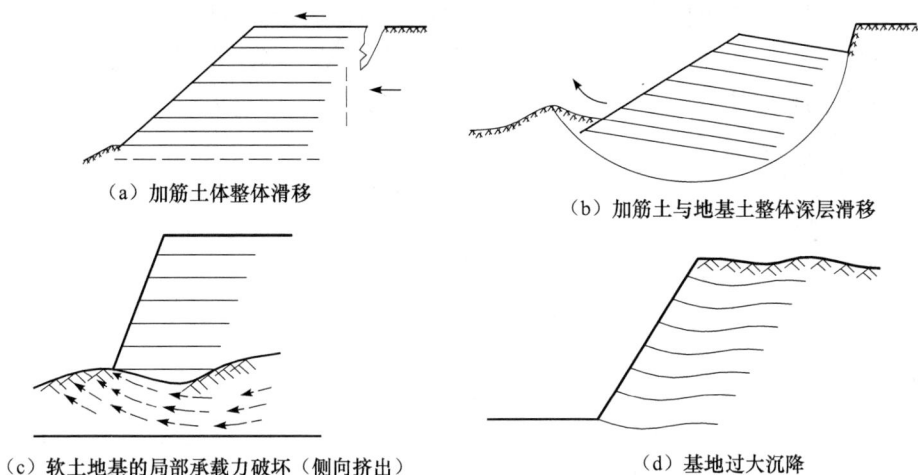

（a）加筋土体整体滑移　　　　　　　　　　（b）加筋土与地基土整体深层滑移

（c）软土地基的局部承载力破坏（侧向挤出）　　　　　　　（d）基地过大沉降

图 6-5　加筋土坡外部失稳的几种形式

　　根据加筋土坡的几何、荷载及功能要求，确定无筋时土坡的稳定性，进而根据需要设计保持土坡稳定所需加筋的强度、间距和长度，对加筋土坡的外部稳定性和内部稳定性进行验算。

6.4.1　外部稳定性验算

1）抗滑稳定性验算

　　加筋边坡的外部稳定性分析主要包括抗滑稳定性验算和地基承载力验算等。抗滑稳定性验算把加筋区作为一个刚性挡土墙进行墙底滑动验算，计算模型如图 6-6 所示。

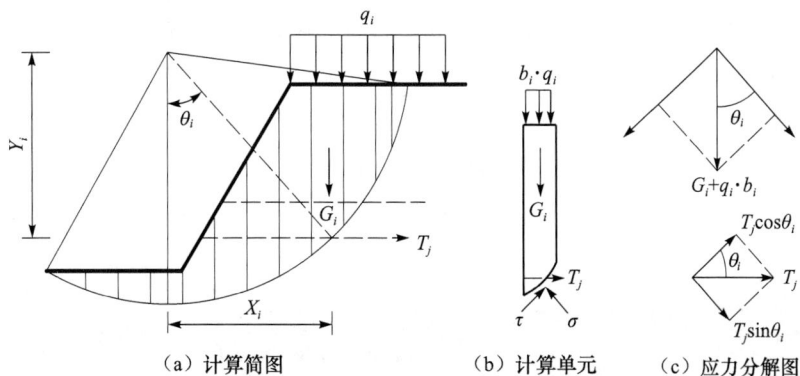

（a）计算简图　　　　　　（b）计算单元　　　　（c）应力分解图

图 6-6　加筋土坡抗滑稳定性验算

加筋边坡的抗滑稳定性采用基于极限平衡的瑞典圆弧滑动法进行计算,计算模型考虑一般的坡顶有荷载作用的土坡,基本假设如下:

(1) 假设加筋土坡稳定分析是一个平面问题,滑面为圆弧形;

(2) 滑动土楔体作为一个刚体,滑坡发生时,滑动土楔体整体沿滑动面下滑;

(3) 筋材的拉力沿筋材为水平方向,且滑动发生后,筋材的拉力总是保持在原来铺设的方向;

(4) 不仅考虑筋材的拉力作用,而且考虑筋材拉力对土体抗剪强度的加强作用;

(5) 忽略土条两侧的相互作用。

对任意一个土条,由底弧平衡条件可得

$$\sigma_i = (G_i + q_i b_i)\cos\theta_i + T_j\sin\theta_i \tag{6-16}$$

$$\tau_i = T_j\cos\theta_i - (G_i + q_i b_i)\sin\theta_i \tag{6-17}$$

其中

$$\tau_i = \sigma_i\tan\varphi_i + c_i\Delta l_i \tag{6-18}$$

式中,σ_i 为土条在滑动面处受到的法向应力;τ_i 为土条在滑动面处受到的切向应力;b_i 为土条宽度;c_i 和 φ_i 为土条在滑动面处的黏聚力和内摩擦角;Δl_i 为土条的弧长;θ_i 为土条底滑面倾角。

对于第 i 个土条,其受到的滑动力 f_{hi} 和滑动阻力 f_{ki} 分别为

$$f_{hi} = (G_i + q_i b_i)\sin\theta_i \tag{6-19}$$

$$f_{ki} = \tau_i + T_j\cos\theta_i = (\sigma_i\tan\varphi_i + c\Delta l_i) + T_j\cos\theta_i \tag{6-20}$$

$$= [(G_i + q_i b_i)\cos\theta_i + T_j\sin\theta_i]\tan\varphi_i + c_i\Delta l_i + T_j\cos\theta_i$$

由滑动力和滑动阻力关于滑动面 O 产生的滑动力矩 M_{hi} 和抗滑动力矩 M_{ki} 分别为

$$M_{hi} = f_{hi} \times R_i = (G_i + q_i b_i)\sin\theta_i \cdot R_i \tag{6-21}$$

$$M_{ki} = f_{ki} \cdot R_i = \{[(G_i + q_i b_i)\cos\theta_i + T_j\sin\theta_i]\tan\varphi_i + c_i\Delta l_i + T_j\cos\theta_i\}R_i$$

$$= [(G_i + q_i b_i)\cos\theta_i\tan\varphi_i + c_i\Delta l_i]R_i + T_j\sin\theta_i\tan\varphi_i \cdot R_j + T_j\cos\theta_i \cdot R_i$$

$$\tag{6-22}$$

根据图 6-6 的几何关系可得 $X_i = R_i\sin\theta_i$,$Y_i = R_i\cos\theta_i$,代入式(6-22)可得

$$M_{ki} = [(G_i + q_i b_i)\cos\theta_i\tan\varphi_i + c_i\Delta l_i]R_i + T_jY_i + T_jX_i\tan\varphi_i \tag{6-23}$$

抗滑安全系数 F_s 可按式(6-24)计算:

$$F_s = \frac{M_{ki}}{M_{hi}} = \frac{\sum_{i=1}^{n}\{[(G_i + q_i b_i)\cos\theta_i\tan\varphi_i + c_i\Delta l_i]R_i\} + \sum_{i=1}^{n}(T_jY_i + T_j\tan\varphi_i \cdot X_i)}{\sum_{i=1}^{n}(G_i + q_i b_i)\sin\theta_i \cdot R_i}$$

$$\tag{6-24}$$

此式与李广信[55]推导的加筋土坡抗滑稳定性系数(式(6-25))相比,很容易看出式(6-24)的抗滑力矩中增加了一项与筋材强度和土相关的力矩,即 $M_2 = T_j X_i \tan\varphi_i$, M_2 的大小不仅与筋材的设计强度 T_j 有关,而且与加筋填土的性质 $\tan\varphi_i$ 和加筋位置 X_i 有关,因此 M_2 体现了筋材与填料的相互作用,筋材强度越高,填土内摩擦角越大,M_2 越大。由此可见,加筋土边坡的抗滑稳定性系数明显高于没有加筋的土坡,有助于提高路堤边坡的稳定性。

$$F_s = \frac{\sum_{i=1}^{n}\left[c_i l_i + (W_i + q_i b_i)\cos\theta_i \tan\varphi_i\right] + \sum T_j D_j}{\sum_{i=1}^{n}(W_i + q_i b_i)\sin\theta_i} \tag{6-25}$$

根据《公路路基设计规范》和《公路土工合成材料应用技术规范》(JTJ/T 019—1998)规定:加筋土坡抗滑稳定性系数 $F_s \geq 1.3$。

2) 连同地基的深层滑动稳定性验算

对未加筋土坡进行稳定性验算时,能够发现其是否存在深层滑动面。当完成加筋土坡设计以后,还应验算所有深入地基深层的滑动面是否满足 $F_s = M_{hi}/M_{ki} \geq 1.3$;计算可采用简化的毕肖普法(Bishop)、简布法(Janbu)等。

3) 坡脚局部承载力验算

对于加筋土坡下有限深度范围内存在软弱土,如果软弱土深度 D_s 小于边坡宽度 b,则加筋土坡有可能发生侧向挤出破坏,为防止地基土侧向挤出隆起,可按式(6-26)进行计算[53]:

$$F_s = \frac{2c_u}{\gamma D_s \tan\theta} + \frac{4.14 c_u}{\gamma H} \geq 1.3 \tag{6-26}$$

式中,θ 为加筋土坡坡角;γ 为加筋土坡土容重;D_s 为边坡基地下软弱层的厚度;c_u 为边坡下软土的不排水强度。

4) 地基沉降验算

对于地基承载力以及地基沉降的验算,可采用经典的沉降计算方法,计算总沉降大小、差异沉降和沉降速率。

6.4.2 内部稳定性验算

内部稳定性破坏是指破坏面通过加筋土体,破坏完全发生在加筋内部,常见的有筋材被拉断或者变形过大和拔出两种形式(图 6-7),内部稳定性分析的关键问题在于潜在破裂面的确定,它直接影响筋材长度和加筋土结构的内部稳定性分析。分析加筋边坡内部稳定性的方法有很多,按照假设滑动面不同,可以分为圆弧法、单楔体法、双楔体法、对数螺线法、共轭应力法等。由于加筋土坡结构的复杂性,简单地通过滑动面来评价加筋土坡的稳定性存在局限性,本书采用圆弧法对加筋土坡的内部稳定性进行分析,根据文献[53]可知,加筋土坡的内部稳定性验算可以采用安全系数进行评价,其中内部稳定性系数和抗拉拔系数的安全取值见表6-2。

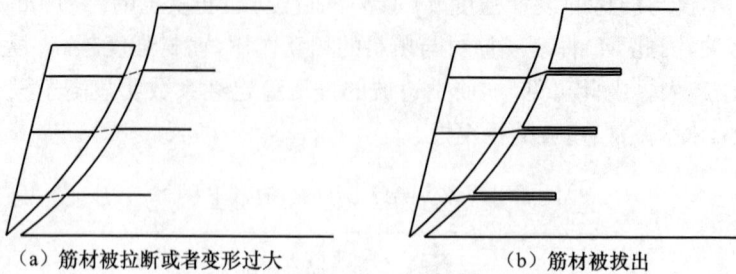

（a）筋材被拉断或者变形过大　　　　　　　（b）筋材被拔出

图 6-7　加筋土坡内部稳定性破坏形式

表 6-2　加筋土坡破坏稳定性安全系数

破坏类型		安全系数
内部稳定破坏（筋材拉断或变形过大）		1.3
抗拔	砂性土	1.5
	黏土	2.0

1）筋材抗拉强度验算

根据文献[53]可知,对于连续的片状加筋（如双绞合钢丝网等）,潜在滑动面假设为圆弧面,筋材所受拉力与滑动面相切,稳定性计算结果比较合适,其计算结果见式（6-27）：

$$\frac{M_R + R \sum (T_j \cos\alpha + T_j \sin\alpha \tan\varphi)}{M_D} \geqslant 1.3 \qquad (6\text{-}27)$$

式（6-27）是针对土的抗剪强度和筋材的拉力建立起的稳定方程,筋材的拉力作用是抗滑力矩增加,筋材的力臂为 R,由该式反解可以得出筋材的拉力 T_j;筋材强度条件符合式（6-28）的要求：

$$T_{j\max} \leqslant T_a \qquad (6\text{-}28)$$

式中,$T_{j\max}$ 为各层筋材中的最大水平力（kN/m）;T_a 为筋材的容许抗拉强度。

2）筋材抗拔强度验算

加筋土坡的筋材在坡土中,上下两面都会受到摩擦力作用,抗拔安全系数应满足式（6-29）,即

$$T_j \leqslant 2(\gamma z_p + q_d) L_e F^* \frac{1}{F_b} \qquad (6\text{-}29)$$

式中,L_e 为筋材有效锚固长度,即超出填土破裂面的长度;z_p 为筋材锚固段中点上覆土层深度;γ 为筋材锚固段以上填土平均重度;q_d 为筋材锚固段填土表面受到的

永久荷载;F^* 为筋材似摩擦系数,参照式(6-15)取值;F_b 为要求的抗拔安全系数,对于煤矸石填料,可取 $F_b \geqslant 1.8$。

为保证加筋边坡的内部稳定性,设计之后需要校核加筋材的铺设层数和抗拉强度,以防止筋材拉断和延伸过大发生破坏,同时为避免筋材被拔出,设计上必须保证筋材具有足够的锚固长度。

6.5　多级边坡的设计及稳定性分析

加筋边坡防护结构在实际工程应用时,对于坡度较小(坡高≤8m)的土坡采用一级边坡即可满足稳定性要求;而对于高边坡(坡高≥8m),采用单级边坡往往不能满足边坡稳定性要求,为了节约工程造价、减小施工难度并增加高边坡的稳定性,一般采用结构性能良好、应力分布均匀、变形容易控制的多级(或称为台阶式)加筋土坡。本节以二级加筋土坡作为例子,进一步推出多级加筋土坡的设计方法。

6.5.1　多级边坡的设计原则

单级加筋边坡的设计方法在前面已经叙述过,对于多级加筋边坡的设计,可以采用的基本设计原则如下:

(1)第一级加筋边坡的设计方法可采用单级加筋边坡模式。

(2)下级加筋边坡的设计,将上级加筋边坡作为超载进行外部稳定性验算。

(3)对于多级加筋边坡的内部稳定性验算,受两级边坡间平台宽度的影响,加筋体产生不同的应力变形情况,对不同的平台宽度采用不同的设计方法进行分析。

(4)加筋边坡的填料为均匀的等厚分布的填料(如煤矸石填料)。

6.5.2　二级边坡的设计及稳定性分析

将上级加筋边坡作为外荷载作用在下级加筋边坡上时,应根据荷载所在位置、上级加筋边坡对下级加筋边坡的加筋体的应力分布及筋材强度等应有所不同,为了简化计算,下面先对二级边坡在不同情况下的设计方法进行分析,二级加筋边坡的横截面示意图见图 6-8,其中 H_1、H_2 分别为第一级、第二级加筋边坡的高度,a 为平台宽度,α_1、α_2 分别为第一级、第二级加筋边坡的坡角。

1)平台宽度对二级加筋边坡稳定性的影响

对于二级加筋边坡,第一级加筋边坡坡脚与第二级加筋边坡坡顶之间有一宽度为 a 的平台,文献[56]和[57]表明,多级边坡平台宽度对多级边坡的破坏模式有影响,当平台宽度较小时,破坏模式表现为单滑面破坏,即可以把双级边坡问题按单级边坡问题处理;当台阶宽度较大时,边坡破坏模式表现为双滑移面破坏,两级

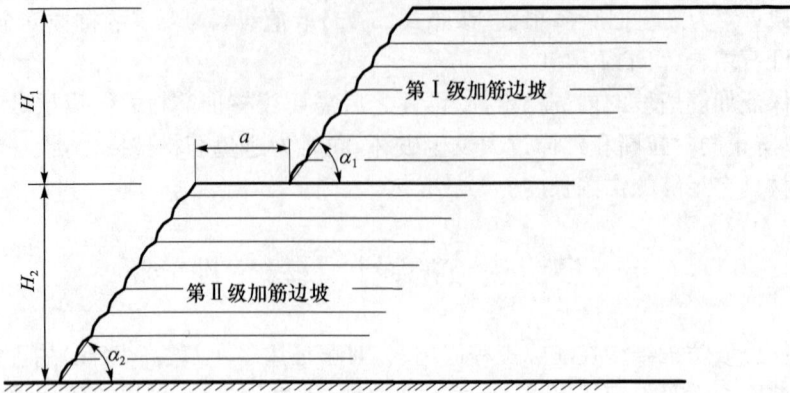

图 6-8　二级加筋边坡横截面示意图

边坡的变形表现为各自独立的变形特征,即可以把两级边坡作为两个单级边坡分别处理。但相关文献并未给出不同破坏模式的分界线,对于不同的平台宽度,通过计算对其与坡高对应的关系进行量化,以便设计人员对多级边坡的稳定性进行设计和验算。

　　二级边坡的破坏模式与平台宽度、坡体宽度以及几何形状等综合因素有关,为了简化分析平台宽度对破坏模式的影响因素,假设加筋土坡的坡角均为 $45°\sim70°$,第一级加筋边坡和第二级加筋边坡的坡高分别为 H_1 和 H_2,平台宽度为 a,参照文献[55]所给出的滑动面情况进行总结,可得出以下几种情况。

　　(1) 当平台宽度相对较小时,即 $a \leqslant \dfrac{H_1+H_2}{2}$ 时,因平台宽度相对较小,上级加筋土坡对下级加筋土坡作用相当明显,滑裂面为单滑面,对于这种情况,二级加筋边坡与单级加筋边坡最危险,滑动面相同,可以把该情况简化为单级加筋边坡进行设计验算。

　　(2) 当上级加筋边坡位于下级加筋边坡主动区时,即 $\dfrac{H_1+H_2}{2} < a \leqslant \dfrac{3(H_1+H_2)}{4}$ 时,上级加筋边坡可按单级加筋边坡进行设计和验算,下级加筋边坡在设计和验算时,应把上级加筋边坡自重等效为相应的均布荷载作用在下级边坡的坡顶,其中上级矩形部分加筋土体产生的分布荷载为

$$q = \gamma H_1 \tag{6-30}$$

荷载分布形式见图 6-9。

　　(3) 当上级加筋边坡位于下级加筋边坡的过渡区以内时,即 $\dfrac{3(H_1+H_2)}{4} < a \leqslant (H_1+H_2)$ 时,此时上级加筋土坡对下级加筋土坡影响较小,下级加筋土坡设计和

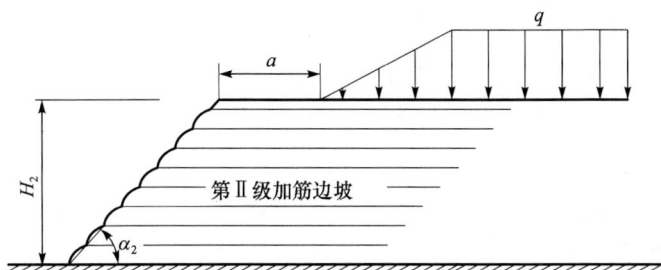

图 6-9　二级加筋边坡简化计算图

验算时,宜把上级边坡等效为均布线荷载进行分析,并与不考虑上级加筋边坡影响计算的结果进行对比,取安全系数较小的情况进行设计和验算。

(4) 当上级加筋边坡位于下级加筋边坡的稳定区时,即 $a > (H_1 + H_2)$ 时,此时上级加筋边坡位于下级加筋边坡的稳定区以外,上级加筋土坡产生的荷载对下级加筋边坡没有影响,上下级加筋边坡可单独进行设计、验算。

2) 不同平台宽度产生的破坏模式分析比较

为了验证不同平台宽度产生的破坏模式是否合适,本节利用 FLAC³ᴰ 和瑞典条分法模拟计算坡角为 45°~70° 的煤矸石土坡在不同平台宽度下的潜在滑动面形式,以期验证不同平台宽度对应破坏模式的适用性。

为了更直观地模拟二级边坡在不同平台宽度情况下出现的破坏模式,模型采用不加筋形式,坡角均不小于 45°,边坡几何尺寸以及煤矸石填料的物理力学性质见表 6-3。所建模型采用的平台宽度 a 分别等于 0m、2m、4m、6m、8m、10m、10.5m、12m、14m、16m,FLAC³ᴰ 模拟该二级边坡的可能出现的潜在滑动面以及最小安全系数,采用瑞典条分法对二级边坡计算所有的滑裂面情况,最终求得最危险滑动面所处的位置以及对应的安全系数。

表 6-3　二级加筋边坡的几何尺寸

坡高/m		坡角/(°)		煤矸石填料			
H_1	H_2	α_1	α_2	重度/(kN/m³)	黏聚力 c/kPa	内摩擦角 α/(°)	弹性模量 E/MPa
6	8	60	45	21.34	28.67	43.68	80

其中采用 FLAC³ᴰ 计算最小安全系数采用的是强度折减法进行计算,强度折减法的基本原理是将坡体填料的强度参数进行折减,即把黏聚力 c 和内摩擦角 α 同时除以一个折减系数 F_s,得到一组新的强度参数,把新的强度参数输入再进行计算,反复分析边坡,直至达到临界破坏状态,那么此时的折减系数 F_s 即安全系数。强度折减的表达式如下:

$$c_t = \frac{c}{F_s} \tag{6-31}$$

$$\alpha_t = \arctan\left(\frac{\tan\alpha}{F_s}\right) \tag{6-32}$$

　　与瑞典条分法计算安全系数相比,强度折减法具有很多的优点,不需要提前假设滑移面的形状,能够动态显示坡体的屈服、破坏等过程,考虑坡体的实际应力状态,能够得到坡体的潜在滑裂面(潜在的位移曲线)以及剪应力增量趋势线,在其位移云图中能非常直接地看到坡体可能出现的滑移情况,并求出其对应的安全系数。

　　图 6-10 为不同平台宽度情况下 FLAC^{3D}软件得到的剪应变云图,所有剪应变较大的地方均为潜在的破裂面,在该云图中能够清晰地反映出模型中可能出现的破裂面出现的位置和形状,为二级边坡在不同平台宽度范围情况下的破坏形式提供依据。

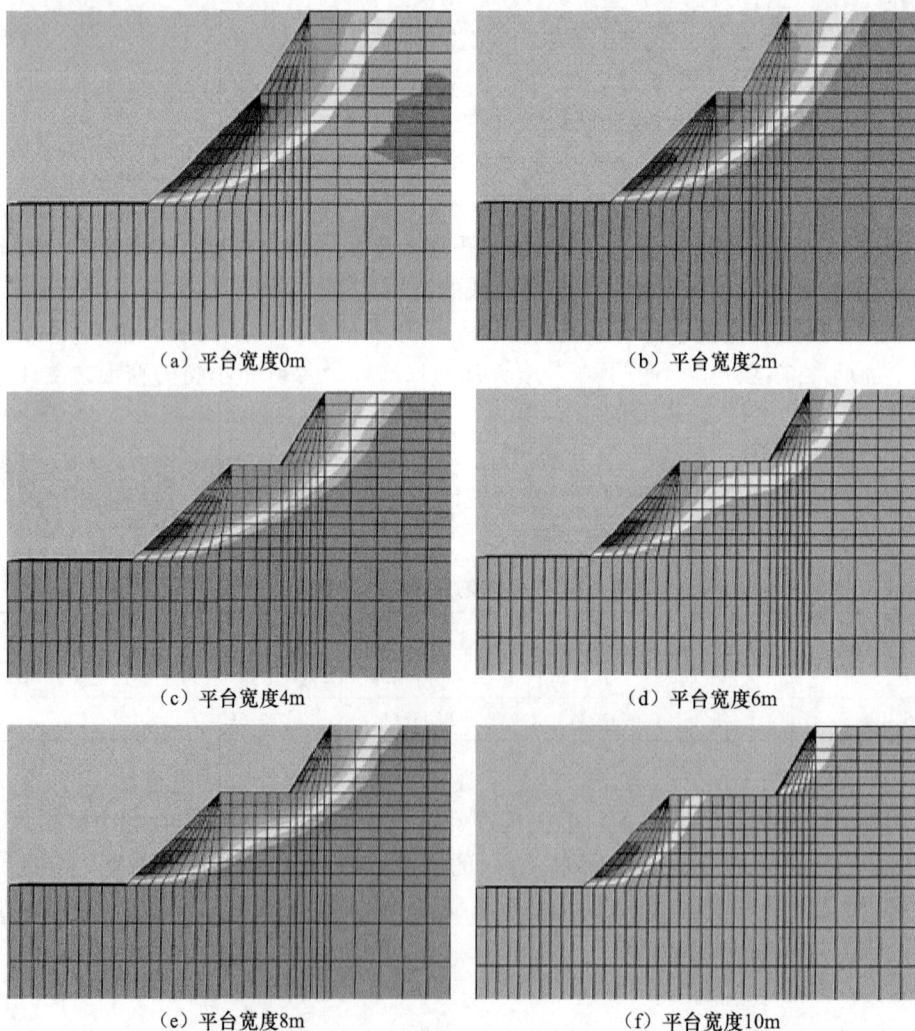

(a) 平台宽度0m

(b) 平台宽度2m

(c) 平台宽度4m

(d) 平台宽度6m

(e) 平台宽度8m

(f) 平台宽度10m

（g）平台宽度10.5m　　　　　　　　（h）平台宽度12m

（i）平台宽度14m　　　　　　　　　（j）平台宽度16m

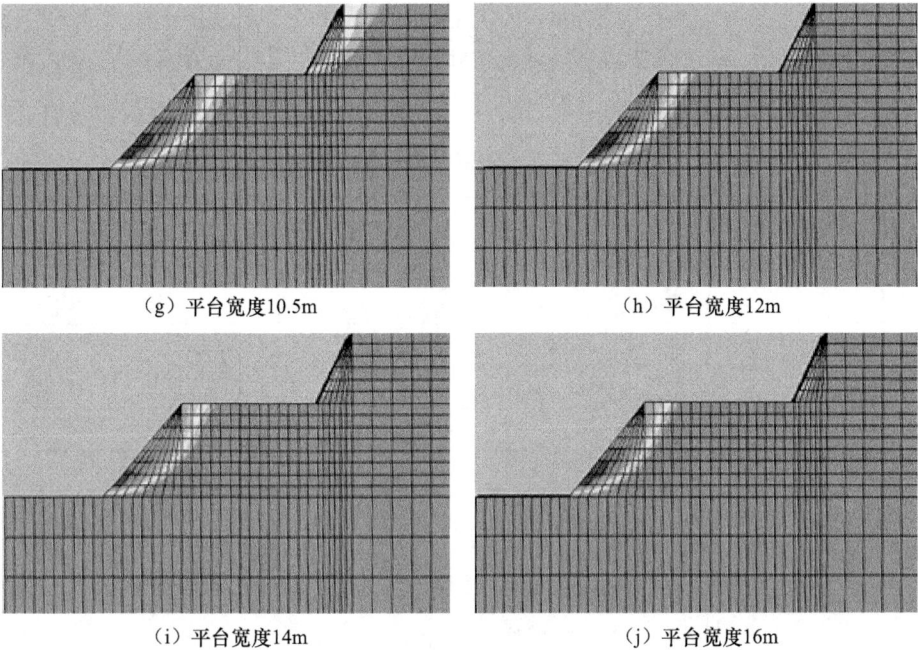

图 6-10　二级边坡在不同平台宽度下产生的剪应变云图

从图 6-10 的剪应变云图可以发现,随着平台宽度加大,破坏模式由单滑面破坏模式向双滑面破坏模式过渡,当平台宽度 $a \leqslant \dfrac{H_1+H_2}{2}$ 时,即平台宽度≤7m时,二级边坡的潜在破裂面呈现明显的单滑面形式,此时二级边坡的设计和验算过程能够简化为单级边坡进行设计验算;当平台宽度 $\dfrac{H_1+H_2}{2}<a \leqslant \dfrac{3(H_1+H_2)}{4}$ 时,即平台宽度 7m$<a \leqslant$10.5m 时,二级边坡的潜在破裂面由单滑动面向双滑动面过渡,上级边坡对下级边坡的稳定性有一定的影响,此时进行二级边坡设计时,上级边坡按照单级边坡进行设计,下级边坡设计时,把上级边坡自重等效为相应的均布荷载作用在下级边坡的坡顶进行设计和验算;当平台宽度 $\dfrac{3(H_1+H_2)}{4}<a \leqslant H_1+H_2$ 时,即平台宽度 10.5m$<a \leqslant$14m 时,潜在破裂面形式为双滑动面,此时进行二级边坡设计验算时,上级边坡按照单级边坡进行设计验算,下级边坡设计和验算时,宜把上级边坡等效为均布线荷载进行分析,并与不考虑上级加筋边坡影响计算的结果进行对比,取安全系数较小的情况进行设计和验算;当平台宽度 $a>H_1+H_2$ 时,即平台宽度 $a>$14m 时,上级边坡位于下级边坡的稳定区以外,上级边坡产生的荷载对下级边坡没有影响,上下级加筋边坡可单独进行设计、验算。

二级边坡在不同平台宽度情况下对应的安全系数分别采用 FLAC³ᴰ 和瑞典条分法进行计算,计算模型参数见表 6-3,模型所得的安全系数见表 6-4,安全系数随平台宽度变化情况见图 6-11。

表 6-4　二级边坡在不同平台宽度情况下的安全系数

平台宽度/m	FLAC³ᴰ	瑞典条分法	平台宽度/m	FLAC³ᴰ	瑞典条分法
0	2.16	1.870	10.0	2.94	2.579
2	2.37	2.064	10.5	2.94	2.579
4	2.59	2.282	12.0	2.95	2.579
6	2.76	2.518	14.0	2.95	2.579
8	2.90	2.568	16.0	2.96	2.579

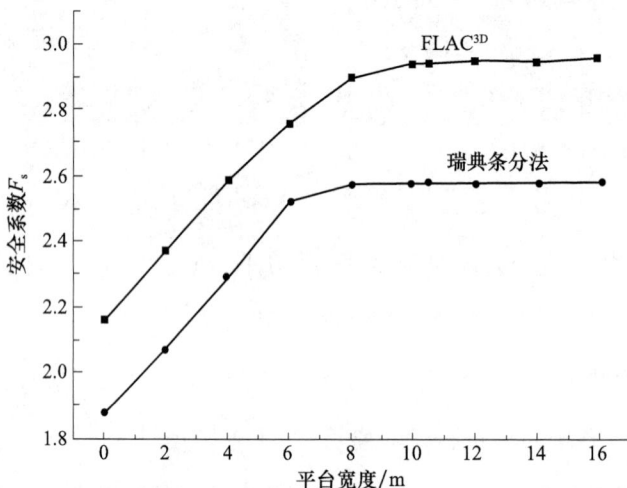

图 6-11　安全系数随平台宽度的变化情况
FLAC³ᴰ安全系数是通过强度折减法计算得到的

从表 6-4 和图 6-11 不难发现,随着平台宽度增加,二级边坡的最小安全系数在增加,当平台宽度 $a > \dfrac{3(H_1 + H_2)}{4}$ 时(即平台宽度大于 10m),二级边坡的最小安全系数不再随着平台宽度的增加而增加。在同样的平台宽度情况下,FLAC³ᴰ计算的安全系数比瑞典条分法稍大,因此在设计上优先采用瑞典条分法进行计算,以期得到比较安全的结构。

3)边坡坡角对二级边坡稳定性的影响

在相同的平台宽度情况下,边坡坡角的改变会影响边坡的稳定性,为简化计算,分别考虑上级边坡和下级边坡坡角为 45°～75°变化对边坡稳定性的影响。图 6-12 为在相同的平台宽度(4m)情况下,边坡坡角变化过程中用 FLAC[3D]得到的剪应变云图,所有剪应变较大的地方均为潜在的破裂面,在该云图中能够清晰地反映出模型中可能出现的破裂面的位置和形状,为二级边坡滑裂面形式随坡角变化提供依据。

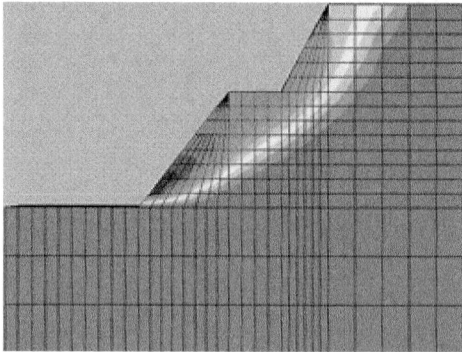
（a）$\alpha_1=50°$, $\alpha_2=60°$

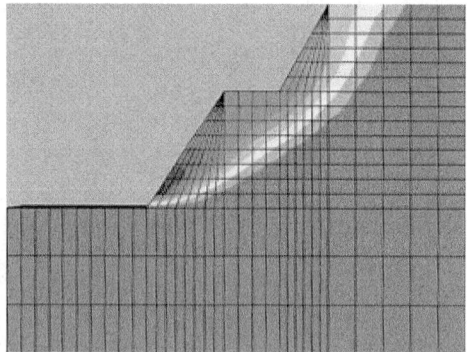
（b）$\alpha_1=55°$, $\alpha_2=60°$

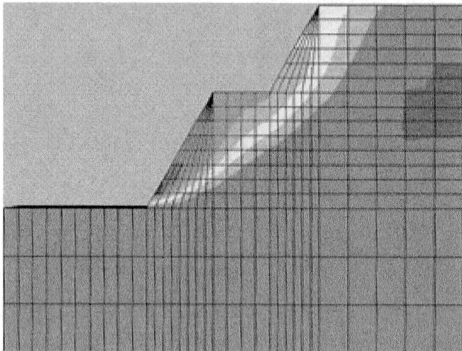
（c）$\alpha_1=60°$, $\alpha_2=60°$

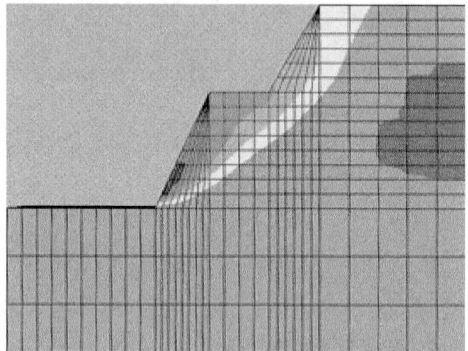
（d）$\alpha_1=65°$, $\alpha_2=60°$

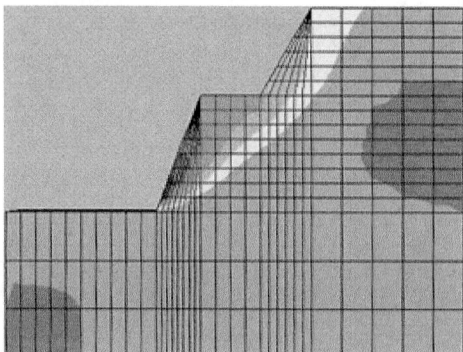
（e）$\alpha_1=70°$, $\alpha_2=60°$

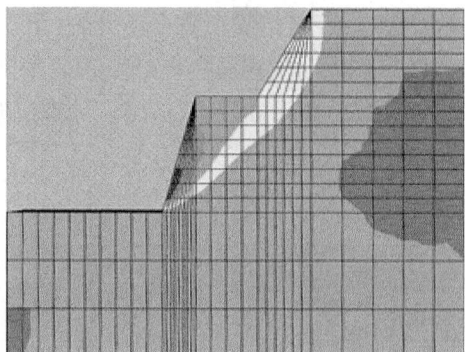
（f）$\alpha_1=75°$, $\alpha_2=60°$

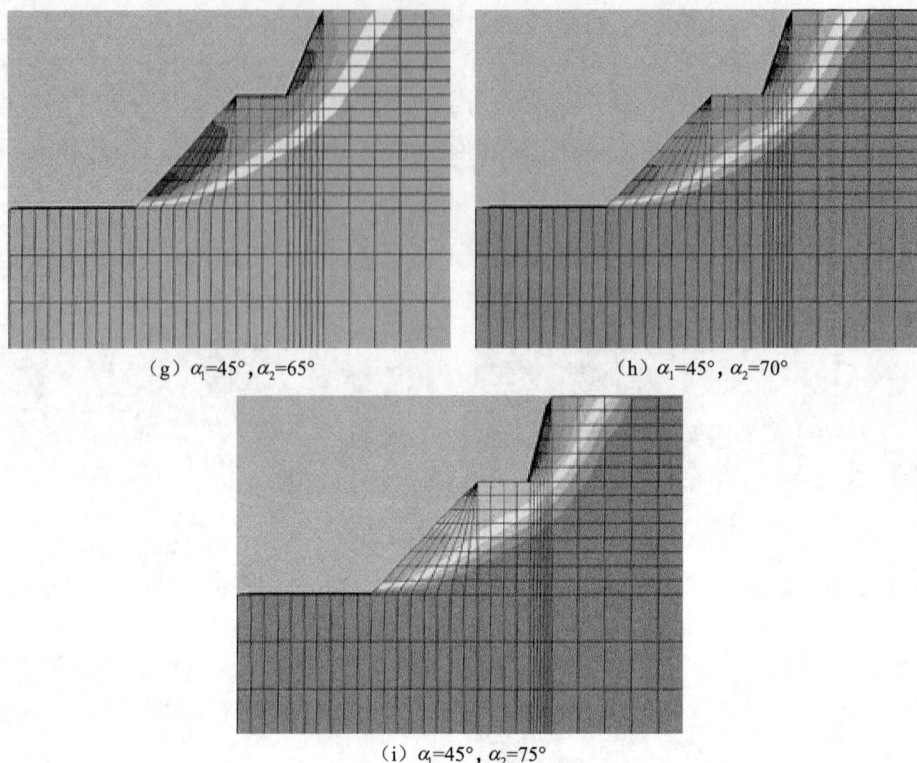

（g）$\alpha_1=45°$，$\alpha_2=65°$　　　　　　（h）$\alpha_1=45°$，$\alpha_2=70°$

（i）$\alpha_1=45°$，$\alpha_2=75°$

图 6-12　二级边坡在不同坡角情况下产生的剪应变云图

α_1 为下级边坡坡角；α_2 为上级边坡坡角

　　从图 6-12 的剪应变云图可以发现，在相同的平台宽度情况下，随着坡角发生变化，潜在的滑裂面形式也在不断地发生破坏现象，随着坡角逐渐增加，潜在滑裂面的宽度逐渐变窄，有从单滑裂面破坏向双滑裂面破坏过渡的趋势。下级边坡坡角变化对滑裂面形式的影响比上级边坡坡角变化大。无论上级边坡还是下级边坡，坡角越平缓，滑裂面宽度越大，这在一定程度上有利于边坡的稳定。

　　二级边坡在相同平台宽度、不同坡角情况下对应的安全系数分别采用FLAC[3D]和瑞典条分法进行计算，计算模型参数见表 6-3，模型所得到的安全系数见表 6-5，安全系数随坡角变化情况见图 6-13。

表 6-5　二级边坡在相同平台宽度、不同坡角情况下的安全系数

下级坡角 $\alpha_1/(°)$	上级坡角 $\alpha_2/(°)$	FLAC[3D]	瑞典条分法
45	65	2.54	2.242
45	70	2.48	2.204
45	75	2.44	2.170

续表

下级坡角 $\alpha_1/(°)$	上级坡角 $\alpha_2/(°)$	FLAC³ᴰ	瑞典条分法
50	60	2.46	2.167
55	60	2.41	2.059
60	60	2.22	1.965
65	60	2.12	1.870
70	60	2.00	1.782
75	60	1.91	1.696

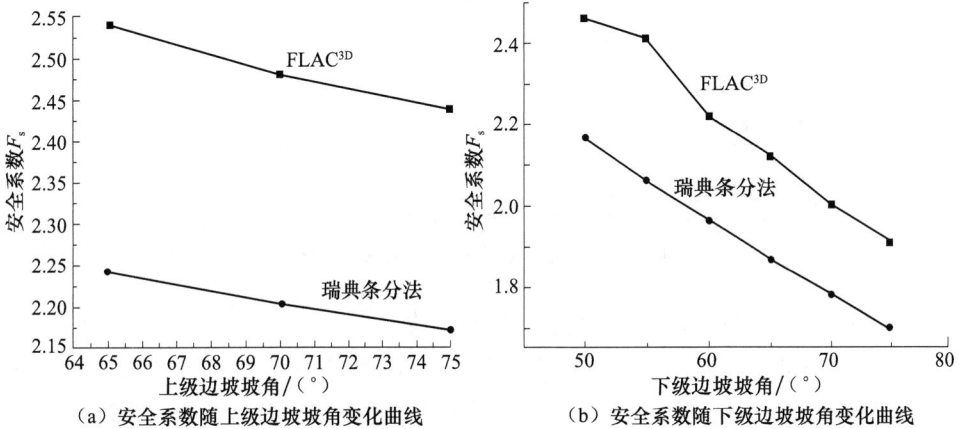

（a）安全系数随上级边坡坡角变化曲线　　　（b）安全系数随下级边坡坡角变化曲线

图 6-13　二级边坡安全系数随坡角的变化情况

FLAC³ᴰ安全系数是通过强度折减法计算得到的

从表 6-5 和图 6-13 不难发现,平台宽度不变的情况下,安全系数随着坡角增加而减小,下级边坡坡角变化对安全系数的影响更大。在同样的边坡坡角情况下,FLAC³ᴰ计算的安全系数比瑞典条分法稍大,但变化趋势一致。因此,在条件许可的情况下,采用较缓的坡角有利于边坡的稳定性。

6.5.3　三级边坡的设计及稳定性分析

对于三级边坡的设计方法,可以参考二级边坡的设计方法。首先从第一级边坡开始设计验算,当第一级边坡满足设计要求时,可将第一级边坡作为外荷载作用在第二级边坡上,但此时应该考虑第一级边坡和第二级边坡之间的平台宽度,以便确定上级边坡荷载所在位置,不同的荷载位置对下级边坡的应力分布等存在不同。对第三级边坡进行设计验算时,可以把上面两级边坡等效为外荷载,此时应考虑第一级平台宽度和第二级平台宽度对荷载作用位置的影响。为了简化计算,下面先对三级边坡在不同情况下的设计方法进行分析,二级加筋边坡的横截面示意图见

图 6-14，其中 H_1、H_2、H_3 分别为第一级、第二级、第三级加筋边坡的高度，a_1、a_2 分别为第一级、第二级平台宽度，α_1、α_2、α_3 分别为第一级、第二级、第三级加筋边坡的坡角。

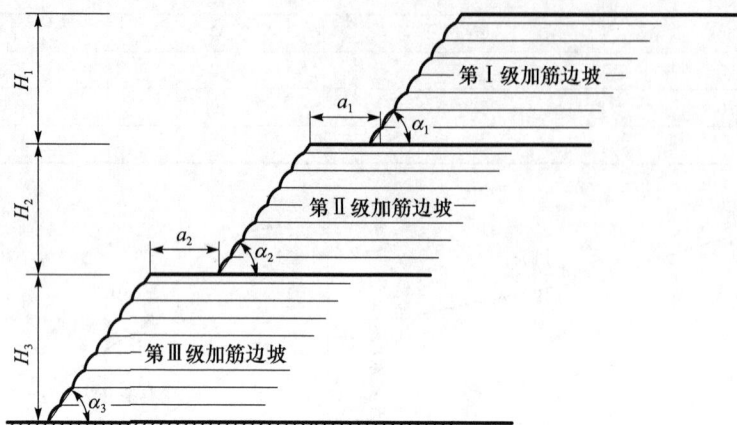

图 6-14 三级加筋边坡横截面示意图

1）平台宽度对三级加筋边坡稳定性的影响

对于三级加筋边坡，第一级加筋边坡坡脚与第二级加筋边坡坡顶之间有一宽度 a_1 的平台，第二级加筋边坡坡脚与第三级加筋边坡坡顶之间有一宽度为 a_2 的平台，平台宽度对多级边坡的破坏模式有影响，当平台宽度较小时，破坏模式表现为单滑面破坏，即可以把三级边坡问题按单级边坡问题处理；当台阶宽度较大时，边坡破坏模式表现为三滑移面破坏，三级边坡的变形表现为各自独立的变形特征，即可以把三级边坡作为三个单级边坡分别处理。如果把不同的平台宽度通过计算对其与坡高对应的关系进行量化，将大大方便设计人员对多级边坡的稳定性进行设计和验算。

三级边坡的破坏模式与平台宽度、坡体宽度以及几何形状等综合因素有关，为了简化分析平台宽度对破坏模式的影响因素，假设加筋土坡的坡角均为 $45° \sim 70°$，第一级加筋边坡、第二级加筋边坡和第三级加筋边坡的坡高分别为 H_1、H_2 和 H_3，平台宽度分别为 a_1、a_2。为得出不同平台宽度对潜在滑裂面的影响因素，本节利用 FLAC^{3D} 和瑞典条分法软件模拟坡角为 $45° \sim 70°$ 的煤矸石土坡在不同平台宽度下的潜在滑动面形式，以期得出不同平台宽度对应的破坏模式。

为了更直观地模拟三级边坡在不同平台宽度情况下出现的破坏模式，模型采用不加筋形式，坡角均不小于 $45°$，边坡几何尺寸及煤矸石填料的物理力学性质见表 6-6。所建模型采用的平台宽度 $a_1 = a_2$ 分别等于 0m、2m、4m、6m、8m、9m、10m、12m、14m、16m，FLAC^{3D} 模拟该三级边坡的可能出现的潜在滑动面以及最小安全系数,采用瑞典条分法对三级边坡计算所有的滑裂面情况,最终求得最危险滑动面所处的位置以及对应的安全系数。FLAC^{3D}模拟所得的三级边坡不同平台宽度潜在滑裂面形式见图 6-15。

表 6-6　三级加筋边坡的几何尺寸及煤矸石填料的物理力学性质

坡高/m			坡角/(°)			煤矸石填料			
H_1	H_2	H_3	α_1	α_2	α_3	重度/(kN/m³)	黏聚力 c/kPa	内摩擦角 α/(°)	弹性模量 E/MPa
8	6	6	60	60	45	21.34	28.67	43.68	80

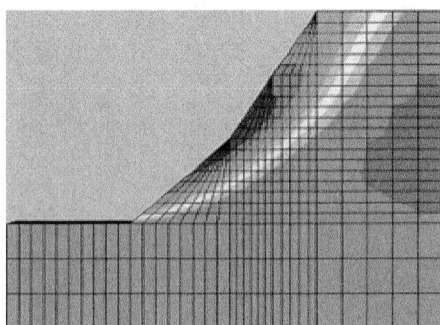

（a）平台宽度0m

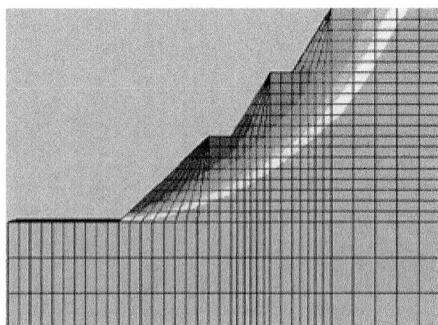

（b）平台宽度2m

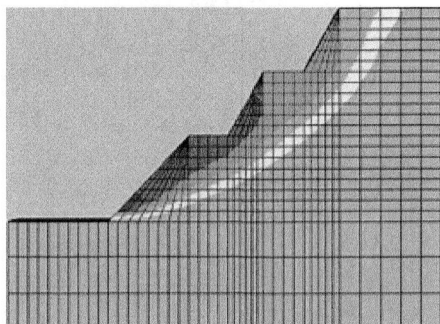

（c）平台宽度4m

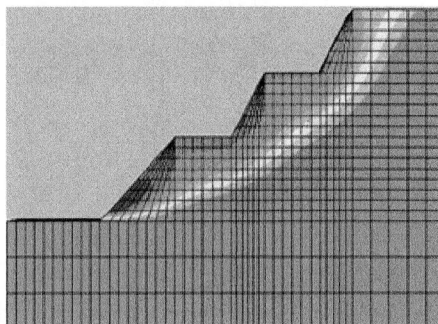

（d）平台宽度6m

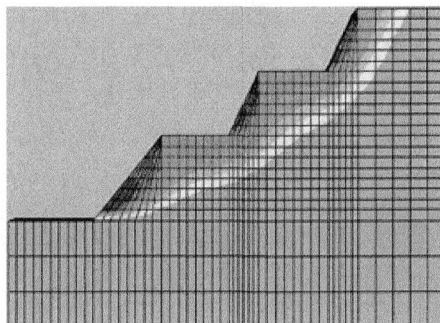

（e）平台宽度8m

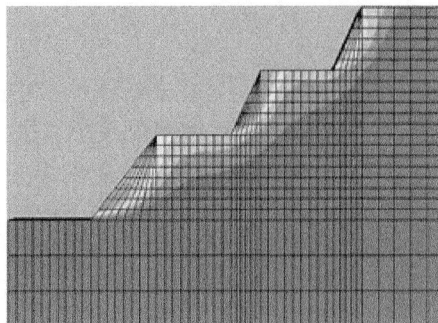

（f）平台宽度9m

（g）平台宽度10m　　　　　　　　　　（h）平台宽度12m

（i）平台宽度14m　　　　　　　　　　（j）平台宽度16m

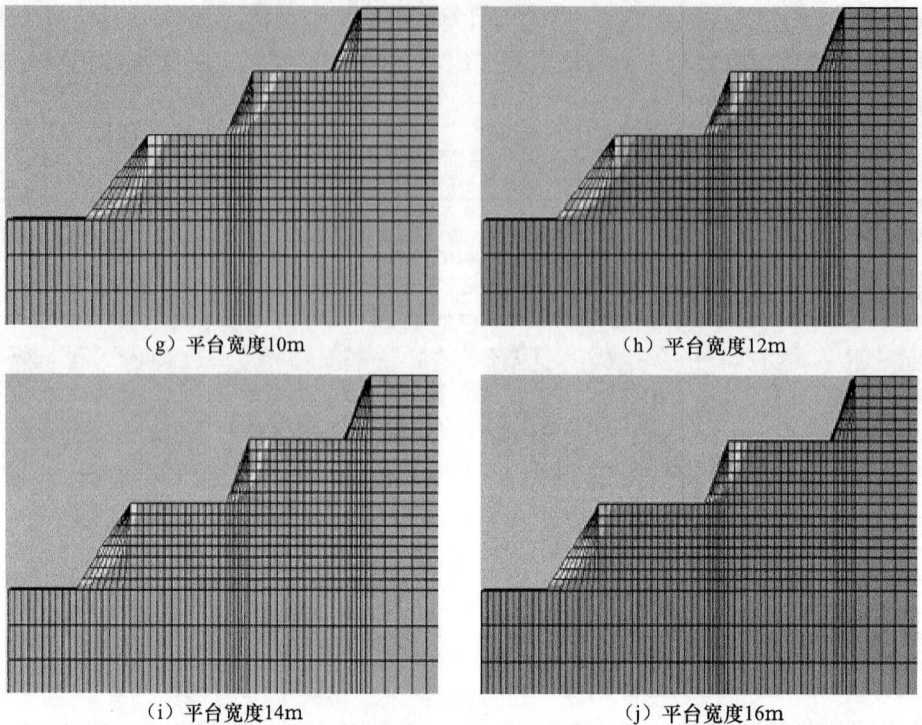

图 6-15　三级边坡在不同平台宽度下产生的剪应变云图

从图 6-15 的剪应变云图可以发现,随着平台宽度加大,破坏模式由单滑面破坏模式向三滑面破坏模式过渡,当平台宽度 $a_1 \leqslant \dfrac{H_1+H_2}{2}$ 且 $a_2 + 0.7a_1 \leqslant$ $\dfrac{H_1+H_2+H_3}{2}$ 时,即平台宽度≤6m 时,三级边坡的潜在破裂面呈现明显的单滑面形式,此时三级边坡的设计和验算过程能够简化为单级边坡进行设计验算;当平台宽度$\dfrac{H_1+H_2}{2}<a_1\leqslant\dfrac{3(H_1+H_2)}{4}$ 且 $\dfrac{H_1+H_2+H_3}{2}<a_2+0.7a_1\leqslant\dfrac{3(H_1+H_2+H_3)}{4}$ 时,即平台宽度 $6m<a_1=a_2\leqslant9m$ 时,三级边坡的潜在破裂面由单滑动面向双滑动面或三滑动面过渡,上级边坡对下级边坡的稳定性有一定的影响,此时进行三级边坡设计时,第一级边坡按照单级边坡进行设计,对下一级边坡设计时,把以上几级边坡自重等效为相应的均布荷载作用在下级边坡的坡顶进行设计和验算;当平台宽度$\dfrac{3(H_1+H_2)}{4}<a_1\leqslant(H_1+H_2)$ 且 $\dfrac{3(H_1+H_2+H_3)}{4}<a_2+0.7a_1\leqslant(H_1+H_2+$ $H_3)$时,即平台宽度 $9m<a_1=a_2\leqslant12m$ 时,潜在破裂面形式为三滑动面,此时进行三级边坡设计验算时,第一级边坡按照单级边坡进行设计验算,对下级边坡进行设

计和验算时,宜把上几级边坡等效为均布线荷载进行分析,并与不考虑上级加筋边坡影响计算的结果进行对比,取安全系数较小的情况进行设计和验算;当平台宽度 $a_1 > (H_1 + H_2)$ 且 $a_2 + 0.7a_1 > (H_1 + H_2 + H_3)$ 时,即平台宽度 $a_1 = a_2 > 14m$ 时,上级边坡位于下级边坡的稳定区以外,上级边坡产生的荷载对下级边坡没有影响,上下级加筋边坡可单独进行设计、验算。

三级边坡在不同平台宽度情况下对应的安全系数分别采用 FLAC^{3D} 和瑞典条分法进行计算,计算模型参数见表 6-5,模型所得的安全系数见表 6-7,安全系数随平台宽度变化情况见图 6-16。

表 6-7　三级边坡在不同平台宽度情况下的安全系数

平台宽度/m	FLAC^{3D}	瑞典条分法	平台宽度/m	FLAC^{3D}	瑞典条分法
0	1.74	1.625	9	2.89	2.517
2	2.01	1.875	10	2.92	2.519
4	2.29	2.154	12	2.93	2.571
6	2.55	2.454	14	2.93	2.572
8	2.79	2.506	16	2.94	2.572

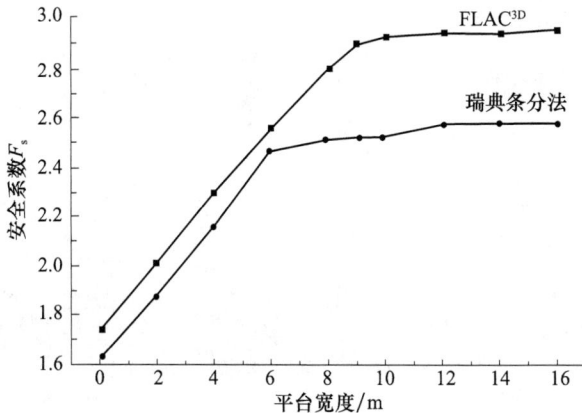

图 6-16　三级边坡安全系数随平台宽度的变化情况

FLAC^{3D}安全系数是通过强度折减法计算得到的

从表 6-7 和图 6-16 不难发现,随着平台宽度增加,三级边坡的最小安全系数在增加,当平台宽度 $a_1 > (H_1 + H_2)$ 且 $a_2 + 0.7a_1 > (H_1 + H_2 + H_3)$ 时(即平台宽度大于 12m),三级边坡的最小安全系数不再随着平台宽度的增加而增加。在同样的平台宽度情况下,FLAC^{3D}计算的安全系数比瑞典条分法稍大,因此在设计上优先采用瑞典条分法进行计算,以期得到比较安全的结构。

2）边坡坡角对三级边坡稳定性的影响

在相同的平台宽度情况下，边坡坡角的改变会影响边坡的稳定性，为简化计算，分别考虑边坡坡角在 $45°\sim75°$ 变化对边坡稳定性的影响。图 6-17 为在相同的平台宽度（4m）情况下，边坡坡角变化过程中用 FLAC^{3D} 得到的剪应变云图，所有剪应变较大的地方均为潜在的破裂面，在该云图中能够清晰地反映出模型中可能出现的破裂面的位置和形状，为三级边坡滑裂面形式随坡角变化提供依据。为了减少模型数量，建模过程使第一级边坡和第二级边坡坡角相等且同时变化，即 $\alpha_1 = \alpha_2$。

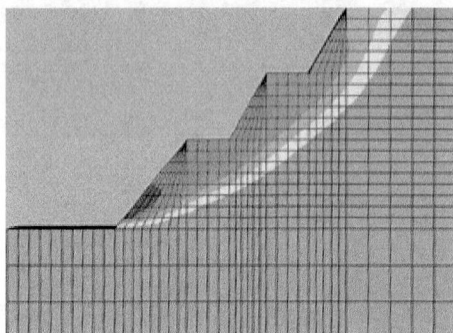

（a）$\alpha_1 = \alpha_2 = 50°$，$\alpha_3 = 60°$

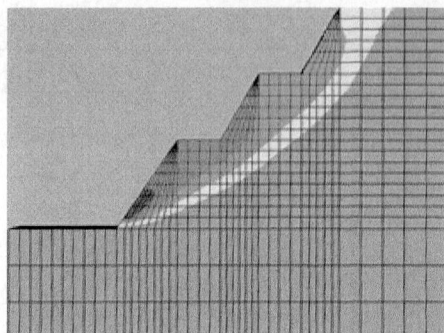

（b）$\alpha_1 = \alpha_2 = 55°$，$\alpha_3 = 60°$

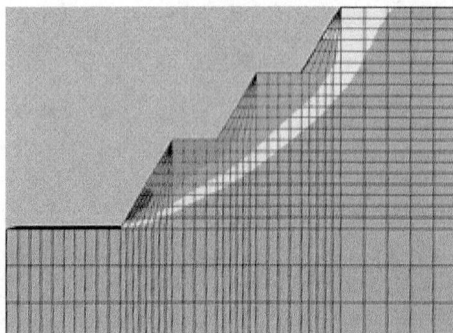

（c）$\alpha_1 = \alpha_2 = 60°$，$\alpha_3 = 60°$

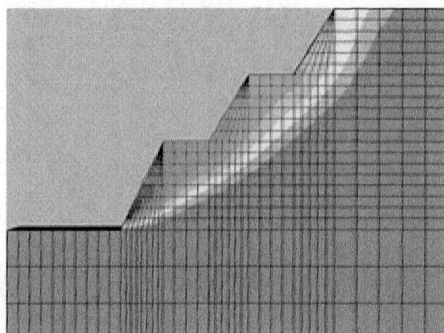

（d）$\alpha_1 = \alpha_2 = 65°$，$\alpha_3 = 60°$

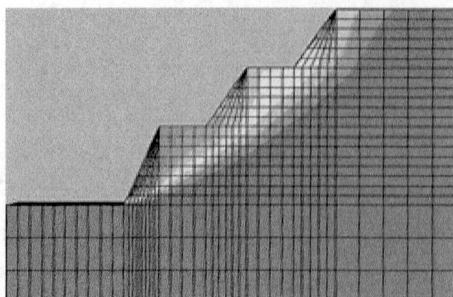

（e）$\alpha_1 = \alpha_2 = 70°$，$\alpha_3 = 60°$

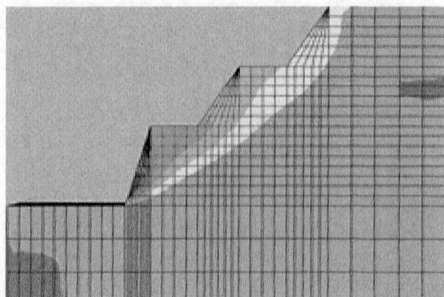

（f）$\alpha_1 = \alpha_2 = 75°$，$\alpha_3 = 60°$

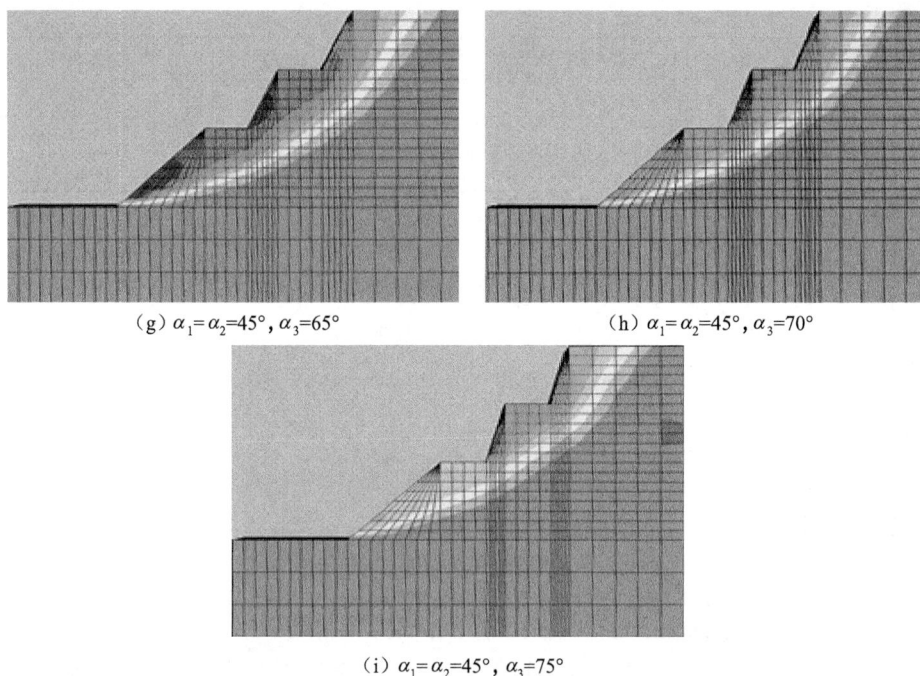

（g）$\alpha_1=\alpha_2=45°$, $\alpha_3=65°$　　　　　　　　（h）$\alpha_1=\alpha_2=45°$, $\alpha_3=70°$

（i）$\alpha_1=\alpha_2=45°$, $\alpha_3=75°$

图 6-17　三级边坡在不同坡角情况下产生的剪应变云图

α_1 为第一级边坡坡角；α_2 为第二级边坡坡角；α_3 为第三级边坡坡角

从图 6-17 的剪应变云图可以发现，在相同的平台宽度情况下，随着坡角发生变化，潜在滑裂面形式也在不断地发生破坏，随着坡角逐渐增加，潜在滑裂面的宽度逐渐变窄，有从单滑裂面向多滑裂面过渡的趋势。下级边坡坡角变化对滑裂面形式的影响比上级边坡坡角大。无论上级边坡还是下级边坡，坡角越平缓，滑裂面宽度越大，这在一定程度上有利于边坡的稳定。

三级边坡在相同平台宽度、不同坡角情况下对应的安全系数分别采用 FLAC³ᴰ和瑞典条分法进行计算，计算模型参数见表 6-5，模型所得到的安全系数见表 6-8，安全系数随坡角变化情况见图 6-18。

表 6-8　三级边坡在相同平台宽度、不同坡角情况下的安全系数

第一、二级坡 $\alpha_1=\alpha_2$/(°)	第三级坡角 α_3/(°)	FLAC³ᴰ	瑞典条分法
60	50	2.21	2.070
60	55	2.13	1.999
60	60	2.06	1.929
60	65	2.00	1.871
60	70	1.93	1.807
60	75	1.86	1.714

续表

第一、二级坡 $\alpha_1=\alpha_2/(°)$	第三级坡角 $\alpha_3/(°)$	FLAC³ᴰ	瑞典条分法
65	45	2.20	2.090
70	45	2.14	2.034
75	45	2.07	1.958

注:α_1 为第一级边坡坡角;α_2 为第二级边坡坡角;α_3 为第三级边坡坡角。

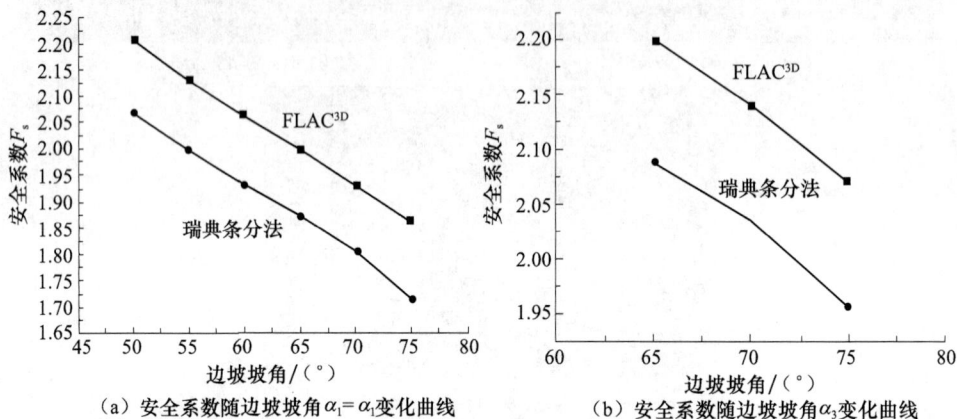

（a）安全系数随边坡坡角 $\alpha_1=\alpha_1$ 变化曲线　　（b）安全系数随边坡坡角 α_3 变化曲线

图 6-18　三级边坡安全系数随坡角的变化曲线

α_1 为第一级边坡坡角;α_2 为第二级边坡坡角;α_3 为第三级边坡坡角;

FLAC³ᴰ安全系数是通过强度折减法计算得到的

　　从表 6-8 和图 6-18 不难发现,在平台宽度不变的情况下,安全系数随着坡角增加而减小,相对于第一级、第二级边坡,第三级边坡坡角变化对安全系数的影响更大。在同样的边坡坡角情况下,FLAC³ᴰ计算的安全系数比瑞典条分法稍大,但变化趋势一致。因此在条件许可的情况下,采用较缓的坡角有利于边坡的稳定性。

　　对多级边坡进行设计验算时,第一级边坡的设计方法可采用单级边坡模式;关于下级边坡的设计和验算,可将上级加筋边坡作为超载进行稳定性验算,但此时需要考虑平台宽度对潜在滑裂面的影响,对不同的平台宽度情况下采用不同的设计方法进行分析;进行多级边坡平台宽度影响因素分析时,需要考虑上下平台宽度对潜在滑裂面的影响。

第7章 煤矸石路堤沉降与应力数值分析

7.1 引 言

高速公路路基的沉降(尤其是软土、特殊土地区的路基沉降问题)、应力、边坡稳定性以及路基动力稳定性等问题,历来是工程界的一大热点问题,同时也是一个较复杂的问题。沉降问题涉及的影响因素众多,并有较大的不确定性,目前常用的研究方法有理论公式计算法和数值模拟分析法[58,59]。理论公式计算法基本上都是基于太沙基一维固结分析理论的,早在1925年太沙基就系统地研究了土体一维固结理论,建立了饱和土体单向固结的初步微分方程,并计算了一定的边界条件和初始条件下的解析解,这为后来国内外众多学者如钱家欢院士[60]、谢康和教授[61]、赵维炳教授[62,63]、Bardon教授[64]、Mesri教授[65]等在土体的一维固结理论方面的研究奠定了理论基石。太沙基一维固结理论目前已经有了较为完善的计算模型,并得到了较为广泛的应用,但是它同样存在一定的局限性,因为在某些场合其并不能完全解决工程实际问题。随着计算机技术的进步和发展,数值模拟计算等手段也日渐趋于成熟。数值模拟计算最常用的手段是有限差分法和有限单元法,近些年来众多学者[65-69]采用上述方法对地基沉降、固结、渗流等问题进行了研究并且得到了较为理想的成果。普通情况下,土体的基本物理力学参数是一个固定的值,但是往往在某些动力荷载下,如行车荷载以及地震、爆破荷载下,路基岩土体必然会发生剧烈变化,如土的强度参数、阻尼参数的变化等,而到目前路基的动力稳定性研究工作,主要是在高速铁路系统开展,而公路系统开展得较少。因此,随着我国高速公路的不断持续性发展,这部分研究必然会得到大范围的关注[70]。

自从工程界的学者于1965年首次将有限元计算方法引入土石坝的稳定性分析工作领域以来,数值计算技术在岩土工程领域展现了蓬勃的发展势头,并成功为世界各国的工程界解决了各种难题。特别是80年代末的计算机普及和性能的极大提升,使得数值模拟逐渐成为岩土工程研究领域和理论分析、土工试验等传统方法并驾齐驱的主流方法。本章基于FLAC3D有限差分软件,设计四种不同的路基填筑高度、三种不同的包边土厚度以及三种不同的压实度变化值,分别计算煤矸石路基的应力、沉降并分析塑性区开展情况,得出相应的变化规律。

7.2　模型建立与参数选取

对于任何数值模拟计算,模型的建立和参数的选取都是至关重要的步骤。模型建立的好与坏、参数选择的正确与否,都将直接关系到计算结果的准确性。

7.2.1　FLAC³ᴰ模型建立

依据煤矸石现场施工段 K127+720 剖面的实际状况,并进行相应的简化,建立如图 7-1 所示的计算模型。

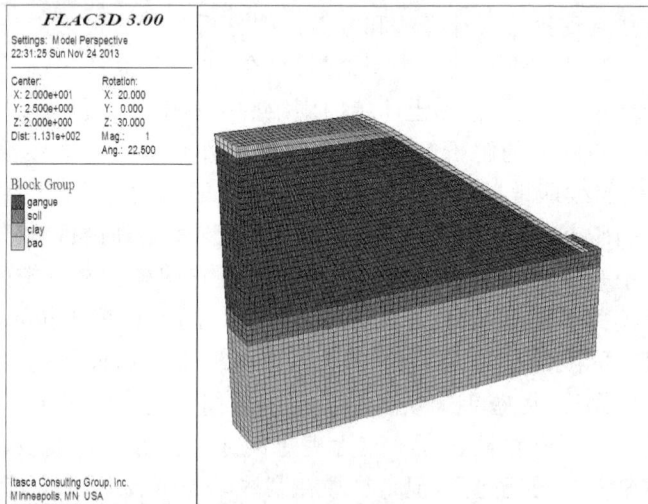

图 7-1　有限差分计算模型示意图

依据现场的地质勘探报告,地基部分取 2m 深的碎石土+10m 深的坚硬黏土,影响宽度取值为 40m(半幅)。路堤填筑时的边坡为 1∶1.5 的坡度,路堤表面宽度为 15m(半幅)。为防止煤矸石的防雨冲刷引起二次污染环境等问题,在路堤填筑的表面铺设黏土进行包边处理。由于路基的纵向长度可以认为是无限延伸的,且不发生截面形状的改变,所以该路基可以当做一个平面问题来考虑,不发生纵向变形。在建模时对模型进行 Y 方向的约束,同时对模型底面施加固定边界条件、模型两侧进行 X 方向约束。由于计算模型预期得到包边土厚度、路基填筑高度以及填筑压实度等指标对煤矸石路基的应力、塑性区开展、沉降以及边坡稳定性等的影响规律,因此建立不同的差分计算模型,不同的模型单元数量以及节点数量见表 7-1。

表 7-1　不同填筑高度与包边土厚度的模型单元数与节点数

单元数/节点数		填筑高度			
		3m	5m	10m	15m
包边土厚度	0m	10770/13590	11850/14910	15600/19470	23250/28830
	0.5m	11000/13872	12130/15252	16005/19962	23780/29472
	1.0m	11240/14175	12420/15606	16420/20466	24320/30126

7.2.2　FLAC^{3D}计算假定

任何的数值模拟分析,都很难绝对逼真地模拟现实情况,尤其是岩土工程问题。岩土工程所涉及的工程材料,往往都难以精确研究其本构模型、物理力学参数,并且材料性质也有变化,因此在进行相关分析计算时,必须进行一些相应的假定才能使研究能够得以开展。在本次计算中,做出如下几点假定:

(1) 路堤填筑部分的煤矸石,地基部分的碎石土、黏土等岩土材料均可以视为理想的弹塑性模型,且其适用于莫尔-库仑本构模型。

(2) 煤矸石与黏性包边土的接触面为连续接触面,不考虑其接触界面特性。

(3) 暂时不考虑地震荷载、施工荷载的作用,以及地下水位变化等状况的影响。

(4) 路堤填土以及路基均视为非饱和土体,不考虑土体的固结、蠕变特性。

(5) 假定地基土层已经在自身重力荷载作用下完成固结压缩变形,路堤荷载为分级施加。

7.2.3　本构模型与参数选择

土体的本构模型是指其应力与应变之间的关系,在数值计算中需要重点考虑。目前岩土工程界尚无本构模型能够绝对精确地反映某种岩土材料的应力应变关系,因而在实际分析和计算中考虑因素不是很全面且相对比较简单的本构关系,这样参数的确定以及计算会得到简化,具有较强的实用性和可操作性。

目前在岩土工程分析和计算中,使用的较为广泛的几种本构模型为莫尔-库仑模型、Modified Cam-Clay 模型、Duncan-Chang 模型和 Drucker-Prager 模型等。本章在进行计算时,将煤矸石、土等材料定义为莫尔-库仑模型。

莫尔-库仑模型材料的破坏包络线对应于莫尔-库仑判据的剪切屈服函数,并以剪应力作为破坏标准,其数学表达式为

$$\tau = c + \sigma \tan\varphi \tag{7-1}$$

式中,c 为黏聚力;φ 为内摩擦角;σ 和 τ 分别为受剪面上的正应力和剪应力。在 FLAC^{3D} 中该模型屈服函数主要由三个主应力 $\sigma_1 \leqslant \sigma_2 \leqslant \sigma_3$ 以及平面外的应力 σ_{zz} 四

个量来体现。FLAC[3D]中对于力方向的正负性和材料力学中的规定保持一致:以拉伸应力为正,压应力为负。三个主应力的主应变增量分别为 Δe_1、Δe_2 和 Δe_3,三者都可以按式(7-2)进行分解:

$$\Delta e_i = \Delta e_i^e + \Delta e_i^p, \quad i=1,2,3 \tag{7-2}$$

式中,Δe_i^e、Δe_i^p 分别表示应变增量的弹性和塑形部分。

1) 弹性应变增量

弹性应变满足胡克定律,因此其应变增量可以写成下面的形式:

$$\Delta\sigma_1 = \alpha_1 \Delta e_1^e + \alpha_2(\Delta e_2^e + \Delta e_3^e)$$
$$\Delta\sigma_2 = \alpha_1 \Delta e_2^e + \alpha_2(\Delta e_1^e + \Delta e_3^e) \tag{7-3}$$
$$\Delta\sigma_3 = \alpha_1 \Delta e_3^e + \alpha_2(\Delta e_1^e + \Delta e_2^e)$$

式中,$\alpha_1 = K+3G/4$,$\alpha_2 = K-2G/3$,K 为体积模量,G 为剪切模量。

2) 塑性应变增量

由主应力大小关系的假定情况可知,莫尔-库仑破坏准则的包络线图可以表示为图 7-2。图中 AB 段的屈服函数表达式可以写成下面的形式:

$$f^s = \sigma_1 - \sigma_3 N_\varphi - 2c\sqrt{N_\varphi} \tag{7-4}$$

式中,c 为黏聚力;φ 为内摩擦角;σ_1、σ_3 为主应力。当 $f^s > 0$ 时将发生剪切破坏。

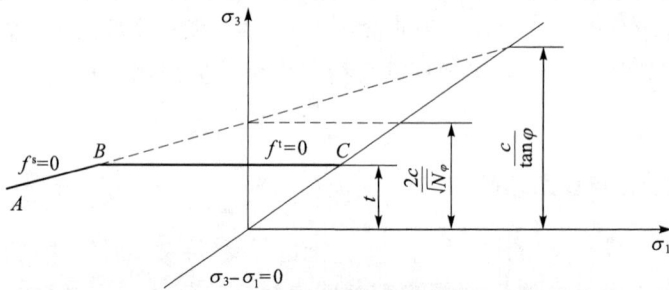

图 7-2 莫尔-库仑破坏准则的包络线示意图

而图 7-2 中的 BC 段则是发生受拉破坏,其屈服函数为

$$f^t = \sigma^t - \sigma_3 \tag{7-5}$$

式中,σ^t 为抗拉强度。显然,由图 7-2 可知材料的抗拉强度不得超过下列值:

$$\sigma_{max}^t = c/\tan\varphi \tag{7-6}$$

不同的本构模型需要的计算参数也不尽相同,对于莫尔-库仑模型,所需的计算参数主要涉及材料的剪切模量(G)、体积模量(K)、黏聚力值(c)、内摩擦角(φ)以及泊松比(μ)等,将计算所需的参数列于表 7-2 中。

表 7-2　土和煤矸石的物理力学参数

项目	土的类别	厚度/m	剪切模量/MPa	体积模量/MPa	黏聚力/kPa	内摩擦角/(°)	密度/(kg/m³)	泊松比
煤矸石	压实度90%	3/5/10/15	27.7	60.1	66.8	30.1	18.5	0.30
	压实度92%	3/5/10/15	33.6	72.7	70.1	34.2	19.6	0.30
	压实度95%	3/5/10/15	39.5	85.3	73.0	37.4	20.1	0.30
地基	碎石土	2	8.4	25.2	25.1	20.3	18.3	0.35
	坚硬黏土	10	7.3	18.0	42.7	30.5	18.3	0.33
	包边黏土	0/0.5/1	6.5	19.6	32.9	27.7	17.1	0.35

对于表 7-2 中参数值的来源,做如下说明:煤矸石的剪切模量、泊松比和体积模量由参考文献得到,其摩擦角、密度和黏聚力数据来自作者所在课题组进行的界面摩擦试验结果;路基部分土体参数取值来自于项目地质勘测资料和项目部工地实验室试验结果。

7.3　煤矸石路基沉降影响因素的敏感性分析

沉降,尤其是某些软土路基、特殊土路基的沉降一直都是工程界的一个热点问题,它是由瞬时沉降、主固结沉降和次固结沉降三部分构成的。沉降是衡量路基工程特性的重要指标之一,往往受许多因素的影响。本章设计不同的路堤填筑高度和压实度、包边土厚度分别计算沉降,并定量地分析变化规律。

7.3.1　填筑高度对煤矸石路基沉降的影响

随着高速公路的快速建设,越来越多的高填方工程陆续出现,在我国永连高速、青兰高速等某些高速公路路段甚至出现了超过 30m 的高填方路基(路堤)工程,高填方路堤工程的出现也带来了边坡稳定、路基动力响应特性、沉降控制及地基承载力等问题。因此有必要对不同填筑高度的路基的沉降以及应力、交通荷载作用下的动力响应等问题开展研究。

由图 7-3 与图 7-4 可以很明显地看出,随着填筑高度的增加,在不同的压实度和包边土厚度情况下,最大的竖向位移均呈现接近线性的增长。由于高度的增加,路堤部分的自重应力也在线性增大,这一方面会增加对路基部分的影响深度,这一点在应力分析中会体现得更加明显,另一方面也会使最大的竖向位移开展的位置发生变化:在路堤的高度较小时,自重应力比较小,自重应力压密效应相对不明显,而且地基部分的土体由于其自身固结时间比较长,受到的影响更小。但是在填筑高度达到 10m 及以上时,由于自重应力的急剧增加,会对路基部分造成明显的压密效应,并且路堤自身的自应力压密效应十分明显,路堤的最大竖向位移会向下移

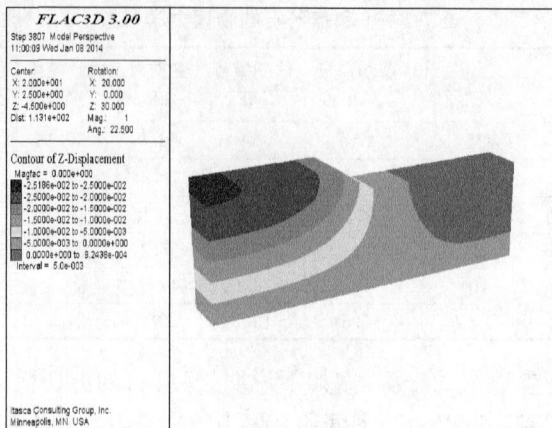

（a）填筑高度为3m

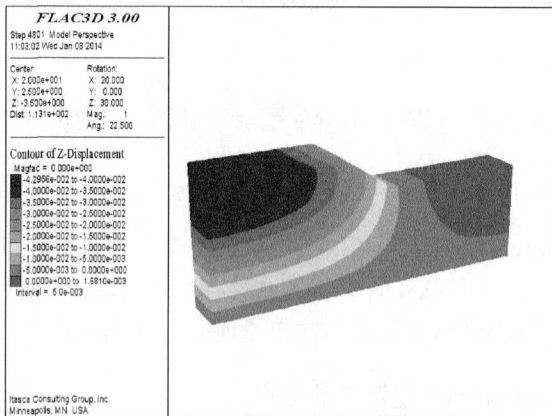

（b）填筑高度为5m

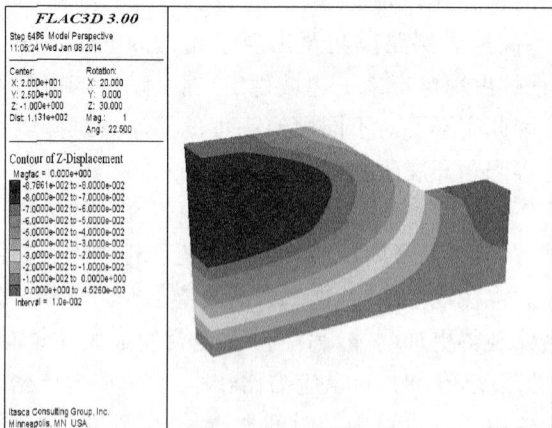

（c）填筑高度为10m

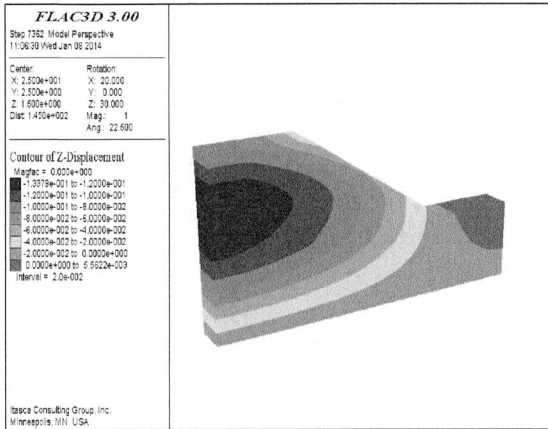

（d）填筑高度为15m

图 7-3　压实度为 90%、无包边土时沉降计算云图

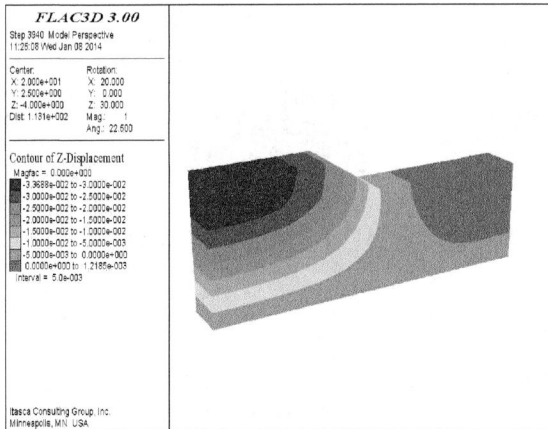

（a）填筑高度为3m

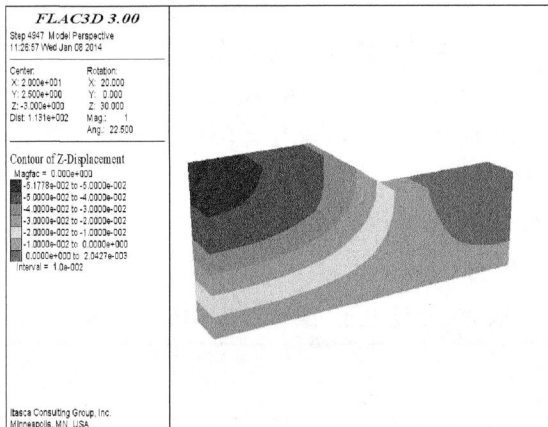

（b）填筑高度为5m

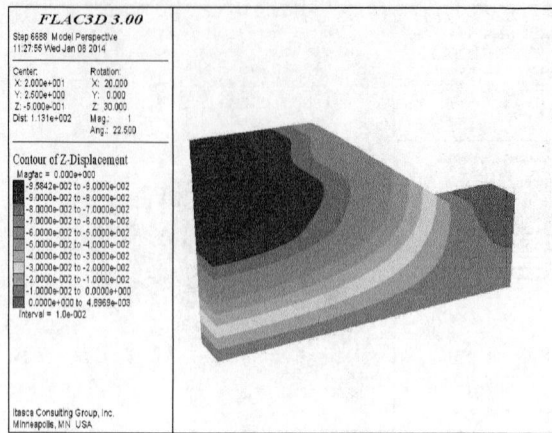
（c）填筑高度为10m

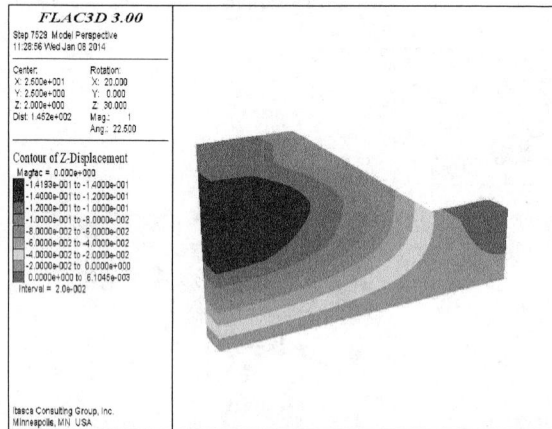
（d）填筑高度为15m

图 7-4　压实度为90％、包边土厚度为1m时路基沉降计算云图

动,往往发生在路基与路堤接触的部位。从计算软件的原理角度来看,由于计算时是先将路基部分形成初始地应力场,然后再激活上部路堤部分进行施工填筑模拟的,所以在这个过程中,底部产生的沉降在逐层计算中进行了积累,这一效应在路堤较高时体现得比较明显。

为了定量分析变化规律,将压实度为90％的路基计算模型计算得到的控制点的沉降列于表7-3～表7-5中。

表 7-3　无包边土时不同路基填筑高度的沉降

填筑高度/m	不同位置的沉降/cm		
	路基中心	坡脚处	最大差异沉降
3	2.73	0.80	1.93

填筑高度/m	不同位置的沉降/cm		
	路基中心	坡脚处	最大差异沉降
5	4.63	0.96	3.67
10	9.32	0.97	8.35
15	14.01	0.99	13.02

表 7-4　包边土厚度为 0.5m 时不同路基填筑高度的沉降

填筑高度/m	不同位置的沉降/cm		
	路基中心	坡脚处	最大差异沉降
3	3.14	0.78	2.36
5	5.05	0.91	4.14
10	9.70	0.92	8.78
15	14.10	0.93	13.17

表 7-5　包边土厚度为 1m 时不同路基填筑高度的沉降

填筑高度/m	不同位置的沉降/cm		
	路基中心	坡脚处	最大差异沉降
3	3.56	0.75	2.81
5	5.47	0.86	4.61
10	10.07	0.85	9.22
15	14.79	0.87	13.92

　　分析图 7-5 可以看出,随着填筑高度的增加,路基中心的沉降呈现出接近线性增长的趋势,包边土的存在会影响路基的沉降,但是并不影响其变化规律,包边土的厚度增加时,增大了路堤部分的自重应力,同时增大了其沉降,从这一点来讲,包边土的存在会对路基产生一定的不良影响,但是包边土的存在会改善煤矸石边坡的冲刷作用、减少对环境的二次污染,因此必须对煤矸石边坡进行包边处理。对于坡脚处的沉降,则明显受填筑高度的影响不大,尤其是在边坡的填筑高度超过 3m 之后,沉降基本不变。这主要是因为坡脚位于路基土的表面,路基由于在长期的固结历史中已经基本完成了固结沉降,因此其沉降在没有上部荷载的情况下往往比较小,甚至可以忽略,这与实际的情况比较接近。差异沉降是另一个重要的沉降指标,它反映的是路堤不同位置的沉降的差值,可以看出随着路堤填筑高度的不断增加,差异沉降也呈现出线性的增长规律,差异沉降如果过大也会影响路基的稳定,因此在填筑高度较高时除了要采用施工措施压实其填料,还要考虑差异沉降的问题。

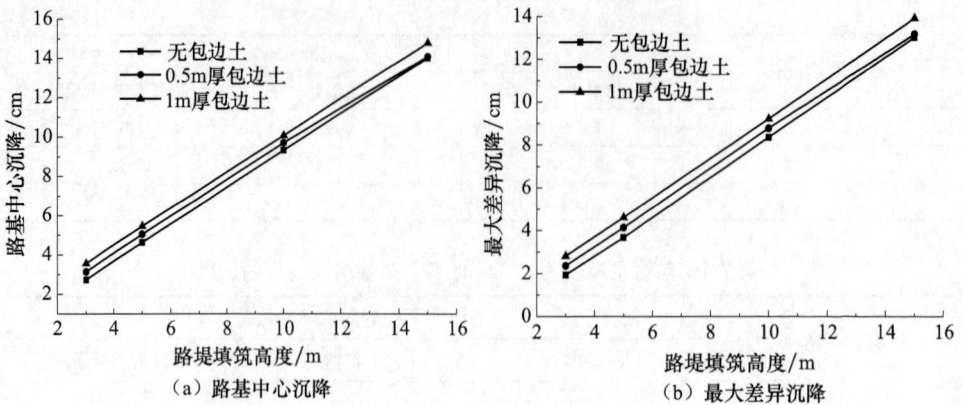

图 7-5　填筑高度对沉降的影响曲线

7.3.2　包边土厚度对煤矸石路基沉降的影响

包边土的存在会增大路堤自重作用,影响路基的沉降,为获取包边土对其影响的显著性规律,以 90% 的压实度为例,将不同填筑高度下各包边土厚度下对应的路基中心沉降与差异沉降列于表 7-6~表 7-9 中。

表 7-6　填筑高度为 3m 时不同包边土厚度下路基的沉降

包边土厚度/m	不同位置的沉降/cm		
	路基中心	坡脚处	最大差异沉降
0	2.73	0.80	1.93
0.5	3.14	0.78	2.36
1	3.56	0.75	2.81

表 7-7　填筑高度为 5m 时不同包边土厚度下路基的沉降

包边土厚度/m	不同位置的沉降/cm		
	路基中心	坡脚处	最大差异沉降
0	4.63	0.96	3.67
0.5	5.47	0.86	4.61
1	5.47	0.86	4.61

表 7-8　填筑高度为 10m 时不同包边土厚度下路基的沉降

包边土厚度/m	不同位置的沉降/cm		
	路基中心	坡脚处	最大差异沉降
0	9.32	0.97	8.35
0.5	9.70	0.92	8.78
1	10.07	0.85	9.22

表 7-9　填筑高度为 15m 时不同包边土厚度下路基的沉降

包边土厚度/m	不同位置的沉降/cm		
	路基中心	坡脚处	最大差异沉降
0	14.01	0.99	13.02
0.5	14.10	0.93	13.17
1	14.79	0.87	13.92

从沉降的曲线来看,包边土的存在对沉降以及差异沉降的影响甚小。尤其是在填筑高度较大时,如图 7-6 所示。在填筑高度为 3m、包边土从没有到增加至 1m 时,沉降最大值增加了 0.83cm,而在填筑高度为 15m、包边土从没有到增加至 1m 时,沉降最大值增加了 0.78cm,与之相应的最大差异沉降则分别增加了 0.96cm 和 0.90cm。包边土引起的沉降增加值占总沉降的比例在 5% 以内,这就从定量的角度说明了包边土的存在不会对路基工程性质造成实质性的影响,而从环境保护的角度,对于煤矸石路基工程的防冲刷、防二次污染周边水源和土质,都存在重大意义。因此,可以在工程中采用黏土进行包边处理,包边土厚度控制在 1m 左右的厚度时,均比较合理。

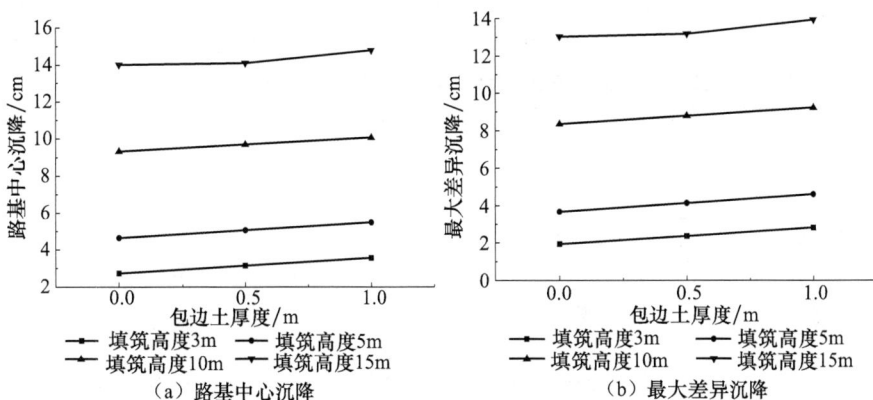

（a）路基中心沉降　　　　　　（b）最大差异沉降

图 7-6　包边土厚度对沉降的影响曲线

7.3.3　压实度对煤矸石路基沉降的影响

压实度是路基施工时一项重要的控制指标,不同的压实度显示了不同的施工质量,并且不同的压实度会对路基的工程使用特性产生较大的影响。尤其是影响路基的抗渗性能、强度以及变形性能等主要指标。为获取压实度对沉降影响的显著性规律,以包边土厚度为 1m 时的计算模型为例,将各填筑高度下不同压实度对应的路基中心沉降与差异沉降列于表 7-10～表 7-13 及图 7-7 中。

表 7-10　填筑高度为 3m 时不同压实度下路基的沉降

压实度/%	不同位置的沉降/cm		
	路基中心	坡脚处	最大差异沉降
90	3.56	0.75	2.81
92	3.50	0.73	2.77
95	3.37	0.69	2.68

表 7-11　填筑高度为 5m 时不同压实度下路基的沉降

压实度/%	不同位置的沉降/cm		
	路基中心	坡脚处	最大差异沉降
90	5.47	0.86	4.61
92	5.38	0.83	4.55
95	5.18	0.80	4.38

表 7-12　填筑高度为 10m 时不同压实度下路基的沉降

压实度/%	不同位置的沉降/cm		
	路基中心	坡脚处	最大差异沉降
90	10.07	0.85	9.22
92	9.92	0.80	9.12
95	9.58	0.74	8.84

表 7-13　填筑高度为 15m 时不同压实度下路基的沉降

压实度/%	不同位置的沉降/cm		
	路基中心	坡脚处	最大差异沉降
90	14.79	0.87	13.92
92	14.62	0.83	13.79
95	14.20	0.80	13.40

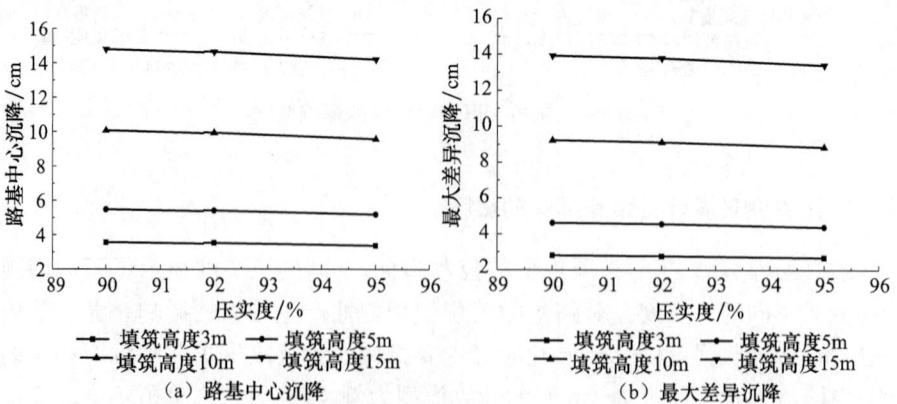

（a）路基中心沉降　　　　　　　　（b）最大差异沉降

图 7-7　压实度对沉降的影响曲线

从数值计算结果来看,压实度对沉降的影响不大。此处设计的三种压实度均为较高的压实度,因此可以看出对于沉降的影响程度较为有限。在实际的路堤工程施工中,压实度会按照规范要求控制在 90％以上,这也是此处的定量分析设计的三种压实度都超过 90％的原因。受工程施工条件的影响,在施工现场,往往不可能将压实度提高至 95％以上,因此虽然压实度的增大会降低沉降的值,但是在施工中却难以达到要求,并且压实度增大到一定的值后,会使应力大幅度上升,影响周边挡墙等构筑物的稳定性,因此实际工程中并不会盲目地增大压实度,因为这样的做法收益甚小。

压实度的增大,会大大降低路基的瞬时沉降,而此值是路基总沉降的重要组成部分,这就是上述现象的合理解释。这种现象在低填筑的路堤中体现得更加明显。以路基中心沉降为例,在路基填筑高度为 3m、压实度从 90％增大至 95％时,沉降降低了 5.3％,而在路基填筑高度为 15m、压实度从 90％增大至 95％时,沉降降低了 4.0％。

对于煤矸石路堤,压实度的提升还存在另外一项重要的意义。第 2 章曾提及,煤矸石作为路堤填料的一个明显缺陷是其颗粒级配不良,粗颗粒含量过高,而缺乏细颗粒,这样的材料在填筑施工中很难填筑密实。目前工程上常用的一种方法就是采用振动压路机或者其他设备,将煤矸石粗颗粒人为压碎,从而改变其颗粒级配达到工程要求。追求压实度的过程中,必然存在振动压实的施工工序,这必然会重塑煤矸石的颗粒级配,将大颗粒压碎,从而在满足颗粒级配要求的同时,满足压实度的要求。

7.4　煤矸石路基应力影响因素的敏感性分析

路基的应力问题与沉降问题同样重要,它与地基承载能力、路基挡墙稳定性有较为密切的关系。路基的应力问题主要包括水平向应力和竖向应力两个方面的问题,当水平方向的挤压应力变得比较大时,经常会引发路基挡墙受侧向压力过大而失稳垮塌,同时当竖向压应力变较大时,地基承载能力不足而失稳破坏,国内外有多次报道此类工程施工的案例。图 7-8 展示的是路面受持续降雨作用与重载货车碾压之后挡墙侧翻失稳破坏的实例。

7.4.1　煤矸石路基竖向压应力的影响因素分析

对于高填方路段,竖向压应力会变得很大,而对于一定的地基土,其地基承载能力是一定的,必须在地基承载能力范围内进行填筑,因此需要对路基的竖向压应力进行研究,将其控制在合理的范围内。

由图 7-9 所示计算云图可以看出,随着填筑高度的增加,压应力也在不断增大,并且其分布规律也是一致的,最大压应力均出现在模型的左侧底部。值得一提

（a）　　　　　　　　　　　　（b）

图 7-8　路基水平向应力增大导致挡墙失稳破坏实例

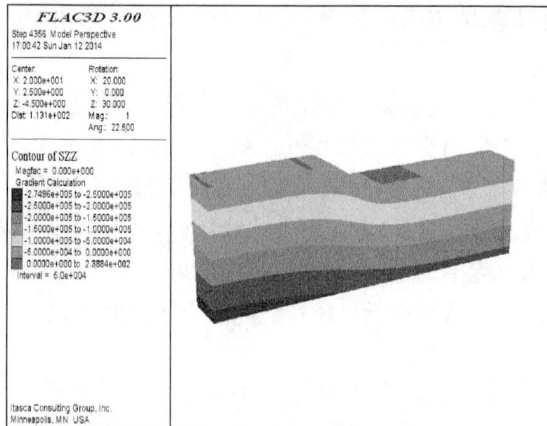

（a）填筑高度为3m

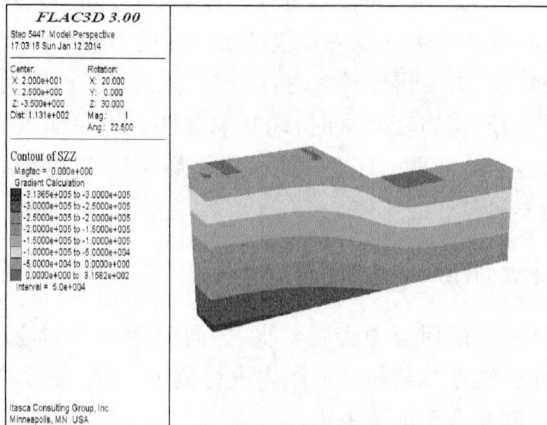

（b）填筑高度为5m

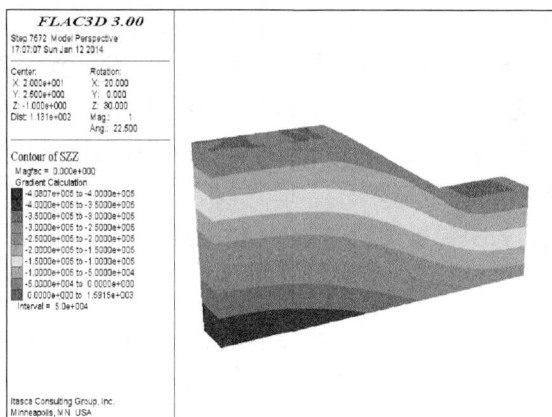

（c）填筑高度为10m

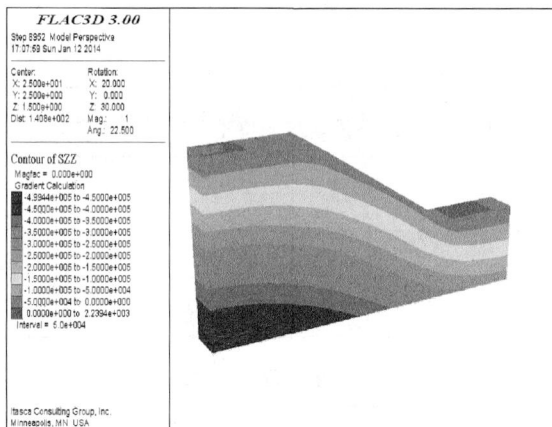

（d）填筑高度为15m

图 7-9　煤矸石路基压应力计算云图（压实度 95％，无包边土）

的是，在路基模型中，理论上讲应该只有压应力的存在，而不应该有拉伸应力的存在，并且在模型的顶面处应力应该为 0，但是事实与该理论性的结论有一定的出入，尤其是在坡脚右侧部分。初步分析其原因：模拟的过程是按照施工的填筑顺序一层一层地进行单元激活的，并且模型的两侧加的是固定边界，这样就会在路堤填筑施工过程中，随着路堤堆载的进行，路堤下面部分承受越来越大的压应力，并且会产生较大的挤压变形，这种变形一部分受到模型边界条件的约束，进而会使部分未进行堆载作用的土体（坡脚右侧部分）向上拱起，造成一定的拉伸应力。这种拉伸应力的大小和压实度、填筑高度有密切关系，在压实度为 90％时，对应于 3m、15m 的填筑高度，拉伸应力最大值分别为 0.26kPa、1.53kPa，而在压实度为 95％时，这两个值则变成了 0.24kPa 和 2.24kPa。由于压实度的增大，很明显地改变了最大拉抻应力的值，这是因为压实度的增大依赖于施工机械的不断碾压，这会产生更加明显的挤压变形,但是这种压实,在填筑高度较小(如 3m)时则未见明显影响。由于土体的承压能力较强,但是往往其抗拉强度很低,若在填筑时不将该值控制在合理范围内,将会引起部分土体拱出破坏,这种现象在路基边缘修筑刚度较大的重力式挡土墙的情形之下会表现得更加明显,因此必须加以注意。

从表 7-14~表 7-16 的数据来看,压应力的值基本都在 0.5MPa 之内,且都在地基承载力范围之内。很明显,路基的包边土厚度和压实度对于压应力的值都有一定的影响,但是影响的幅度有限,压应力的主要影响因素还是填筑的高度。

表 7-14　压实度为 90% 时不同填筑高度下路基最大压应力(单位:MPa)

包边土厚度/m	路堤高度/m			
	3	5	10	15
0	0.273	0.314	0.390	0.483
0.5	0.286	0.315	0.405	0.492
1.0	0.298	0.325	0.412	0.507

表 7-15　压实度为 92% 时不同填筑高度下路基最大压应力(单位:MPa)

包边土厚度/m	路堤高度/m			
	3	5	10	15
0	0.279	0.316	0.405	0.490
0.5	0.288	0.328	0.411	0.504
1.0	0.293	0.331	0.424	0.515

表 7-16　压实度为 95% 时不同填筑高度下路基最大压应力(单位:MPa)

包边土厚度/m	路堤高度/m			
	3	5	10	15
0	0.275	0.317	0.414	0.504
0.5	0.285	0.325	0.426	0.512
1.0	0.294	0.335	0.427	0.515

从图 7-10 可以看出,路基的填筑高度从 3m 增至 15m 时,压应力约增大一倍。而且随着填筑高度的不断增加,竖向应力基本呈现出线性的增长关系曲线。包边土的存在增大了路堤的自重,但是其厚度相对于路堤的高度是比较小的,包边土的厚度每增加 0.5m,最大的压应力约增加 0.01MPa。当填筑高度比较小时,压实度对于应力的影响作用基本得不到体现。当高度较高如达到 10m 时,压实度的增大会增大路基竖向压应力。该现象可以从土的微观结构角度加以解释。压实度的增大会使煤矸石的颗粒间孔隙变小,极限情况下煤矸石可以由三相状态向两相状态变化,这样就增大了颗粒之间的挤压,一些孔隙水被挤出,煤矸石的密度变大,那么在同样的高度之下,煤矸石路堤的应力也会相应增大,这种现象在高度较大、分层

压实效果比较突出的路堤中表现得更明显,而在高度较低的情况下则可能不太明显,甚至可以忽略。

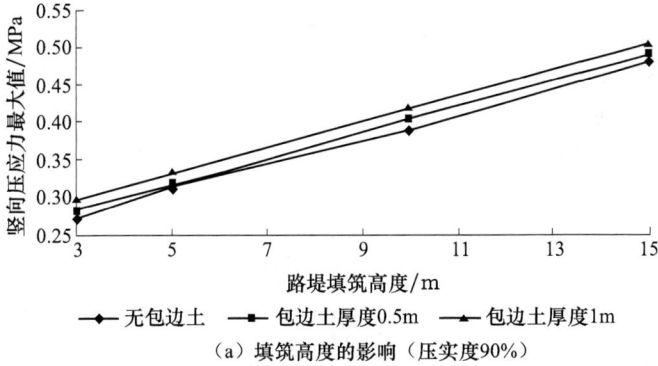

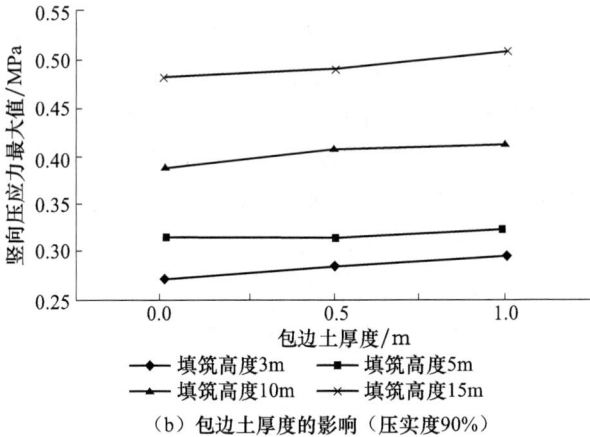

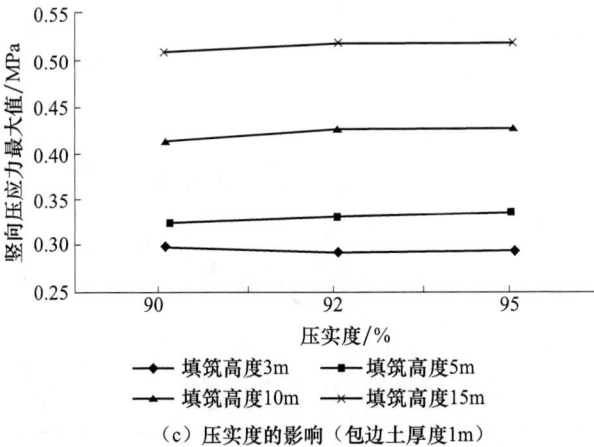

（a）填筑高度的影响（压实度90%）

（b）包边土厚度的影响（压实度90%）

（c）压实度的影响（包边土厚度1m）

图 7-10　不同影响因素下路基竖向压应力变化曲线

从以上分析来看,煤矸石的压实度和包边土的厚度不是影响路基竖向压应力的重要因素,这样就不会因为考虑其增大应力或者沉降等指标而降低对这两者的要求。实际工程中,上述两个指标对煤矸石路基的稳定性和强度有重要影响,增大压实度可以保证路基结构的整体稳定性和强度,较大的压实度还可以提高路堤的抗渗性能,对路基结构有利。作为一种散体材料,煤矸石容易受到雨水的冲刷作用。尤其是煤矸石路堤边坡,煤矸石作为一种具有污染性质的废弃物,必须将雨水的冲刷作用降至最低,采用包边土的形式来减少雨水冲刷对工程有重要意义。

7.4.2　煤矸石路基水平向应力的影响因素分析

煤矸石路基的竖向应力事关地基承载力,而水平方向的应力则关系到侧向的挤压应力,这方面的问题已经在侧边修筑挡土墙的公路工程中得到较为广泛的研究。相对于竖向应力,水平向应力更容易引发一些路基工程的灾害,而且水平向应力的变化和竖向应力相同,除自重作用之外,还受到行车荷载和某些偶然荷载的共同作用。图 7-11 为煤矸石路基填筑施工过程模拟的水平向应力计算云图。

从图 7-11 所示云图来看,煤矸石路基的水平向应力都是挤压应力,基本不出现拉伸应力。整体水平向应力比较小,都在 0.25MPa 之内,同之前的竖向压应力云图情况类似,最大的水平挤压应力出现在路基底部的左侧处,不同的填筑高度下应力差别比较大,但是其分布的规律却是一致的。

从表 7-17～表 7-19 中的数据来看,水平向应力明显小于竖向压应力,侧压力系数约为 0.5。在不同的压实度和包边土厚度的情形下,填筑高度由 3m 增加至 15m 时,应力均会变为之前的 2 倍左右。

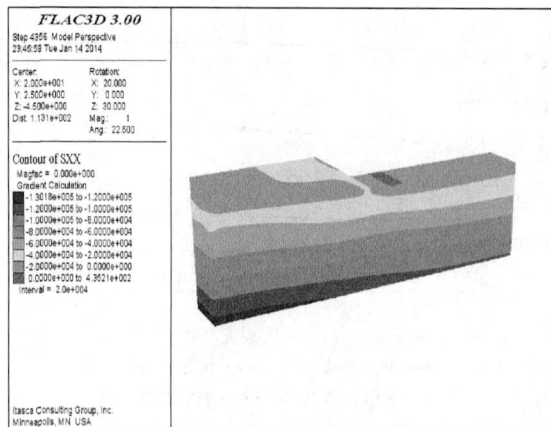

（a）填筑高度为3m

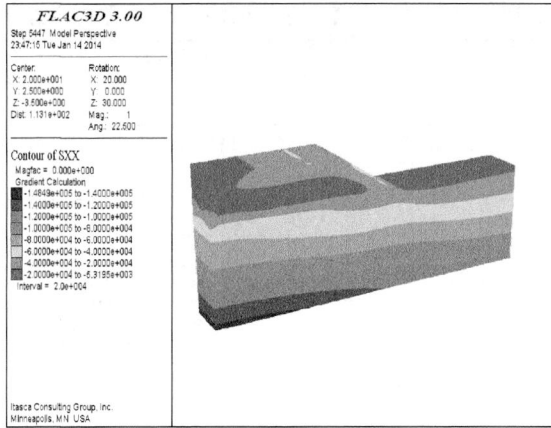

（b）填筑高度为5m

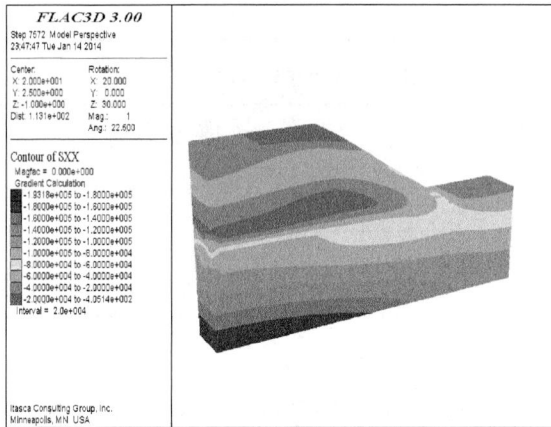

（c）填筑高度为10m

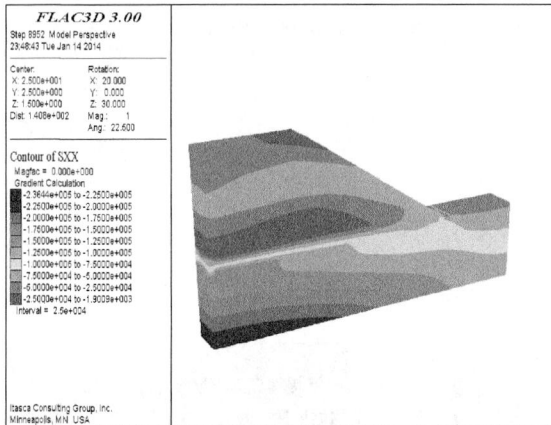

（d）填筑高度为15m

图 7-11　煤矸石路基水平向应力计算云图（压实度 95%，无包边土）

表 7-17　　压实度为 90% 时不同填筑高度下路基最大水平向应力（单位：MPa）

包边土厚度/m	路堤高度/m			
	3	5	10	15
0	0.128	0.144	0.185	0.225
0.5	0.132	0.148	0.189	0.229
1.0	0.135	0.152	0.192	0.232

表 7-18　　压实度为 92% 时不同填筑高度下路基最大水平向应力（单位：MPa）

包边土厚度/m	路堤高度/m			
	3	5	10	15
0	0.129	0.147	0.190	0.232
0.5	0.133	0.151	0.194	0.236
1.0	0.137	0.155	0.197	0.239

表 7-19　　压实度为 95% 时不同填筑高度下路基最大水平向应力（单位：MPa）

包边土厚度/m	路堤高度/m			
	3	5	10	15
0	0.130	0.148	0.193	0.236
0.5	0.134	0.152	0.196	0.240
1.0	0.138	0.156	0.200	0.243

从图 7-12 可以看出,水平向应力的变化曲线主要受填筑高度变化的影响,受压实度、包边土厚度的影响比较小。在分析竖向压应力的变化值时可以看出,包边土增加 0.5m 时,其值会增大 0.01MPa 左右,但是在水平应力变化值中,该值的改变约为 0.005MPa,与侧压力系数的值比较呼应。

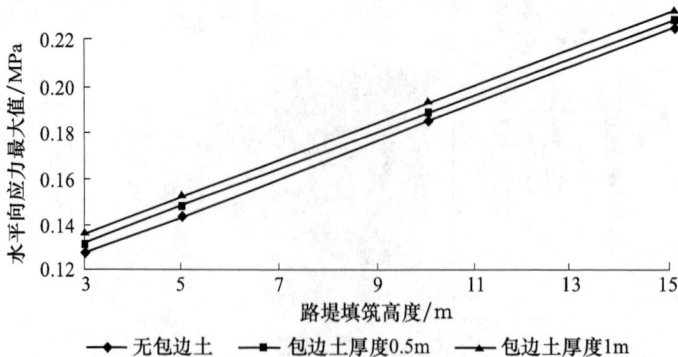

（a）填筑高度的影响（压实度90%）

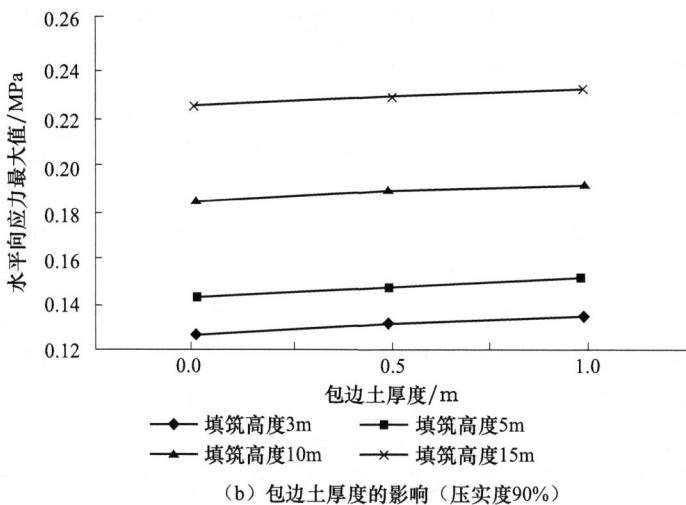

（b）包边土厚度的影响（压实度90%）

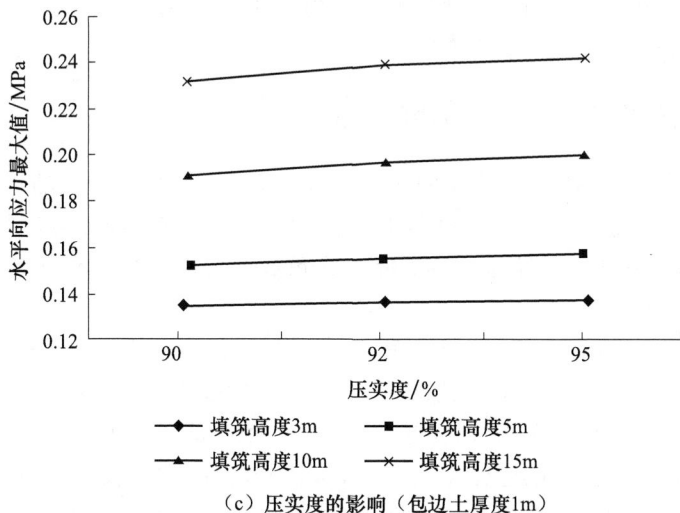

（c）压实度的影响（包边土厚度1m）

图 7-12 不同影响因素下路基水平向应力变化曲线

但是可以明显看出，尽管在绝对量值方面，压实度和包边土厚度对于水平向应力没有太大影响，但是其影响的趋势刚好相反。对于压实度，其近似拟合的曲线斜率，在填筑高度较大时会变得更大，而包边土影响的近似拟合直线在斜率方面刚好表现出相反的结果：在填筑高度较小时斜率更大一些。包边土的存在加强了煤矸石路基的整体稳定性，但是同时会影响路基的沉降和应力，这种效应是通过其自身重力来完成的。在填筑高度较小时，包边土的厚度与填筑高度相比更为接近，因此其作用的结果难以忽略，而将填筑高度加大之后，则其影响相对值会更加微小，对应的拟合直线的斜率降低。压实度对应力的影响机理在 7.4.1 节已经阐述，同样的原因,填筑高度越大时,这种效果就会显现得更加明显,有一种积累效应,因此随着高度的增加,拟合直线的斜率会增大。

7.5　煤矸石路堤在交通荷载作用下的动力响应研究

近些年来我国的高速公路建设取得了令人惊叹的发展,越来越多的快速、重载高速公路开始出现。交通荷载已经成为一个影响路基路面结构稳定、路堤边坡稳定的关键因素。交通荷载具有明显的动力性和反复性,我国现行的《公路水泥混凝土路面设计规范》(JTG D40—2011)中是将交通荷载简化成等效的静力荷载来研究的,并将等效静力荷载作用下的路面弯沉、路基路面的拉伸应力作为公路设计的控制指标。这种等效处理方式在小交通流量、轻载等情形时能够达到令人满意的精度,但是随着高速公路设计时速的不断增加、重载汽车和大流量路段的出现,单纯地将交通荷载简化成静力荷载显然已经难以满足工程需要,因此,必须开展路基路面在交通荷载下的动力响应研究。

7.5.1　交通荷载在 FLAC³ᴰ 软件中的实现

作为岩土工程界享有盛誉的有限差分计算软件,FLAC³ᴰ 内置的动力计算模块在模拟交通荷载等动力荷载对路基路面的力学响应时有卓越的表现。本章基于 FLAC³ᴰ 软件模拟煤矸石路基和水泥路面在重载交通以及快速交通情形下的力学响应。

要进行交通荷载下的路基与路面动应力响应,必须先对交通荷载进行简化,因为实际的交通荷载往往是非常复杂的,任何数值模拟软件都不可能绝对精确地将其描述出来。就一辆汽车来看,轮胎与路面的接触时间非常短,约为 0.05s(与行车车速有关);但是就公路的运营年限来看,车载又具有长期性。以双向四车道的高速公路为例,在设计的 15 年运营期内,如果按照 8 万辆/d 的普通交通流量计算,公路路面受荷载的次数在一千万次左右。除了时间因素,交通荷载也与设计车速、路面平整度以及车辆的自振频率有关,它们都会对路基路面造成不同程度的影响。东南大学邓学钧[71]指出:根据路面状况、计算精度要求、车辆情况等指标将交通荷载考虑为下面的四类,如图 7-13 所示。

图 7-13(a)一般用于简化车辆振动较小、行车速度较慢并且路平整的交通荷载情况,虽然它最简单,但是与实际情况相差较大。图 7-13(b)是应用最广泛的交通荷载简化形式,它假定路面的平整度及汽车的振动都服从一个特性的函数,该假定已经比较接近真实情况,而且计算模型难易适中,因此被众多工程师、学者接受。图 7-13(c)一般用于描述作用时间很短,并且突然出现的汽车冲击荷载。理论上,图 7-13(d)所描述的荷载最接近真实的交通荷载情况,但是由于其随机性和不可

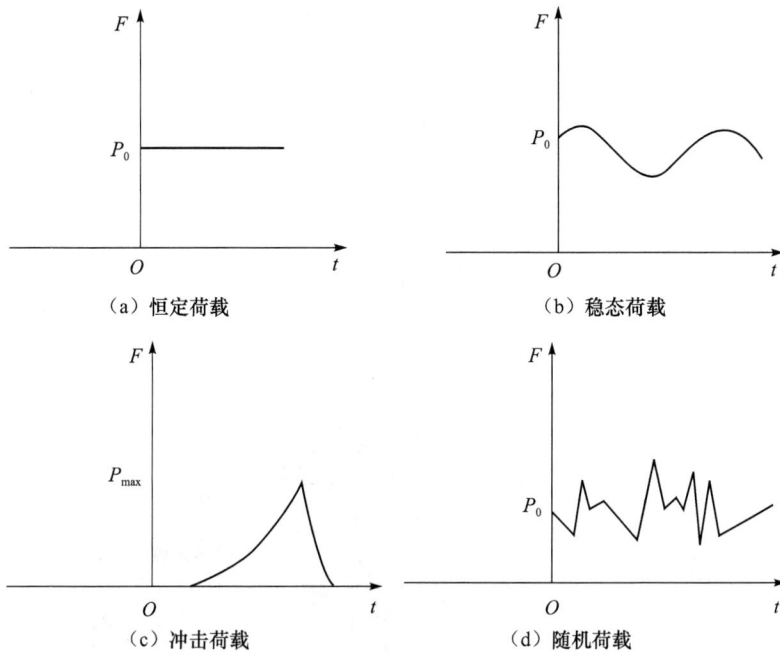

（a）恒定荷载　　　　　　　　　（b）稳态荷载

（c）冲击荷载　　　　　　　　　（d）随机荷载

图 7-13　交通荷载类型

描述性,模型的建立难以数量化,更难用于数值模拟软件中,所以实用价值不大。根据现有研究成果并结合高速公路交通荷载的变化特性,本章将交通荷载简化为不连续的半正弦动力荷载,荷载表达式如式(7-7)所示,荷载示意图如图 7-14所示。

$$P = \begin{cases} P_0 + P_1 \sin(\omega t), & \dfrac{2(n-1)\pi}{\omega} \leqslant t \leqslant \dfrac{(2n-1)\pi}{\omega} \\ 0, & \dfrac{(2n-1)\pi}{\omega} \leqslant t \leqslant \dfrac{2n\pi}{\omega} \end{cases} \tag{7-7}$$

式中,P_0 为汽车的静载(轴重);P_1 为汽车的振动荷载;t 为时间;ω 为振动频率,ω按照式(7-8)计算:

$$\omega = \frac{2\pi v}{L} \tag{7-8}$$

式中,v 为汽车行驶速度;L 为几何曲线波长,一般取值为 6m。

7.5.2　计算模型建立与参数选取

依据煤矸石现场施工段 K127+720 剖面的实际状况,并进行相应的简化,建立如图 7-15 所示的计算模型。

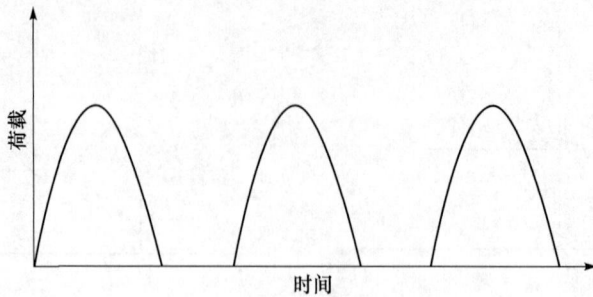

图 7-14　正弦荷载示意图

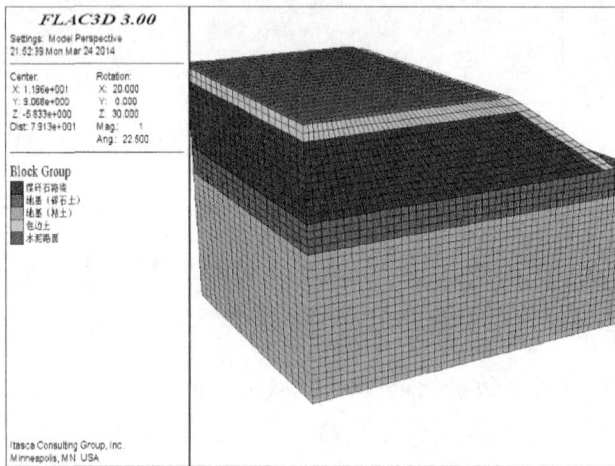

图 7-15　有限差分计算模型示意图

煤矸石路堤、地基计算参数沿用前面的参数,由于动力计算需要采用动弹性模量等值,但是动弹性模量难以获取,本节采用经验取值将静弹性模量放大 1.5 倍得到[71-73],将计算参数列于表 7-20 中。

表 7-20　路基模型计算参数

项目	土的类别	厚度/m	剪切模量/MPa	体积模量/MPa	黏聚力/kPa	内摩擦角/(°)	密度/(kg/m³)	泊松比
路堤	煤矸石	5.0	59.3	128.0	73.0	37.4	20.1	0.30
地基	碎石土	2.0	12.6	37.8	25.1	20.3	18.3	0.35
	黏土	10.0	11.0	27.0	42.7	30.5	18.3	0.33
包边黏土		1.0	9.8	29.4	32.9	27.7	17.1	0.35
路面混凝土		0.25	18750	25000	—	—	27.0	0.20

本章所采用的汽车轴载模型为我国现行的高速公路路面设计规范中采用的标准轴载类型,即后双轮单轴 BZZ-100 模型,轮载为 25kN,轮胎的胎压取值为

$0.7MPa^{[74]}$。正常情况下,轮胎与地面接触的部分用图 7-16(a)来描述,但是实际上为了将荷载规则化,往往采用等面积的矩形来描述该荷载,等效过程如图 7-16 所示[75]。

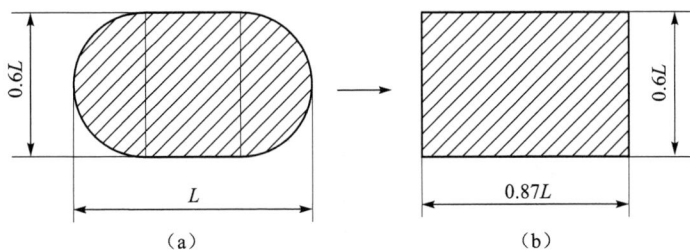

图 7-16　汽车轮胎等效接触面积图

轮胎与地面的接触面积为

$$A = \frac{F}{p} = \frac{100}{4 \times 700} = 0.0357(\text{m}^2) \tag{7-9}$$

则有

$$L = \sqrt{\frac{A}{0.6 \times 0.87}} = \sqrt{\frac{0.0357}{0.522}} = 0.262(\text{m}) \tag{7-10}$$

$$L' = 0.8712L \approx 0.87 \times 0.262 = 0.228(\text{m}) \tag{7-11}$$

后轮与地面的接触面积为

$$A' = 2 \times 0.6L \times L' = 1.2 \times 0.262 \times 0.228 = 0.072(\text{m}^2) \tag{7-12}$$

将车辆荷载的冲击系数取为 1.2,可按照式(7-13)取得交通荷载的峰值:

$$P_{\max} = 1.2\frac{F}{A'} = 1.2 \times \frac{100}{4 \times 0.072} = 416.7(\text{kPa}) \tag{7-13}$$

对于 $FLAC^{3D}$ 的动力计算,力学阻尼参数和边界条件的选取至关重要。岩土体材料的内部摩擦以及可能存在的接触面滑动是产生阻尼的主要来源,目前 $FLAC^{3D}$ 内嵌了瑞利阻尼、滞后阻尼和局部阻尼供用户选择,本章计算选择应用最广泛的局部阻尼形式。由于路基具有对称性,所以为了节约时间,取路基的半幅进行计算,将模型的左侧视为横向的固定约束。由于研究的动力荷载主要沿深度衰减,所以在模型的底部设置静态边界条件,前后端也视为固定边界条件。在计算的本构模型方面,除混凝土路面选用弹性本构模型,其余都采用莫尔-库仑本构模型。

7.5.3　动力计算结果分析

汽车的轴距一般为 1.92m,将车轮荷载布在右幅路面的中间车道上。计算加载时,将荷载施加在模型的 $x((5.68,5.90),(7.60,7.82))$、$y(9.84,10.16)$、$z(6.25)$ 面域上进行计算,加载历程时间为 $T = 0.01s$,荷载的波形曲线如图 7-17 所示。

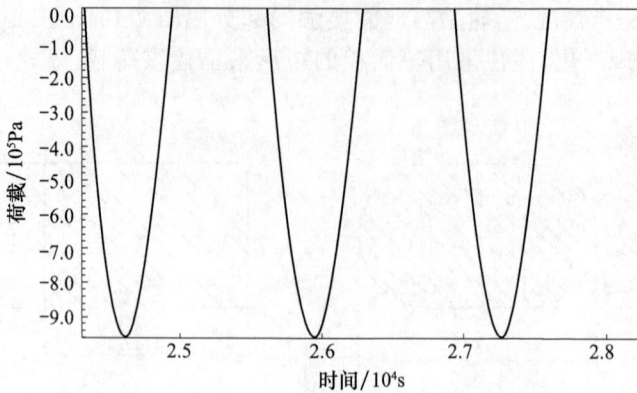

图 7-17　荷载波形时程曲线(放大 50 倍)

　　图 7-18 和图 7-19 展示的是在交通荷载作用下煤矸石路堤的竖向动应力和竖向动应力衰减系数变化曲线。从图中可以看出,两者的变化曲线规律较为近似,交通荷载下竖向动应力对煤矸石路堤的影响深度在 2m 左右,最大的动应力约为 33kPa,在 0~2m 范围内,随着深度的增加动应力快速衰减,至 2m 深度时动应力已经衰减至 5.0kPa,衰减幅度达 84.8%。在 2m 深度以下时,动应力已经很小,衰减幅度变小。公路交通荷载不像高速列车荷载那么大,它对煤矸石路堤的影响深度很有限,但是公路交通荷载一样具有重复性,这就使得即使是在不大的荷载幅值下,经历多次重复动力作用后也会导致路堤稳定性和强度下降。煤矸石是一种粗颗粒的散体材料,施工中对颗粒压碎挤压密实过程必须严格控制,这样才能保证压实度,尤其是在路堤填筑的表面 2m 深度范围内,因为这部分是交通荷载动应力影响的最主要部分。

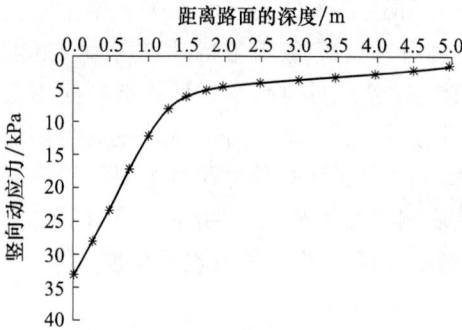

图 7-18　竖向动应力沿深度变化曲线　　　图 7-19　竖向动应力衰减系数沿深度变化曲线

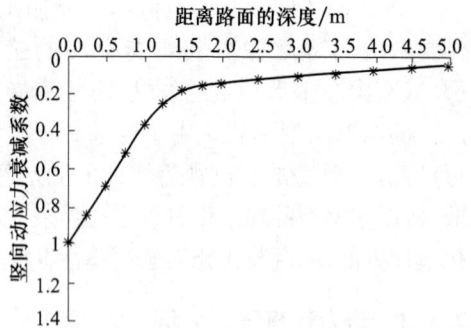

　　图 7-20 为在动荷载作用下动应力沿横向的分布情况。由于汽车的双轮存在明显的对称性,所以动应力的横向分布也呈现出明显的对称性,在汽车车轮下动应

力最大。应力在车轮两侧呈现递减的趋势,向外侧衰减更快。荷载的最大值出现在汽车轮胎作用面以下,约为 33kPa,在轮胎外侧,横向受车载作用的影响范围约为 1.4m,1.4m 以外的范围应力基本都已经趋近于 0。由于两车轮向内侧的挤压作用,道路中线处也存在一定的动应力(约为 5kPa)。文献[60]研究了交通荷载作用下黏土的路面横向动应力变化情况,对比来看,它和煤矸石路堤最大的区别在于两轮之间的应力衰减不同,煤矸石路堤的应力衰减相对较快,这与土的颗粒性质有关。黏土为细颗粒土,压实效果可以得到保证,而煤矸石的压实依赖于颗粒压碎挤密,因而在同样的压实度下,黏土的整体性更好,应力传递路径更具有规律性,同时也具有较小的阻尼。

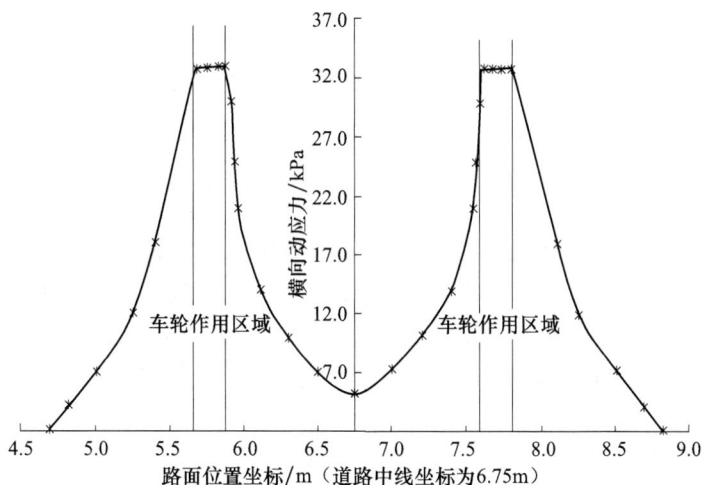

图 7-20　路面横向动应力变化曲线

　　高速公路的路面都是水泥混凝土或者沥青混凝土,这类材料的刚度相对比较大,但是在车轮的反复摩擦以及车辆振动荷载的冲击下,路面也会发生较多的破坏(尤其是在更多重载、大吨位的挂车出现时),我国每年用于高速公路路面维护、养护的费用已经高达几十亿元。图 7-21 显示了在公路交通荷载作用下,水泥路面的形变量值沿横向的变化曲线,由于模拟的是短期交通荷载,所以可以将上述的路面形变量当做弹性形变量。文献资料显示:导致高速公路路面破坏的塑性变形主要来自长期的车载碾压、冲击的积累。在上述交通荷载作用下,水泥混凝土路面的最大变形出现在车轮作用面以下的位置处,约为 1.9mm。变形量的曲线形式和应力沿横向的分布形式较为类似,均呈现出凹陷的抛物线形式。和应力衰减形式不同的是,在车轴的中间位置处,同样有较大的变形量(约为 1.35mm),这可能与水泥混凝土路面的刚度较大、呈现出刚体位移有关。在车轮侧边,由于受到的约束较小,应力可以及时消散,变形也相对内侧较小。以左侧车轮为例,向左侧 1m 路面变形衰减量是向右 1m 的路面变形衰减量的 135%。

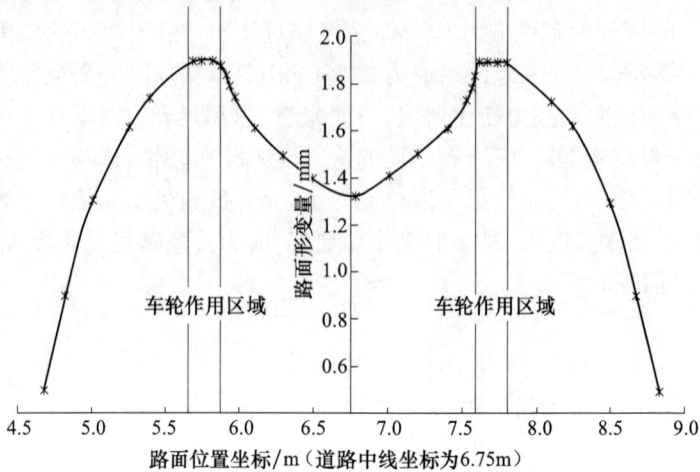

图 7-21　路面变形沿横向的变化曲线

图 7-22 与图 7-23 分别为路堤在动荷载作用下的竖向振动速度和竖向加速度沿深度的变化曲线,可以看出,由于交通荷载较小,竖向振动速度和加速度的值都比较小,影响深度不大。按高速铁路的相关经验,路基的速度和加速度影响因素主要是车辆的运行速度和振动频率、轴重等。两条曲线在起始阶段都有一部分的近似直线,这可能是因为路面刚度较大,发生的主要是刚体振动。在 0~0.5m 的范围内速度衰减很快,最大的振动速度为 11mm/s 左右,到 0.5m 左右衰减量为 55%。在影响深度方面,比动应力影响的深度浅,在 2m 深处时速度已经接近 0。

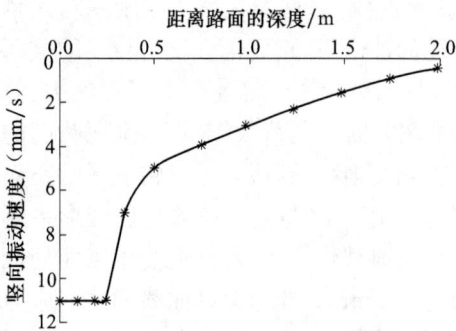

图 7-22　竖向振动速度沿深度的变化曲线

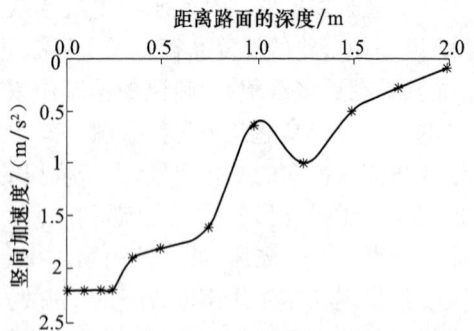

图 7-23　竖向加速度沿深度的变化曲线

在振动加速度方面,在 1.25m 的深度位置处出现了突变,此处是包边土与煤矸石接触面位置,包边土与煤矸石的物理力学参数指标相差比较大,尤其是在刚度参数方面存在较大的差异,并且包边土是从路面整体覆盖至边坡,整体结构性较好,在接触面上刚度参数下降较多,这可能是加速度突变的主要原因。

7.5.4　交通荷载作用下煤矸石路堤边坡稳定性分析

煤矸石路堤边坡稳定性除了受自身因素的影响,还受路堤上部荷载情况的影响。公路通车之后路堤会受路面传来的交通荷载作用,因此有必要研究在路堤面加载情况下的路堤边坡稳定性。仍然沿用图 7-2 所示的有限差分模型和第 3 章所述的煤矸石参数进行计算,设计六种不同的路堤面超载情况(0kPa、20kPa、50kPa、100kPa、150kPa、200kPa),分别研究在不同荷载作用下的边坡安全系数、应力分布情况以及位移变化情况等。计算得到的不同路堤荷载作用下的剪切应变增量和安全系数分别如图 7-24 和图 7-25 所示。

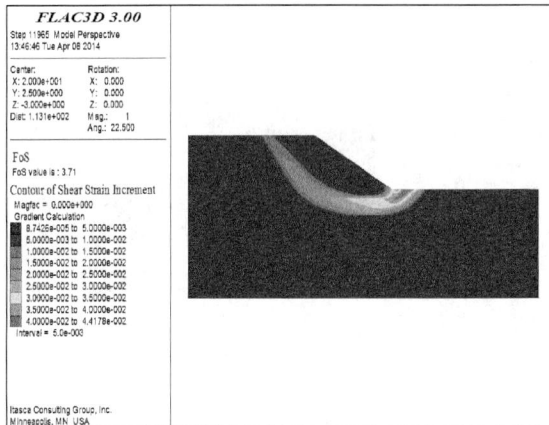

（a）0kPa

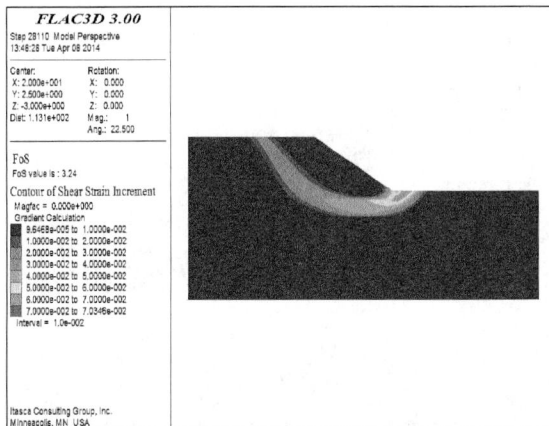

（b）20kPa

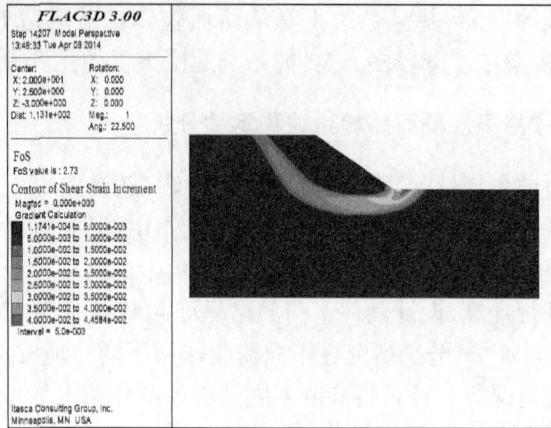

（c）50kPa

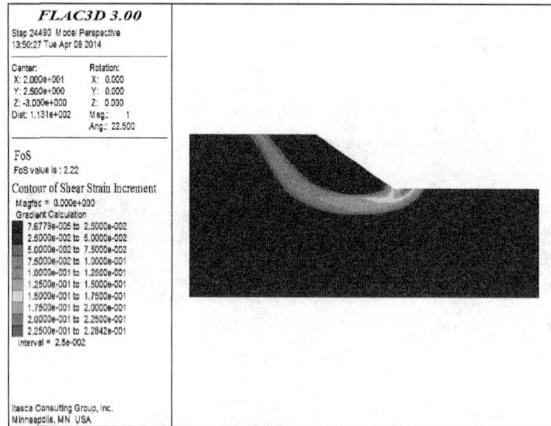

（d）100kPa

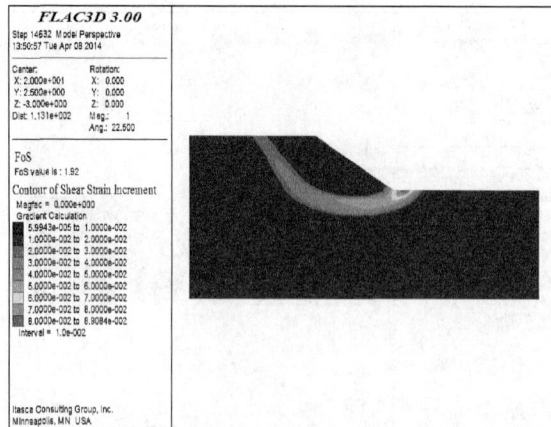

（e）150kPa

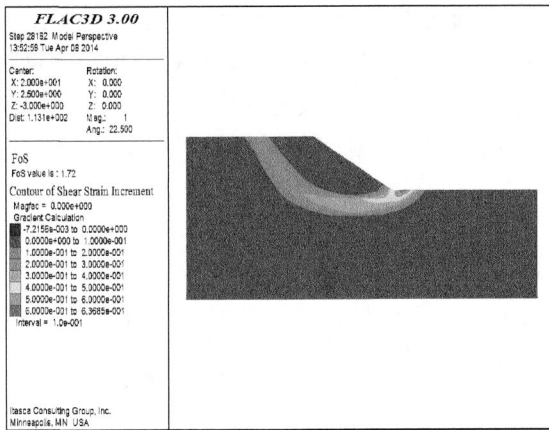

（f）200kPa

图 7-24　不同路堤荷载下边坡内部剪切应变增量示意图

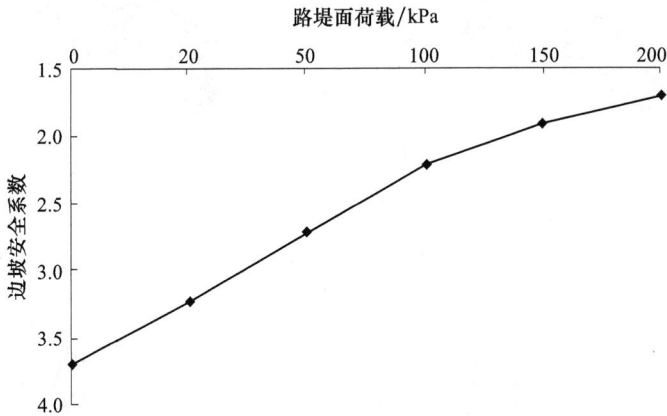

图 7-25　不同荷载作用下边坡安全系数变化曲线

　　由图可以看出,随着边坡超载的逐渐增大,煤矸石路堤边坡破坏的潜在滑裂面位置不断加深,并有向右推移的趋势,影响的滑动体体积逐渐增大。剪应变增量值是研究边坡破坏形式以及边坡滑坡后果严重性的重要指标,在荷载增大的过程中,可以明显地看到模型的剪切应变增量值在增大,但这种影响主要体现在滑裂面范围内。在路面不超载的状况下,边坡破坏时的最大剪切应变增量值为 4.4 左右,但是该值在荷载增大至 200kPa 时会变为 63.7,增幅达 15 倍,显而易见的是,边坡破坏时的剪切应变增量越大,边坡在失稳破坏时土体发生的剪切变形就越大,边坡破坏越严重。超载为 200kPa 时,边坡破坏时的滑动体积约为 0kPa 时的 1.2 倍,滑动体积的增大也增加了边坡失稳破坏时的危害性。另外,超载也对安全系数造成了较大的影响,不同荷载作用下的边坡安全系数值如图 7-25 所示。

超载为 200kPa 时,边坡稳定系数会从原来的 3.71 下降至 1.72,但是下降的速率会逐渐变慢。值得注意的是,在荷载不大于 150kPa 时,加载仅仅对边坡的滑裂面产生一定的影响,而深部的煤矸石路堤以及地基并不会受到太大的影响,因此塑性剪切变形量很小且几乎可以忽略不计,但是在荷载增大至 200kPa 时,煤矸石路堤以及地基部分都受到了较大的扰动而发生了相应的塑性变形,这意味着路堤整体有失效的可能;同时可以看到,上述加载方式是按照满布的均布荷载布置于路堤面的,并且荷载值达到了 200kPa,但事实上,在一般的高速公路中,这种荷载分布情况是不会出现的。边坡在不同荷载作用下破坏时的水平方向位移云图如图 7-26 所示。

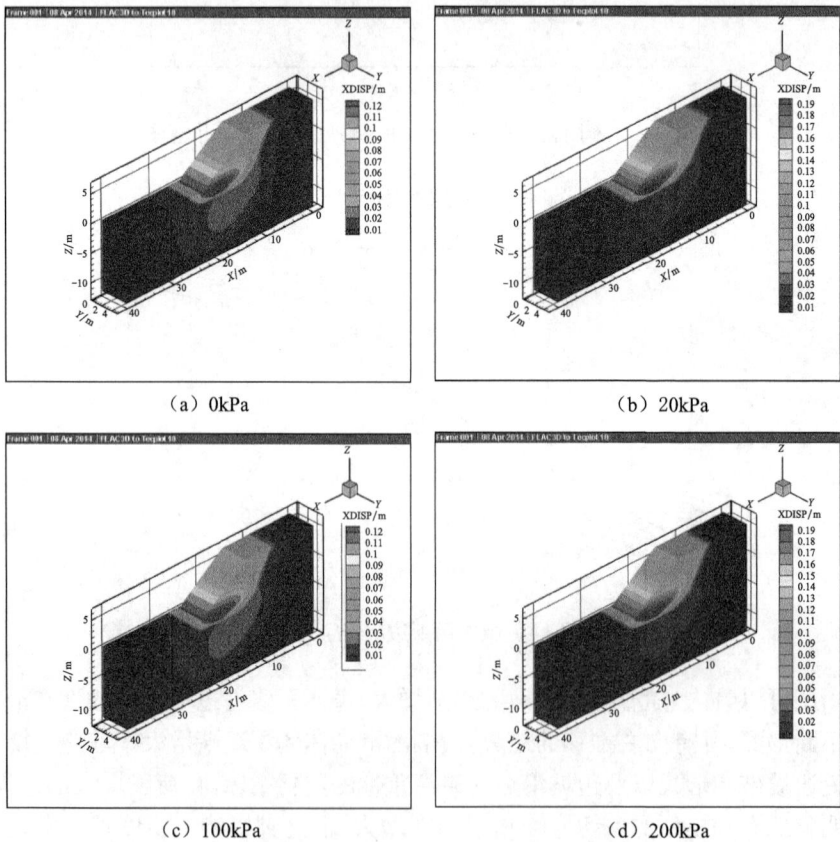

(a) 0kPa

(b) 20kPa

(c) 100kPa

(d) 200kPa

图 7-26　边坡破坏时的水平方向位移云图

边坡的水平位移值是检验边坡是否发生破坏以及失稳破坏剧烈程度的最直接指标,边坡滑坡失稳的最直接体现就是边坡某部位(通常是在坡脚处)发生较大的水平位移值。图 7-26 展示的水平位移值是边坡失稳破坏极限状态下的最大水平位移,显然值都比较大。计算结果表明,处于滑动体范围内的部分才会发生较大的水平位移,并且最大位移值均发生在路堤边坡的坡脚处;而从最大水平位移值的大小来看,加载 200kPa 时,边坡失稳破坏最严重,在失稳破坏时最大的水平位移值可以达到 1.3m 左右。应当指出的是,这仅仅是软件计算下的一种模拟结果,只是为了演示边坡破坏时的剧烈程度,实际情况下如果发生失稳破坏,滑坡体的位移都可能已经远超过此值。

图 7-27 展示的是在不同荷载作用下边坡的竖向应力分布情况,可以很明显地看出路堤上部加载对竖向应力重分布的影响。荷载的增大,不仅影响路基和竖向应力,也影响应力的分布。荷载较小时,应力等值线基本趋于水平状,这是因为此时的竖向应力主要是路堤自重的结果,由于路堤的厚度仅有地基厚度的一半左右,所以压应力等值线主要呈现为水平状,在荷载增大至 200kPa 或更大时,路堤面以下的等值线会明显上拱且变疏。

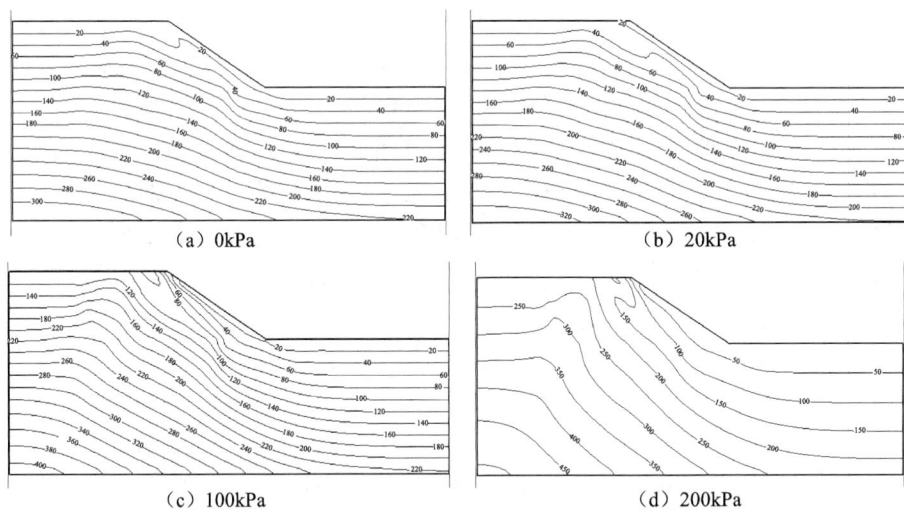

(a) 0kPa　　　　　　　　　　　　(b) 20kPa

(c) 100kPa　　　　　　　　　　　(d) 200kPa

图 7-27　不同荷载作用下边坡竖向应力等值线图(单位:kPa)

总体来看,路面交通荷载的存在及其大小对煤矸石路基的安全性能有显著性的影响。荷载的增大,会导致煤矸石路堤边坡安全系数下降,引起较大的土体剪切塑性变形和竖向压应力,从而可能引发边坡失稳、地基承载力不足等问题,在交通荷载不断增大的当下,这些问题在煤矸石路堤设计、施工中应引起重视,可以相应地采取控制煤矸石压实度、提高施工质量、对软弱地基进行处理等手段来保证高速公路煤矸石路基工程在交通荷载作用下的安全性。

第8章 基于实测数据的煤矸石路堤沉降预测

8.1 引 言

煤矸石路堤的沉降涉及两方面的问题:沉降的计算和沉降的预测。对于沉降的计算,有两种比较经典的计算方法:第一种是采用成熟的分层总和法或规范推荐的弹性计算理论,然后结合现有的固结公式得出沉降的发展规律,推算后期沉降;第二种方法则是依赖于固结理论和现有的本构模型,借助数值计算的方法得出沉降规律和后期的沉降。时至今日,上述两种计算方法都已经得到了较为深入的研究,并且积累了很多实际的工程经验,尤其是在软土地基以及特殊土地基。但是这两种计算方法存在一个共同的缺陷,它们都依赖于土体某些参数(如压缩模量、含水率、重度等)的取值,并且对于某些分层不够明显的地基,需要做出较多的假定。更为重要的是,土体的这些参数往往依赖于室内土工试验获得,在取样过程中会存在较多的扰动现象,因而实测值会与真实值产生一定的偏差,同时压缩模量这类指标也比较难以在实验室获取,因此按照前两种方法得出的值往往与实际值之间存在一定的出入,在这种情况下第三种计算方法的优越性就得到了体现。该方法称为基于实测数据的沉降预测法,这种方法往往比较关注从现场得到的实测沉降,从这些得到的数据中获取相应的规律,然后从数学理论的角度得到拟合曲线分析沉降。这种方法严格地说是一种数学方法,它不依赖于土体的参数指标,只关注实测结果的值,可以消除获取土的物理力学参数的困难,同时由于拥有一定的数学理论基础,结果较为可靠、简单易于操作,所以得到了广泛的应用和推广。

8.2 高速公路煤矸石路堤沉降预测方法

众多实际工程经验的积累使得人们发现沉降与时间之间的关系往往都具有一定的规律性,并且这种规律性往往都可以由一种曲线的形式来描述,这就是基于实测数据的沉降预测的经验基石。虽然预测方法种类繁多,但是它们的基本原理是基本一致的:假定地基沉降与时间之间的关系是一种已知的曲线模型,然后依据这种曲线关系反算出拟合曲线的计算参数,最后利用确定的曲线公式计算出地基在任意时刻的沉降。沉降预测方法可以分为三大类,具体的分类如图 8-1 所示。

```
                                    ┌ 双曲线拟合法
                                    │
                                    │ 指数曲线拟合法
                                    │
                          ┌ 曲线拟合法 ┤ 星野法
                          │         │
                          │         │ 浅岗法
                          │         │
                          │         │ Asoka法
                          │         │
                          │         └ 泊松曲线法
            沉降预测方法 ┤ 反演分析法
                          │                     ┌ GM(a,b)模型法
                          │                     │
                          │         ┌ 灰色理论预测法 ┤ Verhulst模型法
                          │         │           │
                          │         │           └ 修正的Verhulst模型法
                          └ 系统理论法 ┤ 神经网络计算法
                                    │
                                    │ 最小方差预测法
                                    │
                                    └ 时间序列法
```

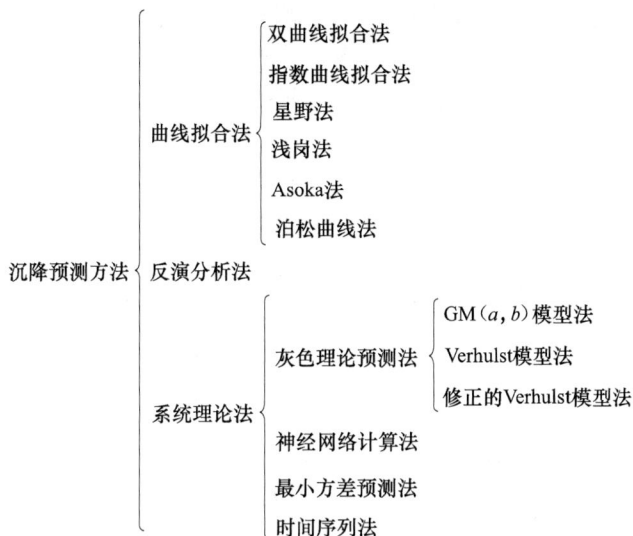

图 8-1　沉降预测方法分类

8.2.1　双曲线拟合法

双曲线拟合往往是从沉降与时间曲线的拐点处开始研究,可以按照以下公式进行拟合:

$$S_t = S_0 + \frac{t}{a + bt} \tag{8-1}$$

式中,t 为从曲线的拐点开始推算的观测时间天数;a 与 b 为待定的系数;S_0 为上述沉降时间曲线在拐点处的沉降(mm);S_t 为对应 t 时间的沉降(mm)。

将式(8-1)变形可得

$$\frac{t}{S_t - S_0} = a + bt \tag{8-2}$$

根据式(8-2),利用最小二乘法原理进行线性回归分析便可得出待定的系数 a、b。这种沉降预测法认为沉降和时间的曲线是一种双曲线形式,基于这种假定之后,推演的计算公式得到极大简化,涉及参数较少,因此比较简单。但是较多的文献资料显示,这种预测模型的适用性较窄,仅对某些沉降情形有较好的拟合性。

8.2.2　指数曲线拟合法

在太沙基阐述的固结理论中,土体中的孔隙水压力与时间的关系是呈指数关系的,在线弹性假定条件下,应力定义固结度与应变定义固结度成为等同的概念,由此可见土体的固结沉降过程也应该满足指数曲线关系,这就是指数曲线拟合法

的理论依据。曾国熙建议地基的固结度按式(8-3)进行计算:

$$U = 1 - ae^{-bt} \tag{8-3}$$

忽略次固结沉降的平均固结度的计算表达式为

$$U = \frac{S_t - S_d}{S_\infty - S_d} \tag{8-4}$$

联立上述两式即可得出指数曲线预测法的预测公式:

$$S_t = (S_\infty - S_d)(1 - ae^{-bt}) + S_d \tag{8-5}$$

为了求出上述预测公式中的参数,可以采用如下的计算方法:从沉降与时间的曲线上取出三个点(S_1, t_1)、(S_2, t_2)、(S_3, t_3),并且满足 $\Delta t = t_1 - t_2 = t_2 - t_3$。将这三个点的值代入式(8-5)中可以得到一个三元一次方程组,然后求解方程便可得出参数值。

$$\begin{cases} S_1 = (S_\infty - S_d)(1 - 8\pi^{-2}e^{-bt_1}) + S_d \\ S_2 = (S_\infty - S_d)(1 - 8\pi^{-2}e^{-bt_2}) + S_d \\ S_3 = (S_\infty - S_d)(1 - 8\pi^{-2}e^{-bt_3}) + S_d \end{cases} \Rightarrow \begin{cases} b = \dfrac{1}{\Delta t}\ln\left(\dfrac{S_2 - S_1}{S_3 - S_2}\right) \\ S_\infty = \dfrac{S_3(S_2 - S_1) - S_2(S_3 - S_2)}{(S_2 - S_1) - (S_3 - S_2)} \\ S_d = \dfrac{S_t - S_\infty(1 - ae^{-bt})}{ae^{-bt}} \end{cases} \tag{8-6}$$

式中,a 与 b 为待定系数,它们是由路基土的性质得出的,并且 a 一般取为 $8\pi^{-2}$;S_∞ 为地基最终沉降(mm);S_d 为瞬时沉降(mm);S_t 为对应 t 时刻的沉降(mm)。

8.2.3 星野法

太沙基一维固结理论指出:当固结度 U 小于 50% 时,它和时间系数 T 之间存在式(8-7)所示的关系:

$$U = \sqrt{4T\pi^{-1}} \tag{8-7}$$

而时间系数 T 由式(8-8)决定:

$$T = C_V t H^{-2} \tag{8-8}$$

式中,C_V 为固结系数;H 为排水距离。

不难发现,固结度与时间系数的平方根成正比,星野在现场进行了大量的实测,获取到的丰富资料显示,总沉降也正比于时间的平方根,其表达式为

$$S = S_0 + S_t = S_0 + \frac{AK\sqrt{t - t_0}}{\sqrt{1 + K^2(t - t_0)}} \tag{8-9}$$

式中,A 与 K 为待定系数;S_0 为假定的瞬时沉降(mm);S_t 为对应 t 时刻的沉降(mm);t_0 为发生瞬时沉降时的时间点。

将上面的式子进行变形可得

$$\frac{t-t_0}{(S-S_0)^2} = \frac{1}{(AK)^2} + \frac{1}{A^2}(t-t_0) \tag{8-10}$$

可以看出,该直线的斜率为 A^{-2},截距为 $(AK)^{-2}$。

假定几组 (t_0,S_0) 的值,然后根据实测的数据绘出 $(t-t_0)(S-S_0)^{-2}$-$(t-t_0)$ 的关系曲线,如图 8-2 所示。取出其中最符合线性关系的一条直线,并求出相应的系数 A 与 K。

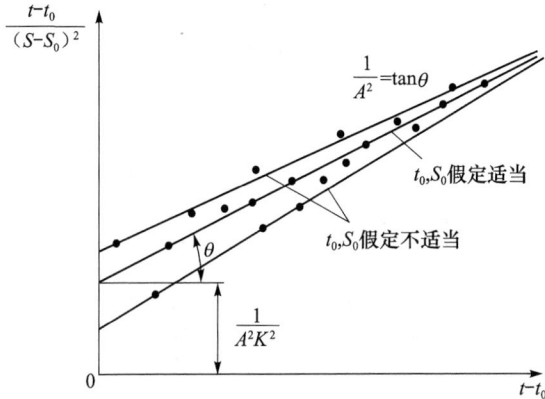

图 8-2　$(t-t_0)(S-S_0)^{-2}$-$(t-t_0)$ 关系图

将得到的系数 A 与 K 代入预测计算公式中就可以计算在 t 时刻的沉降,最终沉降 S_∞ 即在 $t \to \infty$ 时刻的沉降,计算公式为

$$S_\infty = \lim_{t \to \infty}\left[S_0 + \frac{AK\sqrt{t-t_0}}{\sqrt{1+K^2(t-t_0)}}\right] = S_0 + A \tag{8-11}$$

8.2.4　灰色理论预测法

灰色系统理论(grey system theory)是由我国邓聚龙教授在 1982 年首创并发展的,该理论首次被系统地阐述并公开发表于 *Systems & Control Letters* 杂志上的"The Control Problem of Systems"一文。该理论是对系统进行建模、分析、预测和决策的理论,它将"部分信息已知,部分信息未知"的"小样本"、"匮乏信息"等不确定性系统作为研究对象,这些对象甚至可以是随机的、无序的或杂乱无章的量,通过对相对较为匮乏的已知信息的加工处理和提炼,实现对系统运行和演化规律的正确描述和有效监控。由于它具有较高的可靠性、操作性,在诞生至今 30 年左右的时间内已经获得了迅猛发展,被广泛使用,并得到了众多学者的肯定。时至今日,灰色系统理论已经产生了众多的预测模型种类,其中使用较为方便和最多的是 GM(1,1)模型、Verhulst 模型和修正参数的 Verhulst 模型[76-78]。

1) GM(1,1)模型

灰色 GM(1,1)模型是灰色系统理论的基本模型,也是灰色系统理论的基础。其中的 G 和 M 分别是灰色和模型这两个概念的英文首字母。1 代表一阶的、一个变量[76,79,80]。

若有

$$X_0 = (x_0(1), x_0(2), \cdots, x_0(n))$$
$$X_1 = (x_1(1), x_1(2), \cdots, x_1(n))$$

则称 $x_0(k) + ax_1(k) = b$ 为 GM(1,1)模型的原始形式。

若有

$$X_0 = (x_0(1), x_0(2), \cdots, x_0(n))$$
$$X_1 = (x_1(1), x_1(2), \cdots, x_1(n))$$
$$Z_1 = (z_1(2), z_1(3), \cdots, z_1(n))$$

式中

$$z_1(k) = 0.5(x_1(k) + x_1(k-1)), \quad k = 1, 2, \cdots, n$$

则称 $x_0(k) + az_1(k) = b$ 为 GM(1,1)模型的基本形式。

设 X_0 为非负序列,$X_0 = (x_0(1), x_0(2), \cdots, x_0(n))$,$X_1$ 为 X_0 的 1-AGO(一次累加)序列,$X_1 = (x_1(1), x_1(2), \cdots, x_1(n))$,其中 $x_1(k) = \sum_{i=1}^{k} x_0(i)$,$k = 1, 2, \cdots, n$;$Z_1$ 为 X_1 的紧邻均值生成序列,$Z_1 = (z_1(2), z_1(3), \cdots, z_1(n))$。其中 $z_1(k) = \frac{1}{2}(x_1(k) + x_1(k-1))$,$k = 1, 2, \cdots, n$。

若 $\hat{a} = [a, b]^T$ 为参数列,且 $Y = \begin{bmatrix} x_0(2) \\ x_0(3) \\ \vdots \\ x_0(n) \end{bmatrix}$ $B = \begin{bmatrix} -Z_1(2) & 1 \\ -Z_1(3) & 1 \\ \vdots & \vdots \\ -Z_1(n) & 1 \end{bmatrix}$,则 GM(1,1)模型 $x_0(k) + az_1(k) = b$ 的最小二乘估计参数列满足 $\hat{a} = [a, b]^T = (B^T B)^{-1} B^T Y$。

设 X_0 为非负序列,X_1 为 X_0 的 1-AGO(即一次累加)序列,Z_1 为 X_1 的紧邻均值生成序列,则称 $\frac{dx_1}{dt} + ax_1 = b$ 为 $x_0(k) + az_1(k) = b$(GM(1,1)模型)的白化方程(影子方程)。设 $\hat{a} = [a, b]^T = (B^T B)^{-1} B^T Y$,则上述白化方程的解(也称时间响应函数)为 $x_1(t) = \left(x_1(1) - \frac{b}{a}\right) e^{-at} + \frac{b}{a}$,同时得到 GM(1,1)模型 $x_0(k) + az_1(k) = b$ 的时间响应函数序列为 $\hat{x}_1(k+1) = \left(x_0(1) - \frac{b}{a}\right) e^{-ak} + \frac{b}{a}$,$k = 1, 2, \cdots, n$,最后的还原值为 $\hat{x}_0(k+1) = \hat{a} \cdot \hat{x}_1(k+1) = \hat{x}_1(k+1) - \hat{x}_1(k) = (1 - e^a) \cdot$

$$\left(x_0(1)+\frac{b}{a}\right)e^{-ak}, k=1,2,\cdots,n。$$

2）Verhulst 模型

灰色 Verhulst 模型是在 Verhulst 理论基础上发展起来的，它是德国数学家兼生物学家 Verhulst 在 1837 年提出的一种单序列一阶非线性模型，主要用来描述具有饱和状态的过程，该过程也被称为 S 型过程。一般来说，地基的沉降由三部分构成，即瞬时沉降、固结沉降以及次固结沉降，它与填筑高度的关系可用图 8-3 来描述。由图可以看出，沉降曲线近似为 S 型曲线，因此用该模型来预测沉降是合适的[81-83]。

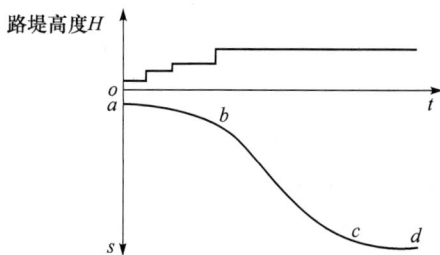

图 8-3　沉降与路堤填筑高度的关系

设原始数列为 $x^{(0)}=(x_1^{(0)},x_2^{(0)},\cdots,x_n^{(0)})$，则可以将（1-IAGO）数列定义为 $x^{(1)}=(x_1^{(1)},x_2^{(1)},\cdots,x_n^{(1)})$，其中 $x_k^{(1)}=\sum_{i=1}^{k}x_i^{(0)}(k=1,2,\cdots,n)$。另外，$z^{(1)}$ 为 $x^{(1)}$ 的紧邻均值生成序列，$z^{(1)}=(z_2^{(1)},z_3^{(1)},\cdots,z_n^{(1)})$，$z_k^{(1)}=0.5(x_k^{(1)}+x_{k-1}^{(1)})$，$k=2,3,\cdots,n$，则 $x^{(0)}+az^{(1)}=b(z^{(1)})^2$ 称为 Verhulst 模型，其白化方程为 $\frac{\mathrm{d}y^{(1)}}{\mathrm{d}x}+ax^{(1)}=b(x^{(1)})^2$，其中 a、b 为参数。当 $\hat{a}=(a,b)^{\mathrm{T}}$，且矩阵 B 和 Y 满足 $B=\begin{bmatrix}-z_2^{(1)} & (-z_2^{(1)})^2 \\ -z_3^{(1)} & (-z_3^{(1)})^2 \\ \vdots & \vdots \\ -z_n^{(1)} & (-z_n^{(1)})^2\end{bmatrix}$，$Y=\begin{bmatrix}x_2^{(0)} \\ x_3^{(0)} \\ \vdots \\ x_n^{(0)}\end{bmatrix}$，参数 $\hat{a}$ 的最小二乘估计满足 $\hat{a}=(B^{\mathrm{T}}B)^{-1}B^{\mathrm{T}}Y$，其时间响应函数（白化方程的解）为 $x_t^{(1)}=\frac{ax_0^{(1)}}{bx_0^{(1)}+(a-bx_0^{(1)})e^{at}}$，灰色 Verhulst 模型的最后还原值为 $\hat{x}_{k+1}^{(1)}=\frac{ax_0^{(1)}}{bx_0^{(1)}+(a-bx_0^{(1)})e^{ak}}$。

8.2.5　各种预测方法的优缺点评述

双曲线预测法是各种预测方法中最简单的一种，应用也较为广泛，它涉及的未知量个数较少，容易求得预测公式。工程实践证明：该方法对于最终沉降的预测较为理想，但是在沉降与时间的曲线规律拟合方面存在较大的缺陷，这可能是因为双曲线拟合预测方法不涉及固结过程的研究，也不包含固结度等参数。同时，由于双曲线存在明显的反弯点，并且这个反弯点对于曲线的走势规律存在较大的影响，所以在获取实测数据时往往要求它们必须延伸至双曲线的反弯点,否则预测结果的可信度会大幅度下降。

指数曲线拟合法最大的优点是,它是建立在太沙基一维固结理论之上的,所涉及的每一个参数都具有明确的物理力学意义,反映了土的基本指标值,对现场有较为逼真的模拟。但是对于指数曲线拟合法的参数求解过程中,一般都是采用三点法,这就存在较大的人为性,不同的人选择的实测参数会不尽相同,因此反演得到的参数也会有一些变化,这就使得拟合效果可能会失真,这是指数曲线拟合法的最大缺陷。

灰色系统理论预测需要的原始数据比较少,这是灰色系统理论区别于其他预测手段的最大亮点,同时其预测结果的可靠性并不会因此而降低。传统的预测手段,如线性、非线性拟合或者模糊数学等往往都需要大量的数据作为支撑,并且对数据的规律性要求较高。灰色系统理论将随机量视为灰色量,将随机过程视为灰色过程,因此它不需要较大的样本数据,只需要依据现有的少量的数据累加而整理出其深层次存在的规律,并建立模型分析结果[59]。其次,灰色预测过程并不依赖复杂的数据分析,过程较为简单。和大多数预测分析手段一样,灰色系统理论也是建立在数学模型基础之上的。虽然灰色系统理论的数学原理相对高深,但是它已经形成了固定的程序计算步骤,并且可以借助计算机进行数据处理,可以快速地得出答案。同时,灰色系统理论对源数据的规律性要求较低,不仅可以应用于中、短期预测,还可以应用于长期、动态的预测,因而其适用面相对更加广阔。但是灰色系统理论最大的缺点在于它往往只适合于短期预测,而长期时间内的沉降预测则必须依赖于新增数据对模型的重新修正。

8.3　沉降观测与沉降预测

8.3.1　沉降观测

安邵高速公路途经娄底涟源,其煤矸石堆积丰富,设计方案采用煤矸石作为路基填料,用于施工。在湖南地区煤矸石作为填筑材料施工,经验尚且不足。"高速公路煤矸石路基填料工程应用研究"(湖南省交通运输厅立项项目)课题以安邵高速公路 TJ2 标施工段 K127+612 至 K127+863 为试验段,通过现场试验研究煤矸石用作高速公路路基的施工技术与工程应用情况。现场施工时,将施工路段的 K127+720 剖面作为试验段,埋设土压力盒、竖向应变计等元器件如图 8-4 所示,对土压力以及沉降等指标进行观测,以期指导后续施工,观测得到的沉降如图 8-5 所示。

从沉降的观测曲线形式来看,煤矸石路堤本体的沉降规律与其他类型土的沉降规律较为类似,同时存在小部分的差异,这主要体现在以下几个阶段:

(1) 沉降开始发生阶段,对应于沉降曲线的 AB 段。在此阶段,施工刚刚开始,

图 8-4　现场竖向应变计埋设

路堤本体的自重荷载比较小,煤矸石处在压碎和振动密实的弹性阶段,沉降从 0 开始,沉降的速率比较大。随着填筑路基高度的增加,沉降几乎呈现出线性增加的趋势。

(2)沉降缓慢增长阶段,对应于沉降曲线的 BC 段。理论上,这个阶段并非标准沉降曲线的必经阶段,但是往往在沉降观测过程中,受施工的非连续性等因素的影响,尤其是在填筑高度较小时,沉降曲线往往会变缓,甚至接近水平直线。图中 BC 段对应的是受降雨的影响,施工暂停的过程,这个过程中煤矸石路堤仅有很少部分的沉降增加。

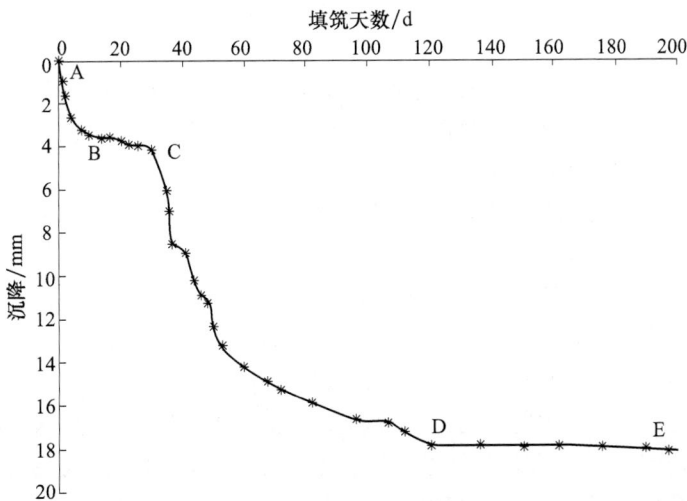

图 8-5　沉降观测曲线

（3）沉降发展阶段，对应于沉降曲线的 CD 段。这个阶段往往都是沉降曲线的主要部分，大多呈现出 C 型。在这个阶段中，随着填筑路堤高度的不断增加，荷载也随之增大，煤矸石由弹性阶段转变为弹塑性阶段，随着塑性区的不断发展，沉降也随之增加，直至荷载不再增大。

（4）沉降稳定阶段，对应于沉降曲线的 DE 段。路堤填筑结束之后，荷载不再有太大变化，但是此时的煤矸石尚未完成固结，再加上煤矸石的流变特性，沉降随着时间的推移会略有增加，但是增加的量非常小，最后趋于稳定而不再增加。

8.3.2　沉降预测

本节采用双曲线拟合法、指数曲线拟合法、星野法以及灰色理论法中的 Verhulst 模型对实测工点的沉降进行预测，预测的拟合曲线如图 8-6 所示。从观测到的沉降来看，煤矸石路基的沉降在第 120 天时达到稳定，不再继续增加。受施工进度等因素的影响，沉降曲线在开始后的一段时间内，沉降增加很小，这主要是受到此时路堤填筑的高度比较小，并且暂停施工一段时间等原因所致。整个路堤沉降的曲线大致呈现出 C 型，从四种不同的预测方法的预测结果曲线来看，呈现出如下特点。

（1）四种不同方法得到的预测曲线都大致呈现为 C 型。如果就沉降观测曲线的发展阶段和稳定阶段来看，它们也是呈现出 C 型，从这一点来看其大致趋势是满足原来曲线的规律的。但是就沉降观测曲线的整个曲线状况来看，其呈现 S 型，虽然 S 型的上半部分不太明显，这些预测模型暂时未能描绘出这一规律。但是事实上很难有一种预测模型能够相当精确地描绘原曲线的规律，而且在本例中 S 型曲线的上半部分一般所占比例较小，因此可以认为预测结果有一定的可信度。

（2）就本例而言，双曲线拟合的结果与指数曲线拟合的结果在曲线形式上存在较大的类似性，这一结果和文献[64]的结论是一致的。事实上，对于一般的沉降曲线拟合，这两种方法得到的曲线往往有较大的类似性，并且两种拟合曲线的沉降速率往往都比较大，很快就会收敛。因此对一些软基或者沉降完成比较快的路基沉降进行模拟时，这两种曲线的拟合结果会更加理想。

（3）虽然双曲线和指数曲线拟合的结果在曲线大致的走势上和原沉降曲线比较接近，但是拟合的结果并不理想，只是双曲线拟合在最终沉降的预测方面有不错的表现。煤矸石路基填筑施工时，有一个振动压密的过程，加之煤矸石的自身结构性比较好、强度比较高、含水率也不大，因此其沉降发生过程较为缓慢，并且沉降也较小，这样的沉降规律用上述两种曲线拟合法来进行拟合时效果欠佳。

（4）从曲线的拟合程度来看，星野法与 Verhulst 模型法拟合的结果相对更为理想一些。但是 Verhulst 模型法的曲线无法描述沉降开始的部分，因而有一定的局限性，同时，虽然其对沉降的发展过程的中间部分拟合效果非常理想，但是它在沉降稳定阶段以及最终沉降的预测方面却不尽如人意。因此，该方法对于沉降预测的中间

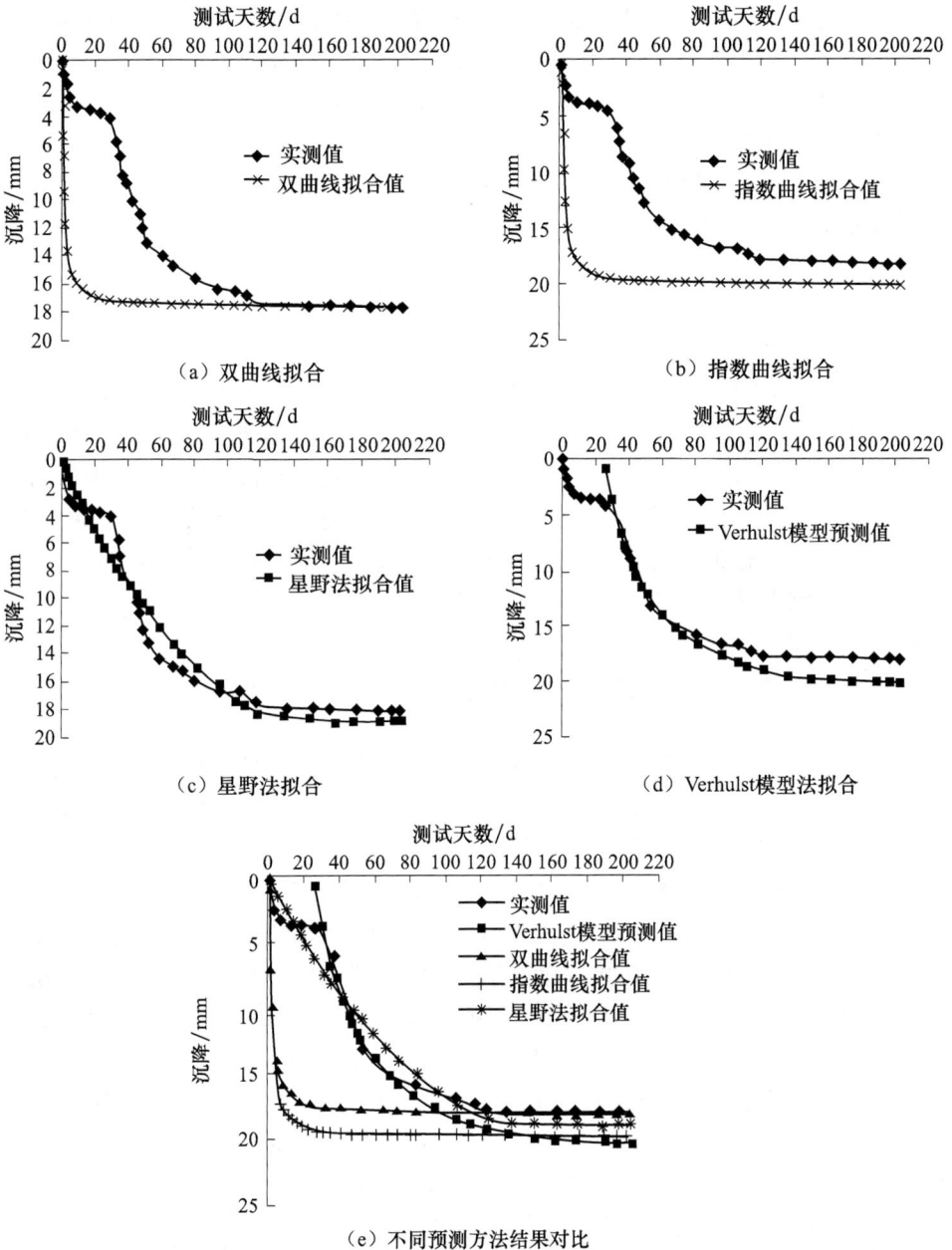

（a）双曲线拟合

（b）指数曲线拟合

（c）星野法拟合

（d）Verhulst模型法拟合

（e）不同预测方法结果对比

图 8-6　K127＋720 剖面煤矸石路堤本体沉降预测

部分(第 30 天开始至第 120 天)可以被当成可信度较高的部分加以参考。星野法的优势在于它对沉降预测的全过程的准确性,其拟合曲线穿过了原来的沉降观测曲线,没有精确拟合的部分均分居两侧,并且偏离值较小。星野法在最终的沉降拟合方面虽然达不到双曲线拟合的效果,但是已经有一定的精度,而且开始收敛的时间和实际的时间也是一致的,这是它的又一突出优势,因为在实际工程中(尤其是道路和铁道工程中)路基沉降何时开始收敛是一个非常重要的参数。

(5) 从沉降的极限值来看,观测的沉降稳定在 18mm 左右,双曲线拟合的结果非常接近于真实值,星野法的拟合结果在合理的接受范围之内(为 19mm 左右),但是指数曲线法和 Verhulst 模型法拟合的结果则均偏大(达到了 21mm 左右),与真实值有一定的差距。

(6) 由于土的种类众多、地基情况的千变万化等因素的影响,地基(路堤)沉降不尽相同,曲线变化也比较大,所以尽管时至今日沉降拟合预测方法众多,也很难有一种拟合方法能够绝对逼真地预测沉降观测值。现在比较主流的做法是:以路基或者路堤本体的沉降观测值作为起始依据,选择不同的拟合方法得到拟合曲线,并将不同的曲线和观测沉降曲线加以对比,尽可能地选择合理的曲线作为预测曲线。近年来有不少学者开始着手研究基于多种拟合曲线的变权重组合预测方法,理论上这是一种更加合理的方法,但是其中的权重系数是模糊的变量,并且受人为因素的影响较大,所以其价值有待工程实践的论证。

8.4　基于模糊随机可靠度理论的沉降预测结果评价

随机性和模糊性是实际生活与生产中普遍存在的两种现象。事件结果的偶然性和不确定性是随机性出现的根本原因,同时它涉及的概念是清晰的。例如,"道路交叉口汽车拥堵情况"、"一批货物的抽检合格率"等都是随机性事件的案例。而模糊性则是生活中涉及的界定概念不够清晰的现象,例如,"山峰峻峭"与"山峰不峻峭"、"河水清澈"与"河水不清澈",这些概念之间没有较为清晰和明显的界定,它们的产生来自于主体对于客体事物之间的认知偏差。上述随机性和模糊性在工程中无处不在。

用模糊随机可靠度理论评价沉降预测的结果是比较合理的,因为沉降预测的评价本身就存在明显的模糊性和随机性。这主要表现在如下几个方面:

(1) 引起路堤沉降变化的因素众多,更为重要的是,路堤沉降可能受到自然界中某些随机性荷载或者因素的影响而发生改变,这些影响可能会导致路堤某个断面发生较大沉降或者在某个断面出现较大差异沉降,从而使得路堤沉降存在随机性。

(2) 煤矸石材料本身就存在较大的模糊性,煤矸石的分类、颗粒级配特征、风化程度、施工中的振动压实特性等都有不清晰的特点,因此难以界定优良煤矸石填筑材料和非优良煤矸石填筑材料这类相对概念。所以用它作为路堤填筑材料,其沉降必然出现一些不可预知的模糊性。

(3) 施工沉降的概念非常清晰,但是其实测值往往并非绝对真实,因为这些测试值往往会受到天气因素、人为因素以及仪器准确程度等的影响。同时路堤沉降或者变形过大、较大等概念之间没有比较明显的界定标准,沉降预测的方式多种多样,如何选择也具有一定的随机性,并且拟合效果的优良性之间难以简单断定,总之这一切都使得沉降的预测都有较大的随机性和模糊性。

8.4.1　模糊随机可靠度理论相关函数的建立

煤矸石路堤沉降的极限状态可定义为在某一时刻无法承受继续变形而达到容许值。如果不考虑随机模糊性,在传统的可靠度理论前提下,煤矸石路堤沉降的极限状态方程可以由沉降的容许值 R 和沉降 ΔS 按照下面的计算式给出:

$$Z = R - \Delta S = 0 \tag{8-12}$$

如前文所言,路堤沉降的评价和预测其实是一个模糊随机的概念,路堤是否达到沉降的破坏界限并非如式(8-12)所描述的那样精确,它应该是在 0 附近的一个区间段 $[a,b]$ 内,那么式(8-12)所述功能方程可写成下面的模糊功能函数:

$$\underset{\sim}{Z} = R - \Delta S \begin{cases} > b, & 可靠 \\ \in [a,b], & 模糊极限状态 \\ < a, & 失效 \end{cases} \tag{8-13}$$

将上述两种不同的极限状态用函数图像表示,如图 8-7 所示。

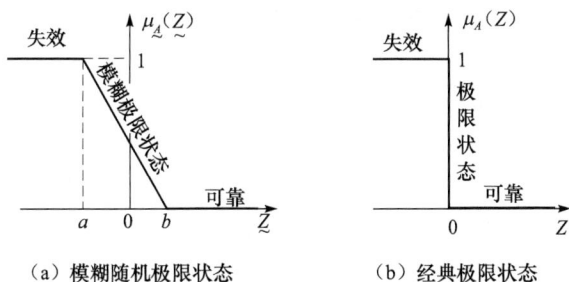

图 8-7　两种不同的路堤沉降极限状态

从图 8-7 中可以很明显地看出,在经典极限状态理论下,可靠与失效的界限非常明显和清晰,中间没有过渡阶段,这显然过于绝对。而随机模糊理论下的极限状态函数图像有一个明显的过渡段,不像经典极限状态函数非黑即白,而存在一个过渡的灰色过渡段。

8.4.2　模糊随机失效概率的计算

在计算模糊随机失效概率之前必须先确定模糊随机变量的隶属函数形式,因为隶属函数是用于描述变量的模糊程度的。工程上多采用三分法、专家打分法、模糊统计法等来确定隶属函数的具体形式,此处的隶属函数 $\mu_A(\underset{\sim}{Z})$ 根据文献[64]取如下的偏小型梯形分布：

$$\mu_{\underset{\sim}{A}}(\underset{\sim}{Z}) = \begin{cases} 1, & \underset{\sim}{Z} < a \\ \dfrac{b - \underset{\sim}{Z}}{b - a}, & a \leqslant \underset{\sim}{Z} \leqslant b \\ 0, & \underset{\sim}{Z} > b \end{cases} \tag{8-14}$$

式中，$\underset{\sim}{A}$ 表示路堤因沉降过大而破坏这一模糊事件，$\mu_{\underset{\sim}{A}}(\underset{\sim}{Z})$ 表示路堤沉降的极限状态隶属于路堤失效这一模糊事件的程度；a、b 为待定参数。

　　模糊事件的另一方面：路堤发生较大变形而不失稳破坏用 $\underset{\sim}{B}$ 表示，那么其隶属函数根据文献[65]取如下的偏大型梯形分布：

$$\mu_{\underset{\sim}{B}}(\underset{\sim}{Z}) = \begin{cases} 1, & \underset{\sim}{Z} < a \\ \dfrac{\underset{\sim}{Z} - b}{b - a}, & a \leqslant \underset{\sim}{Z} \leqslant b \\ 0, & \underset{\sim}{Z} > b \end{cases} \tag{8-15}$$

　　模糊事件 $\underset{\sim}{A}$ 的概率（模糊失效概率 P_f）可以按照下面的计算式进行计算：

$$P_f = P(\underset{\sim}{A}) = \int_{-\infty}^{+\infty} \mu_{\underset{\sim}{A}}(\underset{\sim}{Z}) f_{\underset{\sim}{Z}}(\underset{\sim}{Z}) \mathrm{d}\underset{\sim}{Z} \tag{8-16}$$

很明显，模糊可靠度可以按照式(8-17)进行计算：

$$P_r = 1 - P_f \tag{8-17}$$

进一步得出模糊可靠度指标为

$$\beta = \Phi^{-1}(1 - P_f) = \Phi^{-1}(P) \tag{8-18}$$

式(8-16)中，$f_{\underset{\sim}{Z}}(\underset{\sim}{Z})$ 为模糊事件的概率密度。按照最一般的情况，假定模糊随机变量 $\underset{\sim}{Z} \sim N(\mu, \sigma^2)$，则式(8-16)可以转化为下面的计算形式：

$$P_f = \int_{-\infty}^{b} \mu_{\underset{\sim}{A}}(\underset{\sim}{Z}) \frac{1}{\sqrt{2\pi}\sigma_{\underset{\sim}{Z}}} \exp\left[-\frac{1}{2}\left(\frac{\underset{\sim}{Z} - \mu_{\underset{\sim}{Z}}}{\sigma_{\underset{\sim}{Z}}}\right)^2\right] \mathrm{d}\underset{\sim}{Z}$$

$$= \int_{-\infty}^{a} \frac{1}{\sqrt{2\pi}\sigma_{\underset{\sim}{Z}}} \exp\left[-\frac{1}{2}\left(\frac{\underset{\sim}{Z} - \mu_{\underset{\sim}{Z}}}{\sigma_{\underset{\sim}{Z}}}\right)^2\right] \mathrm{d}\underset{\sim}{Z} + \int_{a}^{b} \frac{b - \underset{\sim}{Z}}{b - a} \frac{1}{\sqrt{2\pi}\sigma_{\underset{\sim}{Z}}} \exp\left[-\frac{1}{2}\left(\frac{\underset{\sim}{Z} - \mu_{\underset{\sim}{Z}}}{\sigma_{\underset{\sim}{Z}}}\right)^2\right] \mathrm{d}\underset{\sim}{Z}$$

$$= \Phi(k_1) + k_3\left[\Phi(k_2) - \Phi(k_1)\right] - k_4\left[\exp\left(-\frac{k_1^2}{2}\right) - \exp\left(-\frac{k_2^2}{2}\right)\right] \tag{8-19}$$

式中

$$k_1 = \frac{a - \mu_{\underset{\sim}{Z}}}{\sigma_{\underset{\sim}{Z}}}, \quad k_2 = \frac{b - \mu_{\underset{\sim}{Z}}}{\sigma_{\underset{\sim}{Z}}}, \quad k_3 = \frac{b - \mu_{\underset{\sim}{Z}}}{b - a}, \quad k_4 = \frac{\mu_{\underset{\sim}{Z}}}{\sqrt{2\pi}(b - a)}$$

8.4.3　煤矸石路堤沉降的模糊可靠度及其指标计算

　　将煤矸石路堤沉降预测值与沉降容许值代入式(8-13)，可基于样本估算出模

糊随机变量 $\tilde{Z}$ 的均值 μ 与方差 σ^2。此处为了计算简便,取 $a+b=0$ 且 $|a|=|b|=\sigma$ 计算出隶属函数的具体表达式(8-14)及式(8-15),进而可以按照式(8-17)～式(8-19)计算得到煤矸石路堤沉降的模糊失效概率、模糊可靠度指标以及模糊可靠度等值,计算得到的结果如图 8-8 和图 8-9 所示。

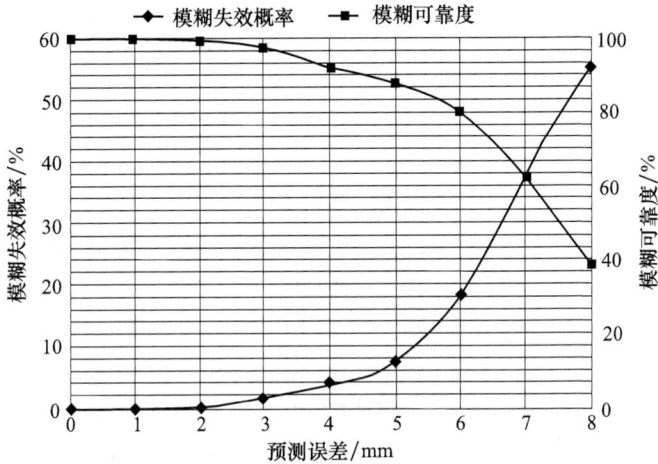

图 8-8　模糊可靠度与失效概率计算结果

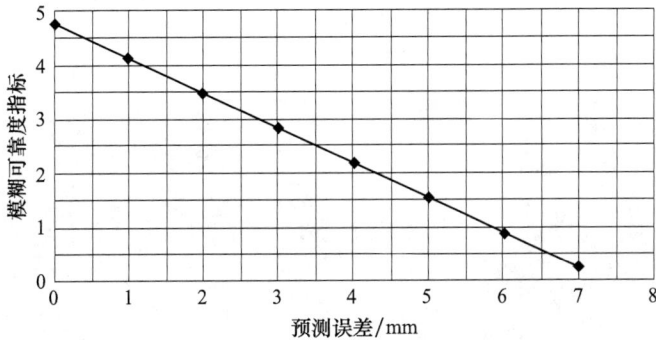

图 8-9　模糊可靠度指标计算结果

从图 8-8 来看,在观测沉降为 20mm 左右以及预测沉降和观测沉降误差在 2mm 内时,模糊可靠度较高,模糊失效概率很低,可以认为预测的可信度较高,一旦超过 3mm,预测失效的可能性则急剧上升。同时结合前面的预测结果来看,虽然预测的精度有限,但是其误差基本都维持在 3mm 以内,因此从预测的可信度和可靠度上来说效果较为理想。

第 9 章　煤矸石路堤病害分析与防治

9.1　涵洞病害工程实例

9.1.1　工程概况

溆怀高速公路 K124＋760 处设有一个 4m×4m 钢筋混凝土盖板型涵洞通道,通道长 46.38m,左幅 24.69m,填土高 1.12m,墙身厚 1.18m,右幅 21.69m,填土高 2.97m,墙身厚 0.9m。涵洞采用整体式基础,基础厚 1m。该处路堤填土为当地煤矸石。该涵洞通道主要满足当地居民至大王冲伐木和日常通行需求,同时兼顾疏排大王冲峡谷汇水。

2012 年 5 月 9 日、7 月 16 日,该地段发生山洪;8 月 8 日,施工标段人员发现通道右侧在大里程方向第 2～4 块板和小里程方向第 1～2 块板均出现水平裂缝。缝体贯穿每块板的墙身。缝体距离顶板约 1.10m,平均缝宽 3mm,最大处 5mm,最小处 1～2mm(图 9-1)。考虑到缝隙情况严重,影响施工质量,又担心煤矸石填料成分不明,考虑其是否有较大膨胀性,2013 年 2 月 5 日,项目部组织挖除了涵洞台背回填土,并破除开裂墙身。

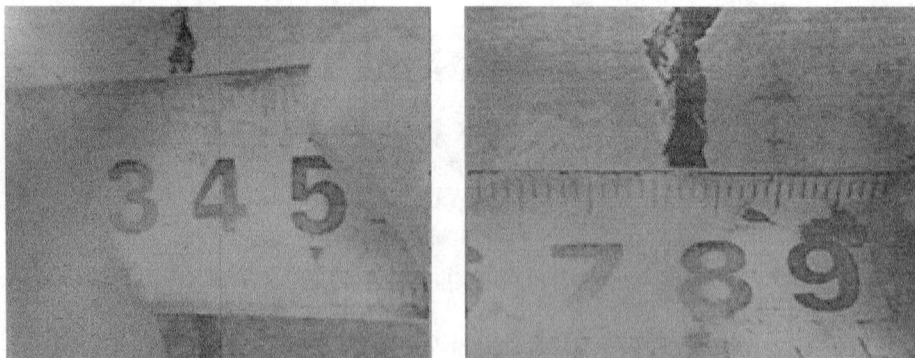

图 9-1　涵洞裂缝图

9.1.2　涵洞沉降点监控

在发现涵身出现裂纹后,施工方委托作者对涵洞底面进行了沉降监控。监控点为涵洞底面,底面的跨度为 1583cm,共有 8 处观测点,每个测点的间距为

197.5cm,具体位置详见图 9-2。

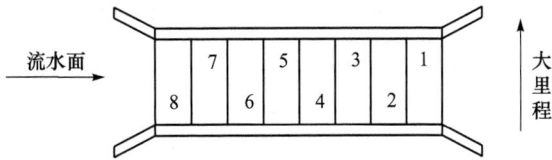

图 9-2　K124+760 盖板涵洞沉降监控点布置示意图

涵洞底面下沉沉降量观测是从 2012 年 8 月 13 日开始的,结束时间为 2013 年 1 月 8 日。一共分为 6 次观测,分别为 2012 年 8 月 13 日(0d)、2012 年 8 月 25 日 (12d)、2012 年 10 月 12 日(60d)、2012 年 10 月 27 日(75d)、2012 年 11 月 28 日 (105d)和 2013 年 1 月 8 日(145d)。

从观测数据来看(图 9-3),各点均发生沉降,其中 1 号点 145d 后的最终沉降为 5mm,2 号点 145d 后的最终沉降为 6mm,3 号点 145d 后的最终沉降为 13mm,4 号 点 145d 后的最终沉降为 8mm,5 号点 145d 后的最终沉降为 6mm,6 号点 145d 后 的最终沉降为 7mm,7 号点 145d 后的最终沉降为 8mm,8 号点 145d 后的最终沉降 为 9mm。

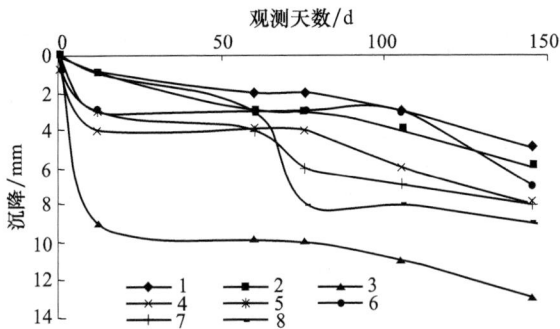

图 9-3　各观测点沉降变化

由图 9-4 可以看出,各点在每次观测的沉降是不相同的。为了测出相对沉降, 不妨以 1 号观测点为参照点,图 9-5~图 9-9 是每次观测的相对沉降,其中 3 号、4 号、7 号、8 号点的相对沉降相比其他位置要大一些。与前面工程概况中提到的通 道右侧大里程方向第 2~4 块板(3 号和 4 号测点位置),小里程方向第 1~2 块板(7 号和 8 号测点位置)出现水平裂缝是一致的。

鉴于是出现裂缝后才进行的沉降观测,因此并没有采集涵洞底面从施工开始 到出现裂缝这一段时间的沉降。根据工程经验分析,这段时间的沉降会比现在测 出的沉降大很多,这也可能是导致涵洞开裂、出现病害的一个主要原因。

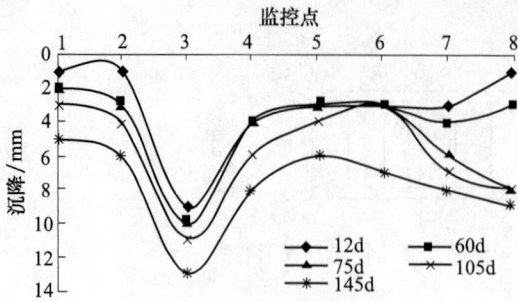

图 9-4　各监控点沉降时程变化

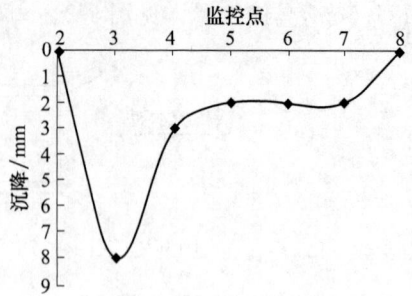

图 9-5　12d 相对沉降

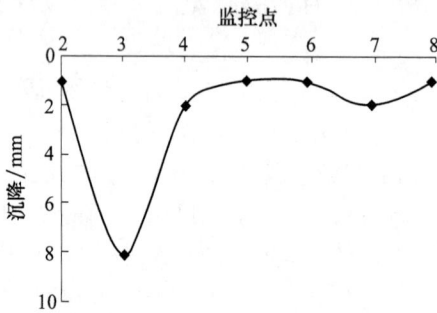

图 9-6　60d 相对沉降

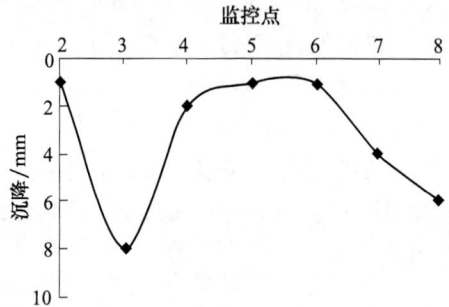

图 9-7　75d 相对沉降

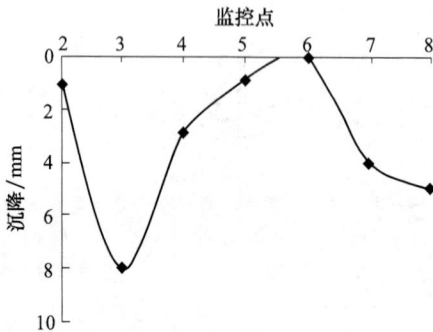

图 9-8　105d 相对沉降

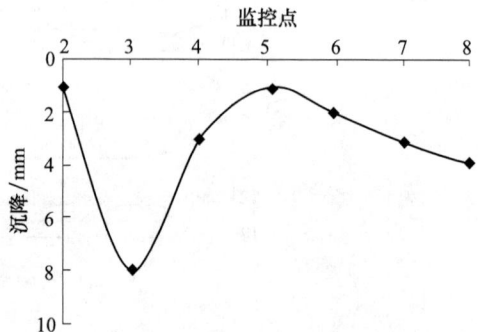

图 9-9　145d 相对沉降

9.2　煤矸石作为路堤填料的不足

9.2.1　材料自身缺陷

煤矸石作为一种类石土,因其材料自身的缺陷,一般不作为填筑路堤的首要选择。煤矸石因为是土石混合大小不一,级配不良,例如,安邵高速公路段煤矸石采料区几个煤矿的煤矸石颗粒级配就不是很理想,粒度分布范围非常大,从几十厘米的砾石到 1mm 以下的细小颗粒(煤灰),其中主要部分是粗粒组中的砾粒成分,所占比例达 90%。煤矸石的粗粒土部分强度低,易于破碎,使得煤矸石在压实过程中空隙会有大的减少,这也就解释了煤矸石填筑路堤内的涵洞会有较大不均匀沉降的原因。

煤矸石的矿物成分也比较复杂,其矿物主要是由成矿母岩演变而来的,一部分诸如硅酸盐类、磷酸盐类、氧化物类和硫化物类组成了原生矿物;另一类是次生矿物,这也是矸石中能量较大、最有化学活性和影响煤矸石性质的部分。许多如可塑性、膨胀收缩性等物理性质,吸水性等化学特点,力学特性等取决于次生矿物。次生矿物的种类有简单盐类、三氧化物类和次生铝硅酸盐类。煤矸石中除了有矿母岩演变的矿物,还有黏土矿物和非黏土矿物。黏土矿物中蒙脱石的含量高低会直接影响煤矸石的膨胀性,该类物质在膨胀土中含量较大,在煤矸石中分布不多,但也不排除个别矿区的煤层中含有这类物质。蒙脱石的晶体构造层间含有一些能够与水交换的阳离子,还有较高的离子交换量,因此具有较高的吸水膨胀能力。尽管在安邵高速公路的煤矸石矿物成分分析中并未检测到蒙脱石,但不能说明在其他地区的煤矸石矿物成分中没有该类成分。如果煤矸石中的蒙脱石含量过高,是不宜作为路堤填筑材料的。

在煤矸石的化学成分中,一般 SiO_2 含量约占到 2/3,这与煤矸石矿物组成中石英的高含量密不可分。除了 SiO_2,煤矸石中还有 Fe_2O_3、Al_2O_3、K_2O 和 CaO 等,但这些成分的含量很低。一般情况下,煤矸石中 SiO_2 等氧化物含量远大于 60%,性能比较稳定,且没有明显不适于路基填筑的成分。但如 CaO 这类亲水活性氧化的含量达到一定比例,也会影响煤矸石的活性,CaO 即人们常说的"生石灰",其遇水后与水反应,即会生成"熟石灰"$Ca(OH)_2$,需要注意的是,在这个化学反应过程中还会产生大量的热量。这部分热量会在煤矸石路堤内富集,直接作用在涵洞混凝土板上,使其产生温度应力。

煤矸石是在产煤过程中遗弃的矸石,煤矸石中的煤炭成分是作为路堤填料的隐患。一方面,高碳量的煤矸石大体积堆积在路堤中会有热量的富集,当热量积蓄到可燃物的燃点时,引起混在矸石里的炭自然,再引起整个煤矸石路堤的自燃。自燃后,煤矸石路堤内部温度可达 $800 \sim 1000℃$,会放出大量有害气体。另一方面,含碳量较高也会影响煤矸石的力学强度,使得煤矸石呈现"泥性",不易于用做路堤填料,所以一般宜选取含碳量少的红色矸石或灰色矸石,较少或不用含碳量较大的黑色矸石。

案例中的涵洞,在施工时没有注意到这一点,直接将基础附着在疏松的地基上,根据观测,该涵洞下地层为当地煤系地质分布区域,因此基础不牢,发生了沉降。另外,对于煤矸石的分析也没有深入研究,后来经过检测,该处的煤矸石具有强膨胀性,填筑后的煤矸石不断膨胀变形挤压涵洞板,使得涵洞发生过量变形,造成后来的质量问题。

9.2.2　施工阶段的问题

煤矸石路堤因其材料的特殊性,往往会出现施工阶段压不实和遇水松散的现象。造成这两方面的原因,一是煤矸石的级配有重新组合的情况,这是煤矸石区别于其他填料土的特点,较小的颗粒填充进入大颗粒的空隙中,大颗粒受压粉碎,颗粒变小,大小两种颗粒又有各自的硬度和形状,一般小颗粒成粉状,大颗粒成石状,很难压密成为统一的整体;二是煤矸石易与水反应,大颗粒遇水变软,分散开来,小颗粒煤灰与水混合,发生"胶凝"现象,使得煤矸石成坨成块,原本压实成型的煤矸石又出现松散情况。

煤矸石原材料常与其他物质混杂,如生活垃圾、建筑垃圾等,分散挑选煤矸石也是一个费时费力的工作,在施工阶段往往存在赶工期、嫌麻烦,没有对材料进行处理,煤矸石伴随着一些其他杂物一并填入路堤,这样的情况就会影响煤矸石路堤的稳定性。

煤矸石呈散性,如果施工阶段不对其做包边处理,压实成型的路堤会很快出现材料散落、破脚现象,煤矸石路堤内也会出现沟壑,不易于路堤的长期使用。

9.3　煤矸石的污染特性

9.3.1　煤矸石的成分概述

煤矸石的主要成分是无机矿物质,其元素组成为氧、硅、铝、铁、钾、钠、钦、钒、镍、硫、磷等,前八种元素占煤矸石总量的 98% 以上。碳、氢、硫与氧,常形成煤矸石中的有机质。我国煤矸石中的含硫量大部分比较低,小于 1%,但也有少部分煤矸石硫含量相当高,常以黄铁矿形式存在,是宝贵的硫黄资源。煤矸石中的微量元素主要有砷、铜、镉、铬、铅、锌、铁、锰、氟、汞、硒、氯、镓、锗、铀等。煤矸石中的微量元素有些(如 As、F、Cd 等)具有毒性,在煤矸石的产生和加工过程中会对环境产生一定的负面影响。

SO_4^{2-}、NO_3^- 和 Cl^- 是煤矸石污染研究中最为常见的酸根离子。这些酸根离子会破坏土壤结构、降低土壤肥力、腐蚀输水管路、引起人类腹泻等环境问题,硝酸盐在人体中会被还原成亚硝酸盐,进而可能会引起智力下降、诱导消化系统癌变等,危害人类健康。

多环芳烃(polycyclic aromatic hydrocarbon,PAHs)是一种由两个或两个以上苯环以线性排列、弯接或簇聚方式构成的有机污染物。PAHs 属于土壤中常见的难降解有机污染物,且随着苯环数量的增加,其可降解性逐渐变差,但与土壤的吸附结合能力却逐渐增强。由于它独特的危害性,美国 EPA 早在 20 世纪 80 年代就将其列为优先控制污染物。我国现行土壤环境质量标准中虽然未包括 PAHs,但近年也开始将其列入优先监测的污染物名单。以往研究一般关注煤炭燃烧过程中产生的大量 PAHs 对大气环境的污染,但是随着近年来煤矸石资源化利用途径的不断扩展,其利用过程中的二次污染问题,尤其是持久性有机物 PAHs 对土壤的污染问题,逐渐开始受到关注。但是目前对煤矸石 PAHs 的种类分布研究较少。

具体来说,煤矸石中微量元素的来源有如下几种方式:

(1) 微量元素呈真溶液或胶体溶液运移,由供给区通过地下水或地表水流入泥炭沼泽之中。

(2) 微量元素从供给区以机械搬运形式进入泥炭沼泽,如水流将碎屑矿物搬运来,或由风携带,或由火山喷发而落到泥炭沼泽中。

(3) 植物从当地土壤之中吸收了微量元素,当植物死亡之后,其残体富集的微量元素被转移到煤和煤矸石中。

(4) 微量元素从煤层围岩深部以化学运移的方式进入煤层顶板、夹矸和底板中。例如,含有部分微量元素的液体渗到煤和煤矸石中的孔隙和裂隙中而沉淀下来。

9.3.2　煤矸石的元素分析

通过原子吸收分光仪测定,本次试验所用煤矸石含有的主要元素如表 9-1 所示。

表 9-1　煤矸石微波消解后的成分(单位:$\mu g/g$)

成分	含量	成分	含量	成分	含量	成分	含量
Ag	41.67	Ca	661.67	Fe	6381.11	Na	6128.33
Al	58205.56	Co	5.00	K	6555.00	Ni	21.11
B	8863.33	Cr	78.33	Mg	1438.33	Sn	176.11
Ba	121.67	Cu	11.11	Mn	28.33	Zn	30.83

由表 9-1 可知,该煤矸石样品中含有大量的铝、硼、铁、镁、钾、钠和钙等元素,以及少量的铜、铬、锌、锰、硒、镍、钴、钡和银等元素,有毒元素的含量较低。

9.3.3　煤矸石 PAHs

煤矸石样品中检测到的 PAHs 优先控制物质主要包括萘、苊、芴、菲、蒽、苯并(b)荧蒽、苯并(a)芘、苯并(g,h,i)苝、茚并(1,2,3,-cd)芘、二苯并(a,h)荧蒽等 10 种,其总含量为 2.86mg/kg。其中,菲、苯并(b)荧蒽和苯并(g,h,i)苝三种物质含量最高,分别为 17.48%、18.53% 和 20.63%,合计占 PAHs 总量的 50% 以上。具体如表 9-2 所示。

表 9-2　煤矸石中多环芳烃含量及种类分布

物质	萘	苊	芴	菲	蒽	苯并(b)荧蒽	苯并(a)芘	二苯并(a,h)荧蒽	苯并(g,h,i)芘	茚并(1,2,3,-cd)芘
混标出峰时间/min	9.73	12.10	12.64	13.11	13.82	22.29	23.23	23.74	24.86	25.13
土样出峰时间/min	9.69	12.01	12.55	13.09	13.73	22.30	23.18	23.92	25.16	25.36
时间差/s	2.40	5.40	5.40	1.20	5.40	0.60	3.00	10.80	18.00	13.80
混标面积	254.2	47.44	164.06	141.49	349.49	30.46	31.85	68.27	13.90	24.52
样品面积	537.9	58.96	257.08	492.95	326.61	221.06	39.27	39.29	56.70	24.44
煤矸石中PAHs含量/(mg/kg)	0.30	0.18	0.23	0.50	0.13	0.53	0.18	0.08	0.59	0.14

注:混标的质量浓度是 18.09mg/L。

9.4　相关防治措施

9.4.1　涵洞结构计算

在对煤矸石路堤涵洞提出具体防治措施之前,需要认识涵洞的受力情况,从结构计算的角度,展开相关措施。在涵洞结构计算设计阶段,设计人员首先要明确涵洞周围所受土压力的真实大小。根据《公路砖石及混凝土桥涵设计规范》规定,涵洞垂直土压力取煤矸石土柱自重,即 $q_v = \gamma H$,水平土压力为 $q_h = \lambda \gamma H$,其中 $\lambda = \tan^2(45° - \varphi/2)$,式中 φ 为煤矸石的内摩擦角,H 为涵顶上煤矸石的填筑高度。

然而,真实情况下的涵洞受力却与这一规定不完全一致。涵洞埋设在煤矸石路堤中,它与周围的煤矸石、地基土共同作用,构成一个受力和变形相互作用,彼此间相互联系、相互协同的统一结构体系。在这个整体中,煤矸石一方面是包裹涵洞的外部材料,另一方面对于涵洞是一种外部荷载,它将路面及重力荷载传递到涵洞结构物中,同时也将自己的自重应力附加在涵洞体上。煤矸石、涵洞和地基共同作用体系见图 9-10。从图中可以看到,在涵洞顶部由于受到上部煤矸石竖向压力的作用,涵洞和两侧的煤矸石与其下地基一道产生沉降变形。以涵顶处的某一层煤矸石为例,即图 9-10 中的原煤矸石层,在原煤矸石层上有 A、B 两点,分别位于涵顶范围内和涵顶范围外侧。在其上煤矸石荷载的作用下,煤矸石层中 A 点的沉降为 S_n,B 点的沉降为 S_w。涵洞一般由混凝土砌筑而成,相比煤矸石,混凝土结构的刚度要大很多,这样就会致使填筑的煤矸石层在涵顶位置受到刚度抵抗,在这一范围内的沉降变形将小于涵顶两侧煤矸石的沉降变形,即表现为 $S_n < S_w$。

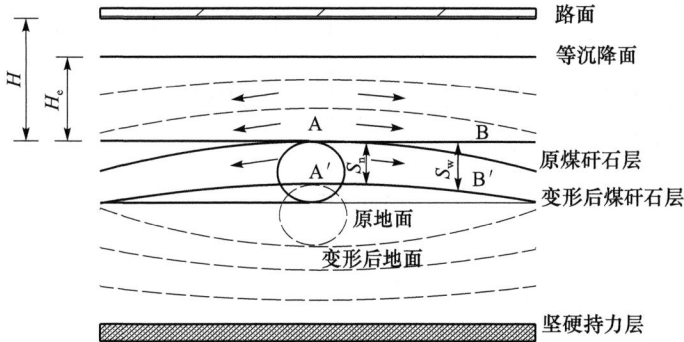

图 9-10　涵洞、煤矸石和地基共同变形图

变形后煤矸石层不再保持同一平面,而是变为一个上凸形曲面。原煤矸石层的这种沉降变形的变化导致变形后煤矸石层在涵顶外侧的部分将对涵洞顶产生一个向下的拖曳力。因此,涵顶除了承载其上煤矸石的自重,还受到这种附加力的作用。

现有的涵洞设计规范并没有考虑涵洞顶部附加应力的作用,这样就会在设计阶段设计荷载小于实际荷载。往往在强度设计时,会有安全系数"保驾护航",较小填筑高度的案例还不会出现安全隐患,一旦有类似高填方路堤涵洞的设计,附加应力会比先前增大几倍,后果会很严重,往往造成涵洞的开裂,甚至破坏垮塌。因此,设计人员需要注意这一问题,合理开展设计。

9.4.2　包边整型

针对如何在施工阶段防治煤矸石路堤涵洞病害,作为一个单独的涵洞谈其施工工艺没有太多的论述价值。作者认为主要是要保证包边煤矸石路堤的施工质量。关于包边煤矸石路堤,在前面章节已经详细讨论过其稳定性,这里详细介绍包边护坡整型的施工方法。具体施工步骤见图 9-11。

包边整型分为三个阶段:包边土填筑、包边土削坡和包边成型。包边土填筑尽量将包边土压砌成如图 9-11 所示的块体,矩形块体一方面比较稳定,受力均匀;另外,阶梯形坡面也易于围护由散体颗粒组成的煤矸石路堤。削坡角度应与路堤边坡设计角度一致,削坡位置宜在包边土块中间往外的位置,考虑到会有包边土在施工过程中散落,给予包边土以定量存留,有利于后期的护坡成型。最后包边成型是包边整形的收关环节,也十分重要。成型过程最好一步到位,反复修补会降低包边护坡的整体性,另外包边护坡要保证坡面的紧密,有松动会给后期压实和降雨过程埋下隐患,破坏护坡。

（a）煤矸石路堤　　　　　　　　　　　（b）包边土填筑

（c）包边土削坡　　　　　　　　　　　（d）包边成型

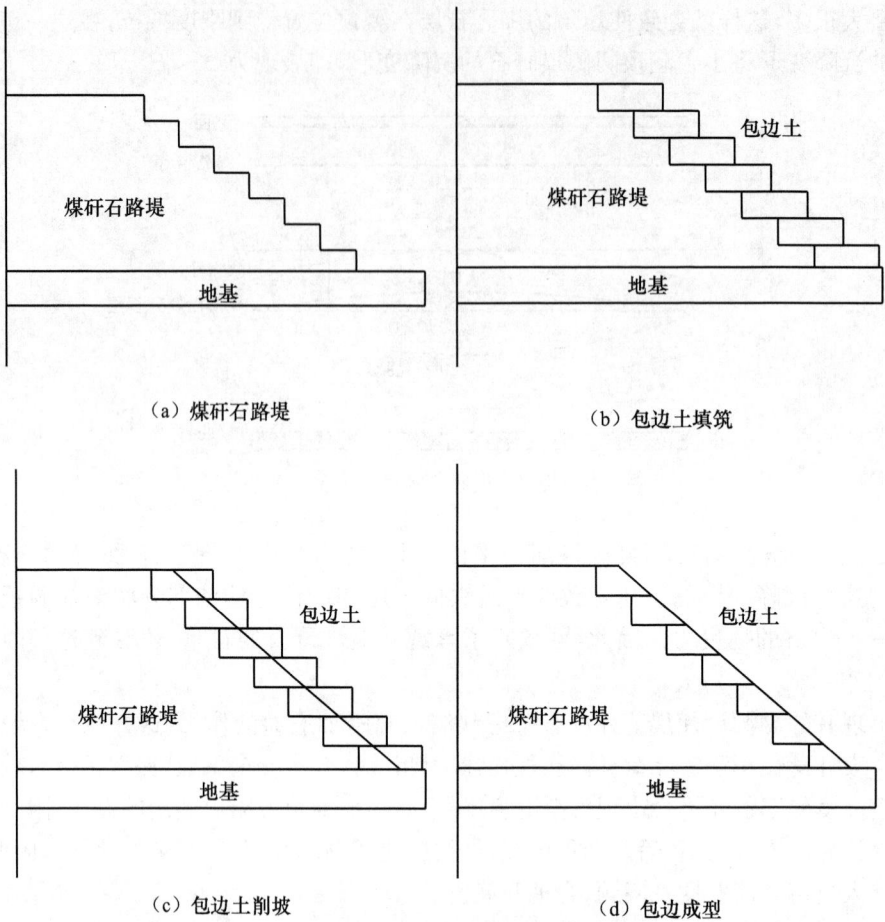

图 9-11　煤矸石路堤包边土施工过程

9.4.3　振压夯实

碾压有最大振实厚度要求,应该分层碾压。分层填筑碾压中,单机碾压分为静力碾压(简称静压)和振动碾压(简称振压)两种方式。煤矸石路基的单机碾压工序通常是预压-振压-稳压,预压和稳压是静压。预压的目的是使煤矸石松铺层有一定的压实度,预压阶段煤矸石松铺层为松散状态,如进行振动碾压,振动能被表面松散土体吸收,振动波不能有效地传到深层煤矸石,对深层煤矸石的压实不利。振动碾压到一定程度时,深层煤矸石的压实度不再变化,而表层的煤矸石会因振动变得松散。稳压的目的是使表层变松散的煤矸石再次被压实。

在煤矸石路堤局部边角地带,可以用挖掘机挖铲拍打压实,只要能够达到规定的压实程度即可。

根据煤矸石材料不易压实的特点，一般是振动 6～8 遍，静碾 4～5 遍，经检测后以达到规定的压实度为标准。

根据工地现场的观察和后期文献的阅读，得到压路机煤矸石路基动力学模型。发现在振动压路机工作时，机架与碾轮的运动接近刚体运动，减振器和煤矸石土体的变形比较明显，适合用集中质量的动力学模型进行描述，而对振动起主要作用的是垂直运动。对实际结构进行简化后的振动压路机——煤矸石路基动力学模型如图 9-12 所示。

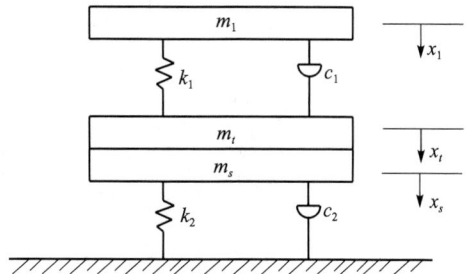

图 9-12　振动压路机——煤矸
石路基动力学模型

图 9-12 中，m_1 为机架垂直运动等效质量；k_1、c_1 分别为减震器、阻尼；m_t 为碾轮等效质量；m_s、k_2、c_2 分别为煤矸石路堤随动质量、等效刚度、阻尼。假设碾轮任一瞬时都与煤矸石路堤接触，位移 x_1、x_t、x_s 的原点取在静平衡位置上，动力学方程为

$$\begin{cases} m_1 x''_1 + c_1(x'_1 - x'_t) + k_1(x_1 - x_t) = 0 \\ m_t x''_t - c_1(x'_1 - x'_t) - k_1(x_1 - x_t) + Fs = F_0\sin(\omega t) = F \\ m_s x''_s + c_2 x'_s + k_2 x_s - Fs = 0 \end{cases} \tag{9-1}$$

动力学方程(9-1)中，F、F_0、ω 分别为振动压路机的激振力、激振力振幅、激振频率，x'_1、x'_t、x'_s 分别为位移 x_1、x_t、x_s 的一阶导数（此为速度），x''_1、x''_t、x''_s 分别为位移 x_1、x_t、x_s 的二阶导数（此为加速度）。

$$F_0 = M_e\omega^2 \tag{9-2}$$

式中，M_e 为偏心力矩。

令 $x_2 = x_t = x_s$，$m_2 = m_t + m_s$，则动力学方程可写为矩阵形式：

$$\begin{bmatrix} m_1 & 0 \\ 0 & m_2 \end{bmatrix} \begin{bmatrix} x''_1 \\ x''_2 \end{bmatrix} + \begin{bmatrix} c_1 & -c_2 \\ -c_1 & c_1+c_2 \end{bmatrix} \begin{bmatrix} x'_1 \\ x'_2 \end{bmatrix} + \begin{bmatrix} k_1 & -k_2 \\ -k_1 & k_1+k_2 \end{bmatrix} \begin{bmatrix} x_1 \\ x_2 \end{bmatrix} = \begin{bmatrix} 0 \\ F \end{bmatrix}$$

$$\tag{9-3}$$

对动力学模型的推导是为了在给定振动压路机参数和已知煤矸石参数的情况下，可以通过计算求得煤矸石路基需要振动压实的次数，把振动压实真正从定性控制达到定量控制，从而可以更有效、科学地指导施工。

9.4.4　压实度控制

（1）碾压路堤的外观、内在质量。碾压后的煤矸石路面应该是水平光滑、碾压前后汽车轮迹不明显，抛开煤矸石的黑色特点，从远处压密后的煤矸石应该和压实后的低液限黏土的路面外表相似（图 9-13）。碾压后的掺土煤矸石路面除个别地方看到煤矸石黑色斑点，其外观与土路堤相似。取点挖开后，也需保证煤矸石的级配

图 9-13　碾压成型的煤矸石路堤

均匀,大小颗粒错落有致,没有空洞和松散的情况,黏结性良好。

(2) 压实质量。在煤矸石路堤压实过程中,要求分层铺筑碾压,一般分层厚度为 30～40cm,每填一层压实一层检查一次,该层只要达不到规范要求,就不得填筑上一层。在施工中采用沉降差控制路堤的压实质量,以碾压一遍后沉降在 0～3mm 为压实质量合格标准。

(3) 压实度。煤矸石路堤的压实度是整个施工中一个极为重要的控制指标,将会直接影响煤矸石路堤的使用要求。从路堤顶面到地基分为路面、路堤和地基,每一结构层的压实度及检查指标都应满足规范的规定。一般地,路面处的压实度为 92%～94%,路堤的压实度为 90%～92%,地基处的压实度控制在 85% 以上。

对填石路堤采用沉降法观测,填土路堤采用灌砂法检测。鉴于煤矸石为土石混合填料,压实度检测宜采用沉降法和灌砂法双控标准,在实际操作中,选取用灌砂法(灌水法)测定煤矸石的密实度(图 9-14)。

该压实度应根据标准击实试验,由实地挖取的粗粒含量,去对照最大干密度与粗粒含量关系曲线,查得最大干密度后计算得出。表 9-3 为煤矸石路堤现场压实度测试结果,三处测点的压实度均符合要求。

(a) 打孔

(b) 清孔

（c）灌砂

（d）孔壁

（e）煤矸石灼烧

（f）压实后的煤矸石路基

图 9-14　煤矸石路堤灌砂法测试压实度

表 9-3　煤矸石路堤现场压实度测试结果

测点桩号	平均含水率%	干密度/(g/cm³)	最大干密度/(g/cm³)	压实度/%	备注
K127+720	5.10	1.95	2.14	91.12	标准压实度为90%
K129+580	7.15	2.00	2.11	94.79	
K138+170	5.11	1.93	2.11	91.53	

9.5　动电技术对煤矸石污染地下水中污染物质的修复

针对煤矸石淋溶后可能进入地下水和土壤的金属离子（Zn^{2+}、Fe^{3+} 和 Ca^{2+}）及酸根离子（SO_4^{2-} 和 NO_3^-）采用动电原位修复技术（EK）进行修复。通过改变试验过程中的电压、污染初始浓度、电解质浓度及土壤 pH，以确定动电技术对地下水修复效果最好的影响因素。

9.5.1　动电修复的基本理论

动电技术把两个电极插入土壤和地下水中，并在两端加入低压直流电场，在电场力的作用下土壤或者地下水中的污染物会改变自己的赋存状态,打破污染物与土壤的结合键,根据各自所带电荷的不同而朝不同的电极方向运动,同时由于水分子在土壤中以电渗析的方式流动,携带着土壤溶液中的污染物离子运动至阳极附近而得以去除。因此,在动电修复过程中,发生了复杂的物化反应,包括吸附与解吸、氧化与还原等。具体构造图如图 9-15 所示。

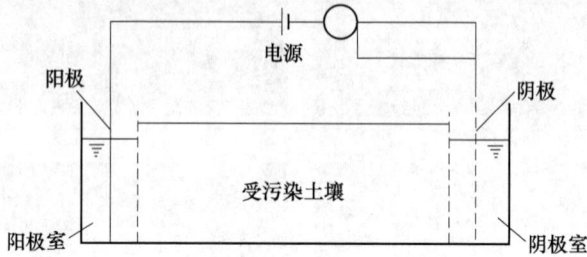

图 9-15　动电修复试验装置的构造图

动电效应是指由土壤颗粒表面的双电层、孔隙中带有电荷的颗粒或离子沿电场方向的定向运动。电迁移、电渗透流和电泳是动电作用的三种表现形式。带正电或者负电的离子或络合子向相反电极的移动是电迁移;而孔隙水从电场的一极向另一极定向移动从而去除污染物的行为是电渗析;电泳是带电粒子或胶体在直流电场作用下的迁移,牢固地吸附在可移动颗粒上的污染物可采用该方式去除。一般认为,电渗流作为土壤动电修复的主要作用力外,电迁移也是主要的电作用力之一。

重金属离子会被带负电的土壤颗粒吸附,吸附程度取决于土壤的负电性和离子的电离能。在合适的 pH 下,它也极易通过离子交换被土壤中的阳离子置换。大量研究表明,土壤中重金属的迁移和去除主要取决于土壤含水率、土壤和孔隙水的 pH、电流密度、污染物浓度和离子移动性等。要想从土壤中去除重金属,将其从土壤表面解吸是重要的环节,而解吸主要依赖于阳极室反应产生的 H^+ 以及由此造成的土壤酸化。

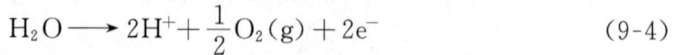

$$H_2O \longrightarrow 2H^+ + \frac{1}{2}O_2(g) + 2e^- \tag{9-4}$$

$$2H_2O + 2e^- \longrightarrow 2OH^- + H_2(g) \tag{9-5}$$

阳极室水电解产生的 H^+ 在电迁移和电渗透流的作用下向阴极移动,引起土壤 pH 下降,这就抑制了土壤对金属离子的吸附并促使其向阴极迁移。重金属离子移动到阴极后,可通过电镀、沉淀或与离子交换树脂混合等方式去除。同样,阴极区产生的 OH^- 向阳极迁移会引起阴极附近 pH 上升,进而造成迁移到阴极区的重金属离子的再沉淀。

9.5.2　动电修复的影响因素

1) 修复过程的 pH

动电修复技术的关键在于 pH 的控制。单一的动电修复效率较低,土壤的 pH 变化直接影响金属的去除效率,土壤的 pH 与污染物的存在状态、理化性质、移动性能和生态毒性有着密切的关系。而在电解室发生水解反应产生的 H^+ 和 OH^- 是造成土壤 pH 变化的关键因素,为此需要对动电修复的条件进行优化,以提高其修复效率。

在重金属的动电修复中,控制阴极 pH 尤为重要,这是因为阴极处产生的 OH^- 会进入土壤,造成土壤处于碱性状态,金属在碱性状态下易产生沉淀,造成土壤通道阻塞,修复效率下降。控制阴极区的 pH 可根据土壤孔隙液和土壤本身的缓冲能力,通过电解或加入处理液的方式,甚至通过工程措施调节反应系统的 pH。

2) 土壤的性质

土壤性质会影响重金属污染物的迁移。动电修复技术对土壤类型的适应能力较强,但影响其修复效果。重金属会与土壤组分发生相互作用,这种相互作用机理尚未得到彻底研究。

3) 元素的化学性质

元素的化学性质是影响动电修复效果的重要因素。有些金属元素会发生氧化还原反应,形成沉淀物,使动电修复效果变差。

4) 电压、电流与电极

电压和电流会改变污染物的迁移速度,并且影响整个土壤修复的成本。电极材料对修复效果也有影响。选用电极应考虑导电性能好且成本较低、不会带来二次污染的电极。电极最合适的材料是石墨、铂、金和银,而现场应采用便宜可靠的不锈钢和钛等金属材料,甚至还可用石墨电极,镀膜钛电极在实际中也有一些应用。有时为了特殊需要,也采用还原性电极(如铁电极)作为阳极。电极的形状、大小、排列以及极距都会影响动电修复效果,电极一般竖直安装,但电极应置于何处才能得到可靠而高效的效果一直是争论的问题。

9.5.3　动电系统材料与方法

试验用土壤样品采自某煤矸石堆放场。选取均质样品,并经过自然干燥、研磨后避光保存。采用微波消解法测定土壤中金属离子(Zn^{2+}、Fe^{3+} 和 Ca^{2+})的含量,如表 9-4 所示。

表 9-4　土壤中各金属离子的含量(单位:mg/g)

土壤样品	Zn^{2+}	Fe^{2+}	Ca^{2+}
含量	0.356	1.740	0.326

试验中所用的金属离子标准溶液(百灵威科技有限公司)和化学试剂(国药化学试剂有限公司)均为分析纯。石墨电极(天津信诚机电有限公司)的纯度为99.99%,尺寸为 $40mm \times 80mm \times 5mm$。电极连接直流电源(RXN-602D 型,深圳兆信电子有限公司,量程为 60V,2A)进行动电力学试验,电源为整个动电装置提供持续稳定的电压。

金属离子(Zn^{2+}、Fe^{3+} 和 Ca^{2+})和酸根离子(SO_4^{2-} 和 NO_3^-)的浓度分别通过电感耦合等离子体原子发射仪(AA320 型,上海分析仪器厂,各金属的检出限均为0.01mg/L)和离子色谱仪(ICS-90 型,美国戴安有限公司,SO_4^{2-} 的检出限为0.085mg/L,NO_3^- 的检出限为 0.063mg/L)进行含量测定。土壤样品中金属离子的消解和赶酸分别通过微波消解仪(MARS 240/50 型,美国 CEM 有限公司)和精确控温电热消解器(Dv4000 型,北京安南科技有限公司)取得。试验中的电流通过电子万能表(VC890D 型,胜利有限公司)检测。pH 通过 pH 试纸(上海 SSS 试剂有限公司)测定。

动电力学装置示意图如图 9-16 所示。该动电力学装置的主体是由一个有机玻璃圆柱两端各连接一个极室构成的。玻璃柱的直径为 3.5cm,长为10cm,装载着金属及酸根离子污染土壤。在有机玻璃柱两端和极室的连接处各粘贴着两层直径为 8cm 的定量滤纸。将定量滤纸粘贴在玻璃柱的两端后,通过法兰将阴阳极室固定。在两端的极室中各注入电解液。污染土壤由均质土壤颗粒和金属离子(Zn^{2+}、Fe^{3+} 和 Ca^{2+})及酸根离子(SO_4^{2-} 和 NO_3^-)污染液以固液比 2:1(125g 土壤颗粒,62.5mL 混合污染液)进行混合而成,并静置48h 后装填入有机玻璃柱中。

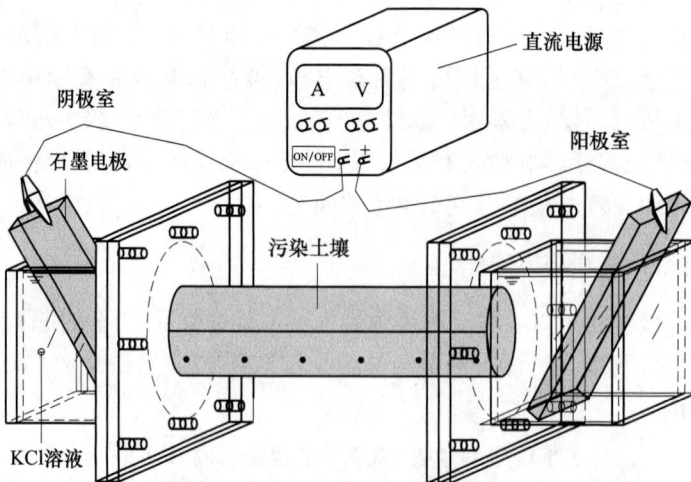

图 9-16　动电力学装置示意图

将污染土壤置于动电力学装置后,在阴阳极室中各放入石墨电极,并将电极直接连接直流电源。在不同的电压、电解液、污染初始浓度和土壤 pH 的动电系统修复下,探索比较修复土壤中金属离子(Zn^{2+}、Fe^{3+} 和 Ca^{2+})及酸根离子(SO_4^{2-} 和 NO_3^-)的修复效果。

动电修复系统选取的电压分别为 10V、25V、35V 和 50V。电解液分别为去离子水、0.01mol/L 和 0.04mol/L。金属及酸根离子的初始浓度分别为浓度 1、浓度 2 和浓度 3。土壤初始 pH 分别为 1.2、4、7 和 10,由 1mol/L 的 HCl 或 5% 的 NaOH 配制。修复开始后,每 12h 分别从阴阳极室中取水样,测定 pH 后,通过 $0.22\mu m$ 膜过滤,稀释 10 倍,待测水样中的离子浓度。同时,从阴极测量系统中电流的变化。当动电装置运行 312h 后,修复结束。将装置拆开后,沿着土柱长度每隔 2cm 取土样(图 9-16),测定土壤中的剩余污染浓度及其分布率。测定金属离子(Zn^{2+}、Fe^{3+} 和 Ca^{2+}):在少量土壤样品中加入 6mL 70% 的 HNO_3、2mL 40% 的 HF 和 2mL 30% 的 H_2O_2 进行微波消解,赶酸后定容至 50mL;在 5g 土样中加入 25mL 1mol/L 的 KCl 溶液,室温下振荡提取 1h,静置 30min,取上清液测定土壤中的酸根离子(SO_4^{2-} 和 NO_3^-)。金属离子消解液和酸根离子上清液均通过 $0.22\mu m$ 膜过滤,并稀释至待测倍数,由原子吸收分光光度仪和离子色谱仪测定浓度。

从上述煤矸石的浸泡和淋溶试验可知,浸出的主要污染物为金属离子(Zn^{2+}、Mn^{2+}、Cu^{2+}、Fe^{3+}、Ca^{2+} 和 Mg^{2+})和酸根离子(NO_3^- 和 SO_4^{2-})。总 Fe 经过形态分析后,测得煤矸石中 Fe 的价态主要为正三价。表 9-5 为煤矸石浸泡和淋溶试验所得污染物的浓度范围。

表 9-5 煤矸石浸泡和淋溶的主要污染物及浓度范围(单位:mg/L)

浓度范围	Zn^{2+}	Mn^{2+}	Cu^{2+}	Fe^{3+}	Ca^{2+}	Mg^{2+}	SO_4^{2-}	NO_3^-
浸泡最低浓度	ND①	ND	ND	0.16	11.92	2.23	86.13	25.02
浸泡最高浓度	0.38	0.02	0.01	6.85	83.25	8.95	603.37	143.22
淋溶最低浓度	1.51	0.10	0.41	0.21	130.62	41.64	1347.05	240.53
淋溶最高浓度	5.71	0.18	0.53	13.24	234.93	72.71	3230.32	382.14

①浸泡后的 pH。

为使动电力学协同 PRB 原位修复系统具有一定的可行性,可参考浸泡和淋溶的最高浸出浓度并选取较高的浓度作为修复对象的初始浓度,如表 9-6 所示。

表 9-6 动电力学协同 PRB 原位修复系统的金属及酸根离子的初始浓度(单位:mg/L)

初始浓度	Zn^{2+}	Fe^{3+}	Ca^{2+}	SO_4^{2-}	NO_3^-
浓度 1	10	25	250	4000	500
浓度 2	25	50	500	6000	800
浓度 3	100	150	800	8000	1200

（1）根据表 9-5 中 Zn^{2+} 的浸泡和淋溶数据可得，浸泡和淋溶的最高浸出浓度为 0.38mg/L 和 5.71mg/L，因此 Zn^{2+} 的初始浓度分别选为 10mg/L、25mg/L 和 100mg/L。

（2）Mn^{2+} 的浸泡和淋溶的最高浸出浓度为 0.02mg/L 和 0.18mg/L，Cu^{2+} 的浸泡和淋溶的最高浸出浓度为 0.01mg/L 和 0.53mg/L。由于这两种金属离子的检出量甚微，均达到了地下水和土壤环境质量标准的Ⅲ类标准，所以不将 Mn 和 Cu 作为污染修复对象。

（3）Fe^{3+} 的浸泡和淋溶的最高浸出浓度为 6.85mg/L 和 13.24mg/L，所以 Fe^{3+} 的初始浓度分别选为 25mg/L、50mg/L 和 150mg/L。

（4）Ca^{2+} 的浸泡和淋溶的最高浸出浓度为 83.25mg/L 和 234.93mg/L，所以 Ca^{2+} 的初始浓度分别选为 250mg/L、500mg/L 和 800mg/L。

（5）Mg^{2+} 的浸泡和淋溶的最高浸出浓度为 8.95mg/L 和 72.71mg/L。从 Ca^{2+}、Mg^{2+} 的浸出量可知煤矸石淋溶液中的 Ca^{2+} 为主要污染物，故不将 Mg 作为污染修复对象。

（6）SO_4^{2-} 的浸泡和淋溶的最高浸出浓度为 603.37mg/L 和 3230.32mg/L，所以 SO_4^{2-} 的初始浓度分别选为 4000mg/L、6000mg/L 和 8000mg/L。

（7）NO_3^- 的浸泡和淋溶的最高浸出浓度为 143.22mg/L 和 382.14mg/L，所以 NO_3^- 的初始浓度分别选为 500mg/L、800mg/L 和 1500mg/L。

9.5.4　动电修复下金属和酸根离子的迁移特性

从图 9-17 中可以看到，金属离子 Zn^{2+} 主要向阳极迁移，而在阴极处并未检测到该种离子。主要的原因是在整个动电修复过程中，Zn^{2+} 的迁移始终受到修复系统 pH 变化的影响。在电场力的作用下，水分子被电离成 H^+ 和 OH^-，同时电迁移和电渗析流的作用使离子运动，从而使阳极逐渐呈酸性，阴极呈碱性（式（9-6）和式（9-7））。

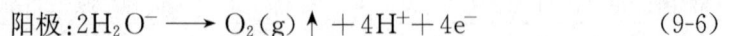

$$阳极：2H_2O^- \longrightarrow O_2(g)\uparrow + 4H^+ + 4e^- \tag{9-6}$$

$$阴极：2H_2O + 2e^- \longrightarrow H_2(g)\uparrow + 2OH^- \tag{9-7}$$

在修复的开始阶段（0～6h），由于 Zn^{2+} 在电迁移的作用下先向阴极移动，随着阴极处逐渐呈中性偏碱的过程（pH 为 7.6），Zn^{2+} 形成氢氧化物沉淀 $Zn(OH)_2$；而随着修复时间的延长，阴极处的 pH 达到 10 或以上，同时受到同离子效应的作用，$Zn(OH)_2$ 开始溶解。这是由于氢氧化锌是两性氧化物，在碱性环境中会使沉淀溶解，并电离成含氧阴离子（式（9-8））。因此，Zn 以阴离子的方式迁移到阳极，动电修复能直接将 Zn 污染转移到阳极室而去除。

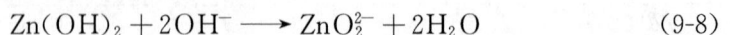

$$Zn(OH)_2 + 2OH^- \longrightarrow ZnO_2^{2-} + 2H_2O \tag{9-8}$$

关于 Fe^{3+} 的修复，可以观察到土壤中 Fe^{3+} 浓度很高，大量 Fe^{3+} 迁移到阴极

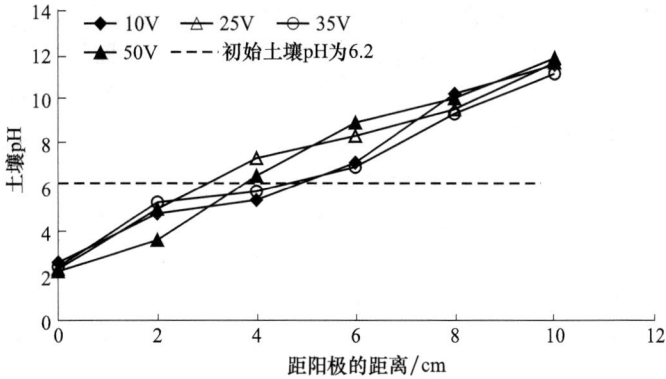

（a）不同电压下的土壤pH变化，电压分别为10V、25V、35V和50V

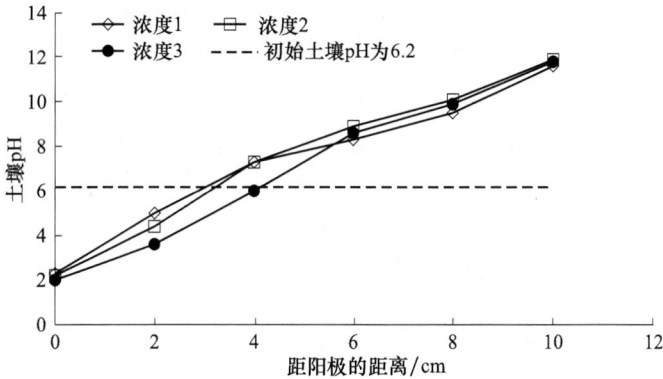

（b）不同污染初始浓度下的土壤pH变化，浓度1中金属离子（Zn^{2+}、Fe^{3+}和Ca^{2+}）及酸根离子（SO_4^{2-}和NO_3^-）的浓度分别为10mg/L、25mg/L、250mg/L、4000mg/L、500mg/L；浓度2中的浓度分别为25mg/L、50mg/L、500mg/L、6000mg/L、800mg/L；浓度3中的浓度分别为100mg/L、150mg/L、800mg/L、8000mg/L、1200mg/L

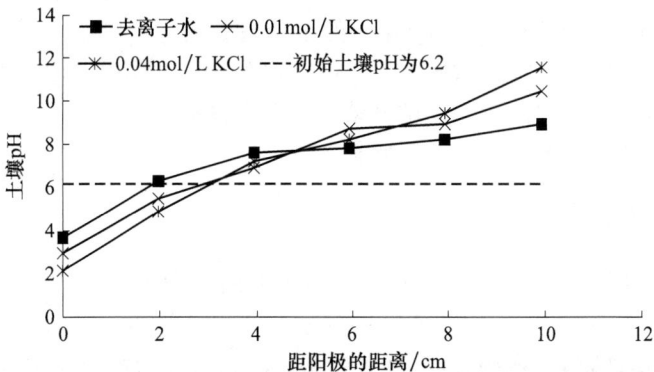

（c）不同电解液下的土壤pH变化，电解液分别为去离子水、0.01mg/L的KCl溶液和0.04mol/L的KCl溶液

图 9-17 土壤 pH 在不同试验条件下的变化情况

时,修复系统的快速 pH 变化使金属离子在弱酸性至中性偏碱的环境下逐渐形成 $Fe(OH)_3$ 沉淀。当阴极处的 pH 继续上升时,$Fe(OH)_3$ 反而溶解。这是由于 $Fe(OH)_3$ 受到电场力的作用,均能在酸性或碱性的条件下被电离。当阴极 pH 达到碱性电离的要求时,$Fe(OH)_3$ 被电离成含氧阴离子 FeO_3^{3-}(式(9-9)~式(9-11))。可知,Fe 同样以阴离子的方式迁移到阳极,从而直接由阳极室去除。

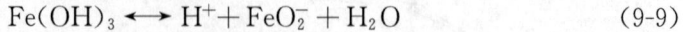

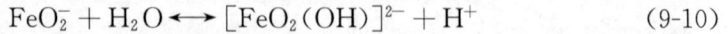

$$Fe(OH)_3 \longleftrightarrow H^+ + FeO_2^- + H_2O \tag{9-9}$$

$$FeO_2^- + H_2O \longleftrightarrow [FeO_2(OH)]^{2-} + H^+ \tag{9-10}$$

$$[FeO_2(OH)]^{2-} \longleftrightarrow H^+ + FeO_3^{3-} \tag{9-11}$$

从 Ca^{2+} 的修复数据看,在修复的开始阶段,大量的 Ca^{2+} 迁移到阴极被直接去除,而少部分 Ca^{2+} 在 pH 升高的情况下形成 $Ca(OH)_2$,其中部分 $Ca(OH)_2$ 溶液被电离成 Ca^{2+} 而迁移到阴极,只有 pH 达到 12.64 时才能形成氢氧化钙沉淀,因此仅有少量 $Ca(OH)_2$ 沉淀残留在土壤中。

酸根离子(SO_4^{2-} 和 NO_3^-)在电迁移和电渗析的作用下主要向阳极移动,在阴极室测得少量离子含量。这可能是由于酸根离子主要以盐的形式存在于土壤中,在相对较低的电流和离子运动速率下,削弱了修复系统中的电离作用,部分硫酸盐或硝酸盐没有被充分电离,又因为金属离子的正价性,直接被带到阴极室而去除。根据土壤中污染金属离子与酸根离子的迁移方向及原理可得,当动电技术修复土壤中的金属与酸根离子时,特定的离子运动使部分金属离子向阳极运动,部分向阴极运动,因此在安装 PRB 反应器时,需在阴阳极土壤两侧均加入 PRB 反应介质,以吸附、去除不同离子运动下的金属离子及酸根离子。

整个动电修复系统的 pH 变化也影响着土壤 pH 的分布情况。经过一段时间的修复结束后,土壤的 pH 变化如图 9-17 所示。可以看到,在不同影响因素下的土壤 pH 变化趋势类似,靠近阳极的土壤呈强酸性,而阴极处的土壤呈强碱性,这是由阴(阳)极区产生的 OH^-(H^+)在土壤中的运动造成的。当电压、污染初始浓度和电解液浓度升高时,阴阳极土壤的 pH 变化更加明显。这是由于电压的升高,使离子的运动加快;污染初始浓度和电解液浓度的上升也提高了离子浓度,电流有所增加,从而也使阴阳极室的酸碱 pH 更加明显。

9.5.5 电压的确定

图 9-18 为金属离子(Zn^{2+}、Fe^{3+} 和 Ca^{2+})和酸根离子(SO_4^{2-} 和 NO_3^-)在不同电压 10V、25V、35V 和 50V 下的动电修复情况。由于 Zn^{2+} 和 Fe^{3+} 在电场力的作用下只向阳极迁移,Ca^{2+} 向阴极迁移,在极室中检测到的金属离子浓度即离子的去除浓度,因此可将 Zn^{2+}、Fe^{3+} 在阳极室中的质量浓度所占土壤总质量浓度的比重及 Ca^{2+} 在阴极室中的质量浓度所占土壤总质量浓度的比重各视为 Zn^{2+}、Fe^{3+} 和 Ca^{2+} 的去除率(图 9-18(a)、(b)和(c))。根据酸根离子的迁移情况可知,阴阳极室

中都占有一定比重的质量浓度,酸根离子的去除率即阳极室和阴极室中质量浓度所占土壤总质量浓度比重之和(图 9-18(d)和(e))。

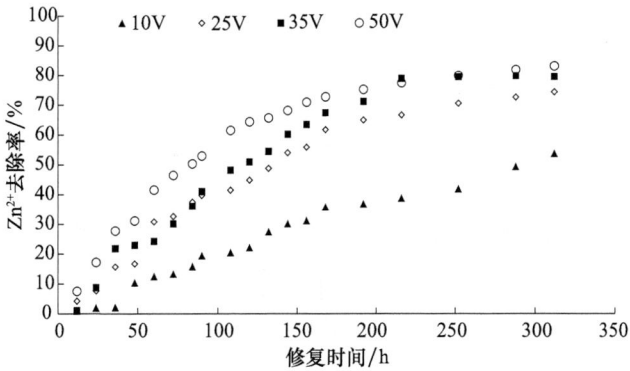

（a）Zn^{2+}去除率

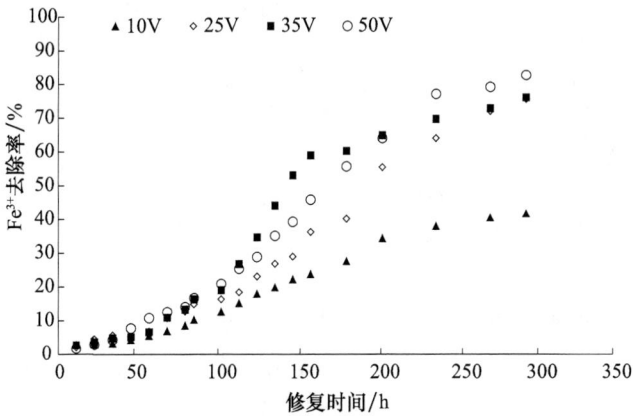

（b）Fe^{3+}去除率

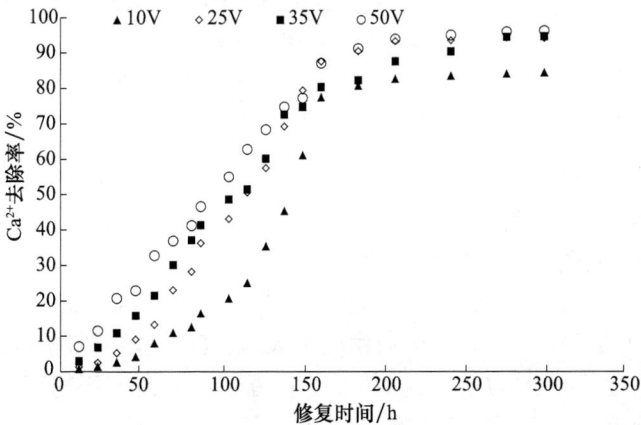

（c）Ca^{2+}去除率

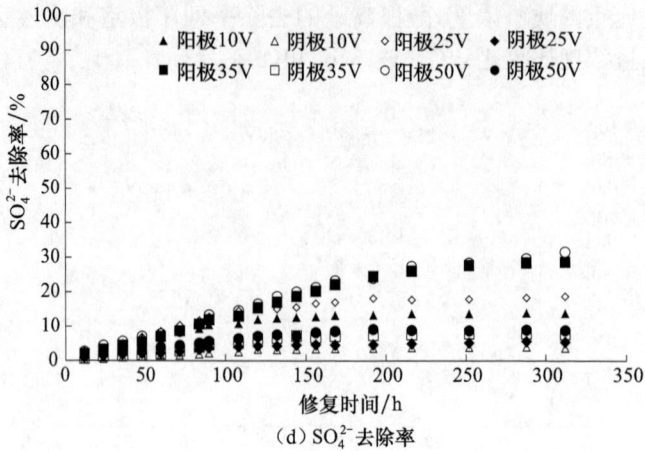

（d）SO_4^{2-}去除率

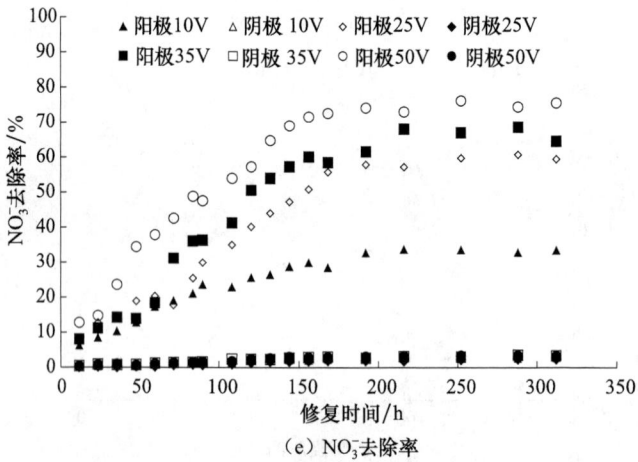

（e）NO_3^-去除率

图 9-18　金属离子（Zn^{2+}、Fe^{3+} 和 Ca^{2+}）和酸根离子（SO_4^{2-} 和 NO_3^-）
在不同电压下的动电修复情况

电压分别为 10V、25V、35V 和 50V；金属及酸根离子的初始浓度分别为 10mg/L、25mg/L、
250mg/L、4000mg/L、500mg/L；电解液为 0.04mol/L KCl 溶液；土壤 pH 为 1.2

　　从金属离子在不同电压下的动电修复情况来看，在修复时间相同，电解液、初始浓度和土壤 pH 不变的情况下，离子的去除率随着电压的变大而升高。当电压变大到 25V 时，从图中观察到离子的去除率并不是线性升高，从 25V 到 50V 的去除率变化并不十分明显。以 Zn^{2+} 的去除情况为例，在 25V、35V 和 50V 时的去除率分别为 71.4％、76.4％和 79.9％，由此可知，较高的电压并没有明显提高污染离子的去除率。这是由于电压的升高伴随着直流电源输出电压的部分损耗，而且电压越高给试验带来一定程度的危险和浪费。因此，从考虑充分利用资源的角度，可将 25V 作为动电修复试验的电压。Fe^{3+} 和 Ca^{2+} 在 25V 时的去除率分别为 72.6％

和 90.4%。

观察图 9-18(d)和(e)酸根离子的修复情况可以看到,阴离子 SO_4^{2-} 和 NO_3^- 主要迁移到阳极室后被去除,少部分转移到阴极室。NO_3^- 在阳极室中的去除率随着电压的变大而升高,其升高的幅度与金属离子的变化类似,而阴极室中的去除率相对阳极室可忽略不计。NO_3^- 在 25V 时的去除率(阴阳极室的去除率之和)为 57.1%。从 SO_4^{2-} 的修复情况看,可知动电技术对它的修复效果并不理想。当电压达到 50V 时,SO_4^{2-} 的总去除率为 37.2%,而 25V 时的去除率仅为 23.1%。由此,酸根离子的去除率低于金属离子的去除率,说明动电技术对金属离子有一定的修复效果,而对于酸根离子的修复效果不太明显。为提高动电技术对金属及酸根离子的去除效果,与原位修复技术如渗透性反应墙 PRB 的联用是十分必要的。

9.5.6　电解质溶液浓度的确定

电解液分别选择去离子水、0.01mol/L KCl 溶液和 0.04mol/L KCl 溶液。以 Cl^- 溶液作为动电修复的电解液不会使体系的氧化还原反应增强,不影响金属及酸根离子的定量检测。根据图 9-19 中各污染离子在不同电解液下的修复情况,可知电解液中离子浓度的增加有利于污染物的去除。这是由于电流与体系中离子浓度成正比,以 KCl 作为电解液,体系中的电流相比去离子水明显增加(图 9-20)。电流的增加也就相应地使金属及酸根离子的电迁移速度加快,提高了污染离子的去除效果。

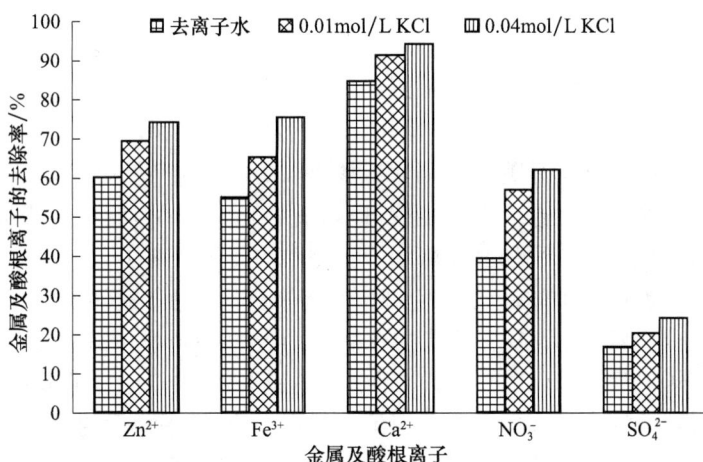

图 9-19　金属离子(Zn^{2+}、Fe^{3+} 和 Ca^{2+})和酸根离子(SO_4^{2-} 和 NO_3^-)在不同电解液下的动电修复情况

电解液分别为去离子水、0.01mol/L KCl 溶液和 0.04mol/L KCl 溶液;电压为 25V;金属及酸根离子的初始浓度分别为 10mg/L、25mg/L、250mg/L、4000mg/L、500mg/L;土壤 pH 为 1.2

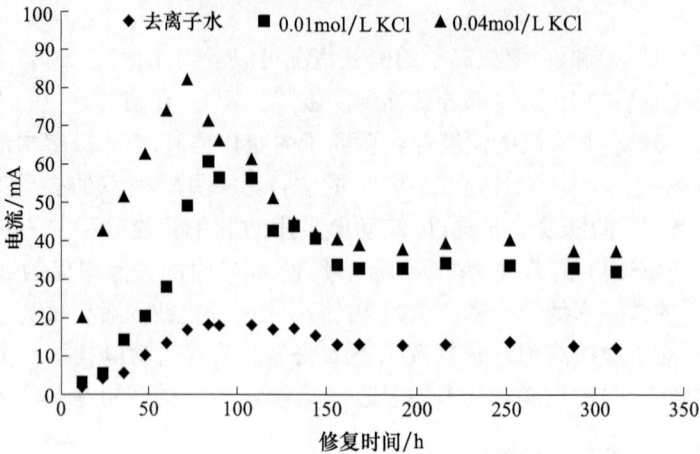

图 9-20　不同电解液的体系电流变化

使用不同电解液的动电修复体系中电压均为 25V,在污染初始浓度和土壤 pH 保持不变的情况下,0.04mol/L KCl 作为电解液时,金属离子(Zn^{2+}、Fe^{3+} 和 Ca^{2+})在体系运行 312h 后去除率分别达到 71.4%、72.6% 和 90.4%,而使用去离子水的去除率分别为 58.0%、53.0% 和 81.5%。关于酸根离子在不同电解液下的修复情况,可将阴阳极室中污染所占的比重相加。可得,KCl 作为电解液的 SO_4^{2-} 和 NO_3^- 的去除率相对去离子水作为电解液时提高 7.0% 和 21.6%。因此,以 0.04mol/L KCl 溶液作为动电修复系统的电解液能有效提高金属及酸根离子的修复效果。

9.5.7　污染初始浓度的确定

图 9-21 为金属及酸根离子在不同初始浓度下的动电修复情况。从图中可以看出,随着初始污染浓度增加,即土壤中的总污染浓度变大,金属及酸根离子的去除率均有所下降,但并不显著。由图 9-21 易得,在修复的开始阶段(0~72h),污染初始浓度越高,系统中的电流上升越快,在系统运行 72h 后电流出现峰值。在电场力的作用下,污染初始浓度的升高增加了土壤中的可迁移离子,这样也就增大了修复系统的电流,加速离子的运动。在 72h 出现峰值的原因是:在碱性环境下,土壤中金属氢氧沉淀物逐渐增多。沉淀物在电场力迁移的过程中堵塞了土壤间的孔隙,阻碍了离子的运动,因此在 72h 之后电流迅速下降,出现明显的峰值。然而,当电流达到峰值后,浓度越高的系统电流下降得也越快,且平稳后的电流低于污染初始浓度较低的平稳电流。这是由于土壤中金属离子的增多也明显增加了金属沉淀物,沉淀的形成增大了土壤的电阻,从而更多的金属沉淀使电流下降得更快。因此,初始浓度高的动电体系的修复情况反而变差,金属及酸根离子的去除率也相对降低;而初始浓度较低的修复效果相对较好。可见,电流的下降对于动电修复系统的影响较显著,该动电修复系统较适合修复污染浓度低的土壤。

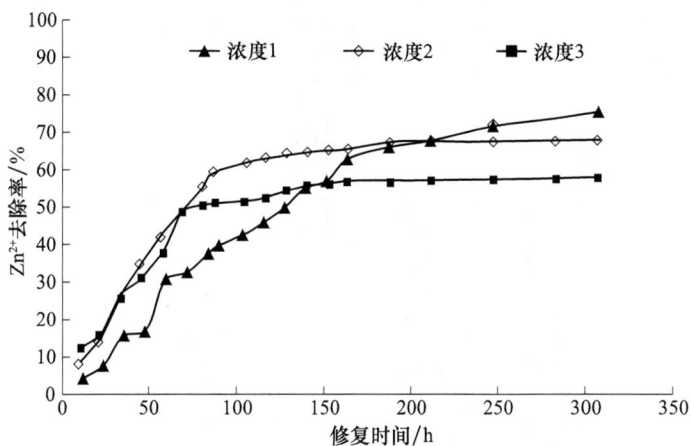

（a）Zn^{2+}去除率

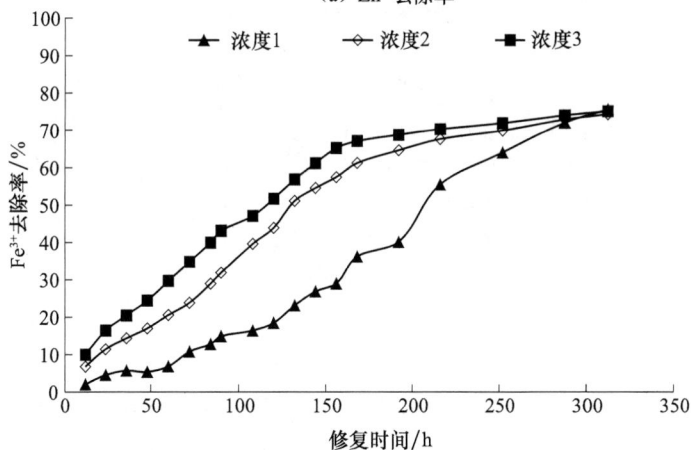

（b）Fe^{3+}去除率

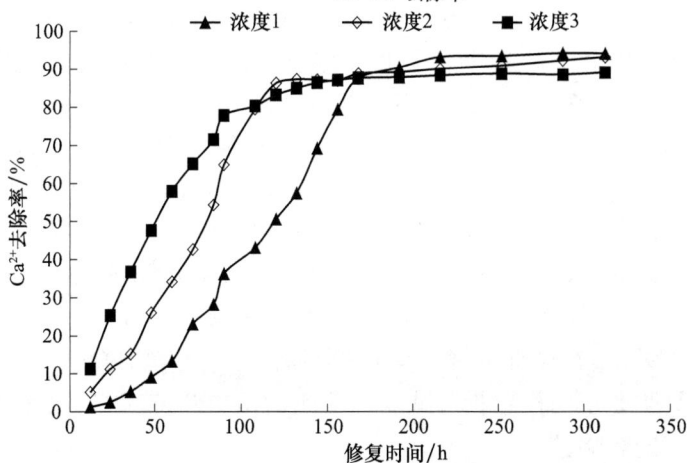

（c）Ca^{2+}去除率

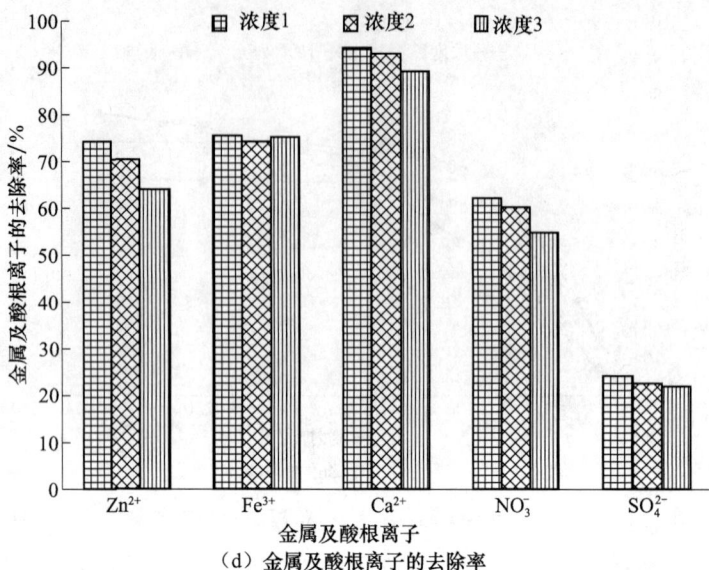

（d）金属及酸根离子的去除率

图 9-21　金属及酸根离子在不同初始浓度下的修复情况

金属离子（Zn^{2+}、Fe^{3+} 和 Ca^{2+}）及酸根离子（SO_4^{2-} 和 NO_3^-）的初始浓度分别为 10mg/L、25mg/L、250mg/L、4000mg/L、500mg/L（浓度 1）；25mg/L、50mg/L、500mg/L、6000mg/L、800mg/L（浓度 2）；100mg/L、150mg/L、800mg/L、8000mg/L、1200mg/L（浓度 3）；电压为 25V；电解液为 0.04mol/L KCl 溶液；土壤 pH 为 1.2

图 9-21（a）为 Zn^{2+} 在不同初始浓度下的动电修复过程及修复效果。从图中可以看到，当初始污染浓度升高时，Zn^{2+} 的去除率越容易在较短修复时间内达到峰值并趋于稳定。在初始浓度 2 和浓度 3 的修复下，Zn^{2+} 的去除率分别在 90h 和 72h 达到 57.9% 和 48.5%，在后阶段的修复过程中，去除率上升幅度不明显，分别仅上升 7.9% 和 8.4%。而在浓度 1 修复下的 Zn^{2+} 去除率曲线始终保持上升趋势，而且后期的修复效果好于高浓度下的修复情况。相对低初始浓度下的修复，浓度 2 和浓度 3 修复下的 Zn^{2+} 的去除率分别下降 5.7% 和 14.6%。这是由于在动电系统的修复初期（0～6h），在电迁移和电渗析的作用下，阴极处的土壤 pH 逐渐增大到中性偏碱，此时土壤中的几种金属的氢氧化物逐渐形成。当大量氢氧化物沉淀形成后，一方面，土壤中大量沉淀物的形成在一定程度上阻碍了离子的迁移运动，增加了土壤的电阻，从而电流有所下降。另一方面，电流的下降导致 $Zn(OH)_2$ 在碱性环境下受到的同离子效应有所降低，从而 $Zn(OH)_2$ 被电离成含氧阴离子的作用相对减弱。因此，Zn^{2+} 在较高初始浓度修复下的修复效果受到一定影响。

从 Fe^{3+} 的修复情况看（图 9-21（b）），由于土壤本身含有高浓度的 Fe，当阴极

pH 升高时,初始浓度 2 和浓度 3 修复下的 Fe^{3+} 去除率在约 156h 时逐渐趋于平稳。相对低初始浓度下的修复,浓度 2 和浓度 3 修复下的 Fe^{3+} 的去除率分别仅下降 1.2% 和 4.1%。初始浓度的变化对于 Fe^{3+} 的修复效果影响不大,而电流的下降对氢氧化铁在碱性环境下的电离作用影响不显著。

　　金属离子和酸根离子在不同污染初始浓度修复下的去除率如图 9-21(d)所示。浓度 2 和浓度 3 的 Ca^{2+} 去除率相较浓度 1 的去除率分别下降 1% 和 4.9%。电流的下降(图 9-22)对于酸根离子(SO_4^{2-} 和 NO_3^-)分别向阴阳极室富集的浓度有一定影响,但并不影响离子的迁移方向及阴阳极迁移浓度比例。浓度 2 和浓度 3 的 SO_4^{2-} 阴阳极总去除率相较浓度 1 的去除率分别下降 1.4% 和 2.0%;NO_3^- 总去除率分别下降 1.7% 和 6.8%。

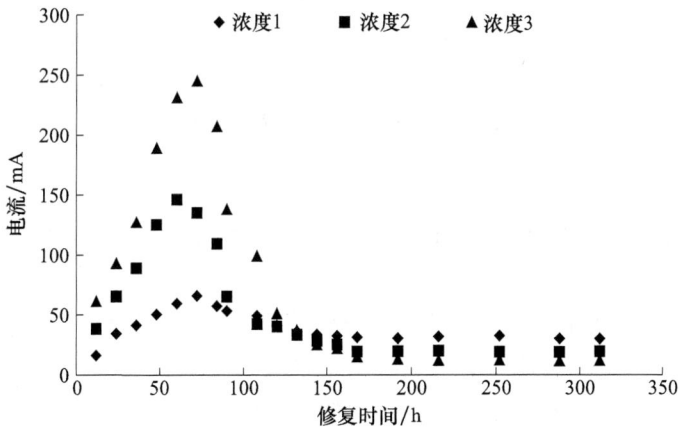

图 9-22　不同污染初始浓度下的体系电流变化

金属离子(Zn^{2+}、Fe^{3+} 和 Ca^{2+})及酸根离子(SO_4^{2-} 和 NO_3^-)的初始浓度分别为 10mg/L、25mg/L、250mg/L、4000mg/L、500mg/L(浓度 1);25mg/L、50mg/L、500mg/L、6000mg/L、800mg/L(浓度 2);100mg/L、150mg/L、800mg/L、8000mg/L、1200mg/L(浓度 3)

9.5.8　土壤 pH 的确定

　　土壤初始 pH 的选择分别为 1.2、4、6.2 和 10。图 9-23 为金属及酸根离子在不同土壤初始 pH 下的修复情况。从图中可以看到,土壤初始 pH 对金属离子(Zn^{2+}、Fe^{3+} 和 Ca^{2+})的修复效果影响并不显著;而对于酸根离子(SO_4^{2-} 和 NO_3^-)的修复效果有较大的影响。可知,当土壤 pH 为 1.2 时,SO_4^{2-} 和 NO_3^- 酸根离子的去除率分别达到 23.1% 和 59.5%,相对于土壤 pH 为 6.2 时的去除效果分别提高了 17.3% 和 15.1%。

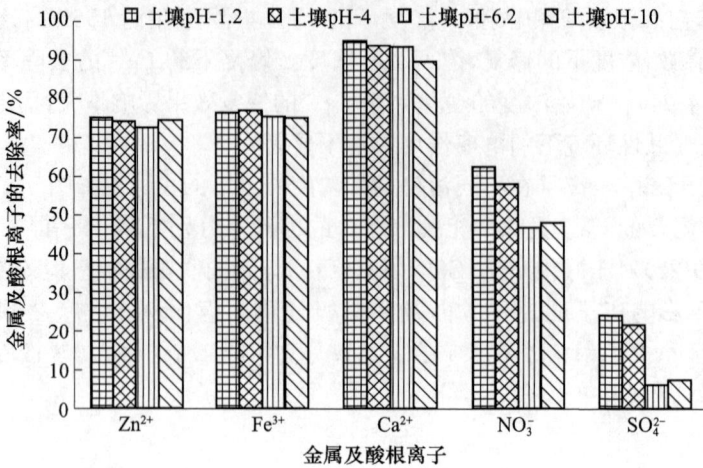

图 9-23　金属及酸根离子在不同土壤 pH 下的修复情况

土壤初始 pH 分别调节为 1.2、4、6.2 和 10；电压为 25V；金属及酸根离子的初始浓度分别为 10mg/L、25mg/L、250mg/L、4000mg/L、500mg/L；电解液为 0.04mol/L KCl 溶液

9.6　动电技术协同静电纺 PAN 纳米纤维膜 PRB 修复污染

由前面单一动电修复技术的修复效果分析可知，单一动电修复技术对酸根离子的修复效果不理想，还有部分污染残留于土壤中，且该修复技术仅在污染程度较低的环境中修复效果较好，限制了该技术的应用推广。为此，在考虑单一动电修复技术不足的基础上，通过结合动电技术（EK）与聚丙烯腈（PAN）纳米纤维膜渗透性反应墙（PRB）原位修复技术来修复环境中污染物。

为提高污染去除率，本节研究 EK/PAN 纳米纤维膜 PRB 修复系统在不同电压、污染初始浓度及土壤 pH 下的土壤修复效果，进而为实际应用提供参考。

1）试验材料与方法

试验所用 PAN 纳米纤维膜通过静电纺丝技术制成，其尺寸为 50mm×50mm，孔径为 60～100nm。EK/PAN 纳米纤维膜 PRB 系统装置示意图如图 9-24 所示。该 EK/PRB 装置在动电系统的基础上加入 PAN 纳米纤维膜 PRB 反应器。在有机玻璃柱两端和极室的连接处各粘贴着两层直径为 8cm 的定量滤纸，静电纺丝 PAN 纳米纤维膜（$d=5$cm）夹在滤纸的中间层。PAN 纳米纤维膜的定量滤纸作为 PRB 反应介质具有较强的吸附/络合金属及酸根离子的作用。

试验中电解液为 0.04mol/L KCl 溶液，其他试验材料、操作过程及参数与 9.5.3 节的单一动电修复试验一致，装置示意图如图 9-24 所示。

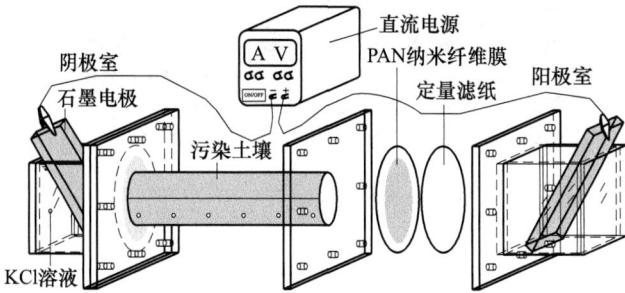

图 9-24 动电技术协同 PRB 系统的装置示意图

2) 电压对修复效果的影响

图 9-25 为不同电压时金属离子(Zn^{2+}、Fe^{3+}、Ca^{2+})与酸根离子(SO_4^{2-}、NO_3^-)在 EK/PAN 纳米纤维膜 PRB 系统中的去除效果。将离子修复分为三部分,即极室去除率、PAN 去除率和总去除率,其中,极室去除率是指离子的阴(阳)极室去除率总和。由图可知,随着电压增大,金属及酸根离子向阴(阳)极室的迁移浓度逐渐增大,说明电迁移和电渗析的作用不受 PAN 纳米纤维膜 PRB 的影响。以 Zn^{2+} 为例,当电压为 25V 时,极室去除率为 5.9%,PAN 纳米纤维膜 PRB 的去除率为 89.1%,总去除率为 94.9%,相比纯动电力学下的去除率提高了 20.9%。PAN 纳米纤维膜 PRB 对金属及酸根离子具有较强的吸附效果,并能显著提高离子的总去除率,PAN 纳米纤维膜 PRB 在系统中起主要的修复作用。PAN 纳米纤维膜对 Zn^{2+}、Fe^{3+}、SO_4^{2-} 和 NO_3^- 的修复作用主要是吸附,而极室对 Ca^{2+} 的去除率较低,PAN 纳米纤维膜 PRB 对 Ca^{2+} 的去除率较高,可达 93.8%。说明 PAN 纳米纤维膜对 Ca^{2+} 的去除起到吸附和络合的共同作用。

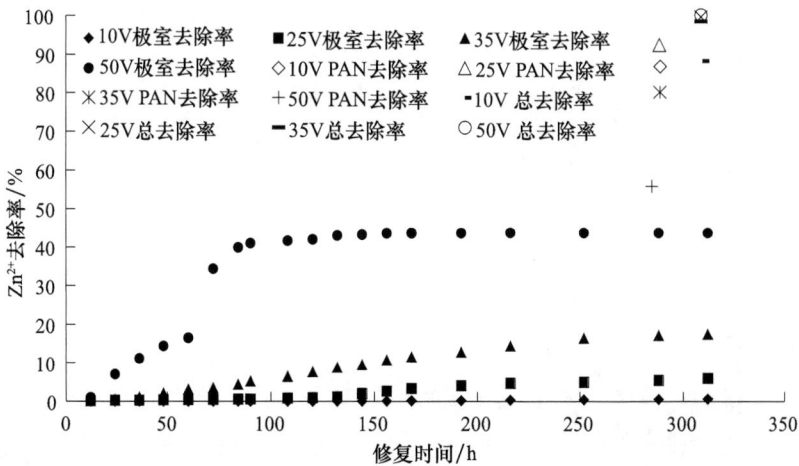

（a）Zn^{2+} 去除率

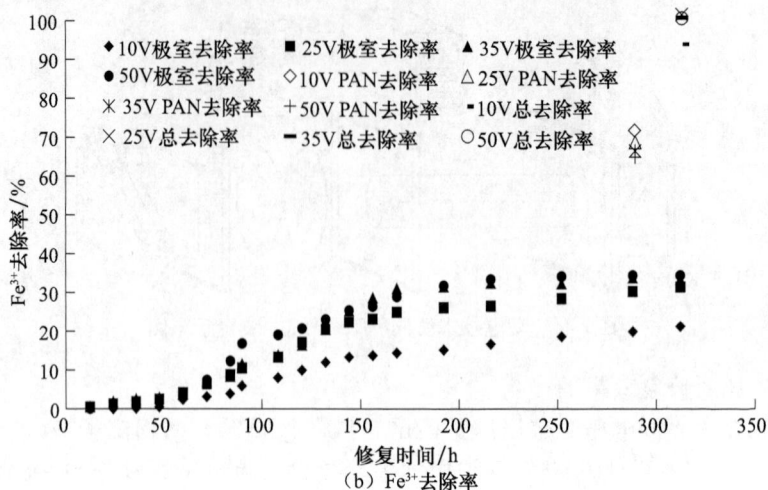

（b）Fe³⁺去除率

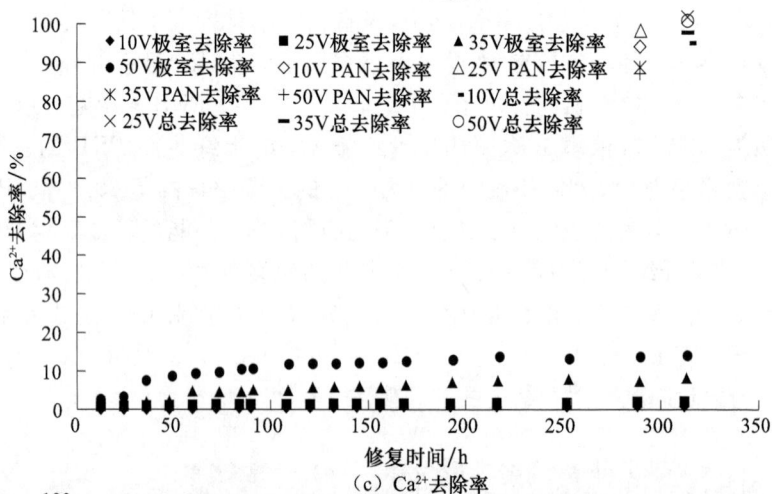

（c）Ca²⁺去除率

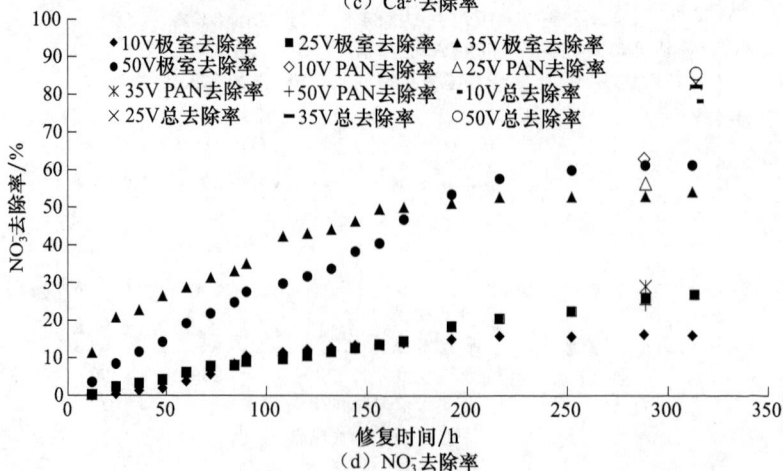

（d）NO₃⁻去除率

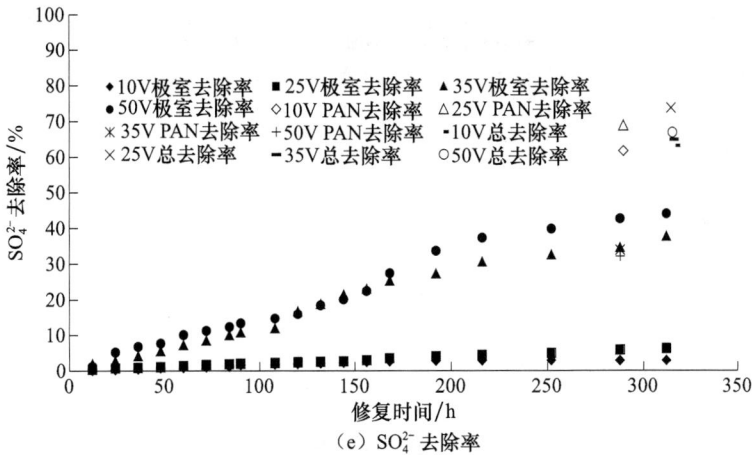

（e）SO_4^{2-} 去除率

图 9-25　不同的电压对 EK/PAN 纳米纤维膜 PRB 修复系统的影响

此外,由图 9-25 还可知,当电压较低时,PAN 纳米纤维膜的去除率较高,说明较低的电压能使纳米膜发挥更大的吸附和络合作用。从总去除率来看,EK/PAN 纳米纤维膜 PRB 系统在 25V 和 50V 时对金属及酸根离子的修复效果相对较好。原因是在电压为 25V 时,各离子主要受到 PAN 纳米纤维膜的影响作用;当电压增加到 50V 时,修复系统中的电场力明显增强,在快速的离子运动下,一部分离子直接透过纳米膜孔隙或从纳米膜上脱落而进入极室,造成极室去除率增大。通常电压过高会引起损耗及安全问题,而低电压方式更有利于修复土壤中污染。

3) 污染离子初始浓度对修复效果的影响

为探索 PAN 纳米纤维膜在某种浓度下发挥的最佳吸附和络合作用,分别设置三种不同初始例子浓度的土壤,电压和土壤 pH 保持不变,结果见图 9-26(注:电压为 25V,土壤 pH 为 1.2)。

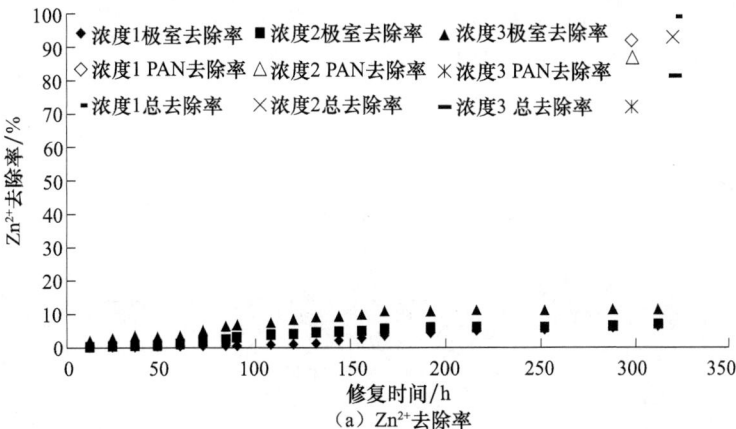

（a）Zn^{2+} 去除率

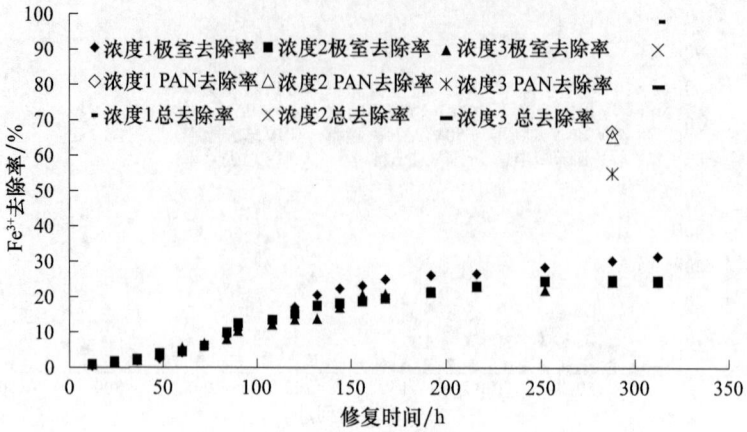

（b）Fe^{3+}去除率

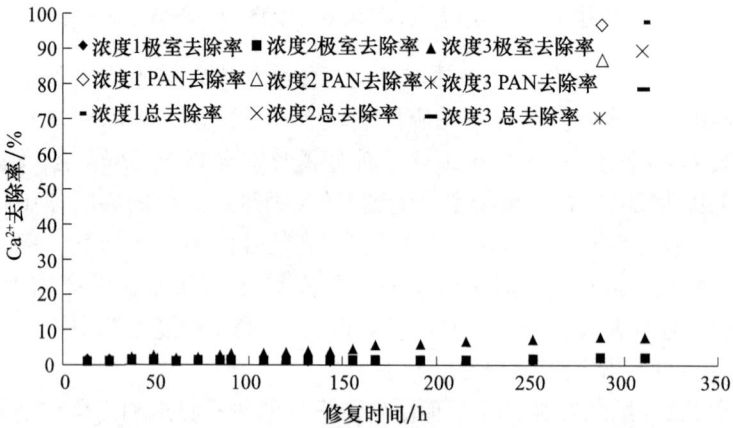

（c）Ca^{2+}去除率

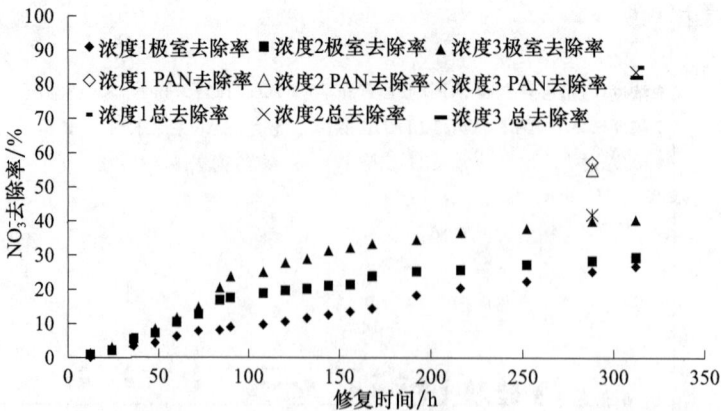

（d）NO_3^-去除率

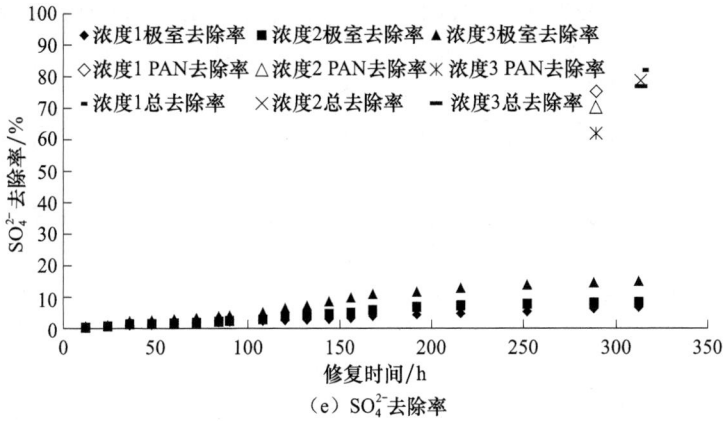

图 9-26　不同的污染初始浓度对 EK/PAN 纳米纤维膜 PRB 修复系统的影响

由图 9-26 可知,随着污染初始浓度的升高,各离子在极室中被去除的比例逐渐增大,而由 PAN 纳米纤维膜 PRB 去除的比例反而降低。在 EK/PAN 纳米纤维膜 PRB 修复系统中,起主要修复作用的是 PAN 纳米纤维膜的吸附和络合作用。如图 9-26 所示,锌离子的去除中,浓度 1、浓度 2、浓度 3 的极室去除率分别为 5.8%、6.3%、10.3%,而由 PAN 纳米纤维膜 PRB 去除的浓度依次下降,总去除率也从 94.9%下降为 79.0%,其他金属及酸根离子也有类似不同程度的下降。说明在初始污染浓度较高的情况下,PAN 纳米纤维膜吸附离子的作用有减弱的趋势。

由上可知,PAN 纳米纤维膜 PRB 修复系统只在离子的运动速率适宜时,PAN 纳米纤维膜的吸附或络合作用才能发挥较为理想的修复效果。所以,EK/PAN 纳米纤维膜 PRB 修复系统适合修复金属及酸根离子初始浓度较低的污染土壤。

4）土壤 pH 对修复效果的影响

为研究土壤 pH 对 EK/PAN 纳米纤维膜 PRB 系统的修复效果影响,将土壤中的污染初始浓度和系统电压均维持在较低的水平(电压为 25V,金属及酸根离子的初始浓度为表 9-6 中对应的浓度 1),试验结果如图 9-27 所示。

由图 9-27 可知,Zn^{2+}、SO_4^{2-} 和 NO_3^- 的极室去除率呈现明显的先下降后反弹趋势;Fe^{3+} 的极室去除率呈下降趋势。PAN 纳米膜对 Ca^{2+} 的吸附和络合作用较强,进入极室的 Ca^{2+} 量非常少,故土壤 pH 的变化对 Ca^{2+} 极室去除率影响不大。

土壤 pH 的升高对 Zn^{2+}、Ca^{2+} 和 SO_4^{2-} 的 PAN 吸附或络合有着较大的影响,部分 Zn^{2+}、Ca^{2+} 和 SO_4^{2-} 在 pH 升高时与土壤中的 OH^- 或金属离子结合生成沉淀物,在修复过程中由于电流的下降难以将该部分沉淀电离,导致这三种离子的总去除率降低,故 PAN 纳米纤维膜 PRB 对离子的去除率随着 pH 的升高而下降。根据上述极室去除率和总去除率的下降趋势,可知 PAN 纳米膜在低电流时对可去除的金属及酸根离子的去除率相对有所提高。

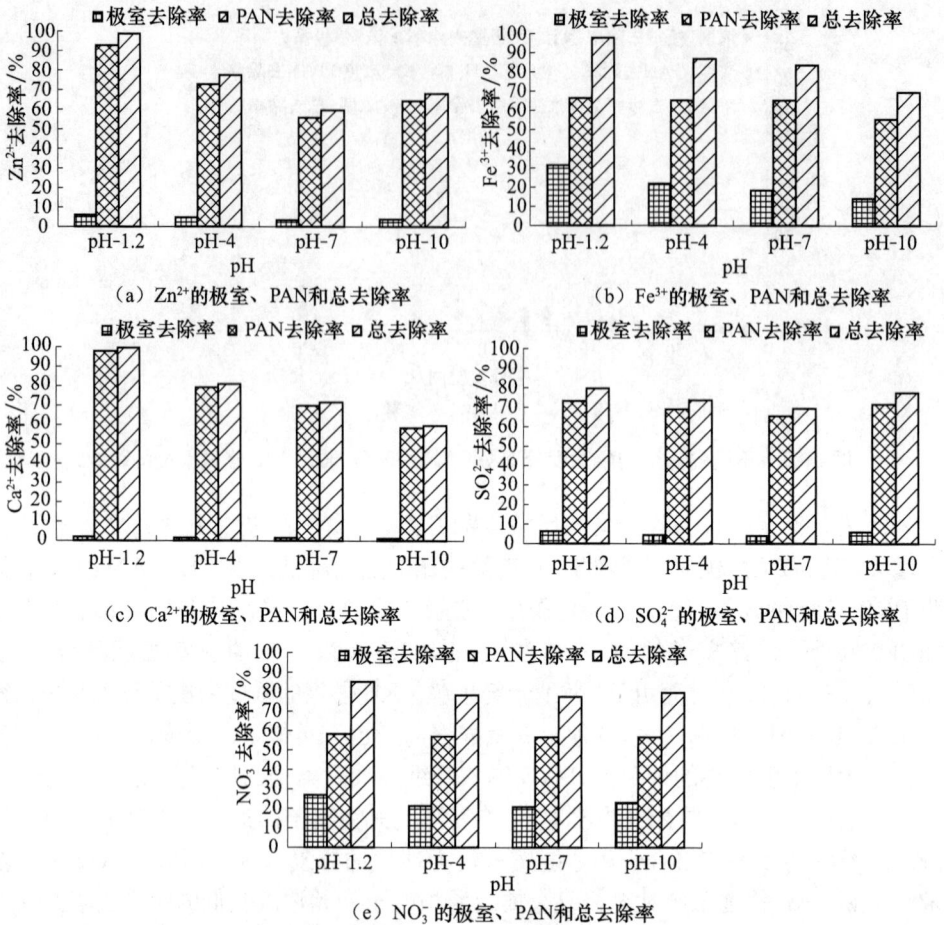

（a）Zn²⁺的极室、PAN和总去除率　　　　　（b）Fe³⁺的极室、PAN和总去除率

（c）Ca²⁺的极室、PAN和总去除率　　　　　（d）SO₄²⁻的极室、PAN和总去除率

（e）NO₃⁻的极室、PAN和总去除率

图 9-27　土壤初始 pH 对 EK/PAN 纳米纤维膜 PRB 修复系统的影响

　　综上可知，当土壤 pH 呈酸性时（即酸性土壤），EK/PRB 对金属及酸根离子有更好的修复作用。

　　5）EK/PAN 纳米纤维膜与动电技术修复情况的对比分析

　　通过不同电压、初始污染浓度和土壤 pH 的 EK/PAN 纳米纤维膜 PRB 系统对土壤中金属及酸根离子的修复影响，可以确定 PAN 纳米纤维膜发挥吸附和络合作用的最适宜试验条件。当电压为 25V，金属及酸根离子的初始浓度分别为 10mg/L、25mg/L、250mg/L、4000mg/L、500mg/L，土壤初始 pH 为 1.2 时，EK/PAN 纳米纤维膜 PRB 系统对金属及酸根离子的修复率分别为 94.9%、94.1%、95.7%、76.4%、81.6%；而动电技术对应的修复率仅为 71.4%、72.6%、90.4%、23.1%、59.5%。可知，EK/PAN 纳米纤维膜 PRB 修复系统对金属及酸根离子的修复效果更好，显著提高了 Zn²⁺、Fe³⁺ 和 SO₄²⁻ 的修复率。

由图 9-28 和图 9-29 可知,经过修复后的土壤剩余污染集中于中间段,两端土壤剩余污染量甚少。这说明在修复过程中,金属离子 Zn^{2+}、Fe^{3+} 和大部分酸根离子 SO_4^{2-}、NO_3^- 向阳极迁移并去除,金属离子 Ca^{2+} 和少量酸根离子 SO_4^{2-}、NO_3^- 向阴极迁移并去除。PAN 纳米纤维膜的吸附或络合作用修复了 94% 以上的金属离子,但对酸根离子的修复率有待进一步提高。

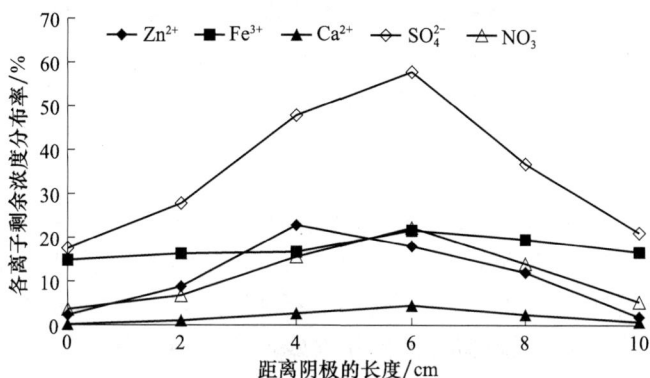

图 9-28 EK 修复下的土壤剩余污染浓度图

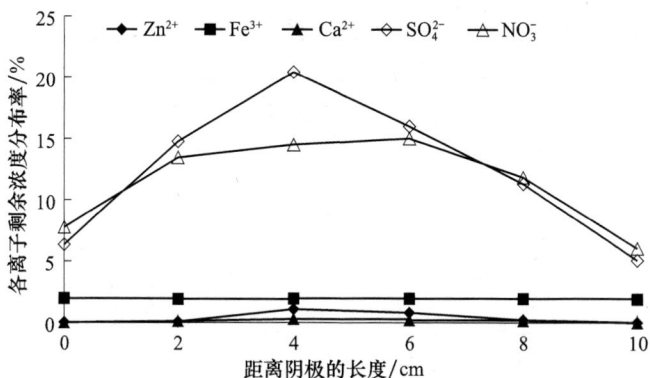

图 9-29 EK/PAN 纳米纤维膜 PRB 修复下的土壤剩余污染浓度

9.7 电化学协同壳聚糖及改性壳聚糖 PRB 修复污染

由前面分析可知,单一动电系统与纳米纤维膜 PRB 修复系统尽管有较好的金属离子的修复效果,但对污染酸根离子的修复率并不理想。因此,为了进一步取得对污染土壤修复的适宜效果,本书尝试通过结合动电技术(EK)与壳聚糖(CTS)或改性壳聚糖(MCTS)渗透性反应墙(PRB)原位修复技术,来研究污染土壤中的离子去除效果,探索通过改变 PRB 反应介质(壳聚糖或改性壳聚糖)的使用量对 EK/PRB 修复效果的影响,并研究 CTS 或 MCTS PRB 是否能提高酸根离子的去除率。

1. 试验材料与方法

试验所用壳聚糖的脱乙酰度大于 90%。壳聚糖分子中含有大量带孤对电子的活性基团氨基(—NH),可与多种金属离子配位形成金属配合物。壳聚糖为弱碱性高分子聚合物,在酸性溶液下容易大量软化溶解。此外,由于壳聚糖的易溶解流失特性,将壳聚糖进行交联改性,既能提高壳聚糖对金属及酸根离子的吸附性能,更能加强 CTS 的机械强度,解决易流失、耐化学试剂差等问题。

改性壳聚糖(MCTS)的制备:将 10g 壳聚糖溶于 200mL 质量分数为 2% 的乙酸溶液,置于 500mL 锥形瓶中,并进行恒温磁力搅拌。加入 200mL 液状石蜡,启动搅拌器,常温下搅拌 10min 后升温到 50℃,适量滴加 span80 约 15mL,乳化 10min,然后升温至 60℃,再加入 10mL 甲醛溶液,反应 1h,调体系 pH 为 10。再加入适量环氧氯丙烷溶液 10mL,升温至 70℃,用 BT-100 蠕动泵(上海青浦沪西仪器有限公司)滴加质量分数为 5% 氢氧化钠溶液,保持 pH 不变,反应 2h,过滤、水洗、干燥,用石油醚于索式提取器中抽提除去残留有机物。最后在 70℃ 将壳聚糖用 1mol/L 盐酸溶液处理 9h,水洗、碱洗、水洗至中性,最后干燥至恒重,即获得改性壳聚糖。

图 9-30 为壳聚糖改性前后的红外光谱图。由图可知,经过改性后的氨基变形振动吸收峰的强度减弱,而该吸收峰从 $1594cm^{-1}$ 高移到 $1598cm^{-1}$,说明氨基参与了交联反应。改性壳聚糖树脂经盐酸溶液处理后,氨基伸缩振动吸收峰明显变宽,强度增加,说明改性壳聚糖中的活性基团(—CN)增多。

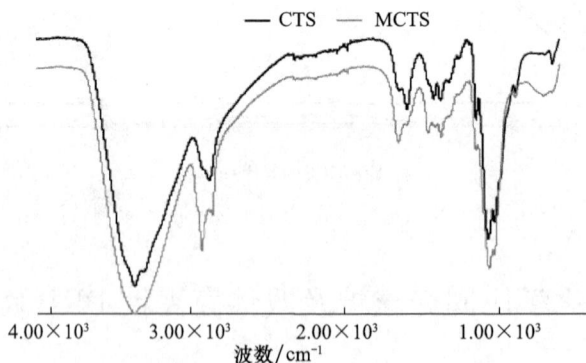

图 9-30 CTS/MCTS 的红外光谱图

由图 9-31 可知,改性后的壳聚糖呈圆球形,表面凹凸不平。

试验中电解液为 0.04mol/L KCl 溶液,若无特别说明,其他试验材料、操作过程及参数均与单一动电修复试验一致。EK/(M)CTS PRB 系统的装置示意图如图 9-32 所示。

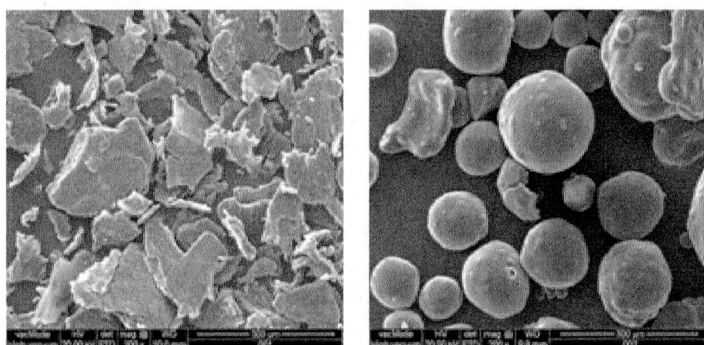

（a）壳聚糖　　　　　　　（b）改性壳聚糖

图 9-31　CTS/MCTS 的扫描电镜（放大 200 倍）

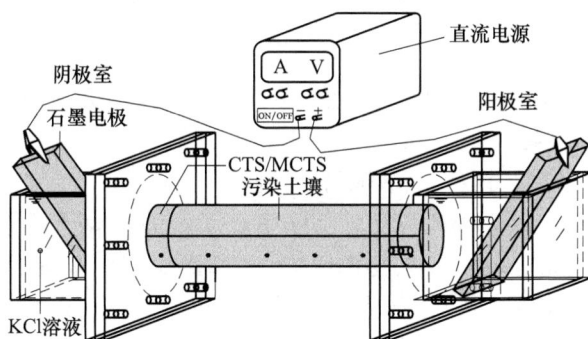

图 9-32　EK/(M)CTS PRB 系统的装置示意图

2. EK/(M)CTS PRB 系统修复污染土壤中的金属及酸根离子

根据单一动电修复系统与 EK/PAN 纳米纤维膜 PRB 修复系统修复土壤中金属及酸根离子的试验结论可知，电压为 25V，污染初始浓度分别为 10mg/L、25mg/L、250mg/L、4000mg/L、500mg/L，土壤初始 pH 为 1.2 时的污染修复效率最佳。因此，将该初始条件作为 EK/(M)CTS PRB 修复系统的试验条件，研究不同 CTS 或 MCTS 质量对修复效果的影响。

由表 9-7 可知，电流随着 CTS 或 MCTS 质量的增加先不变后逐渐变小。当反应介质的质量为 2g 和 5g 时，体系电流差异较小，修复后电极处 pH 也没有明显变化；但当质量增加到 8g 和 12g 时，电流变小，EK/MCTS PRB 系统电流下降程度远小于 EK/CTS PRB，说明 MCTS 能有效改善质量增加引起的修复率降低问题。电流下降是由于反应介质质量的持续变大增加了体系的电阻，一定程度上阻碍了离子的有效电迁移和电渗析作用。因此，CTS 或 MCTS 的增加并不一定能提高金属及酸根离子的修复效率,选择合适的反应介质的质量也是 EK/PRB 修复系统需要解决的重要因素之一。

表 9-7　不同质量的(M)CTS 时修复后的系统电流及 pH

试验	CTS/MCTS 用量/g	电流/mA	312h 后的阳极 pH	312h 后的阴极 pH
1	2g CTS	39.2~72.1	2.5	10.7
2	5g CTS	33.4~74.2	2.5	10.6
3	8g CTS	15.3~55.9	2.6	10.8
4	12g CTS	11.8~19.3	2.5	10.9
5	2g MCTS	61.4~109.3	2.4	11.1
6	5g MCTS	60.3~94.6	2.1	11.1
7	8g MCTS	48.2~89.2	2.3	10.9
8	12g MCTS	41.5~66.4	2.7	10.9

为选择合适的反应介质的质量,这里拟探讨不同反应介质质量对污染金属及酸根离子的修复影响。

1) 不同 CTS 质量对金属及酸根离子的修复影响

图 9-33 为 EK/CTS PRB 系统对土壤中金属及酸根离子的修复情况。由图可知,金属离子及酸根离子在极室中的去除率随着反应介质质量的增加而减少,说明大量离子经过电迁移和电渗析的作用被吸附在壳聚糖表面,由 CTS PRB 去除。由 CTS PRB 的去除率可以看到,CTS PRB 对金属及酸根离子的去除率在 2g CTS 下均是最低的。Zn^{2+} 的 CTS 去除率在 5g 和 8g 时最高。Zn^{2+} 的总去除率的变化趋势与 CTS 去除率的相似,这是由于当 CTS 质量增加时,EK/PRB 修复系统的体系电流有一定程度的下降,从而电迁移和电渗析对离子的迁移作用有一定程度的下降,缓慢的离子运动减少了离子向极室和 CTS PRB 的迁移量。

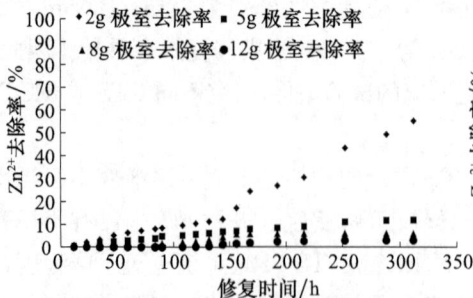

（a）Zn^{2+}的极室去除率　　　　（b）Zn^{2+}的CTS去除率、总去除率

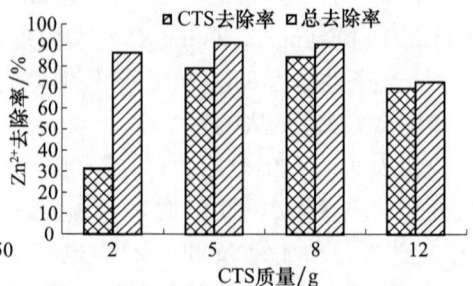

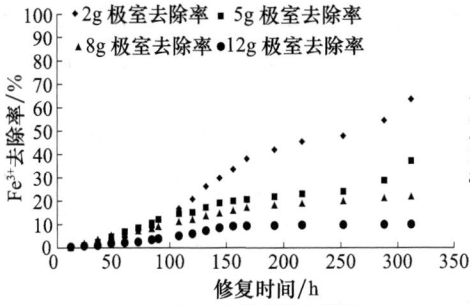

（c）Fe³⁺的极室去除率

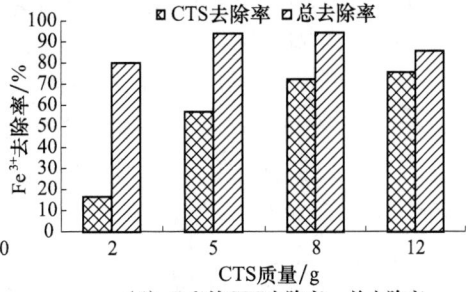

（d）Fe³⁺的CTS去除率、总去除率

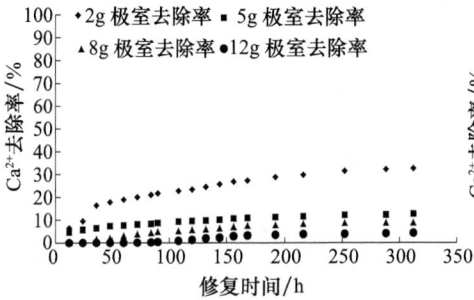

（e）Ca²⁺的极室去除率

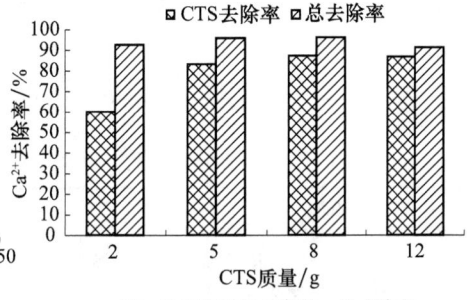

（f）Ca²⁺的CTS去除率、总去除率

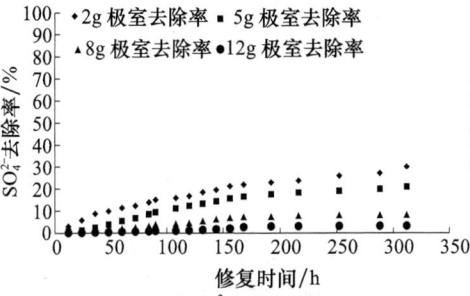

（g）SO₄²⁻的极室去除率

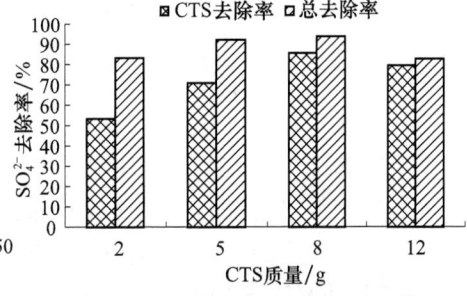

（h）SO₄²⁻的CTS去除率、总去除率

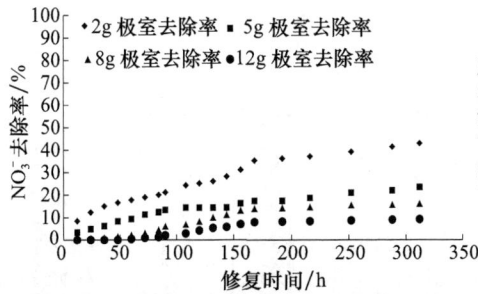

（i）NO₃⁻的极室去除率

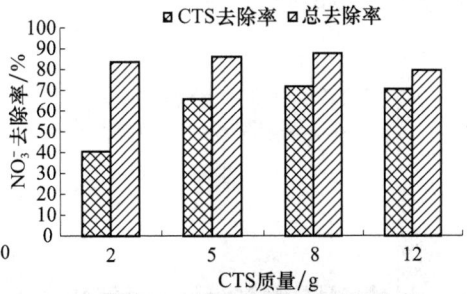

（j）NO₃⁻的CTS去除率、总去除率

图 9-33　EK/CTS PRB 系统对土壤中金属及酸根离子的修复情况

　　Fe^{3+} 的 CTS 去除率随反应介质的增加而变大。这是由于土壤中 Fe^{3+} 的总量较高,电流的下降对 Fe^{3+} 的迁移富集的影响没有 Zn^{2+} 大。但 Fe^{3+} 的总去除率在 CTS 为 5g 和 8g 时的去除率相对较高。

　　对于 Ca^{2+}、SO_4^{2-} 和 NO_3^- 的修复情况,从极室去除率、CTS 去除率和总去除率的变化趋势看,CTS 去除率随 CTS 质量的增加大致呈先升高后缓慢下降的趋势。Ca^{2+}、NO_3^-、SO_4^{2-} 在 CTS 为 8g 时的 CTS 去除率均最高。三种离子的总去除率变化趋势也较类似,CTS 在 8g 时的总去除率均最高。由此说明,CTS 的质量适当增大有助于增强其对金属及酸根离子的吸附作用,但当 CTS 质量变大到一定值时,电流的下降削弱了离子的电迁移和电渗析作用,从而降低离子的修复效果。

　　由表 9-8 可知,CTS 对金属离子和酸根离子均有良好的吸附性能。

表 9-8　EK/CTS PRB 系统的 CTS 去除率和总去除率

CTS 质量 /g	Zn^{2+}		Fe^{3+}		Ca^{2+}		SO_4^{2-}		NO_3^-	
	总去除率 /%	CTS 去除率 /%	总去除率 /%	CTS 去除率 /%	总去除率 /%	CTS 去除率 /%	总去除率 /%	CTS 去除率 /%	总去除率 /%	CTS 去除率 /%
2	83.0	33.1	79.8	18.6	89.0	57.8	79.9	51.1	80.2	39.0
5	87.5	79.2	90.0	57.7	92.1	79.9	88.2	68.2	82.5	62.9
8	86.8	86.5	90.2	74.3	92.4	83.8	90.0	82.3	84.1	68.7
12	69.6	67.3	82.0	75.0	87.6	83.5	79.5	76.3	76.3	67.6

　　2) 不同 MCTS 质量对金属及酸根离子的修复影响

　　将 MCTS 作为 PRB 的反应介质与动电力学联合修复土壤中的金属及酸根离子,并以不同 MCTS 的质量(2g、5g、8g、12g)作为控制因素进行修复研究,各离子的修复情况如图 9-34 所示。

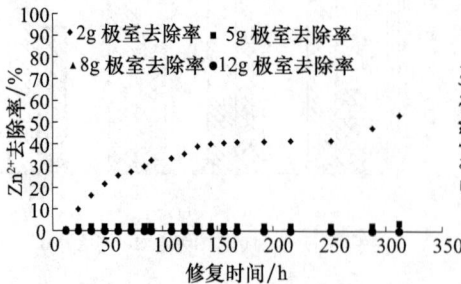

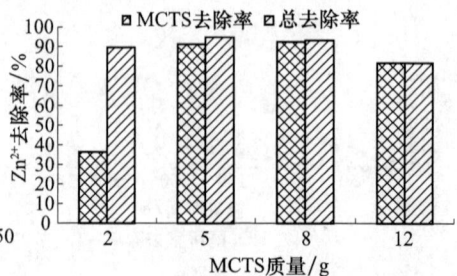

（a）Zn^{2+} 的极室去除率　　（b）Zn^{2+} 的 MCTS 去除率、总去除率

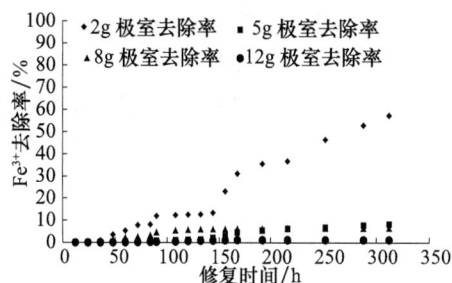

（c）Fe³⁺的极室去除率

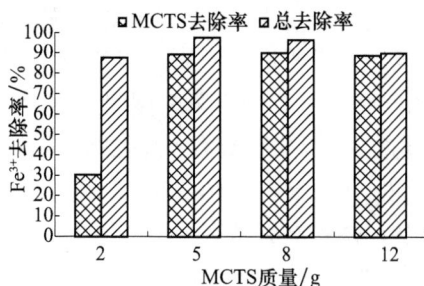

（d）Fe³⁺的MCTS去除率、总去除率

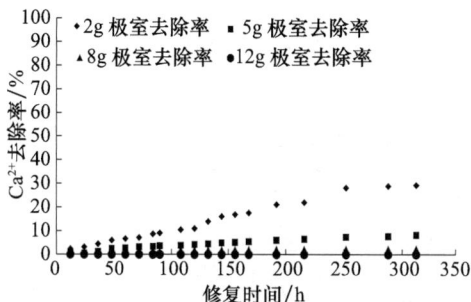

（e）Ca²⁺的极室去除率

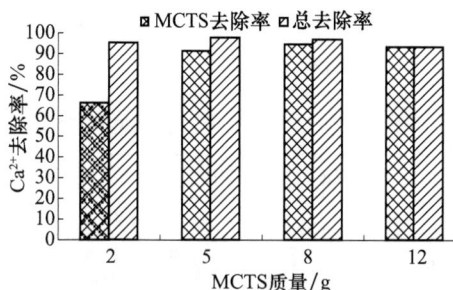

（f）Ca²⁺的MCTS去除率、总去除率

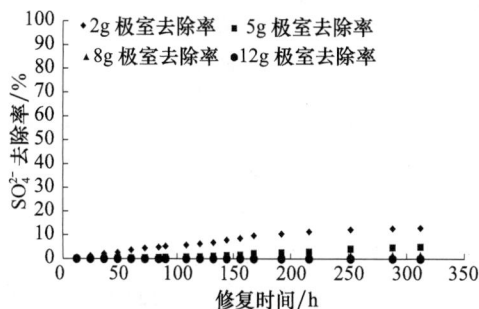

（g）SO₄²⁻的极室去除率

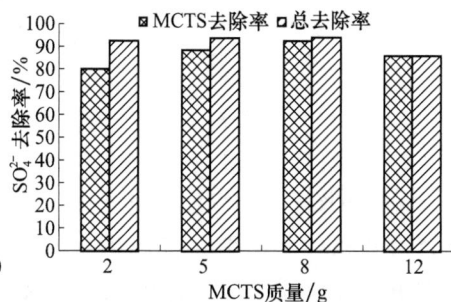

（h）SO₄²⁻的MCTS去除率、总去除率

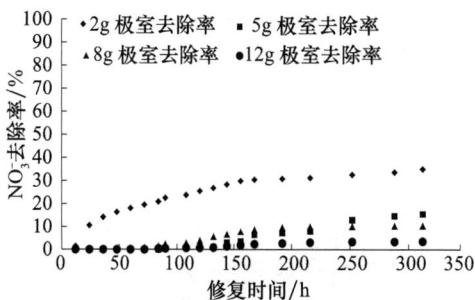

（i）NO₃⁻的极室去除率

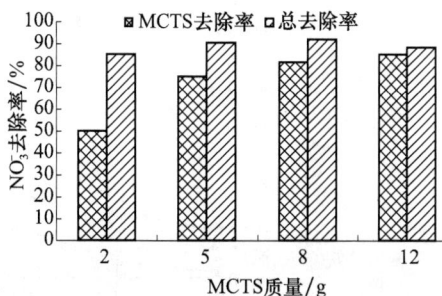

（j）NO₃⁻的MCTS去除率、总去除率

图 9-34　EK/MCTS PRB 系统对土壤中金属及酸根离子的修复

由图 9-34 可知,金属及酸根离子的极室去除率随着反应介质的增加而上升。随着反应介质质量的增加,MCTS 的吸附性能明显提高。与 EK/CTS PRB 系统相比,Zn^{2+} 极室去除率下降幅度明显增大,但 Zn^{2+}、Fe^{3+}、Ca^{2+} 和 SO_4^{2-} 的 MCTS 去除率均在 MCTS 质量为 8g 时达到最高值,质量为 12g 时 MCTS 去除率下降较小,NO_3^- 的 MCTS 去除率在 MCTS 质量为 12g 时最高。由此说明 MCTS 反应介质的增加在体系电流稍有下降的情况下对各离子的吸附率仍能保持较好的水平。从各离子的总去除率随反应介质质量变化的趋势看,MCTS 为 5g 时对金属离子的总去除效果最理想;MCTS 为 8g 时对酸根离子的去除效果最理想。

由表 9-9 可知,EK/MCTS PRB 系统对金属及酸根离子的修复效果均好于 EK/CTS PRB 系统。

表 9-9　EK/MCTS PRB 系统的 CTS 去除率和总去除率

MCTS 质量 /g	Zn^{2+}		Fe^{3+}		Ca^{2+}		SO_4^{2-}		NO_3^-	
	总去除率 /%	MCTS 去除率 /%	总去除率 /%	MCTS 去除率 /%	总去除率 /%	MCTS 去除率 /%	总去除率 /%	MCTS 去除率 /%	总去除率 /%	MCTS 去除率 /%
2	86.1	34.9	84.3	29.2	91.8	63.6	89.0	76.6	81.9	48.3
5	91.0	87.6	93.9	85.8	93.8	87.8	89.9	85.1	87.1	72.2
8	89.6	88.8	92.6	86.4	93.2	90.9	90.3	88.9	88.6	78.6
12	78.6	78.6	86.4	85.2	89.8	89.8	82.5	82.5	85.2	81.8

3) EK/CTS PRB 系统与 EK/MCTS PRB 系统修复效果对比分析

由于 EK/CTS PRB 系统与 EK/MCTS PRB 系统在反应介质的质量为 8g 时,金属及酸根离子均能得到较理想的修复效果,故分别将反应介质为 8g 时 CTS PRB 和 MCTS PRB 协同动电力学修复后在土壤中的各离子剩余浓度分布率进行对比分析,结果如图 9-35、图 9-36 及表 9-10 所示。

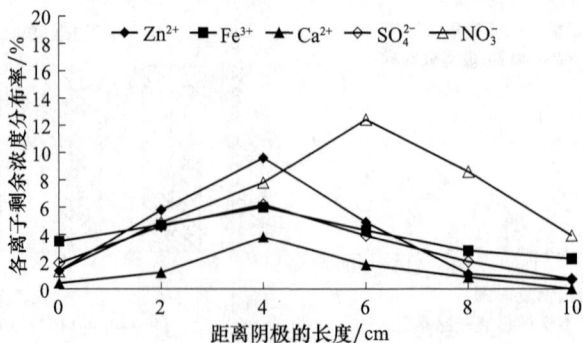

图 9-35　EK/CTS PRB 系统修复下的土壤剩余污染浓度分布率

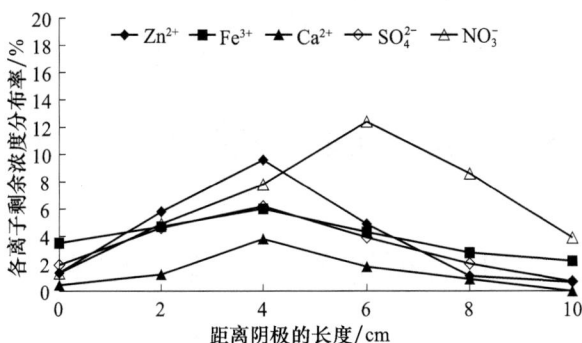

图 9-36　EK/MCTS PRB 系统修复下的土壤剩余污染浓度分布率

表 9-10　不同修复系统对各污染离子的总去除率(单位:%)

修复系统	Zn^{2+}	Fe^{3+}	Ca^{2+}	SO_4^{2-}	NO_3^-
EK/CTS PRB 系统	86.8	90.2	92.4	84.1	90.0
EK/MCTS PRB 系统	89.6	92.6	93.2	88.6	90.3
EK/PAN 纳米纤维膜 PRB 系统	94.9	94.1	95.7	76.4	81.6
单一动电技术	74.1	72.6	90.4	23.1	59.5

由表 9-10 可知,相比 EK/PAN 纳米纤维膜 PRB 系统,EK/CTS PRB 系统和 EK/MCTS PRB 系统对金属离子的修复率虽有一定程度的降低,但对酸根离子的修复效果有较明显的升高。总体来看,EK/CTS PRB 系统和 EK/MCTS PRB 系统对金属及酸根离子均有良好的修复效果。由前面分析可知,MCTS 对金属及酸根离子的吸附性能稍好于 CTS;改性的壳聚糖复合系统对离子的修复效果优于未改性的壳聚糖复合系统的修复效果。此外,在修复结束后,作为 PRB 反应介质的大部分 CTS 在酸性溶液下溶解,难以再生利用,而修复后的 MCTS 的机械强度仍然较高,没有发生溶解现象。

由图 9-35 及图 9-36 可知,经过修复后的土壤剩余污染分布与 EK 及 EK/PAN 纳米纤维膜 PRB 的情况类似,各离子的分布规律不受反应介质(CTS 和 MCTS)的影响,剩余污染仍然集中于中间段,两端土壤剩余污染量甚少。

第 10 章　加筋煤矸石施工技术

10.1　高填方加筋格宾煤矸石路堤施工技术

10.1.1　高填方煤矸石路堤的新问题

安邵高速公路 TJ2 标合同段煤矸石填筑路基 K127＋612.4～K127＋863 段煤矸石填筑路基包边土工程是典型的低矮煤矸石路堤填筑方法。可知,有包边土(1m)断面的稳定安全系数要比无包边(实际 0.1m)断面的安全系数大,尤其是在填土高度小于 8m 时,包边填土的安全系数远大于无包边填土。从图中还可以看出,当煤矸石填筑高度达到 10m 后,无论是有 1m 包边还是无包边断面的安全系数都比较小,这就说明针对高填方的煤矸石,仅仅采用黏土包边这种防护方式已经很不稳定,安全性值得担忧。借鉴以往粗粒土填料高填方路堤的成功经验,煤矸石高路堤填方也采用此种加筋施工方式。

加筋格宾是一种新型防护技术,是在由机械编成双绞合六边形低碳钢丝网内装片石的箱型构件,如图 10-1 所示。加筋格宾防护技术具有柔性、透水性及整体性的特点,在欧美、日本等地区和国家应用广泛,国内在河岸防冲刷、生态河道等工程领域应用较多,近几年才在高速公路路基防护中有所应用。加筋格宾既可用于普通填料土路基,也可用于粗粒土填料路基如煤矸石填筑路基。

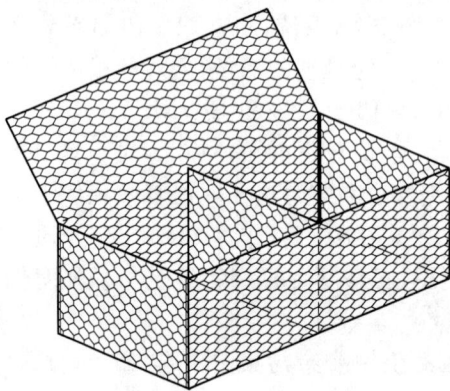

图 10-1　加筋格宾构件图

10.1.2　施工特点

(1) 路基填方工程量较小,能够适应一定范围内的不均匀沉降。

(2) 施工方法简单,工艺流程清晰,能形成程序化、标准化作业,操作者和管理者易于掌握,质量容易控制。

(3) 工序紧凑,施工速度快,工效高,确保工期。

(4) 对施工机械的依赖性较小,仅需少量机械辅助,大部分人工操作即可完成,施工成本较低。

10.1.3　适用范围

(1)适用于煤矸石填筑路基高填方段路基边坡防护,特别适用于有需要及时排水、固结、稳定要求的路段路基防护结构。

(2)煤矸石填筑路基边有冲沟和悬崖,需要防护的路段。

(3)可用于河道治理和防冲刷工程。

(4)快捷应急工程或临时工程防护均可使用。

10.1.4　工艺原理

加筋格宾的基本元素为镀锌覆塑的低碳钢丝经机器编织而成的双绞合六边形金属网面。其面墙为格宾网箱,拉筋为钢丝网面,拉筋与面墙网面为同一网面的无节点连接。在工点现场直接充填石料构成面墙,在加筋网面上分层填土、压实,见图 10-2。格宾网箱、网面与压实石料、煤矸石共同作用的受拉体系一起组成加筋格宾结构。格宾网作为加筋材料,其性能明显优于土工格栅,极限抗拔力较高,综合内摩擦角及等效黏聚力也较高,作为加筋材料性能优异。

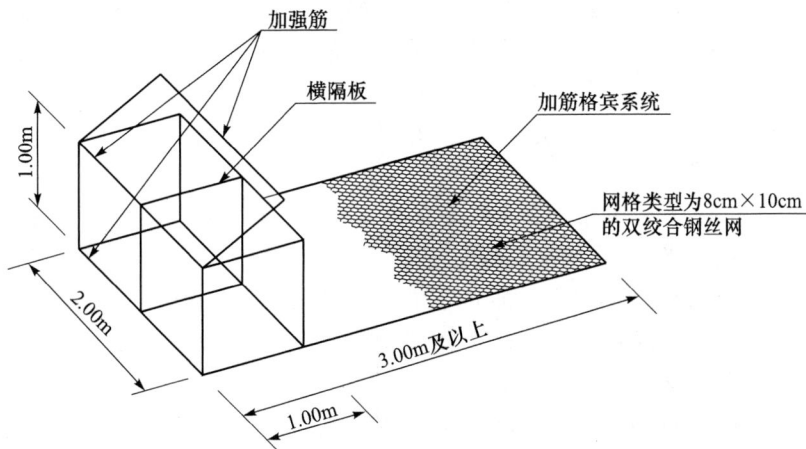

图 10-2　加筋格宾支挡结构构件图

加筋格宾具有刚柔相济的特性和良好的边坡适应性,基本不存在蠕变问题。此外,加筋格宾支挡结构不是传统的混凝土刚性面板,格宾墙面透水有利于煤矸石土体中地下水排出,进而保证结构长期稳定,且墙面板有相对较好的刚度,不存在"鼓肚"等质量缺陷。加筋格宾支挡结构在坡后土体自重和土压力作用下发生侧向位移,但因拉筋与填料间摩擦阻力约束墙体位移,加筋煤矸石中拉筋通过拉筋抗拉强度及拉筋与煤矸石之间接触面的摩擦阻力限制煤矸石应变,增加煤矸石土体的强度和结构的稳定性。

10.1.5　材质要求

(1) 加筋格宾:采用镀锌覆塑防腐处理,网面抗拉强度 50kN/m,符合 EN 10223-3 标准,供货厂家需提供由中国国家认证认可监督管理委员会认证的检测单位出具的网面抗拉强度检测报告。

(2) 填石要求:加筋格宾粒径以 100～300mm 为宜,空隙率不超过 30%,要求石料质地坚硬,强度等级 MU30,密度不小于 2.5t/m³,遇水不易崩解和水解,抗风化;薄片、条状等形状的石料不宜采用;风化岩石、泥岩等也不得用做填充石料,加筋格宾面墙靠墙面 30cm 范围内采取干砌的方式。

(3) 结构填土:采用现场煤矸石进行回填,内摩擦角≥32°,黏聚力≥5kPa,筋带上下 10cm 范围内采用细粒料回填,粒径大于 10mm 含量不得大于 10%。根据施工所用压实机械规格性能,施工碾压遍数等施工参数应经现场试验获取,压实度＞94%;距面墙 1m 范围夯机夯实。

(4) 土工格栅:型号 MacGrid WG15,抗拉强度≥150kN/m,供货厂家需提供由中国国家认证认可监督委员会认证的检测单位所出具抗拉试验报告以及 3×10^5h 蠕变试验报告,并证明在本工程年限下蠕变折减系数不高于 1.44。为保证材料质量,格栅聚酯纱线 CEG 含量不得高于 12mol/t,供货厂家需提供由中国国家认证认可监督委员会认证的检测单位所出具的 CEG 含量报告,其他详细参数见技术参数表(此处略)。

(5) 聚酯长纤无纺布:标称断裂强度 10kN/m,详细指标参照国标 GB/T 17639—2008《长丝纺粘针刺非织造土工布》。

(6)麦克排水垫:采用 MacDrain W1061 型号,其将经过特殊挤压形成"W"形、纵向全断面排水通道的三维聚丙烯网垫与两层针刺、经热处理的无纺土工布通过热黏合作用形成反滤、排水、保护的三维排水垫,其单位质量为 660g/m² (公差 ±10%),纵向抗拉强度为 13kN/m(最小值),水力梯度 $i=1$ 时平面通水量为 1.3L/(m·s)(公差±30%)。

加筋材料技术参数的详细要求见本章 10.2 节。

10.1.6　工艺流程

煤矸石填筑路基加筋格宾支挡结构典型断面见图 10-3,对应的施工流程见图 10-4。

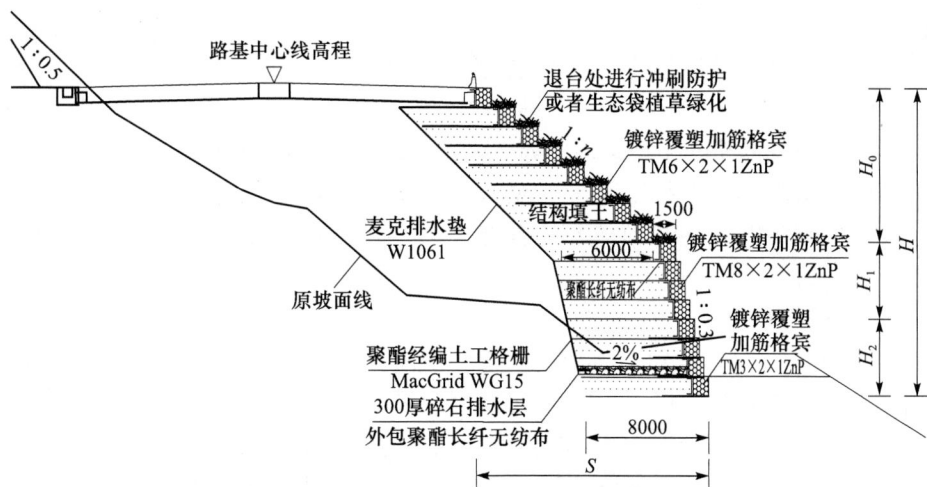

图 10-3　煤矸石填筑路基加筋格宾支挡结构典型断面（单位：mm）

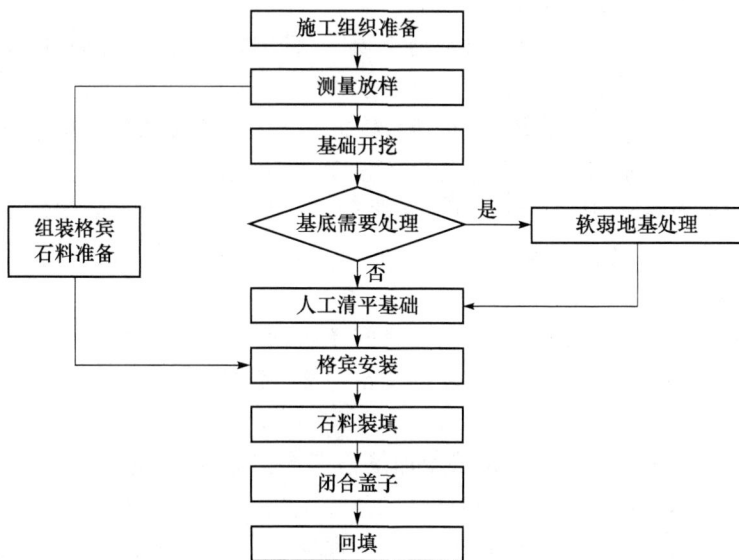

图 10-4　加筋格宾施工工艺流程

10.1.7　施工要点

1）施工准备

（1）本工法除常规的施工准备，还需要进一步进行图纸核对，做好现场调查，尽早着手填石、煤矸石选料和加筋格宾的储备工作。

（2）编制实施性施工组织设计，优化施工组织，并对作业人员进行必要的岗位培训。

（3）熟悉掌握设计标准、质量标准、施工规范。

2）基础开挖

（1）先对加筋格宾支挡结构进行详细测量定位，标出基槽开挖线和开挖深度，人工配合机械将基槽开挖至设计基底标高，对基础底面的地基进行承载力检测。

（2）按设计图纸要求，在基础底部修砌 300mm 厚碎石排水层，外包聚酯长纤无纺布。

3）煤矸石填筑

（1）压实后的路基表面，不应出现轮迹、松散、坑槽、软弹、沉陷等现象；填筑下部路堤时，横坡宜稍大，以利于排水；稳压后应采用细料将表面空隙填实；加筋煤矸石应与素煤矸石同时填筑，同时碾压，并达到规定的压实度要求。

（2）注意拣除超粒径煤矸石块及开采附属物，推土机摊料初平、平地机整平时，仍有可能发现有超粒径的煤矸石块及开采附属物，必须派人挖除和清拣，装载机配合，集中堆放，清理出场。

（3）煤矸石含水量偏大时，路基会出现"弹簧"现象，应及时翻晒或挖除换填。在天气干燥的情况下，路基表面应经常洒水并压实，防止"浮土"现象的发生。

（4）因煤矸石本身具有较高的强度，故每层煤矸石路基报验合格后，应进行洒水养生防止失水开裂，以保证路基的整体强度、稳定性。

（5）原地面整平、压实，经监理工程师验收合格后方可进行路基填筑，填筑路基宜采用水平分层填筑法施工。如原地面不平，应由最低处分层填起，每填一层，经过压实符合规定要求之后，再填上一层。

（6）两个作业面交接处，不在同一时间填筑，则先填地段按 1∶1 坡度分层留台阶。若两个地段同时填，则分层相互交错衔接，其搭接长度不得小于 2m。

4）交界面施工

（1）煤矸石填筑路基边坡是采用加筋格宾支挡结构，因此素煤矸石路基与支挡结构的加筋煤矸石施工应该同时进行，分层施工。

（2）交界面处铺设麦克排水垫 W1061，现场施工时，需要在专业厂家的指导下进行施工。

5）石料填充

根据加筋土工程特点，规定用于填充格宾及加筋格宾的石头必须是坚硬且不易风化的块石或片石，如灰岩、花岗岩等，并采用干砌片石方式。作为科研示范工程，干砌片石的施工质量是保证加筋土项目成功与否的关键。干砌片石宽度建议一般为 30～40cm 或全部干砌，以格宾不发生变形或小变形为控制要素，严格机械堆填。在缺乏合适尺寸石头的地段，其中心部位可由较小的石料填充，其粒径为 10～20cm，容许 5% 变化，最小粒径不得小于网格尺寸。详细要求如下：

（1）格宾前方面石装填要求片石较为规则，摆放整齐。

（2）片石装填应稳固，大片石之间的空隙必须使用小片石或者碎石填充，以减少片石受压后的压缩沉降。

（3）装填的片石之间应互相咬错，并在前排格宾前后面之间应用加固铅丝，防止格宾单元受压后出现"胀肚"现象，如图 10-5 所示。

（4）杜绝使用挖掘机等大型工程机械向格宾内装填大块石料，避免造成格宾面板无法修复，影响工程质量。

（5）加筋格宾面墙部分施工是保证外观质量的关键工序，选材方面，必须选用表面平整、洁净、粒径较为均匀的石料，错缝摆放。面墙整体平整、密实，适当进行颜色搭配，使视觉美观。面墙部分以外的格宾周围宜选用粒径较大的石料错缝摆放，在中间适当放置粒径相对较小的石头进行填充，防止石头在每个格宾单元之间相互串动而影响结构稳定性。

关于加筋材料的施工方法及要点见 10.3 节。

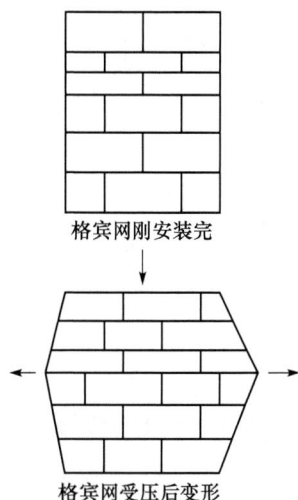

格宾网刚安装完

格宾网受压后变形

图 10-5　格宾受压变形示意

6）压实碾压

（1）每分层回填按要求检查压实度，检验合格后方可进行下一层的回填。格宾筋板必须铺设平整，并按设计要求设置 U 形钉固定于地面上，回填前检查格宾钢丝防腐层有无破坏，如有破坏，应重新进行防腐处理后方可进行回填。

（2）格宾墙背 1m 范围内不得让压路机等大型机械靠近或碾压，应人工采用小型机械分层夯实并不得碰触格宾，防止造成格宾扭曲变形。在填石路基或土石混填段施工加筋格宾时，为防止碾压时碎石与筋板表面涂层挤压摩擦使筋板失去保护而锈蚀，影响使用寿命，要注意在回填路基填料之前，先填 10cm 厚细粒土覆盖于筋板之上，然后再填筑填石，填至上面时，仍回填 10cm 厚细粒土，以保护上层筋板不受损坏。回填后即可进行下一层的加筋格宾施工。

（3）除 1m 以外机械回填部分的碾压遍数及密实要求与路基施工的相关要求相同。除上下两层素土，中间的填筑厚度为 80cm，填筑分两层进行。填筑前先根据路基填筑试验段提供的压实系数算出压实厚度为 40cm 的虚铺厚度，然后按路基施工要求的压实遍数压实，最后进行压实度检查，合格后再进行下一层填筑。在工程实例中，路基为填石路基，虚铺厚度按 45cm 控制，18t 羊足碾振动碾压 3 遍，光轮压路机振动压实 3 遍，最后静压 1 遍。压实度通过沉降检查，以光轮压路机碾压一遍前后的沉降差在 3mm 以内为合格。

（4）格宾 1m 范围内的部分采用人工夯实回填，填筑工艺与桥涵台背回填相同。填筑机械为立式打夯机，分层厚度为 15cm，填料为天然砂砾。压实度采用灌砂法检测，压实度控制在 96% 以上。

7）监控量测

由于充填的格宾片石之间存在空隙，加筋格宾在层数较多时，因自重和路基填土重力共同作用，墙体自身会产生压缩沉降，基底也会出现不均匀沉降，所以在施工期间和完工后，应不间断地进行沉降观测和位移观测。具体的监控量测项目及监测频率如表 10-1 所示。

表 10-1　监控量测项目及频率

项目	施工期间	完工后 2 个月内	完工后 3～6 个月内	检测仪器
沉降观测	每个工作日	3 天一次	7 天一次	水准仪
位移观测	每个工作日	3 天一次	7 天一次	全站仪

10.1.8　人员、材料及设备

实行两班制作业，劳动组织见表 10-2，施工机具设备见表 10-3。

表 10-2　施工劳动组织

序号	工种	人数	分工
1	筋材工	10	铺设格宾、麦克排水垫
2	普工	30	拉筋下料、摊铺、固定、运输、夯实等
3	机械司机	视车数定	煤矸石运输、摊铺、压实，材料运输
4	测试人员	2	测量放样、现场试验检测
5	质量检查员	2	负责各个工序质量控制及检查
6	技术负责人	4	技术指导、协调各个工序，解决技术问题
7	指挥人员	2	现场指挥及调度

表 10-3　施工机具设备

序号	机具名称	规格型号	单位	数量	备注
1	推土机	D8L	台	1	
2	推土机	D80-12	台	1	
3	压路机	CA25D	台	2	
4	挖掘机	CAT 320L	台	2	
5	平地机	PY160A	台	1	
6	自卸汽车	15T	台	20	

序号	机具名称	规格型号	单位	数量	备注
7	洒水车	5T	台	1	
8	农用三轮车		辆	5	运输格宾
9	小型压路机	1T	台	1	
10	羊足碾	18T	台	2	
11	立式打夯机	LS3T	台	2	
12	灌砂法测定仪		套	2	

10.1.9　质量控制

加筋格宾支挡结构施工质量的关键在于其施工过程中格宾的连接布置、填料压实度及筋材原材料的质量控制。另外，格宾防护外观质量应表面平整，线条直顺，曲线圆滑。在施工过程中建立了 5 个质量控制检查表（基底检查项目及标准、基础工程质量检查项目及标准、麦克排水垫安装质量检查项目及标准、格宾拉筋铺设质量检查项目及标准、填料压实质量检查项目及标准），分别对各道工序给予严格控制（表格略）。加筋材料的质量控制详细情况见 10.3 节。

10.1.10　安全措施

（1）加强对施工人员进行安全教育，树立安全第一的思想，文明施工。

（2）建立健全安全领导机构，分工明确，责任到人。

（3）机械填筑煤矸石时在填石边缘设置安全标识杆。

（4）严格规定机械行走路线，设置明显的界限标桩，防止互相干扰和碰撞。

（5）作业前对所有施工机械设备进行详细检查，严禁"带病"作业。

（6）夜间作业时，机械上应装有足够亮度的照明设备，作业现场有照明设施，工作视线不清时不得作业。

（7）施工区域内闲杂人等一律不得入内。

10.1.11　效益分析

煤矸石填筑路基消耗大量废弃煤矸石，减少环境污染和安全隐患，而且节约了填料施工成本。加筋格宾支挡结构施工所需设备、工具相对简单，利用率高，能耗少，符合绿色、节能、环保的理念。施工用格宾材料便于取得，加工损耗小，填充石料及煤矸石也便于采集。从安邵高速公路工程 TJ2 煤矸石填筑路基标段实践来看，采用加筋格宾对煤矸石填筑路基段进行防护，能满足技术、经济的要求，是一种行之有效的支挡防护形式。

10.1.12　工程实例

安邵高速公路 TJ2 标合同段煤矸石填筑路基 K128＋622～K128＋720 段中采用了这种加筋格宾支挡结构工程,从 2012 年 7 月开工,采用本工法施工到 2013 年 11 月 14 日完工,满足了线路开通前的工期目标。到目前,路基及加筋格宾支挡结构工程经历了雨季和数次暴雨的袭击,路基本体、加筋格宾支挡结构没有出现较大下沉、开裂、变形问题,总体情况良好。

10.2　煤矸石混合料加筋土台背回填施工技术

在 K128＋660～K128＋700 段加筋土挡土墙台背回填部分采用掺土煤矸石填筑,掺土煤矸石中土的含量为 20％,回填部分等效于 40m×7.2m×8m 的长方体,总量约 2304m³,其中煤矸石约 1843m³,外掺土约 461m³。

10.2.1　煤矸石混合料台背回填施工准备

煤矸石路基填筑宜使用装载机在煤矸石堆边进行集中拌和,将选好的填料与普通土以 5∶1 的比例搅拌均匀。拌和均匀后再运往施工路段。填筑方法采用水平分层填筑法,即按横断面全宽水平分层向上填筑。卸上推下是有效地防止人为离析的摊铺方法。碾压前将煤矸石中粒径大于 20cm 的石块拣出或人工破碎,用人工或机械整平,对于在碾压过程中形成支点的矸石块进行处理,确保碾压质量。对于大颗粒矸石集中的地方,应用细粒料填充处理,确保碾压后密实,特别是对于土、矸石接合部位,更应该严格控制,防止出现不密实现象。

10.2.2　煤矸石混合料台背回填工艺

1) 施工要求

(1) 结构物(包括桥涵台背、锥坡、挡土墙墙背等)的回填是指结构物完成后,用符合要求的材料分层填筑结构物与路基之间的遗留部分。

(2) 结构物处的回填应提交专项开工报告,应依据开工报告按图纸和监理工程师的指示进行,回填前的断面要经监理工程师检查并拍照。回填时圬工强度的具体要求及回填时间,应按《公路桥涵施工技术规范》(JTG/T F50—2011)有关规定执行。

(3) 回填材料除图纸另有规定,宜选用透水性好的、塑性变形小的材料作为回填料,具体要求应满足以下规定:

① 级配良好,粒径应为 0～50mm 的砂砾(碎)石或砾碎石土,禁止使用黏土。

② 天然砂砾颗粒组成要求颗粒尺寸大于 20mm 的粗骨料大于等于 40％,小于

0.5mm 的细料含量不大于 15%,细料塑性指数不得大于 10。

③ 外掺级配砂砾(碎)石所用材料要求颗粒尺寸应为 5～50mm,其中 25～50mm 的含量不大于 50%。

④ 或者是工程师批准的其他透水性好、易于夯实的材料。

⑤ 若有地下水,则地下水位以上 300mm 的范围内一律用透水性能好的材料,如砂砾(碎)石。

(4) 台背填土顺路线方向长度,顶部为距翼墙尾端不小于台高加 2m;底部距基础内缘不小于 2m;拱桥台背填土长度不应小于台高的 3～4 倍;涵洞填土长度每侧不应小于 2 倍孔径长度。台背填筑的范围尚需满足在基坑内修筑标准台阶并确保与路基相衔接的规定,符合监理工程师的要求。

(5) 结构物处的填土应分层填筑,该填筑范围不允许采用红砂岩填筑,每层松铺厚度应不小于 100mm,且不宜超过 150mm(重型压路机碾压可到 200mm),结构物处的压实度要求在路床顶面以下深度 0～800mm 的范围内不小于 96%,800mm 以下至填方基底或涵洞顶部的压实度为 95%。

(6) 台背回填层次较多,宽度不一,为防止每层填土厚度超厚和漏检,在台背墙用油漆做上每层(填土厚度记号)压实后的厚度记号并标明层次,以便施工时易于控制填土厚度和工程师易于掌握被验层次和各项技术指标。

(7) 应先架梁(板)后回填,在回填压实施工中,应对称回填压实并保持结构物完好无损。压路机达不到的地方,应使用小型机动夯具或监理工程师同意的其他方法压实。如对结构物有损坏,承包人应自费进行补救,直到监理工程师验收合格。损坏严重时,应按监理工程师的指令拆除重建。

(8) 本加筋土台背路基填土采用格宾、土工格栅等加筋材料加筋,承包人应根据图纸要求按规范的有关规定铺设加筋材料。

(9) 搭板的设置应在路基及台背填筑预压期完成并基本稳定后,经监理工程师批准方可进行。搭板下垫层基面应平整、密实,垫层的材料及密实度应符合图纸要求。

(10) 结构物处的回填,应尽量与路基填土保持同步;桥梁锥坡填土必须与台背填土保持同步。台背填筑与路基衔接按本项目招标文件技术规范执行,台背填筑与路堑衔接,路堑边坡应按 1:1 坡度留台阶,所有台阶的要求应满足本项目招标文件技术规范款的规定。

(11) 对于每处结构物的台背填筑,承包人应安排专人负责,并建立独立的施工记录、质量检验和验收档案,台背回填每层均应有验收资料。

2) 质量检验

(1) 基本要求。

① 路基施工应做好临时排水,并与永久性排水系统相结合,避免积水及冲刷

边坡。

② 路基分层填筑,压实度符合要求,层面平整、顶面路拱符合要求。

③ 填石路堤,石块摆平放稳,小石填塞空隙饱满,分层厚度适合压实机械性能,振压两遍无明显标高差异,顶面石块稳定,石块尺寸符合规范规定。

④ 路基填料强度(CBR)符合规范和图纸要求。

⑤ 台背回填要求每层台背回填压实度符合规范和图纸要求。

(2)检查项目。

① 检查项目见表10-4。

表 10-4　土方路基检查项目

项次	检查项目			规定值或允许偏差			检查方法和频率
				高速公路、一级公路	二级公路	其他公路	
1	压实度/%	零填及挖方/m	0～0.3	—	—	94	按 JTG F80/1—2004 附录 B 检查。密度法:每 200m 每压实层测 4 处
			0～0.8	≥96	≥95	—	
		填方/m	0～0.8	≥96	≥95	≥94	
			0.8～1.5	≥94	≥94	≥93	
			>1.5	≥93	≥92	≥90	
2	弯沉值/0.01mm			不大于设计要求值			按 JTG F80/1—2004 附录 I 检查
3	纵断高程/mm			+10,−15		+10,−20	水准仪:每 200m 测 4 断面
4	中线偏差/mm			50		100	经纬仪:每 200m 测 4 点,弯道加 HY、YH 两点
5	宽度/mm			符合设计要求			用尺量每 200m 测 4 处
6	平整度/mm			15		20	3m 直尺:每 200m 测 2 处×10ft
7	横坡/%			±0.3		±0.5	水准仪:每 200m 测 4 断面
8	边坡			符合设计要求			抽查每 200m 4 处

注:(1) 表列压实度以重型击实试验法为准,评定路段内的压实度平均值下置信界限不得小于规定标准,单个测定值不得小于极值(表列规定值减 5%)。小于表列规定值 2% 的测定,按其数量占总检查点的百分率计算减分值。

(2) 采用核子仪检验压实度时应进行标定试验,确认其可靠性。

② 台背回填检测不少于三点/侧,检测点位为中间一点,左右边各 1m 一点,检测点离台背的距离一般为 100～300mm 或由监理工程师指定。

(3) 外观鉴定。

① 路基表面平整、密实、无局部坑洼,曲线圆滑,边线顺直。

② 路基边坡坡面平顺、稳定。

③ 取土坑、护坡道整齐稳定。

10.2.3　煤矸石混合料台背碾压施工机理

1. 碾压机理

煤矸石在粒度构成上基本属于碎石类土,土的颗粒级配是制约其压密性的内在要素,其压实特性主要由集料中的细料,以及细料对集料空隙的充满程度决定。煤矸石颗粒级配具有粗大矸块含量比例高和细小颗粒含量比例低的特点,煤矸石的颗粒级配缺陷能够在压密过程中得到有效改善,有学者将这种压密性称为"破碎压密"。煤矸石压实过程分为两个阶段。前一阶段煤矸石处于相对疏松状态,压密主要体现于颗粒接触状态的调整、颗粒的相互靠近和重新排列。当粗颗粒相互位移至紧密接触构成支撑骨架后,随着压力增加且超过矸石强度,粗颗粒破碎,就会伴随有压力的重新调整,使矸石重新处于压密作用过程(阶段),进而使其进一步密实。煤矸石破碎的作用在于对原有级配缺陷进行改良,煤矸石在压密过程中经过碾压密实-破碎-再碾压-再压密这一渐进压密过程,粗大矸石比例降低,小颗粒比例提高,煤矸石的颗粒级配逐渐得到改善,其密实性得到提高。

通常,煤矸石粗大矸块含量比例高时,第一阶段在压实过程很快就结束,压密过程主要由第二阶段组成,破碎率较高;随着粗粒料比例的下降,粒径变得丰富时,第一阶段会变长,破碎率随之下降。较粗颗粒之间的空隙被较细的颗粒所填充,矸石可压密的程度就越高,比较容易获得较大的密度值。总之,煤矸石的压实过程就是一个颗粒级配改良的过程,使粗大矸石比例下降,细颗粒比例提高,从而达到渐进压密的效果。

一般来说,煤矸石经过压实,其强度和刚度会有所增加,但颗粒破碎严重的煤矸石,随压实而出现的颗粒破碎现象有可能会对其力学性能产生不良影响,这一点必须引起注意。颗粒破碎会促进颗粒的重新排列,其结果是孔隙比减小,结构更趋紧密,所以煤矸石填筑体在力学上更为稳定,但若过度压实使颗粒破碎持续增加,由于材料不断细化,使粗粒料所具备的"粗颗粒间的咬合"作用减弱。但在通常的能量水平下,主要以正面效果,即孔隙比减小引起的强度增长占优,故实际上强度不会因压实而降低。

煤矸石路基碾压厚度可以参照填石路基的规范要求,采用分层填筑,每层最大压实厚度为 25～35cm,松铺系数由试验段得出。回填后的煤矸石要预处理,如掺加石灰、晾晒、分拣、破碎过大的石块,使颗粒分布均匀,含水率达到或接近最佳含水率,使得碾压时更容易压实,提高路基的稳定性。

分层填筑碾压中,单机碾压分为静力碾压(简称静压)和振动碾压(简称振压)两种方式。煤矸石路基的单机碾压工序通常是预压-振压-稳压,预压和稳压是静压。预压的目的是使煤矸石松铺层有一定的压实度,预压阶段煤矸石松铺层为松散状态,如进行振动碾压,振动能被表面松散土体吸收,振动波不能有效地传到深层煤矸石,对深层煤矸石的压实不利。振动碾压到一定程度时,深层煤矸石的压实度不再变化,而表层的煤矸石会因振动变得松散。稳压的目的是使表层变松散的煤矸石再次被压实。

1)静压工作原理

静压是利用机械的自身重力所产生的静滚压力作用,迫使被压实材料产生永久性变形而达到压实的目的。这种压实方式的特点是循环时间长,材料应力状态的变化速度不大,而应力较大。但是由于压实效果受机械自重的限制,这种压实方式的压实深度和路基的密实程度有限。因此,静压常用于路基施工中的初压和稳压。

2)振压工作原理

振压是利用固定在一定质量物体上的振动器所产生的激振力,迫使被压实材料做垂直振动,急剧减小颗粒间的内摩擦力,使颗粒靠近,密实度增加,从而达到压实的目的。振压可使石料颗粒重新排列,填充空隙,降低空隙比,从而提高路基强度和减少变形。这种压实方式的特点是其作用面应力不大,过程时间短,加载频率较大,同时还可以根据不同的铺筑材料和压实层厚度,合理地选择振动频率和振幅,以提高压实效果,减少碾压遍数。

用振动波的理论进行解释,振动压路机通过振动轮的振动,将振动波传递给地基,并向四周传播。在振动过程中主要是纵波起压密作用,面波和横波使垫层表面松动,而纵波的传递深度即振动压路机的振动传递深度。

视压实厚度和每日工作段长度选择压路机具。由于煤矸石有与碎石相近的级配,其压实特性主要由集料中的细料以及细料对集料空隙的充满程度决定,因此,适宜于使用振动压路机以振压为主,通过共振压实,有效减少煤矸石颗粒空隙,增大密实度,压实后检测承载力,要满足路基强度要求。

每层煤矸石压实成型后应按《公路工程质量检验评定标准》(JTG F80/1—2012)规定的检查项目进行检测验收,各项指标合格后可继续上层施工。

2. 常用压路机分类

1)静力光面钢轮压路机

静力光面钢轮压路机可分为三轮式和双轮式。采用静力光面钢轮压路机碾压时,由于碾压轮与压实材料的接触面大,单位压力较小,且压实工作由压实层的表面向下,上层的密实度大于下层,因此这种压路机的压实厚度较小。一般来说,普通的中型静力光面钢轮压路机较适宜于压实低黏性土和非黏性土,重型静力光面钢轮压路机适宜压实黏性土,而对于填石路基,单使用这种压路机是不适宜的。

2)轮胎压路机

轮胎式压路机是利用充气轮胎及其悬挂装置的可变性,使轮胎与被压实材料之间保持一定的接触面。与静力光面钢轮压路机相同,轮胎压路机的垂直压力使被压实材料发生形变,直到被压材料不断增大的抗力与所受垂直应力相等时停止形变,并达到压实目的。轮胎式压路机能使表面高低不平的部分得到均匀压实,由于轮胎的弹性产生揉压作用,填料在各个方向产生位移,形成均匀而密实的表面结构,同时轮胎与填料的接触面较宽,承受压力的作用也较长,压实力影响的深度也较大。但是目前我国生产的轮胎式压路机的型号与数量均较少。

3)振动压路机

振动压路机按行驶方式可分为自行式、拖式和手扶式;按碾压轮形状可分为光轮式和捣实式(凸块式和羊脚式)。目前主要有两种类型的振动压路机:光轮式振动压路机与捣实式振动压路机。与静作用压路机相比,振动压路机具有以下特点:

(1)同等质量下的振动压路机比静作用压路机的激振力大,压实效果好。

(2)振动压路机的生产效率高,当路基达到相同的压实度要求时,其碾压遍数较少。

(3)具有滚压和振动的双重作用,用于砂类土、砾石和大粒径碎石时其效果远远优于静力光面钢轮压路机等其他压路机械。

影响振动压路机压实效果的其他相关参数如下:

(1)频率。按照共振学理论,一般认为振动压路机的激振频率越接近填料的固有自振频率,路基的压实效果就会越好;而低于填料的固有自振频率时,压实效果会显著降低。虽然填料的固有自振频率较难测定,而且是变化的,但利用共振现象对煤矸石路基进行压实是较为合理的。有关资料表明,粗密的砂砾和煤矸石的自振频率为 30~34Hz,如表 10-5 所示,认为压路机的振动频率为 30~40Hz 时的压实效果好。但是在一定频率范围内,振动频率过高反而会降低压实效果,其原因是振动轮在过大的振动强度下脱离了地面,使表层受到严重不规则的冲击和过度碾压。

表 10-5　填料的自振频率

填料类型	砂砾	砂卵石	粗砾石	煤矸石
自振频率/Hz	31.0	24.7	30.0	30.8

(2)振幅。振幅为振动压路机振动轮上下移动的量,它是影响压实效果的一个非常重要的参数,与振动频率相比,振幅变化对压实效果的影响比频率变化所带来的影响要大。当频率不变时,随着振幅的增大,压实效果显著增大。这是因为振幅越大,就会使压实材料参加振动的质量越多,从而增加压实的影响深度,同时,还可以增加压实层厚度。一般来说,煤矸石路基的刚度越大,压路机的工作振幅也越大。

振动压路机的振幅一般为 0.7~1.8mm。0.7~1.0mm 属于小振幅,适合压实层厚较小的非黏性填料;1.0~1.8mm 属于大振幅,适合压实层厚较大的黏土和

大粒径的填料。一般情况下,煤矸石路基采用振动压路机施工时的振幅至少为
1.4mm。

3. 碾压原则

压实的原则是:先静后动,先轻后重,先慢后快,先边后中。对于人工铺设的煤
矸石宜先用履带式机具或3~12t压路机静压1~2遍,稳压用振动压路机振碾3~
4遍。机械摊铺的煤矸石层可直接用20t以上的中型或重型振动压路机碾压3~4
遍,再以静作用压路机静碾1~2遍。碾压完毕后及时检查压实度,符合规范要求
后,方可继续填筑上层煤矸石路基。

碾压顺序应遵循先低后高的原则,直线地段由边坡向路基中心碾压,曲线段由
曲线内侧向外侧碾压。稳压时碾压轮迹横向应相互搭接,纵向后轮必须超过相邻
段的接缝。

对路基局部边角地带,应采用小型手扶式振动压路机、蛙式打夯机碾压到规定
的压实度。

碾压速度:压路机的行走速度为2~4km/h。

压实遍数:根据材料性质的不同,一般是振动4~6遍,静碾2~3遍,经检测后
以达到规定的压实度为标准。

10.2.4　煤矸石混合料台背回填施工现场质量控制

1. 材料质量检验

煤矸石的物理化学变化十分复杂,对路基的稳定性存在潜在危害,在煤矸石路
基施工中对原材料外观(如颜色、粒径、岩性)变化明显的地方,宜通过以下几个重
要的试验指标对材料进行质量控制。

1) 天然含水率

每层煤矸石路基填筑时,挖取煤矸石的年代、性质可能不尽相同。故天然含水
率可能会有很大差别,应按照检验频率严格控制上料的含水率,对于过湿的填料,
要注意含水率的调整。

2) 粒径级配

天然煤矸石中大颗粒含量较多,随着风化,自燃状态的不同,煤矸石堆呈现不
同的级配。级配不良的煤矸石对路基的压实度影响很大,施工中应控制煤矸石的
颗粒成分和塑性指数,最大粒径不宜大于填石路基的颗粒要求,较大颗粒的煤矸石
应粉碎。

3) 稳定性试验抽检

由于每层煤矸石的年代、构造可能不同,稳定性也存在较大区别,对填料变化

明显的地方,应对煤矸石的崩解指数、压碎值等进行试验分析,以保证路基填料的稳定性。

2. 最大粒径及材料均匀性

由于大部分煤矸石堆中粗颗粒含量较多,用做路基填筑时可参照填石路基规范规定,现场路基施工填料最大粒径 94 区宜控制在压实层厚度的 2/3 内,最大粒径宜控制在 10cm 以内。平整过程中,应由专人剔除粒径大于 20cm 的矸石块、垃圾等,并由装载机配合,集中堆放,清理出场。对于在碾压过程中形成支点的矸石块要及时进行处理,确保碾压质量。在摊铺过程中,宜采用卸上推下的施工方法,利用推土机均匀铺平,防止大粒径的煤矸石块聚集,减少人为的离析。对于大颗粒矸石集中的地方,应用细粒料填充处理,确保压实后密实,特别是对于土、矸石接合部位,更应该严格控制。摊铺过程中应及时发现问题,有明显离析的地方及时补充细料,填补空隙。摊铺过程必须保证无明显离析。

3. 压实度检测

路基压实度是路基施工中一个极为重要的控制指标,直接影响路基的使用要求。从路基顶面到地基分为上下路床、上下路堤和地基,每一结构层的压实度及检查指标都应满足规范的规定。正确的压实方法是保证煤矸石路基压实度的一个重要条件,包括压实厚度、压路机具、压路机的碾压速度、碾压遍数等。

对填石路堤采用沉降法观测,填土路堤采用灌砂法检测;鉴于煤矸石为土石混合填料压实度检测宜采用沉降法和灌砂法双控标准。在土质路基施工中常用灌砂法检测路基压实度,从而检测路基填筑质量。煤矸石路基由于其含有较大粒径的矸石,虽然在碾压过程中部分矸石得到破碎,压实后基本处于土石混合的状态,也可运用灌砂法(灌水法)测定煤矸石的密实度,但对于大面积施工,灌砂法存在费时、费力、采样困难、数据离散性大、代表性差的缺点。而借鉴填石路基的沉降法控制压实度则能较为快捷、高效地控制煤矸石路基填筑的施工质量。

1) 灌砂法

按照频率采用灌砂法进行检测(每层 100m 范围内检测 6～8 处)。

用挖坑灌砂法测定密度和压实度时,应符合下列规定:

(1) 当集料的最大粒径小于 15mm,测定层的厚度不超过 150mm 时,宜采用直径 100mm 的小型灌砂筒测试。灌砂筒主要尺寸见表 10-6。

(2) 当集料的最大粒径等于或大于 15mm、但不大于 40mm,测定层的厚度超过 150mm、但不超过 200mm 时,应采用直径 150mm 的大型灌砂筒测试。煤矸石路基粗粒含量较大,宜采用大型灌砂筒测试。

表 10-6　灌砂筒主要尺寸表

结构		小型灌砂筒	大型灌砂筒
储砂筒	直径/mm	100	150
	容积/mm³	2120	4600
流砂孔	直径/mm	10	15
金属标定灌	内径/mm	100	150
	外径/mm	150	200
金属方向基板	边长/mm	350	400
	深度/mm	40	50
	中孔直径/mm	100	150

注:如集料的最大粒径超过 40mm,则应相应地增加灌砂筒和标定灌的尺寸。如集料的最大粒径超过 60mm,则灌砂筒和现场试洞的直径为 200mm。

试验步骤:

(1) 在试验地点,选一块平坦表面,并将其清扫干净,其面积不得小于基板面积。

(2) 将基板放在平坦的表面上。当表面的粗糙度较大时,则将盛有量砂的灌砂筒放在基板中间的圆孔上,将灌砂筒的开关打开,使砂流入基本的中孔内,直到储砂筒内的砂不再下流时关闭开关。

(3) 取走基板,并将留在试验地点的量砂收回,重新将表面清扫干净。

(4) 将基板放回清扫干净的表面上(尽量放在原处),沿基板中孔凿洞(洞的直径与灌砂筒一致)。在凿洞过程中,应注意不使凿出的材料丢失,并随时将凿松的材料取出放入塑料袋中,不使水分蒸发。也可放在大试样盒内,全部取出材料的总质量为 m_w,精确到 1g。

(5) 从挖出的全部材料中取有代表性的样品,放在铝盒或洁净的搪瓷盘中,测定含水率(w,以％计)。

(6) 将基板安放在试坑上,将灌砂筒安放在基板中间(储砂筒内放满砂到要求质量 m_1),使灌砂筒的下口对准基板的中孔及试洞,打开灌砂筒的开关,使砂流入试坑内。在此期间,应注意勿碰动灌砂筒。直到灌砂筒内的砂不再下流时,关闭开关。仔细取走灌砂筒,并称量剩余的质量 m_2,灌砂筒下部圆锥体内砂的质量 m_3,准确到 1g。

(7) 如清扫干净的平坦表面的粗糙度不大,也可省去步骤(2)和(3)的操作。

(8) 仔细取出试筒内的量砂,以备下次试验时再用。若量砂的湿度已发生变化或量砂中混有杂质,则应该重新烘干、过筛,并放置一段时间,使其与空气的湿度达到平衡后再用。

计算步骤:

(1) 计算填满试坑所用的砂的质量 m_b(g):

$$m_b = m_1 - m_2 - m_3 \tag{10-1}$$

式中，m_b 为填满试坑的砂的质量(g)；m_1 为灌砂前灌砂筒内砂的质量(g)；m_2 为灌砂后，灌砂筒内剩余砂的质量(g)；m_3 为灌砂筒下部圆柱体内砂的质量(g)。

（2）计算试坑材料的湿密度 ρ_w(g/cm^3)：

$$\rho_w = (m_w/m_b) \times \gamma_s \tag{10-2}$$

式中，m_w 为材料的总质量(g)；m_b 为试坑中取出的全部材料的质量(g)；γ_s 为量砂的单位质量(g/cm^3)。

（3）计算试坑材料的干密度 ρ_d(g/cm^3)：

$$\rho_d = m_b/(1 + 0.01w) \tag{10-3}$$

式中，w 为试坑材料的含水率(%)。

当为水泥、石灰、粉煤灰等无机结合料稳定土的场合时，可按式(10-4)计算干密度 ρ_d(g/cm^3)：

$$\rho_d = (m_d/m_b) \times \gamma_s \tag{10-4}$$

式中，m_d 为试坑中取出材料的烘干质量(g)。各种材料的干密度均应准确至 $0.01g/cm^3$。

（4）计算施工压实度：

$$K = (\rho_d/\rho_c) \times 100\% \tag{10-5}$$

式中，K 为测试地点的施工压实度(%)；ρ_d 为试样的干密度(g/cm^3)；ρ_c 为击实试验得到的试样的最大干密度(g/cm^3)。

该压实度应根据标准击实试验，由实地挖取的粗粒含量，去对照最大干密度与粗粒含量关系曲线，查得最大干密度。

2）沉降法

由于煤矸石有一定的级配，但级配不规则，如果用环刀法、灌砂法、核子密度仪法等常规方法检测压实度，检测结果离散性很大，不仅不能代表所检测路段的压实度，而且环刀法和灌砂法还会对碾压完成的路基造成破坏。因此，煤矸石路基的压实度检测无法用规范中要求的检测方法来执行。根据以往的施工经验，可用沉降观测法配合弯沉检测来评价其压实度。压实度检测方法：当每一煤矸石层按上述碾压方法压实至无明显轮迹时，以每次所选测点重复碾压后沉降的代表值小于规定值为合格。其检测频率为 8～10 点/2000m^2。弯沉只在路基顶面进行检测，如果弯沉值满足设计要求，说明路基整体强度已满足要求。

路基每碾压一遍，利用水准仪测量碾压前后的高程，碾压前后的高程差即该遍压实沉降。碾压的沉降量与碾压遍数存在一定的关系，当碾压到一定的遍数后，碾压沉降变得越来越小，此时再增加碾压遍数对压实效果提高不大。因此，在煤矸石填筑层的施工质量控制过程中，可采用压实沉降进行施工控制，控制标准为前后碾压两遍的沉降之差小于规定值(可通过试验或施工经验合理确定)，碾压即可停止。在实际施工中，碾压遍数确定之后，对于前面几次碾压可不进行观测，当碾压到最后 2～3 遍时再测量。用碾压沉降作为压实质量的控制指标,采用的仪器简单,易于被现场工程人员掌握。

沿路面纵向每隔 20m 布设沉降观测点,横向在中桩、距中桩 8m 处、14m 处,即每个段面 5 点,从虚铺开始记录每层的高程变化,连续两次观测高程无明显变化、无轮迹,视为压实完毕。沉降观测点采用埋钢球的方式布设。

全部施工至设计高程后,静置 2d,再做弯沉试验检测其强度,做承载板试验检测现场回弹模量。静置过程中,应采取防止雨水浸泡措施,若被雨水浸泡,必须静置晾晒 2～3 天之后再测试。

3) 表面波波速法

表面波是一种在半无限介质中沿表面传播的弹性波,与体波相比,具有发散能量大、振幅及能量传播衰减小、易于采集等特点。表面波在材料中的传播速度与材料的干密度、强度、弹性模量等工程力学参数存在良好的相关性,可建立相关方程式。因而,在现场可通过检测填筑层的表面波速,计算出其物理力学参数,即可对施工质量进行检测与评定。表面波波速与干密度基本呈二次线性关系,随着压实度的提高,表面波波速也增加。不同的煤矸石,其表面波速度与密度的相关关系表达式有所不同,因而在工程应用中,应根据施工用矸石及施工等条件,通过现场碾压试验确定。从而在大面积施工中采用检测表面波波速的方法来控制路基填筑质量。该方法检测速度快,可大面积检测,缺点是需要专业人员和专业设备,但总体上是一种值得推广的新方法。

4) 压实计法

压实计控制无黏性粗粒土压实质量是 20 世纪 80 年代才在国际上发展起来的新方法。压实计的读数是一个无量纲的值,与填料的密度、弹性模量等参数之间有很好的相关关系。目前,在堆石料、砾石料、碎石料、粉土以及混凝土等材料填筑中均有使用压实计作为控制方法的工程实例。

从压实计使用的范围来看,在煤矸石路基填筑中能完全适用。压实计能在施工过程中真正迅速地反映路基压实情况,进行动态控制,是一种十分有效的质量控制方法,并且对操作人员无特殊的要求。但与表面波波速法一样,在施工前需根据现场碾压试验确定与压实度的相关关系。

5) 弯沉测试法

利用贝克曼梁测定路基的回弹弯沉来评价煤矸石路基的整体承载能力,按照相关规范对选定路段进行弯沉测试,通过计算得出该路段的代表弯沉值,然后与规范要求值进行对比,如果小于规范要求值,则说明该路段的路基整体承载能力达到要求;反之,则说明路基整体承载能力较差,或说明路基压实质量未达到相应的要求。

除了利用贝克曼梁法测定路基的回弹弯沉,还可以利用落锤式弯沉仪(FWD)测定路基的弯沉,从而评价路基承载能力,试验方法是:在落锤式弯沉仪标注质量的重锤落下一定高度发生的冲击荷载的作用下,测定路基表面的瞬时变形,即测定在动态荷载作用下产生的动态弯沉及弯沉值。另外,落锤式弯沉仪测定路基的弯沉值可以转化为贝克曼梁法测定的回弹弯沉值。

10.2.5　煤矸石混合料台背回填验收质量控制

鉴于目前还没有专门针对煤矸石路基的质量验收规范,所以,在考虑本项目煤矸石材料具体特点的同时,建议主要按照填土路基的标准对该段路基进行验收检测,检测项目包括外观检测、沉降观测、弯沉观测以及压实度检测等,具体验收标准如下。

1) 外观检测

煤矸石路基碾压后必须达到表面平整、无轮迹,满足路基设计的相关要求,同时需对路基宽度、横坡、中线偏位、高程、平整度以及坡度等外观指标进行检测。

(1) 路基宽度验收建议以米尺进行检测,检测频率为 100m 检测 4 个断面,允许偏差以达到设计要求为准。

(2) 横坡验收以水准仪进行检测,检测频率为每 100m 检测 4 个断面,横坡偏差须为−0.3%～+0.3%。

(3) 中线偏位验收以经纬仪进行检测,检测频率为每 200m 检测 4 点,有弯道时需对 HY、YH 两点进行检测,允许偏差为−15～+10mm。

(4) 路基纵段高程验收以水准仪进行检测,检测频率为直线段每 200m 检测 4 个断面,曲线段每 20m 逐桩检测,允许偏差为−15～+10mm。

(5) 路基平整度验收以 3m 直尺进行检测,检测频率为每 200m 检测 2 个断面,每个断面测 10 尺,允许偏差为−15～+15mm。

(6) 路基边坡应做到坡面平顺、稳定,不得亏坡,曲线圆滑,验收以水准仪或检坡尺等仪器进行检测,检测频率为每 200m 测 4 处,允许偏差以达到设计规定值为准。

2) 弯沉检测

弯沉验收以贝克曼梁进行检测。

(1) 弯沉标准值应满足不大于现行安邵高速公路采用的 179(0.01mm)设计要求。

(2) 检测频率为:沿道路纵向每 20m 至少布置 1 个弯沉检测断面,每个检测断面沿道路横向左、中、右均匀布置 3 个弯沉测试点。

3) 压实度检测

压实度控制值按不同填筑层次分为 93%、94%和 96%;压实度验收检测以检查施工记录为主,对于路床顶面以下 0～0.8m 范围内,煤矸石路基工作区的压实度应采用灌砂法检验。检验频率为:单幅每层 100m 长度范围内检测 3 处,必要时可加密检测。

对上述外观及压实度等质量验收指标的允许偏差、检测频率以及检验方法等进行归纳,如表 10-7 所示,操作过程中应严格按照设计要求及相关规范进行验收,并详细记录验收数据。

表 10-7　煤矸石路基交工验收项目允许偏差表

序号	项目	规定值或允许偏差	检验频率		检测方法
			范围	点数	
1	纵段高程/mm	+10,−15	直线每200m	4 个断面	水准仪
			曲线每20m	逐桩检测	
2	中线偏位/mm	50	直线每100m	4 点	经纬仪或全站仪
			弯道加 HY、YH 两点		
3	宽度/mm	不小于设计值	每100m	4 处	米尺
4	平整度/mm	20	每200m	2 个断面,每断面 10 尺	3m 直尺
5	横坡/%	±0.3	每100m	4 个断面	水准仪
6	边坡	平顺且不陡于设计值	每200m	4 处	水准仪或检坡尺
7	弯沉/0.01mm	不大于正常设计值	每100m	3 点	贝克曼梁
8	压实度	碾压工艺符合要求			施工记录

10.2.6　煤矸石混合料台背回填施工注意事项

1. 施工现场环境保护

(1)预防雨水对环境造成污染。煤矸石中含有多种有害物质,路堤施工时,特别是在雨季,雨水浸透煤矸石,流入路基两侧农田,把煤矸石颗粒带入耕地、河流,造成煤矸石对土地和水资源的严重污染。为此,施工中应采取预防措施,在路堤两侧修筑排水沟,挖沉淀池,同时密切注意天气情况,及时摊铺,及时碾压,做好路拱排水横坡。

(2)现场污水处理。雨季煤矸石排放的污水通过两侧的排水沟汇入沉淀池,利用物理和化学方法处理达标后才能排放。

(3)粉尘对大气污染的处理。煤矸石运输过程中粉尘飞扬,对大气产生污染,过量粉尘还会影响农作物的生长。解决方法是加强储料煤矸石含水率调节,控制运输时煤矸石含水率,并采取覆盖等防护措施。

2. 煤矸石混合路基雨季施工注意事项

根据工地现场发现的情况,对煤矸石雨季施工提出如下建议:

(1)建议业主与气象部门联系,由气象部门提供近期和每天的天气情况,施工单位应根据气象条件调整施工计划。

（2）煤矸石混合路基施工要求先施工外层格宾挡土墙，建议做好施工安排，外层格宾挡土墙施工完成后，立刻进行煤矸石混合料的回填施工。

（3）建议回填路段保持有 2‰～4‰ 的横坡，以利于路基表面排水。

（4）在雨天来临前，对于煤矸石路基表面离析的位置，即石块聚集的位置，表面缝隙很大，必须撒薄层土碾压，填充缝隙，避免雨水从这些位置大量进入路基，并提高这些位置路基的稳定性。

（5）建议在雨天来临之前，特别对横坡很小的路段，在路基表面全部撒一薄层土进行碾压，填充煤矸石的缝隙，减少雨水进入路基。薄层土与煤矸石细料混合，煤矸石中的活性物质会与土结合，慢慢形成一定的强度。

3. 煤矸石路基施工中的其他注意事项

1）压实度超过 100%

压实度超百是煤矸石填筑的一个非常明显的现象，但经过超尺寸颗粒的校正后，灌砂法检测压实度可以作为煤矸石路基检测的方法，超百点只是特别点。压实度超百的原因分析如下。

击实试验取样与路基施工填料存在差异。填料中粒径大于 40mm 的煤矸石石块含量过多，而击实试验采用 40mm 以内的煤矸石，最大干密度相对偏低，击实试验的击实标注不能代表实际填料的击实标注，按此击实标注计算压实度肯定有超百现象，所以必须对超尺寸粒径进行校正。5～40mm 颗粒含量与干密度关系曲线不能完全体现两者之间的关系。由于击实过程中将部分大颗粒煤矸石击碎，故在击实试验后比击实试验前的 5～40mm 颗粒含量变少，造成击实试验结果的最大干密度相对偏低，所以校正后还有可能出现超百现象，但其影响不太大。所以通过超尺寸颗粒的校正后，灌砂法检测压实度能够反映煤矸石路基压实效果，可以采用校正后的最大干密度通过灌砂法进行压实度的检测。

2）表面松散、不平整

压实后的路基表面，常出现轮迹、松散、坑槽、翻浆、压路机稳压后，埋有超颗粒径凸出，其周围无法压实，平整度差等现象。煤矸石摊铺后，局部级配较差，细料少，集料集中，碾压后表面不密实、松散；或者细料多，集料少，碾压后表面浮灰多，平整度差，还可能造成压实系数不同，碾压后平整度差。施工中应采取以下有效措施：

（1）选择超粒径少、级配较好的矸石山。从煤矸石山装料开始控制，挖掘机装料时选择超粒径少或无，以及级配较好的煤矸石。

（2）填筑下部路堤时，横坡稍大，以利于排水；稳压后，应采用细料将表面空隙填实，包边土应与煤矸石同时碾压，并达到压实度要求。

（3）注意拣除超粒径煤矸石块及开采附属物，推土机初平、平地机精平过程中发现有超颗粒径煤矸石块，必须派人挖除，装载机配合，集中堆放，清理出场，保证大粒径煤矸石块不超过层厚的 2/3。

（4）煤矸石含水率偏大时，路基会出现"弹簧"现象，应及时翻晒或换填处理。在天气干燥的情况下，路基表面应经常洒水并压实，防止浮土现象的发生。

（5）平地机精平时纵向从路两侧向中心刮平，避免煤矸石与包边土结合处集料集中。采用压路机先碾压 1～2 遍，使表面部分粗颗粒被碾碎后用平地机精平。

4. 施工中监理单位应注意的问题

（1）严格控制煤矸石的填筑厚度。由于煤矸石的离散性较大，其中大料很多，所以对煤矸石路基压实的主要控制方法是沉降法，如果填筑厚度过大，虽然沉降达到了要求，但该层下部位置并没有达到要求的密实度。

（2）注意检查煤矸石碾压前的含水率，含水率可控制为 $-1\%～+4\%$。

（3）注意施工单位采用的碾压机械，要保证实际施工中采用的压路机的击振力不小于试验路段采用的压路机；否则，击振力过小，沉降控制就失去了意义。

（4）注意要求施工单位对超出要求粒径的石料的拣除工作。由于过大粒径在碾压时的支撑作用，该部位的密实度和稳定性较差。

10.3　加筋材料要求及施工

10.3.1　格宾结构

格宾是格宾系列产品中最基本的组成构件，正确的施工组织、施工程序是保证格宾挡墙工程成功与否的关键。

1. 主要技术参数

格宾结构由镀锌并覆塑的低碳钢丝经机器编织而成的六边形双绞合金属网面构成（表 10-8），用于制造格宾的钢丝具有更优于 EN 10223-3 标准中所述的机械特性，其材料标准见表 10-9 与表 10-10。

表 10-8　格宾网孔

依照 EN 10223-3 标准，网孔"*D*"公差为 10 个连续的绞合钢丝的轴间的距离平均值。 容许公差：$+16\%/-4\%$	

表 10-9　网格钢丝标准规格

规格	D/mm	公差	钢丝内径/mm	钢丝外径/mm
8cm×10cm/Zn+PVC	80	+16%/-4%	2.70	3.70

表 10-10　钢丝标准尺寸

类别	网面钢丝	边端钢丝	绞合钢丝
钢丝内径 ϕ/mm	2.7/3.7	3.4/4.4	2.0/3.0
钢丝公差(±)ϕ/mm	0.08	0.09	0.07
最小镀层量/(g/m²)	245	265	215

1) 钢丝

所有对钢丝的测试都要在制成网格之前进行。

抗拉强度:根据 EN 10223-3 标准,本项目用于制造格宾的钢丝的抗拉强度应不小于 50kN/m,钢丝容许公差依照 EN 10218(CLASS T1)标准。

延伸率:依照 EN 10223-3 标准,延伸率不能低于 9%,试验样品长度至少为 25cm。

镀锌层:最低镀锌量应满足 EN 10244-2 标准要求。

镀层的附着性:镀层应达到如下标准,当钢丝绕相当于自身直径 4 倍的芯轴 6 圈时,用手指摩擦钢丝,其镀层不会剥落或开裂。

2) PVC(聚氯乙烯)

PVC 的技术特性和抗老化性能满足有关的标准。根据 EN 10245-2 标准,PVC 材料的主要参数如下:

色度:灰色。

密度:1.35~1.40kg/dm³。

硬度:90~100(邵氏 A 硬度);满足 ASTM D2240 标准。

抗拉强度:不低于 20MPa,满足 ASTM D412-92 标准。

断裂延伸率:不低于 200%,满足 ASTM D412-92 标准。

覆塑厚度:不低于 0.5mm。

2. 施工要点

1) 组装

(1) 找一块有充足空间而又比较坚硬平整的地面,方便格宾的组装,注意又不影响现场其他作业内容的实施。一般可利用平整后达到地基承载力要求的拟建工作场地开展工作。

(2) 取出一个完整的格宾单元,校正弯曲、变形的部分,可用钳子拉或用脚踩整平,主要注意以下几个方面:

　　① 格宾面板之间的折痕。

　　② 4m 长格宾对折时中间的折痕。

　　③ 由于搬运过程中操作不当所产生的弯曲变形。

　　(3) 立起隔板及前后面板,先用边缘钢丝延长部分固定住角点,确保每一竖直面板上端边缘在同一水平面上,特别注意隔板的两条竖直边沿及底部边沿要在同一竖直面上。

　　(4) 绞合时注意按每间隔 10~15cm 双圈-单圈-双圈间隔进行绞合,如图 10-6 所示。

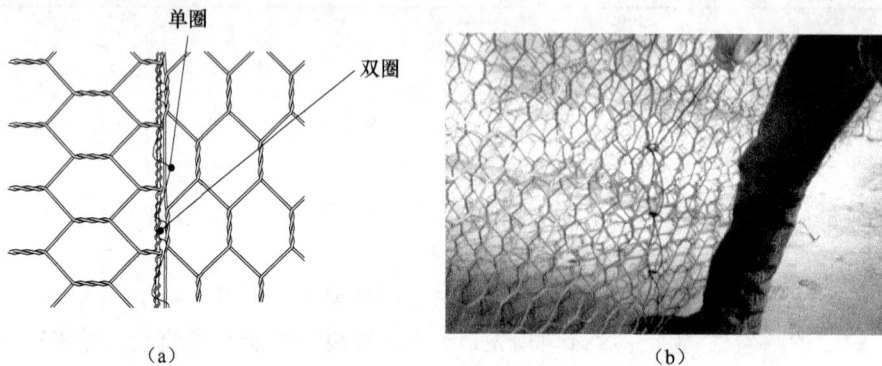

图 10-6　单双圈间隔绞合

　　(5) 隔板绞合时注意沿一条竖直线绞合,而且绞合后的隔板在同一竖直面上。

　　(6) 用于转弯的格宾,绞合时前面板不绞合,折放到底板下,并用钢丝稍微绞几个点,方便移动安装。

　　(7) 组装格宾的原则:形状规则、绞合牢固、所有竖直面板上边缘在同一水平面上并且确保盖板边缘能够与面板上端水平边缘绞合。

　　2) 安装

　　(1) 安装前,先放线,确定出格宾的外边沿线,以及地基倾斜度达到要求;格宾墙倾角为 6°时,地基的坡比为 1:10。

　　(2) 将组装好的格宾紧密整齐地摆放在恰当的位置上。

　　注意:摆放时应面对面、背对背,便于石料填充、盖板绞合及节约钢丝。

　　(3) 碰到拐角时,可采用组装时不绞合前面板,将前面板折叠到底板下,将格宾套进另一个格宾,底板重叠来完成。

　　(4) 将相邻的格宾边缘用长钢丝绞合起来,用 1.4m 的长钢丝单、双圈间隔 10~15cm 绞合 1m 长边缘。

　　(5) 第二层及以上部分的格宾底部边缘需与下层绞合在一起,绞合要求同上。

　　(6) 边缘钢丝加长部分向相邻的边缘绕紧。

3）装填

（1）石料的要求：

① 坚固、耐久、未风化片石或块石，如灰岩、花岗岩。

② 粒径为 10～20cm，可以有 5％的变化，但最小粒径不得小于网格尺寸（8cm×10cm）或（6cm×8cm）。

③ 对于运到现场比较大的块石可采取人工用锤子将大块石分解。

（2）面墙部分施工是整个加筋土工程美观大方的关键所在，选用表面平整、粒径适宜且较为均匀的石料，按照干砌片石的标准进行摆放，如图 10-7 所示。

（a）　　　　　　　　　　（b）

（c）

图 10-7　面墙模型图

面墙要求整体平整、密实，石料粒径均匀、适当颜色搭配，达到美观的视觉效果

（3）格宾的四周选用粒径较大的石头干砌后，允许在中间适当放些粒径相对较小的石头，这样可以防止石头在每个格宾单元之间相互串动而影响结构的稳定性。

（4）为了防止格宾面墙的面板受压鼓出及装填导致的隔板弯曲而采取以下三种措施：

① 在格宾前面板绑上一个由长木板做成的方格面板,用钢丝固定使其紧靠格宾面板,装填完以后可移动到其他位置进行安装,如图 10-8 所示。

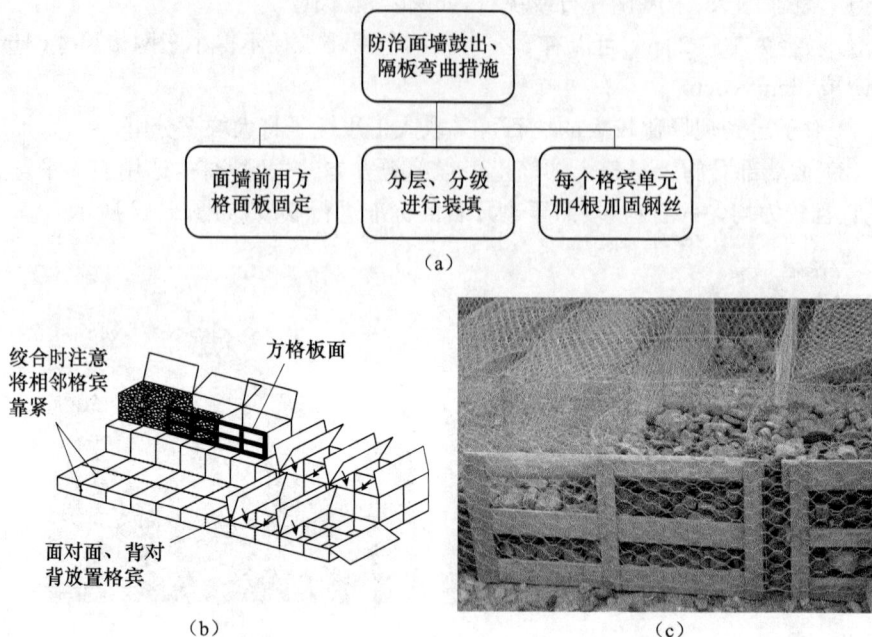

图 10-8　加固定方格面板

② 1m 高格宾分三层装填,并且向各个方向的格宾单元逐级递推,也就是说,相邻两格宾单元填石高度相差不超过 33cm,如图 10-9 所示。

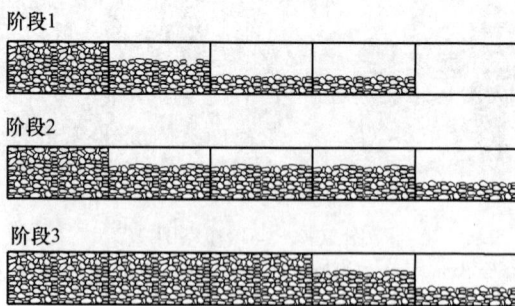

图 10-9　逐级递推示意图

③ 每装填满 1/3 就安装两根加固钢丝(每根长度在 2.5m 左右),中间用小木棒或细长石块绕转钢丝,把握松紧尺度:既要避免过于松弛而达不到预期的效果,防止太紧而导致面墙往内收缩,如图 10-10 所示。

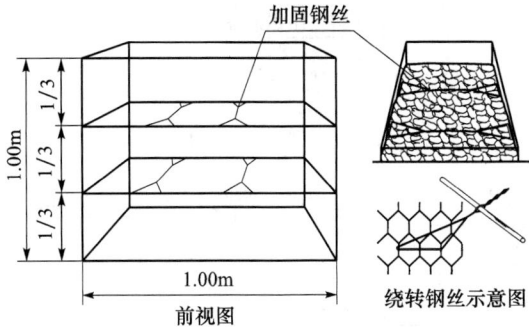

图 10-10　加固钢丝安装示意图
加固钢丝仅在靠前面墙的一个方格内使用

（5）考虑到石头沉降，填充石头要有 2.5～4cm 的超高，并且要对上表面进行平整，尽量减小空隙率。

（6）绝对不能用挖掘机向格宾内装大块石，砸到任何一个面板，都会造成一些无法修复的变形，甚至会损坏格宾面板，影响工程质量。

4）绞合盖子

（1）绞合盖子之前，要对整体结构进行检查，对一些弯曲变形、表面不平整等不符合施工要求的地方进行校正。

（2）出现隔板弯曲的现象，可通过将鼓出一边的石头移到另一方格，然后扳直隔板来加以纠正，或用钢签扳直。

（3）每一层表面的石头必须用人工清平，确保表面平整，尽量减少空隙率，有 2.5～4cm 的超高。

（4）对于顶部被埋到石头下面、绞合不到位的隔板，可用钢签将其撬起；用长 1.4m 的钢丝单、双圈间隔绞合盖板边缘与竖直面板上边缘、盖板面板与隔板上边缘。

（5）靠在一起的竖直面板上边缘与面板边缘要绞在一起（一般有 4 条边一起绞，把整个结构连成一个整体，另一方面是为了节省钢丝的用量）。

（6）盖板绞合之后，所有绞合边缘成一条直线，而且绞合点的几根钢丝紧密靠拢，绞合不拢的地方必须用钢签校正；同一层面的表面必须在同一水平面上。

（7）土工布应按设计在格宾后面板的内部垂直放置，并且其端头上、下都应压入 0.3m 以上，以确保土工布边端被压住。

（8）与路堤连接时应采用锥坡，墙端伸入锥坡内不应少于 0.75m。

3. 施工组织

格宾网施工工艺流程如图 10-11 所示。

```
                    ┌─────────────┐
                    │ 施工组织准备 │
                    └──────┬──────┘
                    ┌──────┴──────┐
                    │  测量放样    │
                    └──────┬──────┘
                    ┌──────┴──────┐
                    │  基础开挖    │
                    └──────┬──────┘
       ┌─────────┐      ◇─┴─────◇        ┌─────────────┐
       │ 组装格宾 │      基底需要处理  是→ │  软弱地基处理 │
       │ 石料准备 │      ◇─┬─────◇        └──────┬──────┘
       └────┬────┘         │否                   │
            │       ┌──────┴──────┐              │
            │       │ 人工清平基础 │←─────────────┘
            │       └──────┬──────┘
            │       ┌──────┴──────┐
            └──────→│  格宾安装    │
                    └──────┬──────┘
                    ┌──────┴──────┐
                    │  石料装填    │
                    └──────┬──────┘
                    ┌──────┴──────┐
                    │  闭合盖子    │
                    └──────┬──────┘
                    ┌──────┴──────┐
                    │   回填       │
                    └─────────────┘
```

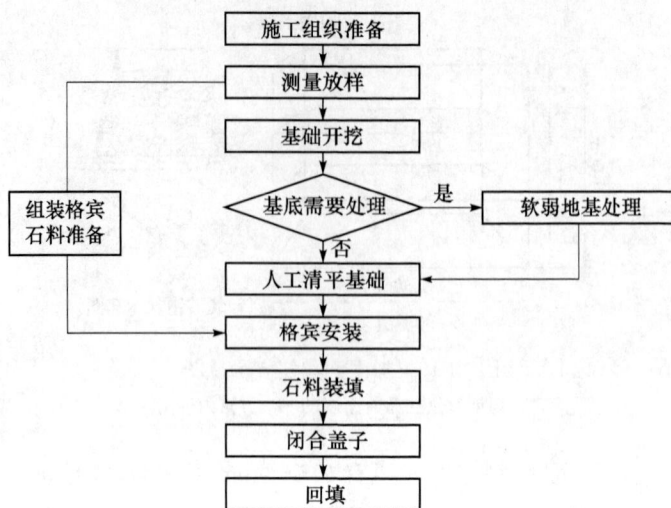

图 10-11　格宾网施工工艺流程

4. 质量检测

1）基本要求

（1）所有格宾箱的质量和规格应符合有关规定。

（2）格宾网眼尺寸应符合设计要求。

（3）格宾码放或平铺应符合设计要求。

2）实测项目

格宾防护所需实测项目见表 10-11。

表 10-11　格宾防护实测项目

项次	检测项目	规定值或允许偏差	检查方法和频率	权值
1	平面位置	符合设计要求	经纬仪:按设计图控制坐标检查	1
2	长度	不小于设计长度－300mm	尺量:每个(段)检查	1
3	宽度	不小于设计长度－200mm	尺量:每个(段)检查	1
4	高度	不小于设计	水准仪或尺量:每个(段)检查 5 个处	1
5	底面高程	不高于设计	水准仪:每个(段)检查 5 点	1

3）外观鉴定

表面平整,线条直顺,曲线圆滑。

摘选自《公路工程质量检验评定标准(第一册 土建工程)》(JTG F80/1—2012)。

10.3.2　加筋格宾结构

加筋格宾是加筋土工程的新技术。以冷拔低碳钢丝为基本材质,钢丝经热浸厚镀锌及特殊覆塑工艺表面处理,具有很好的耐腐蚀与抗磨损能力。将这些钢丝机编成网面,再根据其作为结构的用途,制造成不同的产品具备刚柔相济性,具有良好的对地基适应性、良好的抗震性能和抗往复动荷载作用性能、基本不存在蠕变问题。

加筋格宾具有良好的耐久性:①采用六边形的编织双绞合丝网防止网格的松散和解体;②采用高尔凡(5‰铝-锌合金+稀土元素)可达到 50～60 年的结构设计寿命,采用高尔凡并覆塑可达到 100 年以上的结构设计寿命;③回填与土体保持良好、自然的整体性;④植被的生长能够进一步提高结构的耐久性能。这些特性优化了结构的耐用性。

加筋格宾是一种成品化很强的产品,面墙与加筋筋带为无节点连接,消除了构件节点易成为结构弱点的缺点,装配式施工,方便快捷,工效高。墙面板为厚度通常为 1m 的格宾网箱,网箱内充填石块,墙面可以为直立墙,也可为分级直立墙或退台式墙,台面和墙面均便于绿化。

加筋格宾是一种生态防护。由于墙面板非传统加筋土挡墙的混凝土刚性面板,墙面可以自然透水,利于填土中地下水排出,保证了结构长期稳定,面墙有较好的刚度,不存在"鼓肚"现象。

1. 主要技术参数

加筋格宾结构由重镀锌并覆塑的低碳钢丝经机器编织而成的六边形双绞合金属网面构成(图 10-12)。用于制造加筋格宾的钢丝具有更优于 EN 10223-3 标准中所述的机械特性。加筋格宾面墙单元是通过把背板与隔板连接到主体而成,同时形成用于填充石头的矩形单元隔。

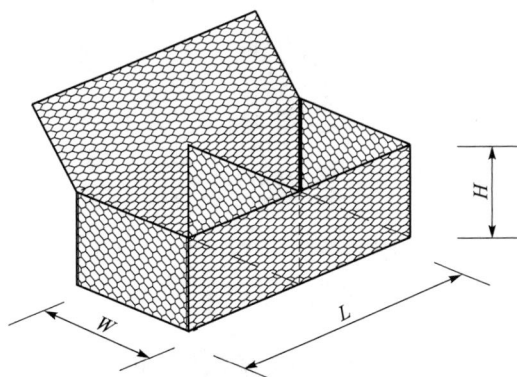

图 10-12　格宾单元模型

加筋格宾单元以标准尺寸供货,无需在施工现场进行裁剪。加筋格宾单元的尺寸、公差和规格如表 10-12 所示。

表 10-12　格宾单元尺寸

长 L/m	宽 W/m	高 H/m
3	2	1
6	2	1
8	2	1

注:所有的尺寸均为名义尺寸;格宾的宽度、高度及长度允许±5%的公差。

1) 钢丝

钢丝参数与本工法的 10.3.1 节中格宾结构的钢丝相同。

2) PVC(聚氯乙烯)

PVC 参数与本工法的 10.3.1 节中格宾结构的 PVC 相同。

2. 施工顺序

施工顺序如图 10-13 所示。

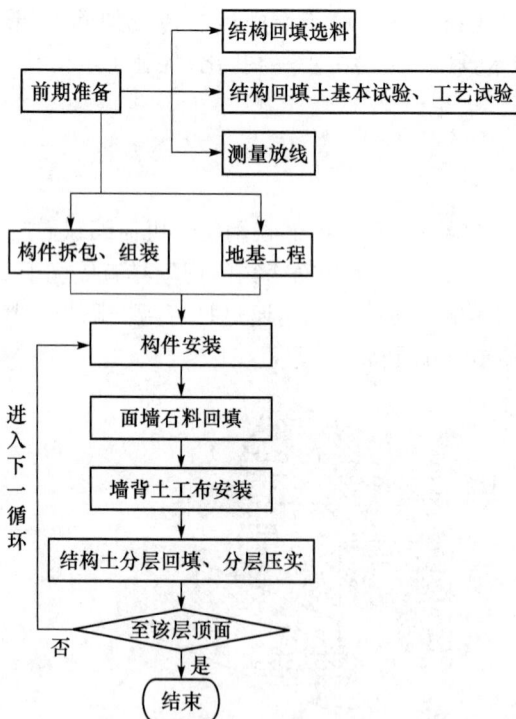

图 10-13　加筋格宾施工顺序

3. 施工方法

1) 组装

(1) 将运至工地的加筋格宾构件拆包,在一块相对宽阔、平整的场地上将从捆束包中取出的折叠的单个加筋格宾展开并按折痕组合成使用前的状况,其前面板、侧面板、隔板及背板均应垂直摆放(图 10-14)。

(2) 各相接面板边缘采用专门配备的绞合钢丝按间隔 10～15cm 单圈缠绕-双圈锁紧间隔绞合(图 10-15)。

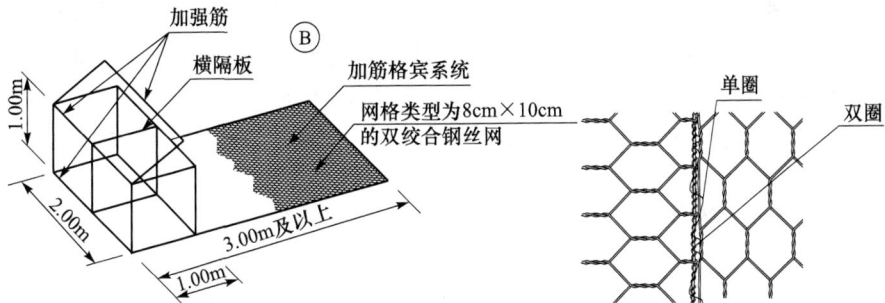

图 10-14　组装加筋格宾

图 10-15　边缘绞合

注意:一次绞合的边缘最长不应超过 1m,绞边钢丝的末端应再次缠绕在网面上。

2) 地基工程

(1) 开挖地基至设计要求的持力层,并进行地基验收。

(2) 将地基表面浮土、滞水、杂物等清理干净,并将表面被开挖扰动的土整平压实。

3) 构件安装

(1) 将预先组装好的加筋格宾构件放置在规定的位置,相邻加筋格宾构件面墙的所有相邻边均进行绞合连接,所有的绞合方式均为按间隔 10～15cm 单圈缠绕-双圈锁紧间隔绞合,使面墙构成一个连续的整体面。

(2) 加筋格宾后部的拉筋网面必须完全拉撑,并在尾部按每间隔 1m 以小木桩(或钢筋)固定,相邻幅面间按每米间隔采用绞合钢丝点绞合将两幅拉筋网面连接。

(3) 加筋挡墙弧形面墙及转折情况处理(图 10-16)。

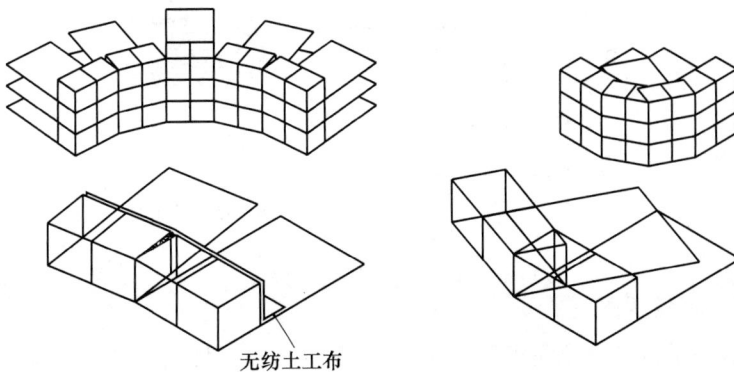

图 10-16　曲线处理示意图

① 凹型弧面:面墙紧靠,后端加筋网面就势错开,相临单元面墙必须用钢丝紧密连接。

② 凸型弧面:面墙紧靠,后端加筋网面重叠。

4) 面墙填石

(1) 面墙石料质量要求:用于填充加筋格宾面墙的石料,其强度等级不小于MU30,抗风化,不水解。石料尺寸以 100～200mm 为宜,具备一定的级配,为保证整体效果,本加筋土工程面墙采用干砌片石方法填充格宾笼。

(2) 面墙石料装填时,应注意统筹装填进度,应保证在一定长度段内相临加筋格宾面墙中填充的石料高度在装填过程中高差不超过 0.33m(图 10-17),以防引起侧边挤压变形,导致以后盖板无法吻合,难以施工。

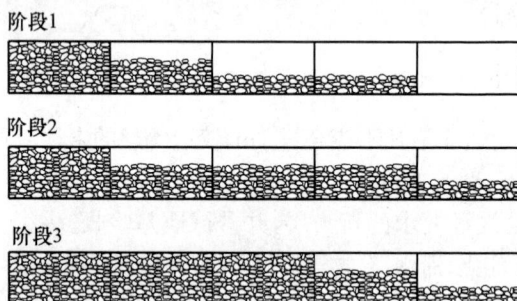

图 10-17　分层装填

(3) 对于 1m 高单元的加筋格宾构件,每装填 1/3 高度石料,在前面板与后面板间加装加强钢丝,其横向间距为 40cm 左右(即 2m 幅宽的加筋格宾,每层加强钢丝数量为 4 根),以限制面墙变形,保证面墙平整度,如图 10-18 所示。

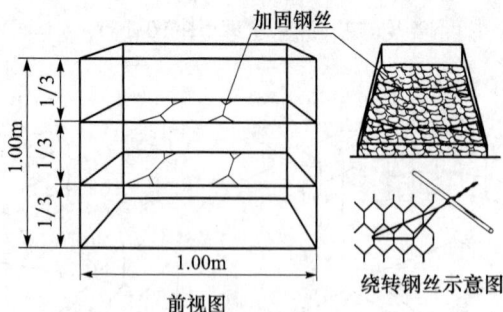

图 10-18　加强钢丝的绑扎

(4) 当一层石料填充完毕后,应用人工摆放小粒径填料以减小空隙率,面墙石料的充填率应不小于 70%。

（5）每层构件中填充的石料应超高 3～5cm，以预留填充石料的一定沉陷。盖板与面墙箱笼顶边应吻合铰接，盖板上突出的边端钢丝应绕侧面板突出边端钢丝缠绕两周，且格宾应与侧面板、后面板及隔板牢固绞合（要求同上，如图 10-18 所示）。相邻格宾盖板应同时绞合，且剩余的边端钢丝应折入已完成的格宾内部。

（6）上下两层加筋格宾构件之间，面墙相邻所有边均应采用绞合钢丝按间隔 10～15cm 单圈缠绕-双圈锁紧间隔绞合。

（7）面墙填石时，应采用一定的临时支撑（如木模、脚手架等）约束构件的变形，以确保施工后的墙体外观规矩、平整。

5）土工布安装

土工布铺设于格宾面墙背部与回填层间，为保证土工布安放牢固，其在上部及下部各折入压实土中的宽度不少于 300mm。

6）结构回填

（1）结构回填土料类型、质量指标需在前期准备阶段通过试验确定，其最大干密度、最优含水量、压实工艺方法均应在施工前技术准备阶段获取；用于施工的填料应经过监理的认可，施工时严格按经试验校核的技术参数执行。

（2）在填料未摊铺到拉筋网面上以前，严禁交通车辆、运料机械、摊铺机械和压实机械在裸露的拉筋网面上行驶和作业；重型机械在加筋区作业时，加筋网面上填料最小厚度要超出 20cm；即使拉筋网面上有填料保护，摊铺和压实机械也应慢行，不得在加筋区急转弯和急刹车，以免网面错位。

（3）填料的摊铺填料必须分层摊铺、压实。每层的松铺厚度充分考虑加筋材料厚度为 1m 或 0.5m，以 30～40cm 为宜，摊铺厚度应均匀，压实后的表面应平整。摊铺宜由面墙向加筋网面尾部顺序为宜。

（4）雨天严禁进行填料的摊铺和压实作业，以免含水量失控造成无法达到规定的压实标准。

（5）填料摊铺表面整平后，宜采用轻型压路机满堂第一遍碾压；当现场作业的压路机为振动式压路机时，第一遍应在不振动情况下进行压实作业。加筋区压实不得采用羊足碾式压路机。

（6）距离面墙 1m 范围内，宜用人工夯实或轻型机械压实，重型压实机械不得在距离面墙 1m 范围作业，以免对格宾面墙挤压造成破坏。

（7）填料碾压时应先从筋带长度的 1/2 处开始，向筋带尾部碾压，然后再从 1/2 处向墙边碾压。碾压时压路机运行方向宜垂直于筋网长度方向，且下一次碾压的轮迹与上一次碾压轮迹重叠的宽度应不小于轮宽的 1/3。第一遍宜慢慢轻压，以免拥土将筋带推起或错位，第二遍以后可稍快和重压。每次应碾压整个横向碾压范围内，再进行下一遍碾压，碾压的遍数以试验确定的遍数为指导，以现场检验达到规定的压实度为控制（图 10-19）。

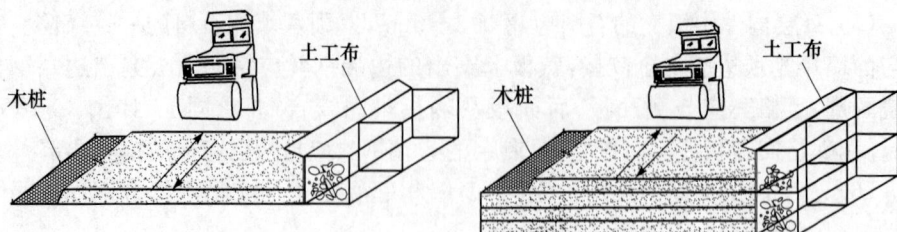

图 10-19　分层碾压示意图

（8）结构填土的压实质量标准：应满足该深度相应的工程主体对压实度方面的要求。加筋体每层碾压完成后进行压实度检查。检测点数按每 500m² 或每 50m 长工程段不少于 3 个点为宜。检测点应相互错开，随机选定，面板后 1m 范围内至少有 1 个检测点（每 500m² 或每 50m 长）。

（9）施工过程中应随时注意观测加筋土挡土墙的异常变化。

7）其他

（1）应注意加筋体内设置有盲沟或反滤层等疏排水设施或其他预埋设施。

（2）加筋格宾挡墙一般不需要设置伸缩缝、沉降缝，但若墙高突变过大或地基情况突变，宜在该突变界限处设置沉降缝，该缝的留取用泡沫板分隔即可，缝宽 2～3cm。

（3）格宾充填率建议采用质量法进行检测。

10.3.3　土工格栅

1. 说明

本项目加筋挡土墙，是指利用聚合物原料经加工程序制造而成的呈网状的聚酯经编土工格栅，在施工时随着填土的铺填滚压，分层铺设，堆砌植生土包。循序施工，利用格栅与土料之间的楔合力，增加路堤填土强度，以达到收缩坡脚、稳定边坡的目的。本工程土工格栅材料由乙方供应，并由甲方指定单位施工；施工单位施工前，必须依照本指南选择满足要求的填料，提出详细的施工计划，经业主核准、监理同意后，方可施工。

2. 施工材料

1）土工格栅

土工格栅应采用外形呈格网状的塑胶材料，材质为聚酯经编材料。

土工格栅其纵横向条元件的交会点，即节点。交会点形成的方式，应该确保土工格栅在搬运、铺设及完工承受荷重时，不会分离破坏。土工格栅材料规格如

表 10-13 所示。

表 10-13　土工格栅材料规格

MacGrid 规格	单位	控制值	检验规范
机械性能		6	
纵向抗拉强度（EN ISO 10319）	kN/m	150	ASTM D6637
公差	%	−5	
横向延伸率（EN ISO 10319）	%	13	ASTM D6637
公差	%	±2.5	
纵向长期容许设计强度	kN/m	⩾150	FHWA-NHI-00-043
网格尺寸（标准）	mm	20×20-25×25-35×35	
土工格栅结构		高强度聚酯	燃烧法
覆塑（标准）		PVC	
卷宽（标准）	m	4.40/5.0/5.30	量尺
卷长（标准）	m	100	量尺

注：纵向长期容许设计强度说明：本工程设计纵向长期容许设计强度需要有符合以下说明的试验报告，依 AASHTO 工程材料认证规定，其报告六年内有效，无需现地取样试验，其计算式如下：

FHWA-NHI-00-043：

$$Tallow = Tult/RF, RF = RF_{ID} \times RF_{CR} \times RF_D$$

RF_{ID}：依据 ASTM D5818 或 ISO 10722 提供回填料的施工损伤试验报告。

RF_{CR}：依据 ASTM D5262 或 ISO 13431 提供 10000h 测试报告或加速潜变试验（ASTM D6992 或 GRI GS10）。

RF_D：依据 FHWA-NHI-00-043 当酸价 CEG<30，分子量 Mn>25000，在工程环境 pH 为 5~8，安全系数采用 RF_D=1.15。

以上需提供符合容许设计强度试验报告结果的计算，若无，则需依照建议值其安全系数 RF=7。

2）回填土料

本项目回填土料应满足规范要求，其 CBR 值可由直剪或三轴压缩试验求得。

3. 施工要求

1）施工计划

施工单位应做好施工计划书，监理工程师认可后方可施工。计划书应包含本项目加筋挡土墙所需的材料、方法、程序：

（1）挡土墙基础平整、处理以满足设计要求所需的施工方法与机具；

（2）填土来源、类型及试验报告。

2）工地储放

储放土工格栅及其相关的施工材料的场地应保证安全、干净，土工格栅不得储放于露天场所，不得因周围环境的影响而使格网承受高温、污染或其他有害的情形。

土工格栅最好储放于平坦的地面，储放时水平堆置，堆叠高度以不重压扁底层之土工格栅为原则,储放地点不得直接曝露于阳光下,或任何其他紫外线辐射下。

土工格栅在储放期间,应特别留意,若遭受损害,应立即向有关部门报告,请其检查,经相关部门认可后方得继续使用,不合格者应隔离堆放处理。

3）基础整平

加筋挡土墙基础面,应按设计图标示的位置、高程及断面将基础面整平,所有尖锐的突出物、树根、植物及其他有机物都必须清除干净。

任何池塘、水田、洼地、沟壑,包括清理大岩块、软土、树根以及超挖所留下的空洞,都必须用满足要求的填料填平并将其夯实至与现设计基础标高。

基础整平时,任何基础表面轮廓的改变,或有机物的保留,都必须事先征得监理工程师的同意,而且必须符合土工格栅的功能与挠性。

施工单位在基础整平开挖时,事先应有周详计划,并以适当的方法施工,以确保开挖面整体的稳定安全。降雨期间,应切实做好排水工作,防止基础软化。如设计与实际不符,应及时向设计、监理单位报告,以妥善处理。

基础整平后,非经允许,任何施工机械,不得在整平的基础面上行走。

基础面应开挖至承载力大于设计要求值的地层,必要时可采用夯实或素混凝土铺底,作为加筋挡土墙结构的基础。

4）铺设土工格栅

基础整平后,经监理工程师校核位置、高程认可后,始可按照设计文件,放置控制样板,拉好准线,然后铺设第一层土工格栅。

土工格栅应依设计图纸所示位置、高程、方向、长度铺设,其高程及长度的误差不得大于50mm,土工格栅应铺设于整平的基础或压实的填土之上,铺设时应平贴于地面,不得有波纹或皱褶产生,铺设后应以小木桩或锚钉等方式将土工格栅固定于地面。

土工格栅铺设后,任何施工车辆及机具不得直接在土工格栅之上行走。如有必要须经监理工程师允许,并应先铺设填土料予以保证,土料厚度不得小于200mm,行车时速不得大于5km/h,行车方向以纵循或横跨为原则,不得急速转弯、刹车或加速。无论如何,载土车绝对不准在加筋土体区上行走。

铺设土工格栅及雨后填土碾压时,施工单位应高度小心,不得损坏土工格栅。若有破损,应立即向工程师报告,并应将损坏的土工格栅整张抽换,不得修补,抽换的额外费用由施工单位负责。

5）土工格栅剪裁、结合与回包

土工格栅的剪裁,应以材料生产厂商提供的、监理工程师批准的裁剪工具及方法剪裁。裁剪时不得损伤土工格栅的性能。

土工格栅长度不足需要结合的地方,应以特定的标准方式,利用结合杆贯串结合或搭接缝合,其结合强度不得小于土工格栅本身抗拉强度的90%,试验方法同抗拉强度试验。结合方法,材料生产厂商提供一组样本,经监理工程师认可,然后摆放在工地中为施工标准。

土工格栅回包段回包后,应与上一层土工格栅以结合杆结合,或埋入一定的深度,回包采用结合杆者,其回包长度不得小于 50cm;采用埋入深度者,其回包长度不得小于 200cm。回包的土工格栅应采用适当的方式拉紧并固定,使回包处的土工格栅平整美观。

6）铺填及压实填料

用来铺覆土工格栅的填料必须符合本说明所指定的成分,并且不得含有淤泥、黏土块、尖锐或巨大块石、树根或不存在于自然土壤的化学物质与微生物。

一般土工格栅铺设后,应立即铺覆填土。施工时,填土的铺填与夯实,应考虑土料的强度及工地现况,选用可行的施工机具,该施工机具不得造成基础土体过量变形,此外,也不得使土工格栅在最小规定厚度的保证填土层之下遭受损害。若采用振动型滚压机滚压,机具不得停留于原地不行进而超过 5s 以上。

填土的堆置、铺撒、整平及压实,应依有关规范及设计图纸要求执行,施工时应格外注意,不得拖动土工格栅的铺设定位。

每层填土料压实前,应先修整使其呈水平,压实后的平整度要求同基础面平整度要求。压实后的厚度不得大于 300mm,压实后高程应符合土工格栅铺设的设计高程,其误差不得大于 50mm。

距路基坡面 2m 范围内,压实机具的质量不得大于 1t,滚压时,行进的方向应沿着平行于坡面方向,自坡面处逐渐向内侧进行,绝对禁止使用重型机械滚压。

每层填土料的滚压,应控制其最佳含水量,并按照压实规范要求进行。

7）排水措施

雨天不得施工。每一层完全夯实完成后才能结束一天的夯实工作。

为确保加筋土体路基稳定,减少地下水造成意外损害,应按设计图纸要求做好排水工作,以有效排除地下水,确保加筋挡土墙安全。

施工中应注意加筋区临时排水,回填区应设置临时排水沟。未施工完成的加筋挡土墙面及加筋区,应以 PE 布覆盖,避免暴雨冲刷。

参 考 文 献

[1] 狄升贯. 高速公路煤矸石路基路用性能研究. 西安:长安大学,2008.

[2] 中华人民共和国水利部. 土的分类标准. GBJ 145—1990. 北京:中国标准出版社,1990.

[3] 中华人民共和国交通部. 公路土工试验规程. JTG E40—2007. 北京:中国标准出版社, 2007.

[4] 谢日彬. 硫酸盐还原菌对油田的腐蚀状况及其微生物防控机理. 荆州:长江大学,2012.

[5] 顾金水. 膨胀土 CBR 浸水膨胀量的探讨. 建筑与工程,2006,(1):119.

[6] 刘春荣,宋宏伟. 煤矸石用于路基填筑的探讨. 中国矿业大学学报,2001,2(3):294-297.

[7] 周琳,邱珏,刘松玉. 煤矸石的强度变形特征试验研究. 公路交通技术,2005,8(4):76-80.

[8] 底国民,李宏波,李亮,等. 路用煤矸石受力性能试验研究. 铁道建筑,2011,(8):127-129.

[9] Terzraghi K. Theoretical Soil and Mechanics. New York:John Wiley & Sons,1943.

[10] James R G,Bransby P L. Experimental and theoretical investigations of passive pressure problems. Geotechnique,1970,20(1):17-37.

[11] Enrque C,Roberto M,Alfonso F C. Design and sensitivity analysis using the probability-safety factor methods:An application to retaining walls. Structural Safety,2004,26(2): 159-179.

[12] Fang Y S,Ishibashi I. Static earth pressure with various wall movements. Journal of Geotechnical Engineering,1986,112(3):317-333.

[13] Triplett E J,Fox P J. Shear strength of HDPE geomenbrane clay liner interfaces. Journal of Geotechnical and Geoenvironment Engineering,2001,(6):543-552.

[14] Ling H I,Pamuk A. Interactions between PVC geomenbranes and com-pacted clays. Journal of Geotechnical and Geoenvironmental Engineering,2001,(11):950-954.

[15] Zabielska-Adamska K. Shear strength parameters of compacted fly ash-HDPE geomenbrane interfaces. Geotextiles and Geomembranes,2006,(4):91-102.

[16] Hsien C,Hsieh M W. Load plate rigidity and scale effects on the frictional behavior of sand-geomenbrane interfaces. Geotextiles and Geomembranes,2003,(21):25-47.

[17] 王修山. 煤矸石填筑高等级公路路堤的应用研究. 西安:长安大学,2006.

[18] 张卫民,陈兰云,凌道盛. 边坡稳定安全系数影响因素的探讨. 铁道建筑,2005,52(2):52-54.

[19] Leshchinsky D. Design dilemma:Use peak or residual strength of soil. Geotextiles and Geomembranes,2001,(9):111-125.

[20] 狄军贞,张琦,肖丽萍. 基于渗流理论的污染地下水 PRB 修复机理的耦合模型研究. 中国环境科学学会学术年会,2010:3163-3167.

[21] 刘松玉,邱钰. 煤矸石的强度特性试验研究. 岩石力学与工程学报,2006,1(25):199-205.

[22] 孟凡凤. 煤矸石膨胀土路基抗剪强度及 CBR 变化规律研究. 内蒙古农业大学学报,2012,
      5(2):56-59.

[23] 黄向京,刘泽. 煤矸石与土工布的界面摩擦特性试验研究. 公路工程,2012,8(37):50-55.

[24] 陈桂萍. 煤矸石在加筋挡墙中的应用. 四川建材,2003,(6):53-56.

[25] 杨果林,王永和. 钢筋(煤矸石)混凝土网格式加筋土挡土结构强度特征与试验研究. 岩土
      工程学报,1999,9(21):534-539.

[26] 程红光. 高速公路煤矸石路基路用性能研究. 西安:长安大学,2009.

[27] 杨果林,高礼,杜勇立. 不同掺土量格宾网加筋煤矸石的残余强度试验研究. 中南大学学
      报(自然科学版),2013,12(44):5060-5067.

[28] 申文胜,王朝辉. 高速公路煤矸石填筑路基路用性能控制. 北京:人民交通出版社,2010.

[29] Skempton A W. Long-term stability of clay slopes. Geotechnique,1964,14(2):157-168.

[30] 李晓,梁收运,郑国东. 滑带土的研究进展. 地球科学进展,2010,25(5):484-491.

[31] 刘文彬,唐春安,唐烈先. 残余强度特性对岩石宏观破坏的影响. 岩土工程技术,2004,
      18(2):59-63.

[32] Sassa K, Fukuoks H, Wang G H, et al. Untrained dynamic-loading ring-shear apparatus
      and its application to landslide dynamics. Landslides,2004,(1):7-19.

[33] 陈祖煜. 土质边坡稳定分析——原理、方法、程序. 北京:中国水利水电出版社,2003.

[34] 陈庆敏,张农,赵海云,等. 岩石残余强度与变形特性的试验研究. 中国矿业大学学报,
      1997,26(3):42-45.

[35] 王顺,项伟,崔德山,等. 不同环剪方式下滑带土残余强度试验研究. 岩土力学,2012,
      33(10):2967-2972.

[36] 谭文辉,任奋华,苗胜军. 峰值强度与残余强度对边坡加固的影响研究. 岩土力学,2007,
      28(S):616-618.

[37] 任惠芳. 浅析滑坡土的残余强度. 青海地质,1995,2:69-73.

[38] 戴福初,王思敬,李焯芬. 香港大屿山残坡积土的残余强度试验研究. 工程地质学报,
      1998,6(3):223-229.

[39] 贺建清,阳军生. 循环荷载作用下掺土煤矸石力学性状试验研究. 岩石力学与工程学报,
      2008,1(27):199-205.

[40] 彭立,黄向京,刘泽. 格宾网加筋煤矸石的直剪试验研究. 公路工程,2012,10(37):83-86.

[41] 姜振泉,于双忠,于震平. 煤矸石的工程地质特征及在土木建筑中的利用. 中国矿业大学
      学报,1992,21(增刊):77-82.

[42] 赵燕. 煤矸石对地下水污染的机理及过程. 能源技术与管理,2006,13(4):54-55.

[43] 李海光. 新型支挡结构设计与工程实例. 北京:人民交通出版社,2011.

[44] 杜勇立,高礼,杨果林. 不同掺土加筋煤矸石的界面摩擦试验研究. 湖南大学学报(自然科
      学版),2014,41(4):54-60.

[45] Vidal H. The principle of reinforced earth. Transportation Research Record,1969,282(1):
      1-14.

[46] 陈忠达. 公路挡土墙设计. 北京:人民交通出版社,1999.

[47]　Koerner R M, Soong T Y. Geosynthetic reinforced segmental retaining walls. Geotexiles and Geomembranes, 2001, 19: 359-386.

[48]　凌天清, 曾德荣. 公路支挡结构. 北京: 人民交通出版社, 2006.

[49]　刘泽. 生态型加筋土挡墙动静力学特性试验研究与数值分析. 长沙: 中南大学, 2012.

[50]　蒋建清. 红砂岩粗颗粒土加筋挡墙力学机理和地震稳定性研究. 长沙: 中南大学, 2010.

[51]　吴雄志. 加筋土挡土墙拉筋最大拉力的确定. 岩土工程学报, 1992, 14(5): 101-106.

[52]　金仁和, 李明瑛, 华祖琨. 加筋土桥台筋带最大拉力试验研究. 中国铁道科学, 2005, 26(5): 36-40.

[53]　Elias V, Christopher B R. Mechanically Stabilized Earth Walls and Reinforced Soil Slopes Design and Construction Guidelines. FHWA-NHI-00-043. New York: US Department of Transportation, 2001.

[54]　中华人民共和国交通部. 公路土工合成材料应用技术规范. JTJ/T 019—1998. 北京: 人民交通出版社, 1999.

[55]　李广信. 关于土工合成材料加筋设计的若干问题. 岩土工程学报, 2013, 35(4): 605-610.

[56]　韩爱民, 李建国, 傅国利, 等. 基于有限差分强度折减法的多级边坡破坏模式研究. 工程地质学报, 2007, 15(6): 784-788.

[57]　言志信, 郭斌, 贺香, 等. 多级边坡平台宽度对边坡地震动力响应及破坏机制的影响. 岩土力学, 2012, 33(S2): 352-358.

[58]　常保平. 软土路基沉降历程预报方法的改进. 中国公路学报, 1993, 8(3): 5-7.

[59]　岳红宇, 陈加付, 王良国, 等. 一种高速公路软基沉降预测的反演计算方法. 公路交通科技, 2001, 18(6): 1-4.

[60]　钱家欢, 殷宗泽. 土工原理与计算. 北京: 中国水利水电出版社, 1996.

[61]　谢康和, 潘秋元. 变荷载下任意层地基一维固结理论. 岩土工程学报, 1995, 17(5): 80-85.

[62]　赵维炳. 主次固结简化计算方法. 水利学报, 1994, (1): 30-37.

[63]　赵维炳. 广义 Voigt 模型模拟的饱和土体一维固结理论及其应用. 岩土工程学报, 1989, 11(5): 78-85.

[64]　Bardon L, Berry P L. Consolidation of normally consolidated clay. Journal of the Soil Mechanics and Foundation Division, 1965, 91(5): 5-35.

[65]　Mesri G, Rokhsar A. Theory of consolidation for clays. Journal of the Soil Mechanics and Foundation Division, 1974, GTS: 889-903.

[66]　刘柞秋, 周翠英. 软黏土地基非线性一维大变形固结的有限差分法分析. 中山大学学报(自然科学版), 2005, 44(3): 25-28.

[67]　关金龙, 萧潇. 洞桩法施工车站地表沉降的有限差分法分析. 山西建筑, 2007, 33(5): 274-275.

[68]　李冰河. 软黏土非线性一维固结有限差分法分析. 浙江大学学报(工学版), 2000, 34(4): 376-381.

[69]　Davis E H, Raymond A. Non-linear theory of consolidation. Geoteehnique, 1965, 15(2): 161-173.

[70] 陈国兴. 岩土地震工程. 北京:科学出版社,2007.

[71] 邓学钧. 车辆-地面结构系统动力学研究. 东南大学学报(自然科学版),2002,3:474-479.

[72] 卢正. 交通荷载作用下公路结构动力响应及路基动强度设计方法研究. 武汉:中国科学院武汉岩土力学研究所,2009.

[73] 陈剑,苏跃宏. 交通荷载作用下公路路基动力特性的数值模拟研究. 公路交通科技,2008,28(5):44-48.

[74] 邓学钧. 路基路面工程. 北京:人民交通出版社,2000.

[75] Huang Y H. Pavement Analysis and Design. Upper Saddle River:Pearson Prentice Hall,2004.

[76] 刘思峰,党耀国,方志耕,等. 灰色系统理论及其应用. 北京:科学出版社,2004.

[77] 邓聚龙. 灰色系统理论与应用进展的若干问题. 武汉:华中理工大学出版社,1996.

[78] Zhang Q,Deng J,Guang F. On grey clustering in grey hazy set. The Journal of Grey System,1995,7(6):377-390.

[79] 陈勇. 灰色理论在隧道信息化施工中的应用及施工数值分析. 长沙:中南大学,2008.

[80] 秦文权,王星华,雷金山,等. 灰色系统理论在填石路堤沉降预测中的应用. 公路工程,2007,32(4):184-186.

[81] Liu S F,Lin Y. An Introduction to Grey Systems Theory. Grove City:IIGSS Academic Publisher,1998.

[82] 刘思峰. 走向世界的灰色系统理论. 第十届全国灰色系统学术讨论会大会报告,北京,2002.

[83] 袁嘉祖. 灰色系统理论及其应用. 北京:科学出版社,1991.